Emil Gätjens

AF771725

Nach Osten, immer geradeaus

Tausend Jahre sind vor dir wie ein Tag und wie eine Nachtwache

Emil Gätjens

Nach Osten, immer geradeaus

Tausend Jahre sind vor dir wie ein Tag
und wie eine Nachtwache

Rediroma-Verlag

Bibliografische Information der Deutschen Nationalbibliothek:
Die Deutsche Nationalbibliothek verzeichnet diese Publikation in der Deutschen Nationalbibliografie; detaillierte bibliografische Daten sind im Internet über http://portal.dnb.de abrufbatr

Copyright (2023) Rediroma-Verlag

Umschlagillustration: Valerii_M (shutterstock.com)

ISBN 978-3-98527-922-7

Alle Rechte beim Autor

www.rediroma-verlag.de
15,95 Euro (D)

Inhalt

Autor

Emil Gätjens ist Liebhaber der Belletristik. Erst nach einem langen Berufsleben kommt er mit 74 Jahren zum Schreiben. Ende 2009 wird sein erstes Buch „Wen der Kuckuck ruft“ veröffentlicht. (ISBN):978-3-86937-023-1.

Das zweite Buch, ein Gesellschaftsroman mit dem Titel „Ein weiter Bogen“, erscheint im Mai 2011. Das Genre spielt im Vorkriegsdeutschland. (ISBN): 978-3-86937-195-5.

Das dritte Buch mit Erzählungen hat den Titel „Prosaranken“. Es ist im Februar 2013 gedruckt worden. (ISBN):978-389761-122-0.

Der Roman: „Nach Osten, immer geradeaus“, ist sein viertes Werk. Das Genre basiert auf historischen Forschungen über Kirgistan und dem gleichnamigen Volk.

Ebenso wird das Leben deutscher Siedler betrachtet.

Weiter hat der Autor Beiträge in den Anthologien „Prisma“ und „Zusammenhalt“ des Autorenkreises Ruhr-Mark veröffentlich. Auch hat er einige unveröffentlichte Kurzprosa verfasst.

Schon als Schüler hat der Autor lieber Bücher gelesen, als mit Freunden Fußball zu spielen.

Nach der Volksschule erlernte er handwerkliche Berufe. Dem schloss sich ein duales Studium in Hochbautechnik an.

Für seine Vorliebe zum Schreiben absolviert Gätjens ein vier Semester dauerndes Fernstudium in Belletristik.

Emil Gätjens wünscht sich noch viele gesunde Jahre für seinen letzten Beruf.

Einführung in den Roman

Sie beginnt mit der geographischen Betrachtung Europas und Asiens. Der Beobachter erkennt eine gigantische, zusammenhängende Landmasse im Osten der nördlichen Halbkugel von der Nordsee (nordwestlicher Atlantik) bis zum Japanischen Meer (Nordpazifik). Die Menschen, die in diesem riesigen, landverbundenen Areal Eurasien leben, sind wahrscheinlich, laut der Wissenschaft, Nachkommen einer Ethnie. Geographen haben eine Grenze vom Uralgebirge im Nordosten, nach Südwesten, bis zum Bosporus gezogen, wodurch die Erdteile Europa und Asien entstanden sind. Nimmt man China aus, haben in alter Zeit im Osten weniger geistig fortschrittliche Völker gelebt, die erst später durch den Einfluss höher entwickelter, westlicher und chinesischer Kulturen, eine nachhaltige Veränderung erfahren haben. Im Süden Sibiriens und dem Altaigebirge keimt durch diesen Einfluss eine fortschrittliche Zivilisation. Durch Erzfunde und mit chinesischem Wissen entsteht die Metallverarbeitung. Am Tien-Schan-Gebirge und an den Oberläufen der beiden Quellflüsse des Jenissej entwickelt sich das freie, ungebundene Nomadenleben. Drei große Völkerfamilien sind im Wesentlichen bekannt; Kirgisen, Mongolen und Turkmenen. Mit „Osten" verbinden sich in den Jahrtausenden viele Ereignisse. Das Panorama ist von Europa aus mit großem Interesse betrachtet worden. Auf dem Weg dorthin konnten die Grenzen vieler Staaten oft nur mit Gewalt und List überschritten werden. In Etappen erfolgt die Erkundung der Weiten Asiens. Bevor die Forscher dort eindringen, gibt es den Handel.

Hauptsächlich sind es zwei Karawanenwege nördlich des Tien-Schan Gebirges. So gelangen mehr als tausend Jahre vor Beginn unserer Zeitrechnung Güter aus Europa in den Osten sowie Seide und Gewürze in den Westen. Es bilden sich weitere Karawanenwege, sodass ein verzweigtes Wegenetz entsteht. Durch Freiherr von Richthofen erhält es den Namen „Seidenstraße". Nicht nur Waren und Techniken werden transportiert, auch Religionen und Kulturen. Es entwickelt sich reger Austausch von geistlichen und irdischen Gütern. Der Handel bringt vielen Städten Ruhm und Reichtum.

Bei den Nomaden bilden sich Sippen und Stämme, die von Westen nach Osten und umgekehrt ziehen. Es entstehen Völkervermischungen. Auch suchen die Menschen kämpfend neuen Lebensraum. Forscher wandern in alter Zeit durch Mittelasien, um unbekannte Wüsten, Flüsse, Seen und Berge zu entdecken. Weiße Flecken wollen erforscht sein. Zahlreiche Bücher geben Zeugnis über die so weit entfernten Länder. Ihre Wege führten auch in die heutigen, von Russland abgetrennten Republiken. Auch durch Kirgistan. Von diesem kleinen, fernen Land, seiner Geschichte und seinen Menschen, handelt in der Hauptsache der historische Roman.

„Nach Osten, immer geradeaus".

Aus der alten Zeit gibt es nur wenige geschichtliche Zeugnisse und Überlieferungen über Kirgistan. Spärlich, in Fragmenten, ist über dieses Volk, seinen Ursprung sowie seine Lebensweise berichtet worden. Die Kirgisen waren und sind auch teilweise heute noch Nomaden, leben in Stämmen. Mit ihren Herden ziehen sie umher. Seit Jahrhunderten wohnen sie in Jurten. Erst nach ihrem Tod erhalten sie in der Erde einen bleibenden Ruheort. Ihr Leben, ihre Kultur, Essgewohnheiten und Hygiene sind im Roman beschrieben. Sie leben in unterschiedlichen Gegenden des weiten Landes. Später einen sich die Khanate zu dem gemeinsamen Volksnamen: Kirgisen. Der soll verschiedenen Sagen nach aus den Worten Kirk Kys (vierzig Mädchen) entstanden sein. Die Kirgisen glauben an die Lehre der Schamanen. Diese Geistlichen sind Wahrsager und Heiler, also ein Medium zwischen der materiellen und geistlichen Welt. Als göttliche Gewalt steht über allem der „Tenir", der Himmel. Dort im „Menke-Kököl-Tenir", dem „ewig blauen Himmel", sind demnach die Ahnen vereint, die den Irdischen beistehen. Die Türken stoßen schon früh nach Mittelasien vor und vermischen sich mit den dort lebenden Völkern. Durch ethnische Verbindungen entwickelt sich das Turkvolk. Später beginnen sie mit den Arabern den religiösen Feldzug und verbreiten mit grausamer Gewalt den Islam. Die in Kämpfen Gefangenen Chinesen beherrschen die Künste, Seide und Papier herzustellen. Die Muslimen haben später mit dem Papier ein wirksames Medium, mit dem Koran ihre Lehre zu verbreiten. Ihre Frauen können sich in schwarze und bunte Seide kleiden und verschleiern. Der Islam ist auf dem Vormarsch. Durch Vermischung mit dem Schamanentum entsteht bei den wandernden Völkern der Volksislam", der sich nur bedingt an Mohammeds Lehre orientiert. Wo sie sesshaft werden, entstehen Moscheen und Koranschulen. Ein geeintes kirgisisches Volk hat sich erstmals im neunten

Jahrhundert gebildet. Laut Überlieferung besiegen die Kirgisen unter Khan Jaglagar die Uiguren, Chinesen und weitere Stämme und steigen zur Hauptmacht in der Mitte Asiens auf. Aus diesem Ereignis bildet sich das Epos des unsterblichen „Manas".

So sind die reale Historie der Kirgisen und das Epos nebeneinander im Roman verwoben geschildert. Die Siege des sagenhaften Helden sind durch Erzähler in den folgenden Jahrhunderten als Geschichte weitergetragen und das Epos später in Reimen für die Nachwelt aufgeschrieben worden. Es ist für die Kirgisen kein Märchen, sondern sind wahre Berichte und historische Fakten, die ihre Kultur ausmachen. „Manatschis" überliefern in melodischem Redegesang die Zyklopädie. „Manas", so ist der Volksglaube, redet durch die Volkssänger und er verkündet somit selbst seinen Ruhm. Nicht Reichtum in Gold und Silber ist der Inbegriff höchster Erfüllung bei den Kirgisen, sondern Tapferkeit und Freiheit. Die Volkssänger erzählen von den Siegen über ihre Feinde, vom Zusammenhalt und der Einheit des Volkes: ihrer Stärke, ihren Bräuchen und Sitten. Dieses Volk hält seine Historie lebendig. Zwei Kulturen gibt es in alter Zeit. Zum einen verfügen die Kirgisen über eine einfache Schrift aus syrischen Zeichen. Zum anderen ist es die mündliche Überlieferung ihrer Geschichte. Neben dem Nomadenleben entwickelt sich der Städtebau, besonders im Ferganatal im Osten des Pamir. So wird ein Teil der Kirgisen sesshaft, betreibt Ackerbau und bekehrt sich zu frommen Muslimen. Die meisten aber bleiben Viehhirten. Ihre Erwerbsquellen und ihr Kapital sind ihre Herden; ihre Freude, Stolz und Glück. Sie sind aber auch ihr Unheil, denn es gibt keine Absicherung gegen Seuchen, harte Winter, Futtermangel und andere Schicksale. Die Kirgisen können ihre Vorrangstellung nicht halten. Am Schluss seines Kampfes erleidet ihr Khan in China eine tödliche Niederlage. Ohne ihn zerfällt der Zusammenhalt. Sie zerstreuen sich. Viele Sippen siedeln um, suchen neue Weiden ohne ihre angestammte Heimat und werden von mongolischen Khanen versklavt. Im Osten erheben sich die Mongolen und überschwemmen das Land mit Blut. Temudschin, später als Dschingis-Khan bekannt, führt grausame Kriege. Er kämpft rücksichtslos und unterwirft die Mongolenstämme. Er will Khan-Khan aller Mongolen werden. Auch führt er Krieg gegen „Schah Ala ad Din Mohammed" im

Land Chores, dem späteren Persien, der sich grausam entwickelt. Dschingis-Kahn und seine Söhne erobern ganz Mittelasien und dringen bis nach Mitteleuropa vor. In der Weltgeschichte hat keine Macht unbegrenzt Bestand. Dschingis-Khan wird von vielen Historikern wegen seiner Grausamkeiten als der größte Massenmörder bezeichnet. Er stirbt am Burkan-Kaldum. Seinen engsten Vertrauten befiehlt er, dass nie ein Mensch sein Grab finden dürfe. Es wurde nie entdeckt. Seinen Sohn Belgutei bestimmt er als seinen Nachfolger. Für die Mongolen wird ein Epos in chinesischen Archiven aufbewahrt.

„Die geheime Geschichte der Mongolen"

in chinesischen Archiven aufbewahrt. Nach dem Tod Belguteis und seiner Brüder zerfällt das Mongolenreich und wird unbedeutend. Die großen Kämpfe unter den Nomadenvölkern werden weniger, aber Mittelasien nicht krisenfrei. Der Einfluss Russlands und Chinas macht sich bemerkbar.

Beim Überspringen einiger Jahrhunderte kommt es erneut zu einem einschneidenden, geschichtlichen Ereignis. Mit Einwilligung des Zaren wandern deutsche Siedler aus religiösen Gründen ins Land. In vielen Regionen Russlands werden sie sesshaft. Nicht nur in Kirgistan. Mitte des 19. Jahrhunderts kommen die Ersten. Der Hauptteil der Einwanderer erreicht Anfang des 20. Jahrhunderts sein Ziel, das Talas Tal in Kirgistan. Von den vielen Dörfern am Talas und dem Tien-Schan-Gebirge wird das Dorf Orloff im Roman als Beispiel beschrieben und seine Verhältnisse geschildert. Gustav Wall dokumentiert das Leben in einer Chronik. Außerdem gibt es durch die späteren Rückkehrer nach Deutschland viele mündliche Berichte. Die politischen Belastungen mindert nicht ihren Siedlungserfolg. Die russische Revolution wirft sie nicht aus der Bahn. Das große Elend beginnt mit dem zweiten Weltkrieg. Jetzt sind sie nicht mehr Deutsche, sondern Faschisten und Feinde. Männer und Frauen werden in Arbeitslagern zwangsverpflichtet. Mütter ihren Kindern weggerissen, die rechtlos ihrem Schicksal überlassen bleiben. Viele Internierte kehren nicht aus den Lagern zurück. Das ist Ausrottung. Später, nach Kriegsende, verbessern sich die politischen Verhältnisse. In fast allen Bereichen aber werden sie mehr und mehr zu Fremden und bleiben Faschisten. Als sich die Grenzen öffnen, verkaufen viele ihren Besitz und ziehen nach Deutschland zu ihren Wurzeln. Hier sind sie in der Bevölkerung nicht willkommen! Sie werden als Fremde behandelt und „Russen“ genannt. Dieser Name hält sich lange in der Bevölkerung und ist auch heute, nach mehr als 35 Jahren, noch zu hören. Wegen des ihnen anhaftenden Fremden werden sie abgelehnt.

Nur Wenige bedenken, dass die Leute in einer anderen Kultur und unter hier nicht bekanntem politischen Einfluss aufgewachsen sind.

Die ehemaligen Aussiedler sind tot. Die Rückkehrer sind ihre Kinder und Enkel. Die kennen Deutschland nicht und selten die deutsche Sprache. So kommen Deutsche mit Illusionen aus einem fremden Land in ihre Heimat nach Deutschland. Heute sind sie in den meisten Fällen sprachlich nicht mehr zu unterscheiden. Sie lassen sich zu Handwerkern, Technikern und Ingenieuren ausbilden. So können ihre Anfänge leicht vergessen werden. Sie sind eine Bereicherung und keine Fremden. Diese Menschen gehören zu uns. Trotzdem gibt es einen Mangel: Die Jüngeren, die als Fremde gekommen sind, haben kaum Interesse am Leben ihrer Vorfahren in Mittelasien. Sie fragen selten die Alten:

„Wie war es damals bei euch?“ Sie vermitteln damit den Eindruck:

„Was haben wir mit eurem Leben im damaligen Russland zu tun?“ Sie haben scheinbar vergessen, dass viele von ihnen in dem fernen Land geboren wurden, und dass dort ihre Kinderbetten gestanden haben. Fragt man die Alten danach, blicken sie traurig. Vielleicht kann

„Nach Osten, immer geradeaus“

manche der jungen Leute interessieren und so eine neue Verbindung knüpfen.

Zwischen Taiga und Altai

Kapitel eins

Dämmerung breitet sich über das Land und danach schwarz die Nacht. Auch der Fluss liegt im Dunkeln. Später wird der sich mit seinem kleineren Bruder in dem viele tausend Jahre alten Bett, in dem er von seiner Quelle nach Westen strömt, vereinen, um nach vielen Werst mit seinem endgültigen Namen „Jennisej" als mächtiger Strom nach Norden fließen und ins Eismeer münden. Goghus-Khan, Herrscher der Bulut, sitzt am Ufer inmitten von Schilf auf einem Stein. Zarte Töne erzeugt der Wind, als zupfe jemand eine Saite, um danach mit Brausen in seine Ohren zu dringen. Das Rauschen des Wassers übertönt meistens das Gewisper im Röhricht. Der Herrscher hat einige Störe gefangen, die zur Kühlung in einem Jutesack im Wasser liegen.

Er muss nicht für Nahrung sorgen. Das erledigen seine Frauen. Vor allem seine junge Gemahlin, mit der er frisch verheiratet ist. Unweit von seiner Jurte stehen die Zelte der beiden ersten, mittlerweile älteren Ehefrauen. Einige Töchter haben sie ihm geboren, aber keinen Sohn. In seiner Nähe wohnt auch seine Mutter Schipar und in weiteren Jurten die Dienerinnen. Elf Jurten bilden den Aul der Familie aus der Sippe des Khans am Rande0 einer ausgedehnten Gebirgstundra im Altaigebirge.

Goghus-Khan quälen schlimme Gedanken wegen der Gekun, dem Brudervolk im Norden. Die haben ihre Weidegründe in der Taiga und auf den Tundren der Weiten Sibiriens. Die Ting-Ling und Sojoten leben im Osten. Mit ihnen gibt es keine Spannungen. Eine Ahnung sagt Goghus-Khan, dass sich im Norden etwas verändert hat.

„Verdunkelt sich im Norden bei den Gekun drohend der Horizont?" Kurgez-Khan regiert dieses große Volk. Die Aule stehen verstreut, nach Sippen getrennt, in der weiten Ebene des sanft hügeligen Landes, im Norden des Altai. Beide Stämme, Gekun und Bulut, sind Nomaden, die mit ihren Herden umherziehen. Im Sommer errichten sie auf den höher gelegenen Weiden ihre Jurten und im Winter in den geschützten Tälern. Seit vielen Sommern herrscht Frieden unter dem Brudervolk und es gibt keine Feindschaft. Aber im Dunkel dieser Nacht redet Goghus-Khan in Sorge mit seinem Freund, dem Fluss:

„Wir haben Frieden mit den Gekun und sind reich. Große Herden von Pferden, Rindern, Kamelen, Schafen, Yaks und Ziegen weiden auf den weiten Bergsteppen. Wir sind Nomaden. Eines Tages wird mein Stamm weiter nach Osten, näher an den Oberlauf der Quellflüsse, ziehen, bevor der Raum zu eng wird. Die Chinesen nennen uns das wilde Bergvolk, weil wir immer den Weiden, dem Wasser und den Jahreszeiten folgen. So machen es auch die Gekun. Wir bauen keine Städte, leben in Jurten und betreiben keinen Ackerbau. Ausgedehnte Freiheit hat unser Volk. Weil wir ungebunden sind, durchstreifen wir das weite Land. Doch wegen der Gekun mache ich mir momentan große Sorgen. Regelmäßig sind wir in vielen Sommern vom Süden in den Norden gezogen und die Gekun zu uns in den Süden. Wir feierten Feste, veranstalteten Wettkämpfe und haben unsere Kräfte bei Ringkämpfen, Bogenschießen, Rennen und anderen Spielen gemessen. So pflegen wir den Kontakt. Große Einmütigkeit und gefestigte Freundschaft verbindet uns. Doch nun macht sich Misstrauen breit. In kurzen Abständen kommen Boten der Gekun zu uns, die sich über Diebstähle an ihren Herden beklagen. Sie beschuldigen meine Hirten. Die sollen da eingefallen sein und Vieh gestohlen haben."

Goghus-Khan glaubt nicht an die Untreue seiner Männer und stellt den Vorwurf der Ankläger infrage. Vor alter Zeit, nachdem die Kirgisen zerstreut und unsere Stämme in den Altai getrieben waren, hat der Vorfahr vom Stamm Bulut, und ebenso der Urahn vom Stamm Gekun, ein Zeichen gesetzt. Sie waren Brüder in bestem Einvernehmen. Wie es aus der Geschichte der Juden über Abraham und Lot bei der Landverteilung berichtet ist, haben sie entschieden: Gehst du zur Rechten, gehe ich zur Linken und gehst du zur Linken, so gehe ich zur Rechten. Jeder hat dem anderen den Vortritt für sein Volk und die Herden gelassen. Der Bulut entschied sich für das Altaigebirge und der Gekun für die weiten Tundren der Taiga. So wurde den folgenden Generationen für immer die Heimat festgeschrieben. Schon acht Mal schenkte der Tenir den jeweiligen Khanen erstgeborene Söhne. Sie wurden die neuen Herrscher, und die Stämme lebten bis heute in Harmonie. Es gab nach dem Wunsch der Urväter keinen Streit. In jedem Frühling feierte man das Kurbanfest. So zogen manches Jahr die Sippen nach Norden in die Taiga oder nach Süden in den Altai. Dabei sind auch die Mädchen von den jungen Männern mit dem Ziel der Hochzeit umworben worden. Der Frieden der beiden Stämme war festgewurzelt. Nun zeigt es sich aber, dass sich bei der wachsenden Bevölkerung der Gekun und den immer größer werdenden Herden der Bulut Begehrlichkeit breitmacht.

„Wie kann ich dem begegnen?“, fragt besorgt der einsame Mann den Fluss. Der aber schweigt. Das ist jedoch nicht seine einzige Sorge. Noch etwas bereitet ihm Kummer. „Meine ersten Frauen haben mir nur Töchter geschenkt. Noch verfüge ich über Manneskraft und bin nicht müde. Meine Haare nehmen zwar allmählich die Farbe der weißen Mandelblüte an. Doch der Kopf bringt noch klare Gedanken hervor, und meine Augen sehen wie die des Adlers. Das alles wird eines Tages nicht mehr sein. Wer wird dann mein Volk führen? Schon jetzt ist überall Zwietracht zu spüren. Insgeheim strecken einige meiner Fürsten ihre Hände nach dem Khanat. Wird mir meine junge Gattin den ersehnten Sohn schenken? Tarsan, der Schamane, hat mich zu dieser dritten Heirat gedrängt. Er hat mit der Urmutter und den Geistern im Tenir gesprochen. Sie fordern von mir diesen Schritt. Noch einmal erwacht in meinem für die Liebe schon fast erkalteten Leib und Herzen das Feuer der Jugend. Es lodert wild. Nun umgibt mich meine junge Frau“, erzählt er leise dem wilden Wasser.

In Gedanken versunken überhören seine sonst so wachsamen Ohren das Geräusch sich nähernder, weicher Schritte. Im letzten Moment wendet er sich um und erkennt im Nachtschatten seine junge Frau Aischa. Sie tritt hinter ihn und legt sanft ihre Hände auf seine Schultern. „Mein Gebieter, in der Jurte bin ich einsam. Bald wirst du mich verlassen und nach Norden zu den Gekun reiten. Viele Monde wird es dauern, bis du zurückkommst, und meine Einsamkeit wird wachsen und wachsen. Niemand wird mich trösten. So komme ich jetzt zu dir an den Fluss, um hier in der Einsamkeit der Nacht von dir Abschied zu nehmen.“ Geschmeidig lässt sich Aischa neben ihrem Gemahl in das weiche, dicke Gras sinken, das üppig auf der schilffreien Fläche den Boden bedeckt und lehnt sich vertraut an ihn. Der Mann spürt das Besondere dieser Stunde. Eine Weile ist es still zwischen den Liebenden. Jedoch quälen den Khan Gedanken an den ersehnten Sohn. Ohne dass er sich dessen bewusst ist, sagt er: „Ich habe nur Töchter, aber wer wird später den Stamm führen und als Khan der Bulut mein Nachfolger sein? Trauer wohnt in meinem Herzen. Allmählich ergraut mein Haar und eines Tages endet auch meine Kraft." Als hätte Aischa diese Worte erwartet, lehnt sie sich noch enger und sinnlicher an ihren Mann. Sie öffnet den mit einer Silberschnalle geschmückten Gürtel ihres langen Chalats und bietet sich ihrem Mann dar. „Mein Geliebter, ja, du brauchst einen Sohn, der in Zukunft deine Tage erhellt. Komm zu mir", flüstert sie in sein Ohr. Goghus-Khan spürt das Feuer der Liebe im Leib seiner jungen Frau, welches auch ihn entflammt. Es scheint ihm, als glühe der Boden unter ihnen, und das am Fluss üppig gewachsene Gras droht durch die Hitze ihrer Liebe zu welken.

„Deine Lenden sind stark. Ich werde dir einen wunderbaren Sohn schenken", haucht sie. „Er wird ein großer Khan werden, klüger und mächtiger sein als du es bist." Lange liegen sie im Gras, halten sich umschlungen, sprechen von der gemeinsamen Zukunft und der ihres Sohnes. Ein Lichtstreifen, einem gewaltigen Feuerschein gleich, erhebt sich über die schneebedeckten Gipfel des Altai; erst schmal, dann breiter werdend, an Kraft und Feuer gewinnend. Das gleißende Licht ändert sich in blutrote Flammen, wird allmählich dunkler und jähe Blitze brechen hervor. Dann springt plötzlich der Mond über den Gipfel, formt sich zur glühenden Scheibe und verblasst allmählich von Rot über das satte Gelb des Goldes zum schimmernden Weiß des Silbers. Die Nacht erhellt sich. Das Nachtgestirn steigt höher, auch über die Liebenden, welche die Veränderung kaum wahrgenommen haben. Mit Schrecken erheben sie sich. Sie haben Angst vor dem Anblick des Mondes. Sie dürfen den die Erde bescheinenden nicht direkt ansehen und bedecken eilig die Köpfe mit Kleidern. Das schützt sie vor dem grausamen Blick der „Alten im Mond", sonst zählt sie ihre Haare und sie müssen bald sterben. Das matte Licht des Sternenhimmels weicht dem sanften Schein des Mondes, der die Erde in milchige Helle taucht.

„Ja, du bist jung und wirst mir einen Sohn mit besonderen Talenten schenken. Er soll ein mächtiger Khan werden und mit Kraft und Weisheit regieren, und ich werde in Frieden in den Tenir zu den Ahnen auffahren. Der Himmel segne dich." Goghus-Khan, nicht an zarte Reden gewöhnt, flüstert in dieser Stunde diese Worte Aischa zu. Lange bleiben sie beieinander. Erst als der Mond am Horizont verschwindet, verabschiedet sich seine Gattin. Ein tiefes Glücksgefühl füllt ihr Herz in Erwartung des Kommenden. Aischa nimmt den Jutesack mit den Fischen, geht zurück zur Jurte und lässt sich zufrieden auf ihr Lager gleiten. Halb schlafend sagt sie noch: „Die Fische können bis Morgen warten."

„Ich werde Boten nach Norden schicken", beschließt Goghus-Khan.

„Sie sollen unser Kommen ankündigen. Beim fünften Sonnenaufgang werden wir reiten. Bis dahin gibt es noch viel zu besprechen. Der Frieden unserer Völker ist wegen der Klagen der Gekun gefährdet. Sind meine Hirten wirklich Viehdiebe? Ich will sie zusammenrufen und mit ihnen darüber sprechen. Sie sollen schildern, was sie wissen. Ich brauche ihre Meinung. Was sollen wir antworten, wenn unsere „Brüder" im Norden nach unserer Schuld fragen. Wir sollten mit ihnen reden. Sind wir schuldig, müssen wir eine Strafe auf uns nehmen."

Am Morgen lässt Goghus-Khan die Trommeln schlagen. Die Ausrufer verbreiten die Nachricht des Khans. Alle Begs, Ältesten, Fürsten und Heerführer und viele Mädchen im heiratsfähigen Alter, sowie Hirten und Krieger haben zu erscheinen. Neben dem Fluss ist bei Sonnenuntergang der Treffpunkt. Für Goghus-Khan und dem Schamanen ist ein erhöhter Sitzplatz vorbereite. Den Abendwind im Rücken schallt die Rede des Khans gewaltig in die Ohren der Versammelten: „Mein Volk, meine Vertrauten, wir gehören zum Stamme Bugu, auch wenn wir uns Bulut nennen. Wir verehren noch heute und hoffentlich für alle Zeiten unsere Urmutter, die eine gehörnte Hirschkuh war. Aus ihr ist der Stamm Bugu hervorgegangen. Wir sind ihre Nachkommen. Somit hat sich auch an uns die alte Weissagung erfüllt: „Möge deine Sippe sich vermehren". Wir ehren und achten unsere Ahnen und bringen ihnen Opfer. Durch den Schamanen wird in uns der Ahnengeist wachgehalten, und an unserem Volk wird sich auch künftig der Segensspruch der Urahnin erfüllen. Wir sind ein starkes Volk geworden, unsere Herden zählen viele hunderttausend Stück Vieh aller Gattungen, und wir haben Frieden. In unseren Jurten liegen Schätze in Gold, Silber und Edelsteinen von unseren Beutezügen. Wertvolle Teppiche aus China und Buchara bedecken die Wände und Böden unserer Zelte. Wir sind reich. Sollte uns je ein Feind angreifen, sind wir auch zum Kampf bereit. Aber die vielen guten Jahre dürfen uns nicht zu Kopf steigen. Es darf keine Überheblichkeit und Zanksucht aufkommen. Vielleicht aber sind einige von uns Diebe geworden."

Goghus-Khan erhebt sich. Kräftige Gebärden seines Körpers haben die Worte unterstrichen. Der Schamane stimmt zu. Machtbewusst nickt er zu den Worten des Herrschers. Der Khan fährt fort:

„In immer kürzeren Abständen kommen berittene Boten zu uns. Die Hirten des Khanats Gekun berichten von Diebstählen meiner Hirten. Sie sollen Tiere aus ihren Herden geholt und sie unter unsere gemischt haben. Alle Tiere haben ein Brandmal an Ohren oder Flanken. Jeder Hirte kennt sein Vieh. Sind meine Hirten Viehdiebe, ist das ein Unrecht. Leicht kann es zum Krieg mit unseren „Brüdern" im Norden kommen. Aber nicht nur unsere Hirten machten sich demnach des Viehdiebstahls schuldig, sondern auch die der Gekun. Die Hirten, die den Frieden stören, werden bestraft." Mit diesen Worten erreicht der Khan die Zuhörer.

„Damit es nicht zum Kampf kommt, stimmen wir darüber ab, wie wir die Krise lösen. Aus unserem Volk sollen junge Mädchen und Männer im heiratsfähigen Alter Büßer für die Untaten sein. Ebenso aus dem Volk der Gekun. Sie sollen gegeneinander in einen Wettstreit treten. Das soll die Strafe sein.

Nachdem die Sonne viermal aufgegangen ist, reiten wir nach Norden und werden dort für den Frieden streiten. Außer den jungen Leuten begleiten uns der Schamane, einige meiner Vertrauten und 2000 Krieger. Vorher wird uns der Schamane, im Geist der Urahnen segnen. Er wird unser Friedensträger sein. Wir müssen damit rechnen, dass wir beschuldigt werden. Wir werden auch Kurgez-Khan seinen Viehraub nachweisen. So machen wir uns gegenseitig schuldig. Das wird eine schwierige Verhandlung. Gebt mir nun eure Zustimmung für das Vorhaben." Lauter Beifall besiegelt den Vorschlag.

Bevor Goghus-Khan nach Norden reitet, besucht er Aischa, um noch einmal von seiner jungen Frau Abschied zu nehmen. Er will mit ihr einige Tage verbringen. Tarsan bittet dringend um ein Gespräch. Er sorgt sich um die Zukunft. Als Schamane ist er für den Stamm mitverantwortlich:

„Was willst du und warum störst du unseren Abschied?", empört sich der Herrscher. Dann gehen sie in die schlicht ausgestattete Jurte.

„Großer Khan, ich habe bei einem Gespräch mit den Geistern den Hinweis erhalten, dass wir wachsam sein sollen. Ich fürchte, dass uns im Norden Gefahr droht. Kurgez-Khan sieht begehrlich auf uns. In deiner Jurte lacht noch kein Sohn. Ohne Nachfolger bist du schwach. Der Viehraub ist nur ein Vorwand, um einen Anlass gegen dich zu haben. Wir müssen aufpassen." Goghus-Khan winkt ab.

„Die Warnung der Ahnen ist ernst zu nehmen", beharrt Tarsan.

„Wir werden unsere „Brüder" im Norden beobachten. An das Gute wollen wir glauben."

„Heute fällt mir der Abschied schwer", sagt der Khan in der letzten Nacht traurig zu Aischa. Etliche Monde werden vergehen, bis unsere Aufgabe erfüllt ist."

„Du bist traurig, mein Gatte. Auch ich bin es, und ich bin voller Vorahnung auf ein kommendes Unheil", entgegnet Aischa sorgenvoll.

„Ich will dir das Herz nicht schwermachen, aber ich hatte letzte Nacht einen Traum. Darin habe ich mit deinem Sohn gesprochen, der in meinem Leib heranwächst. Schon jetzt, noch bevor er geboren wurde, ist er ein kluger Mensch. Er sagte zu mir: „Sei auf der Hut, Aischa, meine Mutter, nach dir will der Feind greifen." Ich wollte deinen Sohn noch etwas fragen, aber mehr sagte er nicht."

Voll schlechter Vorahnung umfasst sie zitternd ihren Gemahl.

„Wer ist dieser Feind?", fragt sie angsterfüllt.

„Ich weiß es nicht, aber ich werde Wachen um deine Jurte stellen, niemand darf dir etwas zuleide tun. Sorge dich nicht."

„Ich danke dir", antwortet Aischa. Sie stehen noch eine Weile umschlungen zusammen. Dann geht Goghus-Khan besorgt zu Schipar. Sie ist Witwe und führt ein einsames Leben, aber im Hintergrund ist sie die wahre Herrscherin. Sooft der Sohn Sorgen hat, besucht er sie und bittet um Rat.

„Mutter, ich werde für eine Zeit nach Norden reiten. Zwietracht, Streit oder vielleicht auch Krieg drohen uns. Ich habe Sariev angewiesen, mich während meiner Abwesenheit zu vertreten. Er hat den Oberbefehl. Sariev wird sich mit dir beraten und dann entscheiden. Er wird die Krieger zum Kampf bereithalten. Sollte es jedoch eine Gefahr geben, wird Scherpek auf seinem schnellen Pferd nach Norden reiten und uns Nachricht bringen. Die

Dschigiten sind zum Kampf bereit. Ihr seid hier sicher." Schipar sieht ihren Sohn dankbar an:

„Wo lauert die Gefahr?"

„Ich weiß es nicht. Aischa ist von unserem Sohn gewarnt worden. So habe ich nicht nur Angst um unser Volk, sondern auch um Aischa, unseren Sohn und dich."

„Reite unbesorgt. Sariev ist zuverlässig. Er hat dich als kleinen Jungen das Reiten gelehrt, ebenso das Bogenschießen. Als du ein Jüngling warst, seid ihr bei den Kämpfen Seite an Seite geritten und er hat dich beschützt. Er wird auch jetzt, wenn es eine Gefahr geben sollte, richtig entscheiden."

Der Khan weist eine Horde Krieger an, Tag und Nacht wachend seine Familie zu umgeben. Vor allem um die Jurte Aischas. Er droht ihnen mit dem Tod, falls sie ihre Pflicht nicht ernst nehmen.

Am nächsten Tag reitet Goghus-Khan mit seinem Gefolge. Die Sorge begleitet ihn:

„Wer ist dieser Feind? Wir haben überall Neider und es werden immer mehr. Der Segen der Ahnen hat uns reich gemacht. Das sehen auch unsere Widersacher."

Er denkt viele Monde zurück.

„Hat es ein Ereignis gegeben, das Anlass zur Sorge gibt? Vor langer Zeit haben sich etwa 200 Krieger mit ihren Frauen, Kindern, ihrem Hab und Gut auf Kamelen unter der Führung des Fürsten Sarjak nach Westen auf den Weg gemacht. Später wurde der Fürst ihr Khan, und der Stamm bekam seinen Namen.", denkt Goghus-Khan.

„Sie zogen in Frieden, neue Weidegründe im dschungarischen Alatau zu suchen. Von ihnen kann die Gefahr nicht kommen. Wo aber lauert sie?" Eine Antwort findet er nicht.

Er reitet.

„Meine Kundschafter sind immer in allen Richtungen unterwegs und bringen mir die neuesten Nachrichten.

Sie berichten mir alles. So weiß ich immer, wo es Gefahren gibt. Meine Nachbarn sind keine Feinde, sondern halten guten Kontakt." Das sind seine Gedanken. Trotzdem quält ihn Unruhe.

„Von Scherpek weiß ich, dass Mongolen im Süden der Wüste Gobi als raubende und mordende Horden unterwegs sind. Sie überfallen Dörfer, töten alle oder verschleppen sie als Sklaven. Aule wurden niedergebrannt und das Vieh gestohlen. Kommt von dort die Gefahr?“ Er weiß keinen Rat und die Angst vor dem Ungewissen bleibt.

„Gut, dass zuverlässige Wachen Aischa beschützen“, beruhigt er sich.

beruhigt er sich. Seit Tagen sind sie unterwegs als ihnen Reiter begegnen. Er erkennt Tulanbeg, den Schamanen der Gekun mit Gefolge.

„Seid willkommen, lässt Kurgez-Khan ausrichten. Wir bringen euch Geschenke und Grüße unseres Herrschers. Seid herzlich willkommen im Norden.“ Goghus-Khan beschenkt die Abordnung ebenfalls und dankt für die Einladung.

„Es ist Zeit für eine Rast“, kündigt er an. Schnell ist ein geeigneter Platz gefunden. Eine große Pause beginnt. Goghus-Khan will damit die Freundschaft festigen. Er lässt einige Schafe und Rinder schlachten. Am Abend brodelt in den Kesseln das Festmahl. Drei Tage lang wird ausschließlich Fleisch verzehrt und große Mengen Kumys getrunken. Die Schamanen haben sich als Boten des Tenir zurückgezogen. Sie halten Zwiesprache mit den Ahnen. Tulanbeg stellt viele lauernde Fragen an seinen Amtsbruder Tarsan, die der oft arglose beantwortet. Sein Denken ist trotz der Warnung vor Gefahren frei von Falschheit und Hinterlist. Für ihn gilt nur; der Friede muss erhalten bleiben.

Listig wird er gefragt: „Wann wird endlich für euer Khanat der Sohn geboren?“ Tarsan hält sich mit der Antwort zurück.

Am vierten Tag bewegt sich der Zug weiter. Nichts lässt auf Feindseligkeit schließen. In Harmonie reiten nördliche und südliche Männer in die Weiten der Taiga. Die Reise verläuft ohne Zwischenfälle. Nach vielen Tagen kommt ihnen Kurgez-Khan entgegen und begrüßt die Gäste. Sie verneigen sich in der üblichen Zeremonie, indem sie die Arme über der Brust kreuzen.

„Ich heiße meinen „Bruder“ und seine Begleitung in der Taiga willkommen. Seid solange unsere Gäste, wie ihr es wünscht.“

„Ich danke meinem „Bruder.“, erwidert Goghus-Khan. Der erkennt in seinen Augen keine List:

„Ich kann darin keine Mord- und Kriegslust oder anderes lesen", denkt er.

„Die Begegnung wird sicher friedlich verlaufen." Es folgt eine erneute Rast. Die Khane treffen sich zu kurzen Unterhaltungen, bei denen auch die Schamanen anwesend sind.

„Mein „Bruder" wird allmählich älter und hat noch keinen Sohn als Nachfolger für die Herrschaft über sein Volk", sagt Kurgez-Khan.

„Dein Haar verändert seine Farbe und deine Kraft wird nicht bis in die Ewigkeit dauern. Wer soll nach deinem Tod dein Volk führen?" Goghus-Khan antwortet nicht. „Warum fragt er das? Was ist seine Absicht? Lauert in seine Augen nicht doch Gier?" Dann antwortet er:

„Der Tenir hat in seiner Weisheit bereits einen Plan beschlossen. Nun gilt es, das Schicksal abzuwarten."

„Mir ist berichtet worden, die Ahnen haben dir eine junge Gemahlin verordnet. Sie soll bereits in deiner Jurte wohnen. Sicher ist das der Ausweg, den der Tenir für dich vorgesehen hat." Kurgez-Khan guckt seinen Gegenübern listig an.

„Vielleicht ist es so", nickt der Angesprochene. Tulanbeg folgt aufmerksam dem Gespräch. Die Khane tauschen weitere Gedanken aus und sind um Verständigung bemüht. Bei Goghus-Khan vertiefen sich die Bedenken. Nach diesem Gespräch verbringen die Herrscher die meiste Zeit mit ihren Beratern. Nur Tulanbeg sucht zu den Bulut Kontakt und treibt sich fragend bei den Begleitern Goghus-Khans herum. Was will er wissen? Auch ist er oft bei Tarsan. Für Goghus-Khan bleibt viel Zeit über sich, seine Zukunft und Aischa nachzudenken.

„Wie mag es ihr gehen?" Er denkt an das Gespräch mit ihr. Die letzte Unterhaltung geht ihm nicht aus seinem Sinn. Zweimal ist bereits der volle Mond strahlend über dem Gebirge erschienen, und jeden Tag geht die Sonne auf. Der gesamte Trupp macht sich erneut in Richtung Norden auf. Nachdem es weitere zehnmal Tag geworden ist, erreichen sie die ersten Aule. Neugierig läuft das Volk zusammen und folgt den Reisenden bis zur Residenz ihres Khans.

Für die Gäste wurde das Dorf vergrößert. Viele Jurten sind errichtet worden. Die Krieger schlafen im Freien. Auf einem großen Platz zwischen den Jurten wollen sich die Gäste mit den Gekun versammeln. Am ersten Tag ruft der Khan alle Anwesenden zur Begrüßung zusammen. Kurgez-Khan beginnt:

„Mein „Bruder“ Goghus-Khan, Tarsan, ihr Fürsten, Begs, Heerführer, Krieger und Hirten, seid uns in unseren Aulen willkommen. Die Feuer brennen und in den Kesseln kocht das Fleisch. Wir wollen das Wiedersehen feiern. Bleibt hier, solange ihr wollt. Nachdem die Sonne vier Mal aufgegangen ist und an dem Tag ihren höchsten Stand haben wird, werden wir uns auf diesem Platz erneut treffen, um uns zu besprechen. Ich bin sicher, dass es auf alle Fragen eine gute Antwort geben wird und die Streitpunkte geklärt werden. Bis dahin vergnügt euch mit Essen, Kumys, Spielen und Feiern.“

In den Tagen bis zur Versammlung treffen sich die Khane nicht. Der vereinbarte Morgen grüßt mit Sonnenschein und mildem Wind. Das ist ein gutes Zeichen. Auf der höchsten Erhebung sind thronartige Sitzplätze für die Herrscher und Schamanen errichtet worden. Darunter lagern sich die Dschigiten. Der sanfte Wind im Rücken des Redners trägt seine Worte weit in die Reihen der Zuhörer, als Kurgez-Khan seine Ansprache beginnt:

„In langer Kamlanie haben Tarsan und Tulanbeg in Zwiegesprächen mit den Geistern unserer Ahnen diese Versammlung vorbereitet. Wir werden nun im Geist unserer gehörnten Urmutter und unserem Urahn dieses Treffen beginnen, damit der Frieden unserer Völker gefestigt wird. Die Schamanen haben die Geister angerufen, mit den Fetischen ihre Gunst erbeten. So sind wir bei diesem Treffen an unsere Herkunft erinnert worden und an den besonderen Ernst dieser Stunde. Lasst uns nun in Ruhe und Besinnung reden, denn was gesagt werden muss, soll gesagt werden.“

Goghus-Khan macht sich Gedanken über die Worte Kurgez-Kahns, und dabei überkommt ihn eine Vorahnung. Wird der Frieden der beiden Völker sicher sein? Er hat schon vorher die zwanzig beschuldigten Hirten und eine gleiche Anzahl Mädchen um sich versammelt um noch mehr zu erfahren, was sie von den Viehdiebstählen wissen und dabei erlebt haben. Einer der Männer ist der Sprecher:

„Wir lagerten uns nach Einbruch der Dunkelheit wie immer um die Feuer. Vorher trieben wir die Herden zusammen. Fünf Männer, die alle zwei Stunden abgelöst wurden, haben sie bewacht. So war die Herde jederzeit unter Aufsicht. Oft haben Wölfe oder Bären versucht, in sie einzudringen. Jeder Wächter hat ein Horn, mit dem er bei Gefahr ein vereinbartes Signal bläst. So waren die Räuber leichter zu vertreiben Aber in einer Nacht sind drei Wächter von Viehdieben angefallen und zu Boden geschleudert worden. Sie blieben betäubt liegen. Danach fehlte ein Teil der Herde. Einer blies das Horn. Mit der sofortigen Suche erreichten wir nichts. Die Diebe und das gestohlene Vieh waren bei der Dunkelheit verschwunden. Raubtiere konnten es nicht gewesen sein, da sonst großer Lärm entstanden wäre. Wir wissen nicht, wer uns angegriffen hat. Danach gibt es auf die gleiche Art noch weitere Überfälle. Wir waren überzeugt, dass es die Gekun gewesen sind. Jedes Mal haben wir uns auf die Suche gemacht. Der trockene Boden gab uns keine Spuren. So kehrten wir erfolglos zurück. Verärgert entschlossen wir uns, in der Dunkelheit unsere Herden von den Feinden zurück zu stehlen. Nach einigen Tagen wussten wir, in welcher fremden Herde unsere Tiere weiden. Wir holten unsere Tiere zurück und fühlen uns im Recht."

Goghus-Khan runzelt die Stirn. Er macht sich seine Gedanken über das gehörte. Also auch seine Hirten sind Diebe. Sie haben sich unberechtigt zurückgeholt, was ihnen gestohlen worden ist. Das ist ebenso Diebstahl, wie ihn die Gekun begangen haben. Das müssen wir in der Versammlung bekennen und unsere Mitschuld eingestehen. Auch ihr müsst für eure Tat büßen", beendet der Khan die Sitzung.

In der Frühe des vierten Tages, als der Nebel noch über die Täler wabert, beginnt munteres Treiben. Beim höchsten Stand der Sonne hat sich der Platz gefüllt. Erwartung schwebt über den Versammelten. Wieder nehmen alle ihre Plätze ein.

Kurgez-Khan ist in einen mit Goldfäden bestickten Chalat gehüllt. Seine Arme sind mit Goldreifen geschmückt und der Hals mit einer goldenen Kette. Das hebt seine Würde. Stehend bittet er um Ruhe. Mit Bedacht beginnt er seine Rede. Darin wird die Viehdieberei so geschildert, als seien die Bulut die einzigen Schuldigen. Dafür erhält er viel Beifall und seine Leute klatschen. Goghus-Khan und seine Begleiter schweigen. Durch Blickkontakt sucht der Khan Zustimmung. Doch bei Goghus-Khan, dem Schamanen und den übrigen sieht er nur Kopfschütteln.

„Warum sollen sie den Diebstahl, den sie nicht als Erste begangen haben, gestehen?“, fragen sie sich. Doch allmählich beruhigen sich die Zuhörer und es wird auf dem Festplatz still. Nun ergreift der Schamane Tulanbeg das Wort. Mächtig schallen seine Worte:

„Wir haben die Rede unseres großen Khans gehört und jeder weiß nun, dass unsere „Freunde“ in Wahrheit unsere Feinde sind! Sie sind schuldig! Wer in unsere Herden eindringt und Vieh stiehlt, ist schuldig! Mit ihrem Schweigen haben sie ihre Schuld bestätigt. Sie müssen dafür bestraft werden. Ich habe mit den Geistern unserer Ahnen gesprochen, die das bestätigt haben. Großer Khan, nun lass uns über die Strafe sprechen. Sie muss hart sein, denn jeder weiß jetzt, dass sich der Menke-Kökö-Tenir von Goghus-Khan und seinem Volk abgewandt hat. In vielen Generationen haben die Frauen der Khane im Norden und im Süden ihren Völkern Söhne geschenkt. So bestanden die Khanate weiter. Nur Goghus-Khan hat keinen.“ Der Schamane macht eine Pause. Nun erhebt er beschwörend die Arme.

„Hat Goghus-Khan einen Sohn?!“, brüllt er.

„Nein! Er hat keinen!“, schallt es dröhnend zurück. Das Volk ist aufgehetzt.

„Er ist mit drei Gattinnen verheiratet“, fährt er fort, „und sein Haar ergraut allmählich, aber einen Sohn hat er nicht. Die Geister haben sich nicht nur von Goghus-Khan abgewandt, sondern er ist für die Gerechtigkeit blind und nicht in der Lage, mit Weisheit sein Volk zu führen.“ Tumult bricht los. Die Menschen aus dem Norden begleiten die Rede des Schamanen mit lautem Geschrei und klatschen. Die Gäste aus dem Altai schweigen erneut betreten. Dann erhebt sich eine wilde Empörung und es scheint, als gingen die Zuhörer aufeinander los. Mit zufriedener Mine über seinen Redeerfolg nimmt Tulanbeg Platz. Er hat erreicht, worauf er in den letzten Wochen hingearbeitet hat. Die ausgestreute Zwietracht ist aufgegangen.

Sofort erhebt sich Goghus-Khan. Er spürt die Feindschaft. Ihm ist bewusst, sie ist nicht jetzt entstanden, sondern besteht seit Langem. Seine Befürchtung gibt ihm Recht. Jetzt kommt es auf ihn an. Nur mit klaren Worten kann er überzeugen. Er gibt das Zeichen, dass er den Vorrednern antworten will. Was jetzt gesagt werden muss, ist für die Zukunft beider Völker entscheidend. Die Gekun verhalten sich aggressiv gegen seine

Leute. Kurgez-Khan springt von seinem Sitz auf und mit mächtiger Stimme verschafft er sich Gehör.

„Ihr habt gehört, was ich gesagt habe und auch die Rede von Tulanbeg vernommen. Nun hat unser „Bruder“ aus dem Altai das Wort.“ Goghus-Khan, beginnt seine Rede mit Bedacht.

„Mit dem, was ich heute zu sagen habe, will ich mich und mein Volk nicht unschuldig machen. Aber was zu sagen ist, muss jetzt gesagt werden.“ Ausführlich schildert er die Klagen der nordischen Hirten. Ebenso auch, was er von seinen Männern weiß. Er stellt fest, dass es auf beiden Seiten Viehdiebstähle gegeben hat.

„So habe ich nicht gezögert über die Fehler, die auf beiden Seiten gemacht wurden, zu sprechen. Wir sind mitschuldig. Wir stellen jetzt nicht die Frage, wer mit den Diebstählen begonnen hat, also mehr Schuld trägt, sondern wir wollen helfen, den Frieden zu erhalten. Fest steht, dass die Hirten auf beiden Seiten Fehler gemacht haben. Wir wollen eure Herden nicht. Ihr klagt uns an, aber wir machen ein Angebot, denn die Schuldigen müssen bestraft werden.“ Einige Gekun lassen schuldbewusst die Köpfe hängen.

„Es ist momentan die Wahrheit, dass ich noch keinen Sohn als Nachfolger habe“, fährt er fort, „aber der Tenir und die Ahnen haben zu mir gesprochen und so ist auch meinem Khanat ein Nachfolger verheißen.“ Angespannt kämpft er um den Frieden. Die Leute haben sich beruhigt. Nur Tulanbeg ärgert sich. Die Rede des Khans gefällt ihm nicht. Heimlich verlässt er seinen Platz. Niemand achtet auf ihn.

„In beiden Khanaten gibt es jeden Sommer große Trockenheit. Menschen und Tiere leiden“, fährt Goghus-Khan fort. „Das Wasser, das uns der Tenir schenkt, fließt aus den Gletschern des Altai überall ins Land, aber an unseren Weiden vorbei. Die Almen und Steppen, auf denen unsere Herden weiden, bleiben trocken. Das Vieh ist unser Vermögen. Wir rechnen unseren Reichtum nicht in Geld, wie es die Türken tun, auch nicht in Gold und Silber nach dem Vorbild der Chinesen. Die Herden sind unser Vermögen. In jedem Jahr verhungern und verdursten Tiere. Das müssen wir ändern. So ist mir in schlafloser Nacht von den Ahnen der weise Gedanke geschickt worden, wie das möglich ist. Ich kenne zwei Gräben im Altai, die vom Süden nach Norden als natürliche Wasserrinnen verlaufen. Die könnten weiter ausgegraben werden, sodass über Abzweige Wasser auf unsere Weiden fließt. Zwei Gräben sollen es sein, einer für die Gekun und der andere für uns Bulut. So erhalten wir unseren Reichtum."

Es ist still geworden bei den Zuhörern. Alle kennen das Problem der Trockenheit und erkennen an, dass Goghus-Khan Recht hat. Zustimmendes Gemurmel erhebt sich. Stimmen werden laut und einer der Fürsten stellt die Frage:

„Wie soll das geschehen?" Der Khan ist erfreut, dass nicht zuerst die Frage nach Schuld und Unschuld gestellt wird. Er bemerkt auch, seine Rede ist verstanden worden.

„Mit mir sind zwanzig Mädchen und die gleiche Anzahl Hirten in den Norden geritten. Das sind die Männer die an dem Diebstahl beteiligt waren, nachdem vorher eure Hirten uns beraubt haben. Dadurch haben sie sich schuldig gemacht und werden dafür büßen. Die Mädchen gehen freiwillig mit ins Gebirge. Auch die Hirten aus dem Norden sollten sich zu dieser Strafe bekennen und sich den Viehdieben aus dem Süden anschließen; ebenfalls zwanzig von jedem Geschlecht. So werden die Mädchen und Männer in einen Wettstreit treten und feststellen, wer als Erster mit dem Graben fertig ist. Die Konkurrenz zwischen beiden Gruppen soll sich in Liebe wandeln, dass sich neue Paare bilden. Das festigt unsere Freundschaft." Goghus-Khan schweigt, um seine Worte wirken zu lassen. Er sieht Kurgez-Khan fragend an. Der erhebt sich, um zu antworten. Ihm ist nicht aufgefallen, dass Tulanbeg sich weggeschlichen hat. Seine Meinung will er hören. Dass er weg ist, irritiert ihn. Unsicher antwortet er auf Goghus-Khans Rede.

„Freunde und „Brüder" aus dem Süden, wir haben vernommen, dass ihr euch als Schuldige bekennt. Es ist lobenswert, dass ihr eine Strafe auf euch nehmen wollt. So können wir nicht anders, als ebenfalls zu bekennen, dass auch meine Hirten Tiere gestohlen haben. Wir nehmen den Vorschlag an. Aus meinem Stamm werden ebenso viele Mädchen und Männer bestraft. Die Diebstähle erfolgten nicht aus Hunger, sondern Übermut. Wir stimmen dir auch zu, dass in jedem Jahr eine Anzahl Tiere an Hunger und Durst sterben. Wir Nomaden haben keine Vorräte für Winter und Dürre. Werden die Wassergräben verbreitert und verzweigt, gibt es in der Zukunft weniger

Ausfälle. Aus dem Altai fließt Wasser genug für uns alle.“ Die Zuhörer besprechen das Gehörte. Kurgez-Khan beendet die Versammlung.

„Heute beginnt ein großes Fest wie in den vielen Vorjahren und es soll zehn Tage dauern. Außerdem wollen wir uns bei Kampf und Spiel messen.“

Wieder brodelt am Abend vor jeder Jurte der Fleischkessel. Kumys wird geschlagen und jeder stopft in sich hinein, was eben möglich ist. Bei wilden Spielen, Wettrennen und Ringkämpfen messen die Dschigiten ihre Kräfte. Für die Sieger gibt es Preise in Gold und Silber, auch edle Pferde sind zu gewinnen. Niemand ermüdet und so dauern die Vergnügungen über die gesamte Zeit.

Nach der Versammlung hat sich die Menge zerstreut. Tulanbeg hält sich in der Nähe auf und hat die Reden der Khane aus seinem Versteck gehört. Sein Zorn wächst. Er geht in seine Jurte. Hier sucht er die Magie in der Stille und versenkt sich in Trance. Dabei hantiert er mit Fetischen, den Knochen des Wolfes, springt und beginnt rhythmisch zu tanzen, in dem er seinen Körper extasisch hin und her bewegt. Das Amulett aus Silberplättchen und Knochen des Adlers an seinem Hals verbreitet Geräusche. Seine Lippen formen sich zu immer den gleichen beschwörenden Worten, mit denen er die Ahnen anfleht. Tulanbeg fühlt sich im Recht. Umso größer ist seine Enttäuschung über die Reden der Khane.

„Ihr Mächtigen, die ihr vor uns in den „Menke-Kökö-Tenir“ gezogen seid, hört meine Klage: Der Khan der Bulut verdirbt unser Volk. In seiner Jurte wohnt kein Sohn. Wer soll das Volk der Bulut führen, wer seine Herden bewachen? Soll der Vater die Töchter in den Kampf gegen die Feinde schicken? Seine Frauen haben ihm nur Mädchen geboren. Er ist mit dieser Brut von euch verworfen worden! Auf ihm ruht nicht die Gunst des Himmels. Nun ist er gekommen, uns zu betören. Wir sollten ihn noch heute töten, damit sein Volk und Vieh uns gehören. Unsere Hirten haben sich richtig verhalten, aus seinen Herden Tiere zu stehlen. Diese Schakale müssen sterben.“ Langsam füllt sich die Jurte. Männer mit finsteren Blicken nehmen wortlos auf dem Boden entlang der Wand Platz und warten, bis Tulanbeg mit ihnen redet. Keuchend und erschöpft fällt er zu Boden, wo er lange liegt. Dann sagt einer der Krieger:

„Er muss sterben.“ „Eine junge Frau wohnt in seinem Zelt. Die wird ihm einen Sohn gebären“, sagt ein anderer, und schürt den Hass.

„Das darf nicht geschehen“, schreit der Schamane. „Sie muss sterben!!“

„Ja, die neue Frau muss getötet werden und auch das Kind in ihrem Leib.“

„Soll ich es tun?“ Einer der Männer erhebt sich und tritt neben Tulanbeg. Ohne die Antwort abzuwarten, sagt er bestimmt:

„Ich werde es tun. Heute Nacht, im Schutz der Dunkelheit reite ich mit zwölf Kriegern in den Altai.“ Allmählich entfernen sich die Besucher. Es ist alles besprochen und sie sind mit der Entscheidung einverstanden.

Ein anderer Mann verlässt wortlos die Jurte. Niemand achtet auf ihn. Es ist Orospek. Er hat sich vor vielen Sommern bei einem Fest im Altai in eine Frau aus dem Stamm der Bulut verliebt und sie geheiratet. Die Familie lebt mit drei Söhnen in einer großen Jurte. Seit dieser Zeit gibt es oft Besuche bei der Familie seiner Gemahlin. Orospek fühlt sich seinen Verwandten sehr zugetan. Heute ist er Zeuge einer Verschwörung, eines geplanten Mordes geworden. Er muss etwas tun. Er schleicht sich, immer auf Deckung bedacht, bis zu den Jurten des Goghus-Khan und seines Schamanen Tarsan. Wie ein Dieb blickt er sich um. Auch in das Zelt des Khans schaut er, ob sich dort kein Fremder aufhält. Wird Orospek entdeckt, ist das sein sicherer Tod. Nachdem Orospek die Jurte des Khans betreten und er ihm alles berichtet hat, ist dieser nicht überrascht. Er hat das Verhalten der Gekun richtig eingeschätzt. Das sind nicht seine Freunde. Die Gekun wollen ihn vernichten. In Orospek aber erkennt er einen Freund und bedankt sich für die Nachricht. Goghus-Khan ruft Tarsan und den Fürsten Talasbeg, ein fähiger Heerführer. Nach der Besprechung sagt er zu Talasbeg: „Reite in den Süden, hinauf in den Altai, bringe Aischa, meinen Sohn und meine Familie an einen geheimen, sicheren Ort. Bereite mit dem Fürsten Sariev die Verteidigung vor und kommt dann mit den übrigen Kriegern im Eilmarsch hierher zurück.“

Vor den verstreut stehenden Aulen sitzen feiernd, schmatzend, rülpsend und saufend Männer, Frauen und Kinder um die Fleischkessel und Kumys Schläuche. Was für ein Tag. Die Unmäßigkeit macht sie müde und faul. Sie vermuten keine Gefahr.

EMIL GÄTJENS

NACH OSTEN, IMMER GERADEAUS

TAUSEND JAHRE SIND VOR DIR WIE EIN TAG UND WIE EINE NACHTWACHE

ROMAN

Irdische Zeiten und Entfernungen sind endlich. Wer weiß heute noch wie es war, als die Menschen auf fliegenden Pferden die Weiten Mittelasiens durchstreiften, sie die Sprache der Tiere verstanden haben und eine gehörnte Hirschkuh die Urmutter eines Volkes war? Das Rad der Zeit dreht sich im Roman zurück. Es wird das Leben der Menschen betrachtet. Man erhascht einen Blick auf die pittoreske Natur mit ihren Gebirgen, Seen, Wüsten, Strömen und Steppen. Viele Völker treten ins Rampenlicht und verschwinden wieder. Ein bunter Reigen. Die deutschen Siedler sind nicht vergessen. Etwa 250 Schicksalsjahre leben sie auf fremder Erde. Sie kehren zurück in ihre Heimat zu ihren Wurzeln und man nennt sie hier Russen. Sie kommen in die Gegenwart, in das Heute.

RediromaVerlag

erhältlich im Buchhandel, bei Amazon.de und
direkt beim Rediroma-Verlag

ISBN 978-3-96103-602-8

15,95 Euro (D)

Zur gleichen Zeit ziehen vierzig Mädchen und ebenso viele Hirten nach Süden in den Altai. Es ist ihnen nicht wichtig, zu welchem Stamm sie gehören. Es sollen sich Paare bilden. Mit einigen Werkzeugen und einer Herde Vieh sind sie bald den Blicken der Zurückgebliebenen entschwunden; und für immer vergessen. Noch ist es Nacht.

Talasbeg rast dem Altai entgegen. Die Mähne seines Renners weht wie eine Fahne im Wind. Vom Maul fliegen Schaumflocken auf den trockenen Boden der Tundra. Einen Hengst schleppt er als Ersatzpferd an der Leine, eine Stute folgt freiwillig. Weit in der Ferne steigt der Mond über dem Gebirge auf und ein mattes Licht weist den Weg. Ohne Pause rast die kleine Schar dahin. Kein Hindernis kann ihnen den Weg verstellen.

„Es wird sicher zum Kampf kommen zwischen den Gekun und den Bulut", denkt Talasbeg. „Für eine Rast ist keine Zeit, sonst werden die dreizehn Krieger der Gekun, die Tulanbeg nach Süden geschickt hat, vor mir dort ankommen. Hoffentlich halten die Pferde dieses Tempo durch."

Er überdenkt einen möglichen Schlachtplan.

„Wie wichtig ist es gewesen", geht es ihm durch den Sinn, „mit meinen Kriegern immer wieder den Ernstfall zu üben. Sie sind trainiert und in wenigen Stunden mit ihren Pferden kampfbereit. Doch zuerst gilt es, die Familie des Khans in Sicherheit zu bringen." Stunde um Stunde geht die wilde Jagd weiter.

Es ist Mittag und die Sonne steht hoch am Himmel. Sie brennt unbarmherzig auf Mensch und Tiere. An einem Bach wird kurz gerastet. Die Pferde brauchen Wasser. Sofort geht es weiter. Die Angst, die Feinde könnten das Ziel früher erreichen, schnürt ihm fast die Kehle zu. Er schont sich und die Tiere nicht. Noch bevor es Abend ist passiert das Unglück. Sein treues Pferd bricht tot zusammen. Noch im Sturz springt er aus dem Sattel und rollt zur Seite. Er löst die Leine, mit der der Hengst angebunden ist. Sein treuer Renner hat alles gegeben, sogar sein Leben.

„Nur nicht aufhalten lassen, schnell weiter", hämmert es im Schädel des Fürsten; und schon besteigt er den Hengst, während die Stute wie bisher gehorsam ohne Leine folgt. Der Fürst reitet nicht mehr in stolzer Haltung. Die ist ihm verloren gegangen. Nach vorne gebeugt, fast liegend und sich krampfhaft an der Mähne haltend, liegt er zu Tode erschöpft auf den Hals des Tieres. Der Kopf schmerzt wie nach einem schweren Schlag. Immer wieder verliert er das Bewusstsein, und droht vom Pferd zu stürzen.

„Durchhalten!“, hämmert es in den Schläfen. Zum zweiten Mal wird es Nacht. Da, ein Bach. Verlockend hört er das Rauschen. Es darf nicht sein, dass noch ein Pferd zu Tode strauchelt. Er gleitet aus dem Sattel und fällt erschöpft auf den harten Boden. Die Tiere wanken zum Wasser und saufen. Der Mond verbreitet mildes Licht. Ein Geräusch schreckt den Fürsten auf. Er weiß nicht, wie lange er ohne Bewusstsein war. Er spürt am Boden leichtes Vibrieren, wie rhythmisches Hämmern. Das Dröhnen kommt näher. Jetzt ist er hellwach und erkennt das Trampeln vieler Hufe.

„Das sind Reiter“, stellt er fest. Eilig sucht er mit den Pferden Deckung. Mit gewaltigem Brausen nähern sie sich und reiten direkt an seinem Versteck vorbei. Die Spitze bildet Sariev. An seiner Seite reitet Scherpek. Talasbeg springt aus seinem Versteck und gibt sich zu erkennen. „Ihr seid Bulut!“, schreit er in die Nacht.

„Ein ganzes Heer!“ Die Dschigiten halten an. Sariev und Scherpek erkennen Talasbeg. Nach der kurzen Begrüßung sagt Sariev:

„Aischa, die junge Frau unseres Khans, hatte einen Traum, den sie auch Schipar, ihrer Schwiegermutter erzählte. Beide sind voller Sorge. Aischa erzählte, dass der in ihrem Bauch wachsende Sohn des Khans sie gewarnt hat. „Mutter“, hat er gesagt, „es gibt Krieg. Schütze dich.“ Sariev machte eine Pause. Dann sagte er:

„Wir wussten nicht, was zu tun ist und so haben wir entschieden, nach Norden zu reiten. Und was hast du zu berichten, Fürst Talasbeg?“

„Der Schamane der Gekun, Tulanbeg, hat den Tod Aischas beschlossen. Dreizehn Krieger sind auf dem Weg zu ihr, um sie zu töten. Sie glauben, dass sie den erwarteten Sohn des Goghus-Khans unter ihrem Herzen trägt. Dann wollen die Gekun Krieg gegen unser Volk führen, uns zu Sklaven machen und die Herden stehlen. Wie viele seid ihr?“

„Wir sind zehn Mal hundert Krieger. Einige Herden folgen.“

„Reitet weiter und kommt Goghus-Khan zur Hilfe. Die braucht er dringend, er ist in großer Gefahr. Aischa und die Familie des Khans werde ich an einen geheimen Ort im Altai bringen, dann den Befehl erteilen, die Aule zu verlassen und mit Frauen, Kindern, Greisen und Vieh nach Osten zur Selenge zu ziehen. Nun aber gilt es, keine Zeit zu verlieren. Der „Tenir“

segne dich und unser ganzes Volk.“ Schnell sind die Hufschläge des Heeres verklungen, und der Fürst galoppiert erneut in rasendem Tempo nach Süden. Bevor die Mörderrotte den Altai erreicht, haben sich die Menschen aus verstreut liegenden Aulen um die Jurten Aischas und Schipars versammelt. Sie ängstigten sich und einige machten sich bereits auf den Weg zur Selenge. Als Talasbeg im Lager ankommt, handelt er sofort. Überlegt gibt er Befehle und bald sind die Jurten menschenleer. Einige Zelte werden abgebaut und auf Kamele verladen, leider nicht alle. Die Zeit drängt. Lang ist die Schlange von Menschen und Vieh, die sich im Dunkel ostwärts wälzt. Als der Mond untergeht, sind sie in Sicherheit. Im Morgengrauen erreichen die dreizehn Gekun-Krieger ihr Ziel. Sie schreien vor Wut und Enttäuschung. Wilde Flüche schallen durch das Tal. Sie sollten Aischa töten. Nun aber sind die Aule und Zelte verlassen. In ihrer Ohnmacht zünden sie die leeren Jurten und alles, was durch Feuer zu vernichten ist, an. Die flüchtenden Bulut auf dem Weg zur Selenge sehen erschaudernd am nächsten Abend hinter sich den glutrot gefärbten Himmel. Er verbindet sich mit dem Leuchten der untergehenden Sonne im Westen. Einige Krieger begleiteten den Stamm auf seiner Flucht. Die meisten Recken aber wollen bei dem Kampf im Norden dabei sein und folgen Sariev und Scherpek.

Kurgez-Khan sitzt mit dem Schamanen Tulanbeg und weiteren Würdenträgern zur Beratung in der Jurte des Khans. Der Schamane berichtet dem Herrscher von seiner Entscheidung, dreizehn Krieger in den Altai geschickt zu haben. Unbeherrscht springt Kurgez-Khan auf, brüllt ihn wütend an, reißt sein Krummschwert aus der Scheide und will ihn töten. Im letzten Moment besinnt er sich.

„Warum hast du das getan?“, fragt er, etwas beruhigt.

„Es ist doch in deinem Sinn, großer Herrscher. Goghus-Khan hat keinen Sohn, er ist alt, und so wird ihm keiner mehr geboren. Du bekommst dadurch Macht über die Bulut. Ihre Frauen, Kinder und Männer werden deine Sklaven sein, und das Vieh gehört dir. Es wird keinen Krieg geben, wir werden sie überraschen und ohne lautes Getümmel töten. Bald gehört dir alles.“ Der Khan sieht Tulanbeg mit Gier in den Augen an. Das Schwert senkt sich.

„Ja, wir werden reich und mächtig sein“, murmelt er zustimmend. Die Zuhörer stimmen zu.

„Jetzt haben wir keine Eile“, sagt er noch. „Lasst uns erst feiern. Am letzten Tag werden wir Goghus-Khan, seinen Schamanen und seine wenigen Krieger vernichten. Dann ziehen wir nach Süden.“ Tulanbeg ergänzt noch:

„Den Rest erledigen deine Krieger gerade im Altai.“

Das Fest nimmt seinen Lauf. Es wird gefressen und gesoffen. Nur die Krieger der Bulut sind zurückhaltend. Sie ahnen den Überfall und warten auf die Verstärkung. Goghus-Khan hat heimlich Orospek gerufen.

„Du hast mir von der Verschwörung der Gekun berichtet. Bist du auch ehrlich zu uns, können wir dir vertrauen?“, fragt er vorsichtig.

„Ja, großer Khan, das kannst du. Ich bin deinem Volk sehr zugetan. Prüfe mich. Was soll ich tun?“

„Reite mit zwei Dschigiten nach Süden und komme mit dem Heer zurück. Die Hilfe wird dringend gebraucht.“ Kundschafter und Meldereiter informieren Sariev und Scherpek über den Feind. Bald darauf sind sie am Ziel. Von dem Ritt Orospek, Verstärkung zu holen, sind sie auch unterrichtet worden. Mit Orospek an der Spitze trifft bald die Verstärkung bei Sariev ein, der weit vor der feindlichen Linie wartet. Boten bringen Goghus-Khan und seinen 2000 Kriegern heimlich die Nachricht. So sind die Recken im Lager der Gekun und draußen das Heer zum Angriff bereit.

Das erste Grau des frühen Morgens liegt im Dunst und dichter Nebel wabert über dem Tal, als beim letzten Schrei des Nachtvogels Fürst Sariev von außerhalb und Goghus-Khan vom Lager aus die Gekun angreifen. Betrunken vom Kumys, feist und vollgefressen liegen sie schlafend neben den Jurten. Der Angriff kommt überraschend und viele Feinde werden getötet. Der Rest kann fliehen oder wird gefangen. Nach dem Sieg ziehen die Bulut nicht zurück zu ihren alten Weideplätzen, sondern folgen dem Volk in die Selenge.

Ein Reiter jagt, hinter Büschen und Felsen in Deckung, durch die Nacht. In Jurten drängen, sich verängstigte Menschen. Der Reiter gibt sich zu erkennen:

„Ich bin Usenov, der Sohn Kurgez-Khans. Einer der wenigen Gekunkrieger, die im Kampf überlebt haben. Wir müssen uns sammeln“, muntert er die Verängstigten auf: „Schwärmt aus, sucht nach weiteren Verstreuten und kommt nach Norden, dahin, wo der große Jennisej am breitesten ist.“

Jeder kennt den Sohn des im Kampf gefallen großen Khans. Einen Moment hatten sie Angst vor dem nächtlichen Reiter. Es werden keine langen Reden gehalten. Schnell wird das bisschen, was ihnen geblieben ist, auf Kamele geladen. Die Familien machen sich auf den Treck. Usenov stürmt weiter.

„Es sind nicht viele übriggeblieben", denkt er. Usenov weiß, dass er zum neuen Khan gewählt werden wird. Er ist der älteste Sohn. Seine Leute sind wieder hoffnungsvoll. Sie brauchen einen starken Führer. Wenn er einen Aul verlassen hat, reiten Männer in die Nacht hinaus und suchen nach weiteren Flüchtigen. Immer öfter begegnet Usenov solchen, die mit ihrer Habe auf Kamelen und Yaks, dem Rest ihrer Herden und den Kindern nach Norden ziehen. Die Männer suchen weiter. Die gesammelte Schar wächst, und bald wälzt sich ein Menschenstrom an das Ufer des breiten Flusses. Dort in der Tundra und in dem weiten Land entsteht ein Aul neben dem anderen. Frauen errichten Zelte und Jurten. Sie sind wahre Baumeister, und bald ist fast alles, wie es vor dem Kampf gewesen ist. Früher waren die Gekun ein großes, starkes, reiches Volk. Jetzt sind sie nur noch Wenige. Der Krieg hat viele Opfer gefordert. Von den Herden ist wenig übriggeblieben. Für Usenov wurde eine Jurte errichtet. Er ist schon jetzt der Führer. Mit den Getreuen; Ältesten, Fürsten und Heerführern, die sich retten konnten, hält er die erste Beratung.

„Tulanbeg, unser Schamane, wurde wie der große Khan von den Feinden erschlagen", beginnt er seine erste Rede. „Es fehlt uns ein geistlicher Berater und ein Khan. Bevor ein neuer Schamane in unseren Reihen wirkt, sollen die Ahnen befragt werden. Der Sohn Tulanbegs, Seidalie, kommt als Erster für dieses hohe Amt infrage. Er soll in seiner Jurte mit den Geistern der Ahnen reden, soll in Trance die Kamlanie durchführen und uns später sagen, welchen Entschluss die Ahnen gefasst haben." Die Versammlung stimmt zu.

„Bis eine Entscheidung getroffen ist, werde ich als Erbe des Kurgez-Khan, als sein ältester Sohn, euer Befehlshaber sein. Aber auch hierzu sollen die Ahnen das letzte Wort sagen." Immer neue Gruppen des verstreuten Stammes treffen ein und weitere Dörfer werden gegründet. Krieger üben im Manöver gegeneinander. Waffen werden geschärft und erneuert. Sie wollen gerüstet sein, falls ein erneuter Angriff erfolgen sollte. Nachdem die Sonne fünf Mal aufgegangen ist, verlässt Seidalie sein Zelt. Während der gesamten Kamlanie hat er nichts gegessen, hat nur Wasser getrunken. Erschöpft und wankend tritt er vor Usenov. Langsam hatte er sich erholt. In großer Eile und voll Erwartung versammelt sich das Volk und die Ältesten um Seidalie.

„Haben die Ahnen mit dir geredet, und ist eine Entscheidung gefallen?“, fragt Usenov.

„Ja!“

„Wer soll unser neuer Schamane sein? Haben sie dich auserwählt?“

„Ja!“, sagt Seidalie mit fester Stimme.

Jubel bricht los. Seidalie ist beliebt. Seit seiner Kindheit hat er seinem Vater Tulanbeg bei der Arbeit geholfen und alles gelernt, was für das Amt als Schamane wichtig ist. Er ist ein Wissender geworden und vermittelt zwischen der geistlichen und materiellen Welt. Als Medium ist er Wahrsager und Heiler und wird bei Krankheiten und wichtigen Entscheidungen mitwirken. Bei der Kamlanie versetzt er sich in Trance und wird so in die Sphäre der geistlichen Welt versetzt. Er kennt seine Aufgabe. Kranke wird er heilen und die Rituale um Tod und Sterben erfüllen. Böse Geister austreiben, so wie Wahrsagen und Zaubern werden zu seinen Aufgaben gehören. Das hat ihn sein Vater Tulanbeg gelehrt. In feierlicher Zeremonie wird Seidalie von den Ältesten zum Geistlichen der Gekun geweiht. Dann muss er sofort den Beweis seiner erworbenen Fähigkeit erbringen. Nur er kann im Sinne der Ahnen in die Zukunft sehen. Die Fürsten und Ältesten erheben sich und der älteste Greis fragt ihn:

„Wer soll der neue Khan unseres Volkes sein?“

„Die Ahnen haben keinen Augenblick gezögert und bestimmt, dass du, Usenov, unser nächster Führer sein sollst.“

Weit erschallt der Jubel über die Tundra! Der Schamane Seidalie, die Ältesten, Fürsten und Heerführer verbeugen sich vor Usenov. Das Volk der Gekun erkennt ihn als neuen Khan an. Zum Zeichen seiner Würde wird er auf den Thron, aus den Fellen weißer Kamelfohlen, gehoben. Er ist nun der neue Herrscher über die Gekun im Land des großen Jennisej in der Taiga.

Burkut, der Adler

Kapitel zwei

Die Verschwörung des Schamanen gegen die Bulut führt zu dem Kampf. Es war ein Zwang, dem sich niemand mehr entziehen konnte. Nun ist er vorbei. Die Gekun sind besiegt. Bei der Schlacht bleibt Goghus-Khan unverletzt. Kein Pfeil und keine Lanze haben ihn getroffen. Aber seine Seele ist verwundet. Jetzt reitet er mit seinem Heer nach Süden. Zu Tode erschöpft hängt er im Sattel und hält sich nur mit großer Mühe aufrecht.

Er hat sich wild in das Getümmel gestürzt, mit der Keule um sich geschlagen und mit der Lanze gnadenlos den Gegner erstochen. Plötzlich steht im Kampf sein „Bruder“ Kurgez-Khan vor ihm. Den Arm mit der Keule hat er schon zum tödlichen Schlag erhoben. Im letzten Moment erkennt er ihn. Bruchteile einer Sekunde sieht er ihm in die Augen. Dann hat er sich entschieden! Kraftlos sinkt sein Arm sinkt mit der Waffe herunter.

„Meinen „Bruder“ töte ich nicht“, flüstert er, und die Khane fallen sich im Getümmel des Gefechtes in die Arme. „Verzeih mir, Bruder“, sagt Goghus-Khan leise, und beide wissen, dieser Kampf ist sinnlos. Plötzlich erzittert der Körper des Gekun in seinem Arm und sinkt röchelnd auf den blutdurchtränkten Boden. Der Speer eines Feindes hat ihm den Rücken durchbohrt; bis ins Herz. So ist er in Goghus-Khans Armen gestorben.

„Die Ahnen haben uns verlassen“, schreit Tulanbeg entsetzt, als er seinen Khan fallen sieht. Sein Arm mit dem erhobenen Speer senkt sich wie ein schlaffes Segel. Er sieht den Bulut Krieger nicht, der im Zweikampf die Keule schwingt und dann seinen Schädel zertrümmert.

Als müsse Tulanbeg zweimal sterben, rammt ein anderer Krieger dem Schamanen den Speer in den Rücken. Doppelt getroffen stürzt er röchelnd zu Boden. Die Gekun sind führerlos. Ihre Fahne sinkt. Sie geraten in Panik. Grauen überfällt sie bei der plötzlichen Wende des Kampfes und viele flüchten. Erbarmungslos werden noch weitere erschlagen. Die Erde ist vom Blut der Gefallenen gefärbt.

Goghus-Khan freut sich nicht über den Sieg, er fühlt sich als Besiegter. Es bedrückt ihn, gegen das Brudervolk gekämpft zu haben. Bis zuletzt hat er sich um Frieden bemüht, aber seine Pläne wurden von Tulanbeg durchkreuzt. So blieb nur noch der Kampf. Die Gekun haben große Verluste. Das Schlachtfeld ist übersät mit Toten und Verletzten.

Schon sitzen Geier auf den Bäumen, die rund um die Lichtung den freien Platz säumen. Der Geruch von Blut und Tod hat die Aasfresser angelockt. Sie warten geduldig auf ihre Beute. Mit ihren weißen Köpfen sind sie dauernd

in Bewegung und schlagen mit den Flügeln. Unter ihrem Gewicht biegen sich die Äste. Mit gierigen Augen starren sie auf die Leichen. Sofort nach dem Abzug der Bulut stürzt sich die gierige Meute herab und hält ein schauriges Mahl. Schließlich breitet die Dunkelheit mitleidsvoll ihr nachtschwarzes Tuch sanft über den Ort des Grauens. Nach dem Abzug der Bulut wagen sich die Gekun aus der Deckung und suchen ihre Verwundeten, um ihnen zu helfen. An den Gefallenen verrichten sie den letzten Dienst und begraben sie. Den Verwundeten helfen sie beim Transport. Gefallene Bulut bleiben auf dem Schlachtfeld liegen. Verletzte Bulut werden von den Gekun mitleidlos erschlagen und den Geiern und Wölfen überlassen.

Die Sieger erreichen mit ihrer Beute und den Gefangenen die Selenge. Das Volk sieht erstaunt den Kummer im Gesicht des Khans und versucht, ihn aufzumuntern. Sie verdrängen seine dunklen Gedanken mit stürmischem Empfang, denn in ihren Augen ist er der große Sieger.

Goghus-Khan aber wartet ungeduldig auf seinen Sohn und will sich mit den Frauen in die Jurte Aischas zurückziehen. Als hätte Aischa auf seine Heimkehr gewartet, ist jetzt ihre Zeit gekommen, in der sein Sohn geboren werden soll. Er springt wie von aller Müdigkeit befreit vom Pferd und will zu ihr. Von vielen Frauen umringt, wird der werdende Vater zurückgedrängt. Sein Platz ist jetzt nicht bei seiner Frau. Der Tenir hat ihm die Antwort geschickt, die durch Tarsan vorhergesagt worden ist. Ihm soll jetzt der ersehnte Thronfolger geboren werden.

„Ich will bei der Geburt meines Sohnes dabei sein!“, schreit er unbeherrscht über den Platz. Aber die Frauen und seine Mutter Schipar versperren ihm den Weg. Die Mutter nimmt ihren Sohn in den Arm. Tränen laufen über ihre Wangen.

„Du kannst jetzt nicht in das Zelt. Heute gehört es den Frauen. Deinen Sohn kannst du später sehen und ihn auf deinen Armen tragen.“ Schließlich ist er einsichtig. Ihm sind die Augen feucht, so sehr bewegt ihn der Augenblick.

„Komm in meine Jurte, großer Herrscher“, sagt Fürst Sariev.

„Deine Töchter, Schipar und die weiße Frau helfen Aischa in ihrer schweren Stunde.“ Goghus-Khan folgt Sariev.

„Mein Sohn wird einen großen Namen bekommen“, denkt er.

„Später soll er als großer Khan der Bulut auf dem Thron aus den Fellen weißer Kamelfohlen sitzen.“ Einen Augenblick bleibt er vor dem Zelt stehen und sieht zum Himmel. Ein Adler zieht hoch oben seine Kreise und er hört den Ruf des Jägers.

„Der ist stark, er erhebt sich von der Erde und erkennt seine Beute aus großer Höhe. So soll mein Sohn werden, so mutig, alles mit klarem Blick erkennend. Ich werde ihn „Burkut, der Adler“ nennen. Diesen Namen hat mir gerade der „Menke-Kökö-Tenir“ eingegeben“, flüstert er.

Unruhe erfasst vor der Jurte Aischas die Menschen. Aischas Schreie sind zu hören. Sie schallen über den freien Platz. Das große Ereignis hat begonnen. Endlich wird der neue Khan geboren. Aufgeregt geht der Herrscher in der Jurte Sarievs auf und ab. Die Zeit scheint still zu stehen. Warten ist nicht seine Stärke. Er denkt:

„Jeden Tag gebe ich Befehle und sie werden sofort ausgeführt. Über mein Warten auf den ersehnten Sohn aber kann ich nicht befehlen, jetzt muss ich mich dem Schicksal ergeben. Einmal werden auch die längsten Stunden enden.“ Schipar verlässt endlich die Jurte Aischas. Sie geht weinend auf ihren Sohn zu und umarmt ihn:

„Mein Sohn, weine vor Freude, deinem Volk wurde gerade der neue König geboren.“ Goghus-Khan fällt auf die Knie, hebt die Hände in die Höhe und ruft:

„Ich danke dem Tenir, den Ahnen und unserer Urmutter. Möge mein Sohn der Größte werden, ein kluger Khan meines Volkes.“ Lange verharrt er in dieser Stellung. Dann erhebt er sich, und geht glücklich in das Zelt der Mutter. Aischa empfängt ihn mit den stolzen Worten:

„Ich habe soeben einen Löwen geboren, sein erster Schrei war wie das Gebrüll des Leu, und die Erde erzitterte.“ „Schicke fliegende Boten in alle Winde“, sagt er zu Scherpek.

„An alle: unsere Sippen, Blutsverwandte, Khane und Stämme. Sie sollen wissen, dass der große Herrscher der Kirgisen im Altai geboren wurde. Sag auch, dass Goghus-Khan, der König im Altai, sie als Gäste willkommen heißt. Wir werden ein großes Fest feiern, prunkvoll wird es sein, damit der Name meines Sohnes, ‚Burkut, der Adler‘ von Generation zu Generation über das weite Land fortklingen wird. Schicke auch Boten zu den Gekun im Norden!“

Aischa hörte die Worte ihres Gemahls:

„Mein Gebieter, unser Sohn braucht auch einen Namen, mit dem ich ihn rufen kann. Er wird mit anderen Kindern spielend herumtollend und aufwachsen. Oder sollen ihn alle mit seinem Ehrennamen ansprechen? So wird er heißen, wenn er als großer Khan auf deinem Thron sitzen wird. Bis dahin soll sein Name Kaskarbei sein; „Sei so stark wie ein Wolf“. „Es stimmt, er braucht auch einen Namen, mit dem er im Aul gerufen wird. Kaskarbei ist ein guter Name.“ Vierzig Boten schwärmen aus.

„Reitet mit ausgebreiteten Flügeln“, sagt Goghus-Khan. Voller Gefahren sind die weiten Wege über das Gebirge, durch Wüsten und Steppen. Sie eilen durch den Tien-Schan, den die Chinesen Himmelsberge nennen, kommen zum Isyk-Kul und der Gegend der langen, flachen Talkessel im Gebirge, dem Gebiet von Bar-Baluk, der Bergschlucht Kulanak im Tien-Schan, dem Kyr-Köl. Auch zum Jungfrauensee und dem Siebenstromland bis hin zu den Tälern der Flüsse Talas, Tschüy, Ill, Ur-Maral, Naryn und Syr-daja, sowie dem bis weit zum Sonnenuntergang sich erstreckenden Ala-Too-Gebirge. Dem Fergana Tal, der Hungersteppe, nach Turkestan und zu den Usbeken, dem Land der Kasachen und Uiguren. Auch zu der mongolischen Wüste reiten sie. Die Boten laden auch die Sojoten und

Ting-Ling ein. Gut, dass er sich besonnen hat und sagte: „Reitet auch zu den Gekun im Norden, damit wir uns mit ihnen wieder versöhnen.“

Die große Jurte wird für die Gäste festlich geschmückt. Wertvolle Teppiche aus Buchara mit einmaligen Motiven sind auf dem Boden ausgebreitet und hängen innen an den Wänden. Außen zieren mit den nationalen Motiven der Kirgisen hergestellte Filzmatten das weiße, königliche Zelt. Links und rechts des prächtigen Eingangs flattern die Wimpel des Herrschers. Als Geschenke für die Gäste hält er Goldstücke, wertvollen Schmuck und Gefäße aus Gold und Silber bereit. Fein geknüpfte Seidenteppiche aus China und aus weicher Wolle junger Schafe, geknüpfte aus Persien und Samarkand, die er bei Raubzügen erbeutet hat, warten auf die Gratulanten. Aus den riesigen Herden werden zahlreiche Tiere für das Festmahl ausgesucht, und große Mengen Kumys vorbereitet. Für die Gäste werden Jurten errichtet. Das Fest für „Burkut, der Adler“ soll grandios werden. Nachdem der Mond sein volles Licht dreimal gezeigt hat, sind die Gäste eingetroffen.

„Seid mir alle willkommen. Feiert mit mir, solange ihr wollt“, begrüßt sie der Khan. Auch die Besucher bringen dem neuen König Geschenke. Trinksprüche in vielen Sprachen werden zu Ehren Kaskarbeis vorgetragen, denn nicht alle Gäste sprechen die gleiche Sprache. Länger als einen Monat dauert die Feier, als will sie kein Ende nehmen.

Unter den Gratulanten befindet sich auch Medet, der Khan des Stammes Mundus vom Fluss Talas, der von seinen Fürsten begleitet wird. Sie suchen das Gespräch mit Goghus-Khan.

„Wir sind in großer Bedrängnis. Von uns fordern die Chinesen jedes Jahr 100 Pferde als Tribut. Bevor Schnee und Eis in den Bergen zu Wasser werden, sollen wir sie über den Naryn und dem Ort Osh treiben, danach über das große Gebirge der aufgehenden Sonne entgegen. Unsere Herden sind klein. Woher sollen wir die vielen Tiere nehmen? Du bist ein großer Herrscher. Was sollen wir tun? Gib uns deinen Rat.“

„Lieber Bruder Medet, du bist nicht der Erste mit solcher Klage. Bei dieser Feier kommen viele Khane zu mir und sagen Ähnliches. Auch ich werde von den Chinesen bedrängt. Habt noch etwas Geduld, ich gebe unseren Freunden den Rat: die richtige Zeit, uns gegen die Chinesen zu wehren, ist noch nicht gekommen. Etwas Besseres kann ich dir momentan nicht sagen.“

„Ich höre, dein Rat ist weise. Ich werde warten.“ Medet druckst herum, ihn quält noch ein anderes Problem.

„Noch etwas bedrückt mich“, sagt er.

„Noch immer bin ich ohne Frau, aber du hast drei Töchter. Deine erste Tochter, die Prinzessin Aisulu mit dem hübschen Beinamen ‚Schöner Mond‘ ist mit dem Fürsten Sarjak verheiratet und mit seiner Sippe in die neue Heimat gezogen, wo er als Khan regiert. Darf ich dich bitten, deine jüngste Tochter, die Prinzessen Nasgül, als meine Gemahlin mit an den Fluss Talas zu nehmen? Sie ist so lieblich, dass sie den schönen Beinamen ‚Launische Blume‘ erhielt. Wenn uns der Tenir gnädig ist, werden wir dir viele Enkel schenken. Bist du einverstanden? Habe ich deine Zustimmung?“ Goghus-Khan freut sich für das Glück seines Kindes, und ohne sich zu besinnen, stimmt er zu.

„Seid ihr euch einig und habt ihr euch besprochen?“, fragt er noch.

„Ja, Nasgül will mich heiraten.“ Die Beschwerden über die Willkür der Khane Chinas und ihrer Vasallen häufen sich. Nach dem Fest reiten die Besucher zurück zu ihren entfernt liegenden Aulen und Weiden, denn sie sind alle Nomaden. Bei Goghus-Khan aber bleibt die Sorge um das große Volk der Kirgisen.

„Wir müssen uns einen, wenn wir stark sein wollen“, denkt er entschlossen.

„Durch die Khane des Kaisers in der großen chinesischen Stadt sind wir Unterdrückte. Unsere Sippen und Stämme verarmen, weil sie hohen Tribut zahlen und für die Chinesen Sklaven sind. Wir werden kämpfen und die Feinde besiegen.“ In seinem Gesicht zeigt sich wilde Entschlossenheit. Nun kehrt das normale Leben und die täglichen Pflichten zurück. „Geht und erkundet unser neues Land.“ Mit diesen Worten schickt er seine Treuen auf den Weg.

„Forscht, wo künftig unsere Herden Gras und Wasser finden und wo wir Brunnen graben können. Ich werde hierbleiben, mich von den Strapazen ausruhen und mich um meinen Sohn und Aischa kümmern.“ Nomaden brauchen für ihre Herden große Weiden und viel Wasser, wenn die Sippen mit ihrem wertvollen Besitz unterwegs sind. Im Sommer ziehen sie auf hoch im Gebirge gelegene Almen und weichen dadurch der fast unerträglichen Hitze aus. Unten, am Fuß der Gebirge, sind die besten Plätze für den Winter.

Nun sind drei Begs, angeführt von dem Fürsten Talasbeg und dem Späher Scherpek auf der Suche. Sie durchstreifen die Selenge. An einem Abend rasten sie im Schutz hoher Felsen. Die Nacht ist dunkel. Die romantische Abendstimmung nehmen sie nicht war. Sie achten auch nicht auf den Gesang der Nachtigall. Bevor sie ein Feuer anzünden, entfernt sich Scherpek einige Schritte vom Lager. Im Gebirge herrscht Ruhe, nur manches Mal sind Vögel zu hören. Er vernimmt klopfende Geräusche, und in seine Nase dringt vom Abendwind angeweht ein beißender Geruch.

„Was weht mir der Wind da entgegen.“, denkt er.

„Dieses Klopfen gefällt mir nicht.“ Vorsichtig geht er um weitere Felsen und sieht einige Männer um ein gedämpftes Licht hocken. Es ist ein Feuer, aber kein Lagerfeuer; dass er sieht. Es verbreitet keinen hellen Schein. Lange betrachtet er die Szene. Dann wird das Licht heller. Es leuchtet wie ein Irrlicht und reflektiert an den Felswänden mit gigantischem Schatten. Scherpek nimmt noch wahr, dass aus einem Stein eine grelle Flamme schießt. Der sonst furchtlose Mann verlässt fluchtartig seinen Platz, denn sowas hat er noch nie gesehen. Schnell geht er zu seinen Leuten zurück und erzählt von seiner Entdeckung. Ohne lange zu überlegen, begleiten sie Scherpek durch das Labyrinth der Felsen. Die schemenhaft erhellte Nacht weist ihnen den Weg. Die Fremden werden eine Zeitlang bei der Arbeit beobachtet. Sollen sich die Zuschauer zu erkennen geben? Dann gehen sie auf die Gruppe zu. Der unerwartete Gruß des Fürsten erschreckt die Männer. Einer von ihnen sagt:

„Du sprichst unsere Sprache? Seid ihr Bulut?“

„Ja!“, sagt der Fürst. „Aber ich kenne euch nicht, woher kommt ihr?“

„Wir kennen dich aber. Du bist Fürst Talasbeg und dieser ist Scherpek, der Späher mit dem fliegenden Pferd. Ihr seid schon alt und wir waren noch fast Kinder, als wir von den Gekun in den Altai zogen. Das ist lange her. Damals wurden viele Hirten und Mädchen in die Berge geschickt. Wir gehörten zu ihnen und sollten Gräben hacken. Demnach sind wir fünf eure

„Brüder“ und leben mit unseren Familien bei den Sojoten. Als damals einige ihrer Jäger uns im Gebirge beim Hacken und Graben fanden, fragten sie die Frauen:

„Wer seid ihr?“ Sie antworteten: „Kyrk-kys“, das heißt, wie ihr wisst, vierzig Mädchen. Bald stellen sie fest, dass unsere Sippen verwandt sind. So konnten wir mit unseren Familien bei ihnen bleiben. Auch die anderen Mädchen und Männer haben geheiratet und jetzt leben wir dort zusammen. Seit dieser Zeit nennen uns die Sojoten nur noch Kyrk-kys, also Kirgisen, da wir alle eine Urmutter haben. Von den Sojoten haben wir gelernt, Eisen aus Steinen zu schmelzen“, erzählt der Anführer weiter. „Daraus können Pfeilspitzen, Schwerter, Helme und Panzer gemacht werden; wie es auch die Chinesen tun. Die Steine, aus denen das Eisen geschmolzen wird, nennen sie Erz. Davon gibt es hier im Gebirge große Mengen. Wie ihr seht, haben wir gerade Erz geschmolzen.“ Die nächtlichen Besucher sind von dem was sie sehen und hören beeindruckt.

„Wir kommen im Auftrag des Goghus-Khan. Nachdem er die Gekun besiegt hat, die von ihrem Schamanen verraten wurden, sind wir in die Selenge gezogen, um vor ihnen in Sicherheit zu sein. Jetzt suchen wir neue Weiden. In dieser Nacht haben wir euch getroffen. Lasst uns gemeinsam rasten, Morgen sehen wir weiter.“ Die Männer beenden noch ihre Arbeit am Schmelzofen. Lange findet der Fürst keinen Schlaf. Viele Fragen bewegen ihn. Er betrachtet die Sterne, als gäben sie ihm Antwort.

„Eisen, davon hat er schon gehört. Wunderdinge werden berichtet von den harten, scharfen Waffen. Unsere Krieger werden damit im Kampf unschlagbar sein und jeden Feind besiegen“, denkt er. Im Altai wird es ruhig. Nur gelegentlich ist das Schleichen nächtlicher Jäger zu hören.

Lange dauert es, bis ihn die Müdigkeit in den Schlaf wiegt. Am Morgen betrachtet er das Wunderding genauer. Es ist ein runder, aus Lehmsteinen gemauerter Ofen. An einer Seite unten befindet sich eine kleine Öffnung. Aus der ist in der Nacht das glühende Eisen in eine mit Lehm befestigte Grube geflossen. Einer der Männer erklärt, was mit dem Ofen zu tun ist:

„Zuerst zünden wir ein Feuer an. Danach werden Holzkohlen von oben eingefüllt und darauf Erz und Kalk. Das geschieht Lage um Lage, bis der Ofen voll ist. Die weißen Steine werden von den Sojoten Kalk genannt. Durch sie wird das Eisen biegsamer und es kann geschmiedet werden.

Durch die kleine Öffnung an der Hinterseite wird Luft geblasen. Das heizt die Glut an, bis das Erz flüssig ist. Die vordere Öffnung verschließen wir vorher mit einem Pfropfen aus Lehm. Der später durchgestoßen wird. Dann kann das glühende Eisen in die Grube fließen. Mit einem Hammer, den wir auch aus Eisen gemacht haben, schlagen wir auf das harte, aber noch glühende Eisen. So entstehen unsere Waffen."

Talasbeg und seine Männer sind begeistert.

„Werdet ihr uns lehren, wo Erz zu finden ist und wie Eisen hergestellt wird? Kommt mit uns zu Goghus-Khan und berichtet ihm von eurer Arbeit. Er wird euch reich belohnen."

Kulatov, der erste Eisengießer, berät sich mit seinen Helfern.

„Wir sind Kirgisen wie unsere Gäste. Eines Tages werden alle, Sojoten, Gekun und Bulut und noch viele andere Stämme Kirgisen heißen und ein großes Volk sein. Wir sollten Vertrauen haben zu Goghus-Khan und unseren Brüdern folgen. Unser Land ist so groß, dass wir viele Monde reiten müssen, um von einem Ende zum anderen zu kommen. Für jeden Stamm sind Weiden vorhanden. Niemand wird dem anderen etwas wegnehmen. Wir werden stark sein gegen unsere Feinde."

Die Gefährten stimmen zu.

„Ja, wir werden mit euch gehen", antwortet Kulatov. In der Jurte des Khans ist sein Stab versammelt. Sie hören aufmerksam die Berichte. Schnell ist die Neuigkeit verbreitet. Goghus-Khan belohnt Kulatov unter anderem mit dem Titel „Fürst der Eisengießer". Er, sein Schmied Tursale, seine Helfer und Familien bleiben bei den Bulut. Sofort wird mit der Arbeit begonnen. Unter der Anleitung Kulatovs werden Öfen gebaut. Andere ziehen mit Kamelen ins Gebirge, Erz und Kalkstein zu brechen. Bald fließt das Eisen, und Tursale schmiedet Waffen.

In dieser Zeit wird Kulatov ein Sohn geboren. Er bekommt den Namen Tideweg. Er ist jünger als Kaskarbei. Die Jungen freunden sich später an und bleiben ihr Leben lang Freunde.

Die Zeit eilt dahin. Viele Jahre sind seit dem Kampf gegen die Gekun vergangen. Goghus-Khan fühlt, das Leben hält keine lange Zeit mehr für ihn bereit. Aus der Kraft seines Sohnes schöpft er Hoffnung. Viele Geschehnisse beschäftigen ihn. Er sieht sie vor sich, als wären sie gestern oder heute geschehen: „In eine Wiege aus Holz, kunstvoll geschnitzt, legte

Aischa damals ihr Kind. Gegen Sonne und Mücken breitete sie ein dünnes Tuch über das Bettchen", erinnert er sich.

„Die große Nachsicht für den lang ersehnten Sohn haben diesen verwöhnt. Spät stellten wir das fest. Er ist aufsässig. Stets tat er das Gegenteil von dem, was er sollte. Wir sind verzweifelt. Was können wir dagegen tun, fragen wir uns oft. Er muss die Härte des Lebens spüren, für sein Essen arbeiten, und Entbehrung erleben. Wir sollten ihn zu den Herden ins Gebirge schicken".

„Das ist sicher eine gute Idee", stimmt Aischa zu, „aber vorher müssen wir für unseren Sohn eine Frau suchen. Er soll mit Sariev zu deinen Verwandten nach Osh reiten, zu Khan Iskakov. Die Kardys sind reich. Sie besitzen große Herden. Es wird erzählt, dass er eine reizende Tochter mit Namen Nurka hat. Sie ist jetzt etwa sieben Jahre alt. Um ihre Hand soll Sariev bei Iskakov anhalten. Die Zeit drängt, sonst ist Nurka vergeben."

Sariev macht sich mit Kaskarbei und einer Mitgift auf den Weg. Der Handel mit Iskakov ist schnell geschlossen. Kaskarbei soll zwei Jahre bei seiner Braut bleiben, um sie kennenzulernen. Aber bald beobachtet Sariev Ungeduld und Unruhe bei Kaskarbei.

„Lass uns in den Altai zurückreiten", bettelt er. Sariev gibt schließlich nach. Er weiß, dass er nicht im Sinne Aischas und Goghus-Khans handelt. Weinend bleibt Nurka zurück. Schipar verhindert, dass Sariev nicht in Ungnade fällt. Heimlich liebt sie den Fürsten. Das Versprechen Sarievs für eine spätere Hochzeit zwischen Kaskarbei und Nurka bleibt bestehen.

„So haben wir ihn im Zorn, begleitet von Tideweg, in die Berge zu meinen Hirten gebracht", erinnert sich Goghus-Khan weiter. Sie sollten Schafe hüten und zwei Sommer bei den Herden bleiben.

„Lass nichts bei meinem Sohn durchgehen, züchtige ihn, und es soll keine Widerrede gelten", habe ich ihm aufgetragen. Die Hirten in den Bergen berichten später: „Kaskarbei und Tideweg sind sehr fürsorglich. Die Lämmer haben sie gehütet und kranke Tiere gepflegt. Immer sind sie bei der Herde, Tag und Nacht. Ich kann ihnen sogar die Pferde anvertrauen. Sie sind sehr verantwortungsbewusst. Dabei üben sie sich im Reiten, und dein Sohn findet sogar für sich einen Renner; einen Weißen. Auch Tideweg hat sich für ein Pferd besonders interessiert und ist immer in seiner Nähe. Sie haben die Tiere wie ihr Eigentum behandelt".

„Nach seiner Heimkehr aus dem Gebirge sehen wir, dass Kaskarbei sich zu einem starken Knaben entwickelt hat“, erinnerte sich der Vater.“

„Ohne zu überlegen schenkte ich beiden Jungen ihre Lieblingspferde. Sie waren Männer geworden. Unter Anleitung des Fürsten Sariev üben sie sich im Kampf mit dem Schwert. Immer öfter besiegte Kaskarbei seine Gegner. Niemand kann besser mit dem Bogen schießen. Bei der Jagd bezwang er den Berglöwen, verfolgte den Schneeleoparden, und tötete im Zweikampf den Wolf, der in die Herde eindringen wollte. Einige Male kämpfte er siegreich gegen eine Horde tyrgautischer Pferdediebe. Er ist kein Knabe mehr, sondern hat sich zu „Burkut, der Adler“ entwickelt.

Kaskarbei nimmt Tideweg zur Seite und fragt ihn: „Willst du mein erster Gefolgsmann sein?“

Tideweg ist gerührt, dass der große Kaskarbei so viel Vertrauen zu ihm hat. Die Freunde umarmen sich und schwören ewige Treue. Im Gedenken daran fließen dem Vater Tränen des Stolzes über die Wangen. Sein Sohn denkt an die Zukunft und stärkt sich mit Vertrauten. Die Alten im Stab des Khans sagen zu Kaskarbei:

„Dir ist ein grandioser Name gegeben worden. Das kirgisische Volk ist unterdrückt und überall auf der Erde verstreut. Du wirst das Schwert der Gerechtigkeit erheben und unser Volk befreien. Dein Name wird unser Schlachtruf sein.“

Scherpek, ist noch immer ein zuverlässiger Späher. Einer seiner Schüler fällt besonders auf. Adrasil, der Sohn Osporeks. Seine Mutter ist eine Bulut, der Vater hat das Vertrauen des Stammes. Scherpek prüft den Sohn. Er ist zuverlässig, ein guter Späher und tapferer Krieger. Auch zu ihm tritt Kaskarbei und bittet ihn, sein Gefolgsmann zu sein.

Eines Tages erreicht Adrasil mit seinem schnellen Pferd die Jurte Goghus-Khans.

„Eine chinesische Delegation, ein Mandarin in gelbe Seide gehüllt, einige Würdenträger und viele Krieger sind auf dem Weg hierher. Sie werden uns bald erreichen. Das bedeutet nichts Gutes. “, keucht er atemlos.

„Die vielen Soldaten bedeuten Gefahr“, bestätigt der Herrscher.

„Wir wollen uns bereithalten, damit es keine Überraschung gibt.“ Die Bulut warten auf die Ankunft der Chinesen. Bei ihrer Ankunft empfängt der Khan sie mit allen Ehren. Die hohen Gesandten begrüßen den Khan und seinen Stab mit dem in ihrem Land üblichen Kotau. Sie knien nieder und berühren mit der Stirn das Land der Bulut. Wollen sie sich damit einschmeicheln, da sie doch die Nomaden abwertend Barbaren nennen.

„Sie sind bestimmt gekommen, um eine unverschämte Forderung ihres Kaisers durchzusetzen" denkt der Khan. Nach dieser Zeremonie wird Goghus-Khan reich beschenkt. Auch die Fremden erhalten von den Bulut Präsente. Höfliche Reden werden gehalten. Die freundliche Begrüßung hindert die Chinesen jedoch nicht daran, ihre Anliegen vorzutragen.

„Der mächtige Kaiser der Chinesen, der Khan der Khane in der großen Hauptstadt, schickt uns", beginnt der Mandarin. „Er ist unzufrieden. Seit vielen Jahren wartet er vergeblich auf den geforderten Tribut. Nun sind wir hier und werden hundert deiner besten Pferde, fünfhundert Schwerter und tausend Pfeilspitzen nach China bringen. Wenn du uns das Geforderte verweigerst, nehmen wir es uns." Nur mit Mühe beherrscht sich der Khan. Die Worte gefallen ihm nicht. In ihm kocht die Wut. Die Gefahr erkennend, macht er den Chinesen zunächst seine Zusage. Scheinheilig sagt er:

„Wir werden dem großen Khan-Khan selbstverständlich den geforderten Tribut zahlen." Damit er sich nicht verdächtig macht, bewirtet er das gefürchtete Pack auf das Feinste. Seine Krieger aber hält er in Bereitschaft. In einer im Felsen liegenden Grotte kühlen die Frauen Kumys. Er schmeckt prickelnd, erfrischend, ist leicht alkoholisch und hat einen mandelartigen Geschmack. Das Beste wird aufgetischt. Die Chinesen sind begeistert, aber ahnungslos. Zu dem Kumys bekommen sie Lammfleisch. Es wird gekocht und gebraten angeboten, eine Delikatesse. Zufrieden schwelgen sie in ihrem Erfolg, denn bald werden sie mit der Beute zurückkehren. Satt, glücklich und benebelt verbringen die hohen Herren und ihr Gefolge einige Tage und Nächte im Altai. Das reiche Angebot macht sie träge.

„Ab Morgen werden wir die Kamele beladen und die Pferde aussuchen. Alles soll vom Besten sein", sagt der Khan. Am letzten Abend erreicht die Feier ihren Höhepunkt. Mit gutem Essen und übermäßigem Kumys sind die Bulut hinterlistige Gastgeber. Berauscht und satt fallen die Feinde in tiefen Schlaf. Die Soldaten kampieren im Freien. Die feinen Herren ruhen arglos in den Jurten. In der Stunde, bevor der Morgen dämmert, schleichen sich die Bulut heran, Keulen und Messer zum Kampf in den Händen, und töten fast geräuschlos in einem Streich alle Chinesen. Keiner kann fliehen.

Im Schutz der Dunkelheit werden sie verscharrt. Am Morgen geht die Sonne auf und taucht den Altai in ein friedliches Licht. Danach ist es so, als sei nichts geschehen.

„Wir müssen uns beraten. Wenn seine Gesandten nach einigen Monaten nicht zurück sind, wird der Khan der Khane uns bestrafen wollen. Ein Heer von vielen tausend Kriegern wird er schicken. Sein größter Ärger wird sein, dass er den Tribut nicht bekommt. Über das Ausbleiben seiner Gesandten wird er kein Wort verlieren, denn es gibt zu viele Menschen in seinem Reich.

Noch sind wir schwach. Können sich die Kirgisen aber vereinen, werden wir stark sein“, sagt der Khan zu seinen Beratern. Zu jeder Zeit, Tag und Nacht, sind Späher und Meldereiter unterwegs. So erfährt er immer, was in dem weiten Land passiert. Erneut jagen sie auf ihren schnellen Pferden in alle Richtungen.

„Reitet zu allen Sippen und Khanaten, zu unseren „Brüdern“. Sprecht von der Gefahr, die von den Chinesen kommen wird. Wenn wir nicht länger Tribute zahlen und ihre Vasallen sein wollen, müssen wir uns zusammentun und sie besiegen. Dann werden wir frei sein. Zu einer großen Beratung lade ich in den Altai.“ Die Melder sind mit der Botschaft eine lange Zeit unterwegs. Sie hetzen über Hochebenen, die in Terrassen abfallen, durch Schluchten und schmale Pfade. Sie jagen über Steppen, über Wanderdünen der großen Wüste und überwinden reißende Flüsse. Immer weiter durchstreifen sie das weite Land. Heiß weht ihnen am Tag der gelbbraune Sand in Stürmen entgegen, und nimmt die Sicht. Der Weg ist gesäumt von ausgebleichten Knochen verendeter Tiere. Nachts lässt der Frost ihre Glieder erstarren. An dem endlosen Sternenhimmel orientieren sie sich. Sie erreichen ein Ziel nach dem anderen und tragen die Botschaft des Khans zu allen Kirgisen. Nach einer ebenso langen Reise voller Gefahren treffen die Vertreter der Khanate ein, und es folgt eine entscheidende Versammlung.

Die Kunde des glorreichen Sieges der Bulut über die Gekun ist noch immer in aller Munde. Ihr mutiger und gerechter Khan wird hochverehrt. So erstaunt es nicht, dass fast alle Geladenen in den Altai kommen. Ihre weißen Kalpaks sind von der langen Reise staubbedeckt, und in den Krempen hat sich der Sand der Wüste gesammelt. Nicht nur ihr Blut eint sie, sondern auch der weiße Filz auf ihren Köpfen. Die Begrüßung ist ernst, von der gemeinsamen Not getragen. Sie sind besorgt wegen der drohenden Gefahr, die aus China kommen wird. Sie tauschen ihre Bedenken aus.

„Was können wir gegen diese Übermacht tun?", sind ihre bangen Fragen. In der vornehmen Jurte Goghus-Khans haben die Edlen nach ihrer Rangfolge Platz genommen. Die äußere Reihe, mit den Rücken gegen die Teppiche gelehnt, ist für die jungen Ratsmitglieder reserviert. Zu ihnen gehören auch Kaskarbei und Tideweg. Davor sitzen die Unterführer, einfache Adelige und Heerfürer. In der ersten Reihe die Fürsten und Khane. Ihnen gegenüber auf erhöhten Sitzen ist Platz für den Schamanen Tarsan, die hochverehrten Fürsten Sariev, Talasbeg, und Scherpek und Goghus-Khan. Auf das Zeichen eines Dieners erheben sich die Versammelten, als der Khan, vornehm gekleidet, würdevoll die Jurte betritt.

„Ich begrüße euch, ihr mutigen Helden, Streiter und Dschigiten. Der Ruhm ist euch vorausgeeilt, ehe eure Füße den Altai betreten haben. Seid mir willkommen ihr tapferen Männer", empfängt der Khan seine Gäste.

„Ihr habt die Kunde vernommen vom Kaiser Chinas, dem Khan-Khan, droht uns Gefahr. Jedes Jahr müssen wir von unseren Herden viele Stücke Vieh als Abgabe zahlen, sonst stehlen sie es. Die Khane Chinas bestimmen über die Kirgisen, die weit verstreut leben. Wir sind ihre Sklaven. Uns gehört nur noch wenig. Ich habe gerufen, damit wir uns beraten, wie wir uns aus dieser Fessel befreien können. Ihr seid dem Ruf gefolgt. Wenn wir uns vereinen, sind wir ein mächtiges Volk und können auch den stärksten Feind bezwingen. Jetzt sind wir noch der Willkür Chinas ausgeliefert, die uns in alle Richtungen über das weite Land verstreut hat. Ihr seid von weither angeritten, habt lange, beschwerliche Wege von teilweise vielen Monden auf euch genommen, und wer ist euch begegnet? Versklavte Kirgisen! Habt ihr die krummen Rücken und die vor Hunger weinenden Kinder gesehen, die kaum Kleider am Körper tragen? Sind euch die Gesichter der Alten aufgefallen, die sich an bessere Zeiten erinnern können? Viele Jünglinge und weise Alten lassen als Sklaven ihr Leben in den Goldgruben und auf den Feldern der Chinesen. Die Mädchen werden verschleppt. Ja, ihr seht sie, denn in euren Aulen und Jurten erlebt ihr den gleichen Jammer. Aus Angst vor den Ausbeutern habt ihr eure Herden in Schluchten versteckt. Ihr seid in der Nacht heimlich hierher geritten, obgleich ihr tapfere

Kämpfer seid. Wollen wir Sklaven bleiben? Ich sage euch, geeint sind wir stark. Wir müssen uns verbünden."

Eine lange Weile herrscht Stille. Die Versammelten sind von der Rede berührt, sitzen auf ihren Plätzen und starren voll böser Ahnung auf den Boden. Sie kennen das Problem. In Gedanken sieht jeder bestätigt, was sie gerade gehört haben. Ja, so ist es in unseren Aulen. Klar erkennen sie, dass sie Unfreie sind. Sie werden von Fremden beherrscht. Sie spüren, der Khan hat die Wahrheit gesagt, die sie zwar kennen, vor der sie sich aber fürchten, sogar die Augen verschließen. Wer ist so stark, sich gegen China zu erheben? Die Ruhe ist erdrückend. Sagt denn niemand etwas? Endlich erhebt sich Sariev. Er ist seit gefühlt unendlicher Zeit der Vertraute Goghus-Khans.

„Seit unserer Kindheit sind Goghus-Khan und ich Freunde. Wir sind sogar Blutsbrüder, jedes Einzelnen Blut ist in den vielen Schlachten für den Anderen geflossen" beginnt er.

„Hört nun meine Botschaft: In euren Augen sehe ich flackernde Angst. Was der große Khan gesagt hat, ist die Wahrheit. Wir sind Sklaven. Aber wir sind uneins. Die Kirgisen sind ein großes und reiches Volk. Auf unseren Weiden grasen viele hunderttausend Tiere und das Zählen fällt uns schwer. Wir verstecken sie auf Weiden im Gebirge. Aus zahllosen Kämpfen liegen in unseren Jurten Schätze aus Gold und Silber. Unsere Frauen und Töchter können sich in edle Seide und Wolle hüllen. Wir stellen Waffen aus Eisen her und sind gegen jeden Feind gerüstet. Jurten errichten unsere Frauen. Sie können kunstvolle Filze mit uralten Zeichen unseres Volkes herstellen. Der Kumys ist berühmt, den sie schlagen. Die Jünglinge üben sich im Kampf und Reiten, als seien sie im Sattel geboren worden, sie sind Dschigiten und todesmutige Krieger. Meldereiter sind zum Wohl unserer Stämme Tag und Nacht in allen Winden unterwegs, sodass es für uns kaum noch Geheimnisse gibt. Kampferprobt sind die Heerführer, die bisher klug unsere Feinde, die Mongolen, Tyrgauten, Mandschuten, Uiguren und viele andere, besiegt haben. Ist nun die Angst in euren Herzen richtig? Ich sage euch: „Nein!" Ich stimme dem, was Goghus-Khan gesagt hat, voll zu und fordere euch auf, dasselbe zu tun." Die Gesichter haben sich bei der Rede Sarievs erhellt. Nur in einigen Augen flackert noch Zweifel.

Kaskarbei meldet sich zu Wort. Sein Vater will eine Rede des Sohnes verhindern und erhebt sich selbst.

„Ich bin mir nun ganz sicher, dass wir alle der gleichen Meinung sind. Sollten wir uns aber zu einem Volk vereinen, kann uns kein Feind besiegen." Zaghaft bittet Khan Medet um Redezeit. Er ist durch die Heirat mit Nasgül, der ‚launischen Blume', sein Schwiegersohn. Er bleibt an seinem Platz stehen. Ein wenig zur Seite gewandt, damit er alle Versammelten ansehen kann, beginnt er seine Rede. Sein Khanat befindet sich im fruchtbaren Tal des Talas, am Fuß des Ala-Too, weit entfernt vom Altai. Als habe er Angst vor seinen eigenen Worten, beginnt er mit leiser Stimme:

„Nicht alle Menschen in China sind gewalttätig. Seit vielen Jahren kommen Eintreiber über den Talas-Ala-Too in die Ebene. Sie müssen ihre Pflicht erfüllen. Manche sind bei Kumys und feinem Lammfleisch gesellig und erzählen uns vieles über das große Reich. Es soll in seiner Länge und Breite unermesslich sein. Dort werden viele Sprachen gesprochen, und kaum ein Fremder hat es jemals betreten. In ihm hat es keine Sintflut gegeben. Das Volk ist reich an Gold, Silber und Seide. Die Tyrgauten und Mongolen, die im Altai und der Wüste Gobi verstreut in einzelnen Sippen leben, sind nur ein Grenzvolk Chinas. Ebenso die vielen Stämme in der Dschungarei und die in der Ebene am Fluss Ill im Siebenstromland, deren Khane unser Volk versklavt haben. Vierzig Königreiche soll es dort geben, die von mächtigen Khanen regiert werden. Über allen aber herrscht der Khan der Khane im großen Land. Von ihnen werden wir unterdrückt. Zauberer und Hexen leben dort und Drachenköpfige. Auch von Riesen haben sie berichtet. Das Volk hat weder Zahl noch Grenze und reicht bis an das weit entfernte Meer. Die Menschen wohnen in Häusern aus Steinen, die Paläste sind aus Gold und die Festungen aus Eisen. Ich sage euch, China ist mächtig und unbesiegbar. Wenn sie Krieg führen, können sie Armeen aufstellen, über deren Größe wir keine Vorstellung haben. Nur wer keinen Verstand hat, führt gegen sie Krieg."

Die Wirkung seiner Rede hat der Khan nicht beabsichtigt. Still ist es in der Jurte.

„Haben wir es uns nicht bereits gedacht?", ging es manchem durch den Kopf.

„Wie können wir sie vertreiben? Wir werden alle zugrunde gehen. Wie Läuse werden sie uns zerquetschen. Sie werden uns im Kampf vernichten."

Nun sieht Kaskarbei seine Stunde gekommen. In ihm lodert eine heiße Flamme, schlägt hoch hinaus und will ihn verbrennen. Jetzt ist es Zeit, dass er mitredet in dieser Versammlung. So bittet er beherrscht aber gleichzeitig drängend, reden zu dürfen. Goghus-Khan kennt seinen Sohn und ist nicht begeistert, ihm das Wort zu erteilen.

„Was kann er zu diesem Thema beitragen?" Dann aber erinnert er sich an die Worte Aischas. Hat sie nicht prophezeit, dass ihr Sohn ein großer Khan werden wird, größer als sein Vater? In seinen Adern fließt ihr heißes Blut. Als seine Geburt begann, schwebte da nicht der Adler majestätisch über der Jurte der Gebärenden? Und war sein erster Schrei auf Erden nicht der eines Löwen. Er muss es einsehen, „Kaskarbei ist ein Mann geworden und meine eigene Kraft lässt langsam nach. Meine Haare werden weiß wie Schnee. Nun muss ich zugeben, dass aus dem Knaben Kaskarbei endlich „Burkut der Adler" wird. Das wird für mich ein schwerer Weg", denkt er.

Hilfesuchend blickt er in die Runde, sieht vor allem auf die weißbärtigen Ältesten und Weisen im Rat, die sollen die Rede Kaskarbeis verbieten oder billigen.

„Trefft ihr die Entscheidung" und er blickt sie der Reihe nach an.

„Soll Kaskarbei vor dieser ehrwürdigen Versammlung das Wort haben? Bedenkt aber, er ist der Jüngste in diesem Kreis."

Alle Augen richten sich auf Sariev. Khan Medet vom Fluss Talas ermuntert ihn. „Sprich du", sagt er.

Sariev erhebt sich.

„Ihr Weisen und Ältesten, ihr Khane und Heerführer und auch du, verehrter Goghus-Khan, hört meine Worte:

„Mein Haar ist weiß und mein Leben hat bis heute fast unzählbare Sommer und Winter erlebt. An vielen Schlachten und Kriegen habe ich teilgenommen. Bin nach Westen bis Usbekistan geritten. Ich kenne die Wüsten mit ihrer Sonnenglut bei Tag, ihre Kälte bei Nacht, den tödlichen Durst und auch die verderbende Kargheit der weiten Steppen. Durch die Himmelsberge, unserer alten Heimat, führte mich mein Weg in alle Weiten. Dabei habe ich viele Sippen kennengelernt und habe in mancher Jurte gegessen und geschlafen. Immer neue Khanate sind entstanden, mit denen ich Freundschaft geschlossen habe und mit deren Krieger ich gegen Feinde kämpfte. Aber ich bin immer ein Kirgise geblieben und meinem „Bruder“ Goghus-Khan treu. Nun soll ich über seinen Sohn sprechen.“ Sariev macht eine Pause und sieht Kaskarbei mit hellen Augen an.

„Er ist zwar der Sohn Aischas und des Khans, aber er ist vor allem mein Zögling. Seit er auf seinen kleinen Beinen stehen konnte, war er in meiner Obhut. Von da an saß er vor mir im Sattel, sich jauchzend an der Mähne haltend. Als er sprechen konnte, rief er jedes Mal: „schneller!“ „schneller!“ Ich lehrte ihn das Bogenschießen, mit dem Schwert kämpfen und die Lanze schleudern. Aber es war nicht nur die Ertüchtigung, sondern sein ganz besonderer Wissensdurst, der mich beeindruckt hat. Als Kind lauschte er außen an der Jurte den Beratungen des Rates, und als Jüngling saß er hinten in der letzten Reihe und sog alle Weisheiten der Alten in sich hinein. Für die Jagd und das Spiel mit den übrigen Jungen hat er kein Interesse. Immer habe ich seinen Weg begleitet und ihn bewundert. Er ist einer der Größten geworden und wird ein mächtiger Khan sein. Es ist an der Zeit, das heute zu sagen. Sein Ruhm wird zu allen Kirgisen auf der Welt dringen. Lasst uns hören, was er zu sagen hat.“

Kaskarbei tritt bescheiden mit gesenktem Kopf aus der letzten Reihe vor und stellt sich in die Mitte an den freien Außenrand. Er schweigt und sieht mit hellen Augen in die zerfurchten Gesichter der Alten mit den schütteren Bärten. Die Ehrfurcht vor dem Hohen Rat ist ihm ins Gesicht geschrieben.

„Ist es nicht zu sehr vermessen, wenn ich etwas sage?“, denkt er. Aus seinen Augen sprüht Feuer.

„Ich danke, reden zu dürfen“, beginnt er. Als ob in ihm ein Damm bricht, schießt es mit Gewalt aus ihm heraus.

„Es drängt mich zu sagen, was mich bewegt. Habt ihr noch nicht den verzweifelten Ruf von Berg zu Berg, von Quelle zu Quelle, von Lager zu Lager, von Aul zu Aul, vom Altai bis Turkestan vernommen? Es ist der Ruf der Geknechteten, ein Aufschrei, der durch unser ganzes kirgisisches Volk geht. Alle sehnen sich nach Freiheit. Ohne den Kampf gegen den chinesischen Khan-Khan und seinen grausamen Vasallen, die uns in dem weiten Land unterdrücken, werden wir die Freiheit nie erreichen. Die Zeit ist reif, der Frühling will das Land verjüngen. Die Zeit ist reif und die kirgisischen Stämme werden sich zum großen Kampf vereinen. Nur die Angst lähmt uns noch!", ruft er den Versammelten zu.

„Die Rede des Khans Medet vom Talas verstehe ich nicht. Aus ihm hat nur die Angst gesprochen, nicht der Mut. Ihr Ältesten und Heerführer gebt mir tausend der besten Dschigiten und ebenso viele Ersatzpferde, zwanzig Meldereiter auf schnellen Pferden, zwanzig Yaks, voll beladen mit eisernen Waffen und zwanzig Kamele mit Proviant. Ich werde einen Weg bahnen und die ersten Kirgisen befreien." Die Flammen in seinen Augen springen über. Die Ältesten sind von der Rede des jungen Dschigiten erhitzt. Nur mancher mochte gedacht haben:

„Wir geben ihm die Tausendschaft. Soll er doch zugrunde gehen, dieser hochmütige Jüngling." Mit seinem inneren Auge sieht Goghus-Khan seinen Sohn, wie er als bescheidener Sieger zurückkehrt.

„Ich will ihn schon vorher ehren", denkt er, „und in den Stand versetzen, der ihm zusteht. Jetzt! Das muss vor den Augen und Ohren der vornehmen Versammlung geschehen."

„Mein Sohn, ich habe Vertrauen in deine Mission. Du wirst die ersten Kirgisen befreien und den Feind, der sich dir entgegenstellt, besiegen. So will ich dich jetzt zum Fürsten und Führer deiner Truppe befördern. Von jetzt an sollen dich alle Fürst Kaskarbei nennen. Bei allen Vorfällen sende Boten hierher, sie sollen uns über den Verlauf der Kämpfe berichten."

Die Freude macht ihn stumm. Demütig verneigt er sich vor den Versammelten. Vor seinem Vater verbeugt er sich mit einem Kotau. Während die Versammlung noch einige Tage ihren Verlauf nimmt, reitet am zweiten Tag. der Tross seiner Krieger, vom Segen der Väter und den stolzen Blicken der Mütter begleitet, aus dem Aul. Fürst Kaskarbei auf seinem „Weißen" führt die Truppe an. An seiner Seite flankieren ihn Tideweg und Adrasil, seine Gefolgsmänner. Sie reiten nach Westen. Späher sichern den Weg. Sie jagen auf schmalen Pfaden durch den Altai, durch Schluchten, vorbei an steilen Felswänden und tiefen Abhängen. Nach vielen Tagen öffnet sich das Gebirge, das Gelände wird flacher und geht schließlich in ebenes Land über. Wie ein Tor hat sich die Landschaft vor ihnen geöffnet. Vereinzelt sind Hügel zu sehen, dann folgt die Steppe. Rosa blühende Tamarisken schmücken den Weg durch dieses wüste Land. Wie hingeworfen ragen aus dem Boden hier und dort einzelne Felsgruppen. Die Trockenheit dominiert. Wasser ist weit und breit nicht zu sehen. Der Boden ist salzig. Später sieht in einiger Entfernung die Kolonne ein dünnes, silbernes Band. Die Tiere traben direkt darauf zu. Sie erkennen einen schmalen Bach, der sich aus einer Quelle des nahen Hügels speist. Er führt nur im Sommer Wasser, das von den Gletschern des Gebirges als Schmelzwasser talwärts fließt. Jünglinge und Alte hacken mit einfachen Werkzeugen Gräben in den harten Boden. Das Wasser soll dort hineinfließen. Die Leute schuften. Die Kragen ihrer Mäntel sind abgerissen. Als Kaskarbei an sie herantritt, schauen sie vor Angst auf den Boden.

„Wer seid ihr?", fragt der Fürst.

„Wir sind Kirgisen, Sklaven der Mongolen. Wir müssen die Erde bewässern, damit hier etwas wachsen kann. Die Kragen haben sie uns abgerissen als Zeichen, dass wir Unfreie sind. Nur die weißen Filzkappen dürfen wir tragen."

Ungläubig fragt der Fürst noch mal, als hätte er die Arbeiter nicht verstanden: „Kirgisen?"

„Ja!" Nun lässt Zorn seine Adern schwellen.

„Legt eure Werkzeuge auf die Erde, von jetzt an seid ihr keine Sklaven mehr, sondern Krieger des großen Goghus-Khans. Jeder gesunde Mann nimmt sich ein Pferd und von den Yaks Waffen. Kommt, wir besiegen unsere Feinde." Ängstlich und aus Furcht vor den Mongolen folgen sie der Aufforderung. Zu den tausend Dschigiten kommen weitere Krieger hinzu. Der Truppe erreicht später die saftigen Weiden im Tal des Ill. Plötzlich sehen sie eine Rotte karlukischer Krieger, die Vasallen Chinas sind. Ihre Späher haben die Kirgisen früh entdeckt. Als wilde Horde, auf den Angriff vorbereitet, reiten sie mit Gebrüll den Dschigiten entgegen, schwenken Lanzen und Schwerter und greifen an. Mit ihren Pfeilen versuchen sie, die Reihen der Kirgisen zu lichten. Geschickt teilen sich auf Befehl Kaskarbeis die Kirgisen in drei Gruppen, wovon die eine links und die andere rechts wie ein Sturm zu den Flanken des Feindes ausweicht. Der Fürst greift frontal an. Wildes Geschrei ausstoßend, reiten die Kirgisen auf die Angreifer zu. Sie wollen siegen. Die Feinde sind ihnen an Zahl überlegen, wissen aber nichts vom kirgisischen Siegeswillen. Nach einem kurzen Gefecht sind die Karluken geschlagen. Die Flüchtenden werden verfolgt. Danach plündern die Kirgisen die Aule ihrer Feinde und treiben Frauen, Kinder, Alte und die Herden fort.

Sie treffen auf weitere Lager von Kirgisen. Aus jedem klingt ihnen gleiches Wehklagen entgegen. Alle schließen sich den Soldaten an.

„Es ist Zeit, dass wir ein sicheres Lager aufschlagen. Wir müssen Ordnung schaffen“, sagt der Fürst zu seinen Vertrauten.

„Die hinzugekommenen Krieger sind zu verpflegen und müssen den Umgang mit den Waffen üben. Ich will mit euch sprechen, kommt in mein Zelt. Bringt zwei der befreiten Sklaven mit.“ Bald steht ein Alter mit dünnem Bärtchen und ein Jüngerer vor ihm.

„Setzt euch! Wie heißt Ihr?“, sagt er zu den Befreiten.

„Ich heiße Awas“, sagt der Bärtige, den viele Furchen im Gesicht schmücken. Auf seinen Begleiter zeigend ergänzt er.

„Das ist Asan. Wir sind Kirgisen, beide Begs über mehrere Aule und gehören zum Khanat des Fürsten Sarjak. Der ist mit deiner Schwester Aisulu verheiratet. Alle nennen sie ‚Schöner Mond‘. Asan ist ihr Sohn, also dein Neffe. Was können wir für dich tun, Fürst Kaskarbei? Verfüge über uns.“ Der Fürst ist erstaunt über diese Nachricht.

„Meine Schwester hat einen Sohn“, denkt er. Erfreut umarmt er Asan. Voll Ehrfurcht sieht Asan seinem Onkel in die Augen. Es platzt aus ihm heraus:

„Dann sind ja meine Mutter und du Kinder des Goghus-Khans!“

„Ja, in unseren Adern fließt dasselbe Blut. Wie geht es meiner Schwester?“

„Ich bin als Sklave schon lange nicht mehr in ihrer Jurte gewesen, ich weiß es nicht. Aber jetzt bin ich frei. Du wirst sie sicher bald sehen.“

„Wirst du mich zu ihr führen?“ „Sobald Zeit dazu sein wird.“

Der Fürst wird wieder sachlich.

„Wir müssen das Lager an einem sicheren Ort errichten, von wo aus wir angreifen können. Boten sind auszusenden. Unsere Vorräte, Waffen und Herden müssen gesichert sein und auch euer Khanat. Die Aule sollten abseits bekannter Pfade, versteckt in einer Schlucht, stehen. Außerdem ist es wichtig, dass es dort Wasser, Weiden und Wald gibt. Es wird Verwundete geben, die behandelt werden müssen. Alte, Kinder und Frauen der befreiten Kirgisen werden wir dort in Sicherheit bringen. Ihr seid ortskundig, könnt ihr als unsere Führer einen solchen Platz finden? Er soll an den Seiten durch hohe Steilwände unbezwingbar und die Zugänge schmal und leicht zu verteidigen sein. Ein solches Tal wäre für uns ideal. Aus einem solchen sicheren Tal sollen Späher und Melder hinausreiten."

„Wir kennen hier im Gebirge viele solcher Verstecke", entgegnet Awas.

„In einem solchen Hohlweg liegt auch das Lager unseres Khans. Alles was du wünschst, ist dort vorhanden. Heute Nacht bei Halbmond lass uns reiten. Die Dunkelheit wird uns schützen." Kaskarbei ist zufrieden. Nach dem erfolgreichen Kampf gegen die Karluken jagen erste Boten mit dem Bericht vom Sieg Kaskarbeis und der Befreiung kirgisischer Sklaven in den Altai. Dort sind die Khane und Ältesten noch versammelt. Ihr Staunen ist groß, und sie loben den Mut des jungen Fürsten. Nur die Zweifler knurren wie böse Wölfe.

Scherpek schickt erneut Boten aus, damit alle die Botschaft von den Siegen des Fürsten erhalten.

„Der Fürst hat begonnen, die geknechteten Kirgisen zu befreien." Auf heimlichen Gebirgspfaden, durch mannhohes Schilf an den Bächen und Flüssen, reiten sie im Schutz der Nächte und stürmen in alle Richtungen. „Erhebt euch gegen die Unterdrücker, vernichtet sie und kommt zu uns geritten. Wir werden uns sammeln und vereinen. Ein großes Volk werden wir sein und alle Feinde besiegen". Mit diesem Aufruf jagen die Melder zu allen Kirgisen. Außerdem kommt zu Kaskarbeis Freude aus dem Altai die Nachricht, dass fünf Mal tausend Dschigiten zu seiner Unterstützung auf dem Weg sind. Aber seit er weiß, dass seine Schwester in der Nähe lebt, ist er ungeduldig. „Wann werden wir Khan Sarjak und meine Schwester ‚Schöner Mond' treffen?", bedrängt er seinen Neffen. „Du musst geduldig sein, Onkel. Die Zeit wird kommen. Die Sippe ist in Sicherheit, es ist keine Not. Nur gelegentlich werden wir angegriffen. Die Feinde wollen unsere Kampfkraft schwächen. Sie machen Gefangene und versklaven uns. So wurden auch wir gefangen. Du hast uns befreit. Bis jetzt konnten wir uns leidlich gegen die Angriffe wehren. Das Leben als Sklave war letztlich unser Schicksal. Wir fügten uns und lebten in der Hoffnung auf unsere Befreiung. Manche Sippen haben sich in sichere Gebiete zurückgezogen. Dann hörten wir von dir. Die Kunde ging durchs Land, und die Hoffnung hat uns Kraft gegeben. Jetzt bist du gekommen." Außer Awas und Asan begleiten Kaskarbei noch einige Krieger. Bevor sich die Dschigiten auf den Weg machen, werden den Pferden dicke Filzstücke um die Hufe gebunden. So traben sie fast lautlos. Der halbe Mond ist noch nicht ganz aufgegangen, trotzdem liegt der Weg klar vor den Führern. Bergwärts führt der Pfad, durch Schluchten, an steilen Felswänden vorbei, immer tiefer in das Gebirge hinein. Endlich halten sie vor einer schmalen Felsspalte.

„Vor uns liegt ein Trogtal, das entspricht sicher deinem Wunsch. Hier könnten wir das Lager aufschlagen. Für eine kurze Strecke bleibt der Durchgang eng. Danach öffnet sich die Schlucht und der Weg führt in ein breites, fruchtbares Tal.

„Der Hohlweg ist leicht zu sichern. Im Tal haben viele tausend Menschen und Tiere Platz. Es ist ein gutes Versteck. Lasst uns hier durchreiten."

Vorsichtig bewegt sich der kleine Trupp, einer nach dem anderen, durch die Klamm. Entlang der Felswand fließt ein Bach und verlässt danach das Tal. Nach einigen Minuten öffnet sich die Schlucht. Die Felsen treten zur Seite und eine große Ebene öffnet sich. Kaskarbei kann bei dem matten Licht die Gegend nicht gut überblicken. Was er aber sieht, stellt ihn vorerst zufrieden. Im trüben Licht betrachtet er mit geübtem Blick den Talkessel.

„Lasst uns vorsichtig eine Strecke weiterreiten. Morgen können wir alles begutachten und dann entscheiden, ob wir das richtige Versteck gefunden haben." Sie reiten noch einige Werst, ohne das Ende des Tales zu erreichen. Sie lagern am Bach. Die Nacht bleibt ruhig.

„Das ist ein gutes Versteck", sagt Kaskarbei am nächsten Tag. Der Fürst betrachtet die Felswände zu beiden Seiten, die steil in die Höhe ragen. In den Spalten, die durch Frost und Hitze vieler Jahrtausende entstanden sind, haben sich Wurzeln von Sträuchern und Bäumen festgeklammert. Das üppige Grün mit einem Blütenmeer an den Ranken und Zweigen hebt die Stimmung der Betrachter.

„Gibt es dahinauf keinen Trampelpfad?", fragt er Beg Awas.

„Doch. Von hier unten fast unsichtbar sind die Felsen gegeneinander verschoben, und immer in Deckung der dichten Sträucher kann man zu Fuß dort hinauf. Mit dem Pferd ist das nur an einer Stelle möglich." Der Grund des Tales ist leicht wellig und mit Gras bewachsen. Ein Blumenteppich bedeckt den Boden. Die Breite des Areals, von einer Felswand zur anderen ist kaum mit dem Auge zu erfassen.

„Das ist ein sicherer Platz. Hier werden wir lagern", sagt der Fürst. Die Reiter setzen ihren Weg fort, folgen dem Bach und sind erstaunt, dass er nicht von außen in das Tal fließt, sondern aus einer Quelle im Felsen sprudelt. Ein kleiner Wald vor der Felswand ist vorne von dichten Sträuchern gesäumt. In mäßigem Tempo reiten sie weiter, immer nach Westen. Seit dem Morgen sind sie unterwegs. Gigantische Schatten kündigen den nahen Abend an. Allmählich verengt sich das Tal. Die steilen Wände rücken näher zusammen und wie gestern beim Eintritt endet auch hier der Weg in eine Klamm. Als der Trupp die Schlucht verlässt, blicken die Männer auf die im Westen untergehende Sonne und auf eine spärlich bewachsene Ebene. Ein Hochtal, auf dem stachelige, belaubte rosa blühende Tamarisken wachsen. Vereinzelt ragen Felsbrocken aus dem Boden.

„Hier beginnt die Steppe, daran schließt sich die Wüste an", erklärt Awas. In der Ferne türmen sich hohe Berge, die den weiten Blick einschränken. Kaskarbei hält an. Er betrachtet die Umgebung.

„Gibt es noch mehr solcher Verstecke?"

„Ja, hier hat der Tenir uns große Sicherheit geschenkt. Fast alle Täler haben die Form eines gewaltigen Troges. Sie sind, wie dieses, teilweise über 30 Werst lang und weisen von Osten nach Westen. In vielen stehen Jurten und Aule. Unsere Leute können sich und ihre Herden gut gegen raubende Horden verteidigen. Das Tal, durch das wir gekommen sind, wird auch für uns ein sicherer Platz sein." Asan fühlt in sich eine große Dankbarkeit für den Beistand Kaskarbeis und seine Hilfe. Bescheiden drückt er etwas umständlich seine Freude aus als er sagt: „Du hast unserem Volk mit deinen weisen Entscheidungen sehr geholfen." Er will noch mehr sagen, denn er fühlt sich seinem Onkel sehr zugetan. Doch der hört das Lob nur mit einem Ohr.

Kaskarbei hat alles gesehen, was für ihn wichtig ist und drängt zur Umkehr. Sie reiten durch die Klamm ins Tal. Noch einmal verbringen sie dort die Nacht und erreichen am nächsten Tag ihren alten Lagerplatz. Sofort befiehlt er den Aufbruch in das neue Lager. Menschen und Tiere verteilen sich auf dem weiten Gelände. Bald sind die Jurten aufgestellt, und in den Kesseln kocht das Fleisch. Auf den Steilwänden über dem Tal werden

Krieger postiert. Sie haben einen freien Blick über die Ebene. Die Eingänge vor den Hohlwegen werden gesichert und Wachen umkreisen, stets auf Deckung bedacht, außen das Lager.

Ohne aufgefordert zu sein, nähern sich eines Abends die Bewohner dieses Lagers der Jurte Kaskarbeis. Aus der Menge tritt ein Kirgise hervor. Er ist nicht mehr jung. Seine Gestalt ist schlank und verbirgt große Kraft. Das Gesicht ist zerfurcht von erlebter Not in der Sklaverei und sein Haupthaar ist weiß wie der Schnee. Verlegen blickt er in die Runde. Unschlüssig zupft er an seinem dünnen Bart. Kaskarbei steht vor seiner Jurte. Er ruft der Menge entgegen.

„Was wollt ihr?“ Dabei saugen sich seine Augen an der Gestalt des Alten fest.

„Willst du mir etwas sagen?“ Der Mann sieht den Fürsten mit festem Blick an. Dann antwortet er:

„Wir waren alle Sklaven und du hast uns mit deinen Kriegern befreit. Zwar gehören wir zu unterschiedlichen Khanaten, aber durch die besonderen Umstände und deiner Hilfe werden wir hier in diesem Tal zu einem neuen Volk zusammenwachsen. Wir haben uns besprochen und abgestimmt und so rede ich für alle: Wir möchten, dass du unser Khan wirst. Unsere Aule sollen künftig in diesem Tal mit sicheren Weideplätzen stehen, und hier sollen unsere Kinder aufwachsen.“ Mit frenetischem Jubel bestätigt die Menge das Gesagte. Kaskarbei lächelt. Khan zu sein ist nicht seine Aufgabe. Er hat den Altai verlassen, um gefangene Kirgisen zu befreien. Wortlos blickt er über die Menge.

„Nein, Khan will ich nicht sein. Ich bin ein Krieger“, denkt er. „Aber sie wollen einen Führer und zusammenbleiben. Kann ich mich diesem Wunsch entziehen? Würde mein Vater dieser Entscheidung zustimmen, falls ich mich darauf einlasse?“ Um Zeit zu gewinnen, fragt er den Alten nach seinem Namen und seiner Herkunft:

„Wie heißt du und wer bist du? Ich kenne dich nicht“. Als hätte der Gefragte das erwartet, antwortet er:

„Ich bin Arabekov, Bruder des Khans Sarjak.“ Kaskarbei ist einen Moment sprachlos.

„Dann bist du der, welcher damals, als ich noch nicht geboren war, mit Fürst Sarjak in diese Gegend gezogen ist?“

„Ja, seit dieser Zeit bin ich hier." „Für eine Weile will ich gerne euer Führer sein, doch mit einer weiteren Entscheidung wollen wir noch warten." Während des Gesprächs fällt ihm ein großer Jüngling auf, der neben Arabekov steht. Unscheinbar und einfach gekleidet verharrt er dort.

„Und wer bist du"? will Kaskarbei wissen.

„Mein Name ist Schadweg, und ich bin der Sohn von Arabekov." Das sagt er nicht ohne Stolz und blickt beim Sprechen seinen Vater an.

„Auch ich war Sklave", fügt er hinzu.

„Dann ist dein Vater ein Beg und du sein Gehilfe?"

„Ja, so ist es."

„Dann seid beide bis zu einer Entscheidung meine Gehilfen. Seid ihr einverstanden?"

„Ja", ist die Antwort.

Noch einmal ist Arabekov zu hören:

„Aber das Volk wünscht, dass du unser Khan wirst!"

„Du hast meine Entscheidung gehört!" Die Menschen gehen zurück und Kaskarbei geht nachdenklich in seine Jurte.

Auf schaumbedeckten Rennern trifft ein Späher nach dem andern bei Scherpek ein. Es sind schlechte Nachrichten, die sie bringen. Sie berichten:

„Von allen Seiten strömen uigurische Krieger heran, streben nach Süden und sammeln sich in einem breiten Tal des Tien-Schan."

„Das bedeutet Kampf", sagt Scherpek beunruhigt. In aller Eile reiten die Kundschafter, um festzustellen, wie viele Uiguren es sind. Die Späher berichten, dass sich im Tal viele hundert Krieger versammelt haben, weitere stoßen hinzu. Auch nördlich des Ala-Too versammeln sie sich.

Kaskarbei ruft die Heerführer. Auch seinen Neffen Asan und Beg Awas. Spontan erinnert er sich an Schadweg und ruft auch ihn. Er kennt ihn nicht, aber im Kampf kann er ihn auf die Probe stellen.

„Scherpek, hast du Nachricht, wann die Verstärkung aus dem Altai eintreffen wird?"

„Nein, noch nicht."

Sende sofort Boten, zu erkunden wo sie bleiben", fordert der Fürst. Zu Awas gewandt fragt er:

„Es sind viele Kirgisen zu uns gekommen. Wie stark ist unsere Streitmacht? Wie groß ist unser Heer?"

„Fünftausend, die als Sklaven kamen und hierher geflüchtet sind. Jetzt sind wir siebentausend Krieger. Fast stündlich vergrößert sich die Zahl. Es gibt Zulauf aus vielen Khanaten.“

„Wir müssen weiterkämpfen. Es sind noch viele Kirgisen unterdrückt. Mit siebentausend Kriegern aber sind wir stark, denn in uns lebt der Wille zum Sieg. Fürst Scherpek, dir übertrage ich die Verantwortung für das Lager. Arabekov wird dir zur Seite stehen. Verstärke die Wachen, sende Späher, dass jede Bewegung von Freund und Feind erkannt wird und schicke mir alle Nachrichten. Tausend Krieger bleiben zum Schutz des Lagers im Tal. Mit dem Rest greifen wir an. Sicher wird uns bald die Verstärkung aus dem Altai erreichen.“ Die Krieger wollen den Kampf gegen die Uiguren und rüsten zum Angriff. Noch hat die Sonne nicht ihren höchsten Stand. Kaskarbei verlässt sein Zelt und zieht sich in die Einsamkeit zurück. Er muss seine Gedanken ordnen und den zu erwarteten Angriff planen.

„Wie würde mein Vater entscheiden?“, fragt er sich.

„Mit welcher Taktik würde sein Lehrer Sariev den Kampf führen?“ Ihm wird bewusst, dass ihm noch die Erfahrung fehlt. Trotzdem fühlt er in sich den Mut des Löwen.

„Ich werde siegen“, seine innere Stimme berauscht ihn. Er plant den Angriff. Sein Vater gab ihm bewährte Heerführer mit in den Kampf. Er teilt ihnen seine Gedanken mit:

„Wir werden drei Gruppen bilden“, erläutert Kaskarbei. „Zweitausend Dschigiten werden unter Führung Satilgan durch die westliche Klamm das Lager verlassen. Späher erkunden den Weg. Sie werden südlich der Ebene einen großen Bogen schlagen. Ihr sucht euch im Gebirge für die Nacht ein Versteck und wartet bis zur nächsten Nacht.“ Der Fürst wendet sich Beg Awas zu.

„Du bist ortskundig und kennst das Gebirge. Mit ebenfalls 2000 Mann verlässt du durch den östlichen Hohlweg zur gleichen Zeit unser Lager und folgst im Tal dem Fluss nach Süden. So kommst du von Osten zum Ala-Too. Asan wird dich begleiten. Auch ihr reitet die ganze Nacht und sucht ein Versteck bis zum Einbruch der nächsten Nacht. Wir greifen den Feind von drei Seiten an. Ich werde mit 2000 Kriegern den Ala-Too nach Süden überqueren. Die Uiguren sind damit in unserer Zange. Bevor wir am zweiten Abend nach Mondaufgang uns der Stellung des Feindes nähern, umwickeln wir die Hufe unserer Pferde mit Filz. Fast ohne Geräusche reiten wir weiter. Wenn der Mond sich verdunkelt und das Heulen des Wolfes ertönt, sind wir zum Kampf bereit. Ich werde als Erster diesen schaurigen Ton nachahmen. Der Ruf wird sich fortpflanzen. Unsere Krieger sollen ihn hören. Es wird sich anhören, als sei ein hungriges Rudel Wölfe auf der nächtlichen Jagd. Vorher werden Späher sich den Uiguren nähern und ihre Stellung erkunden. In der Dämmerung am Morgen ist die Müdigkeit bei den Feinden am größten. Sie wissen nicht, dass wir angreifen. Wir werden sie überraschen."

Ein Bote bringt schlechte Nachricht. Er berichtet, dass sich von Süden durch die Wüste Gobi ein großes Chinesenheer dem Altai nähert.

„Unsere Melder erkundeten, dass es der Rachefeldzug für die vermissten Chinesen ist, die nicht zurückgekehrt sind", berichtet er.

„Bei Vollmond, werden sie das Lager vor der Selenge erreicht haben. Bis dahin geht fünfzehn Mal die Sonne auf. Alte, Kinder, Frauen und Vieh werden sich weiter in den Altai zurückziehen. Die Dschigiten, die bereits zu dir auf dem Weg sind, werden umkehren und von Westen den Feind angreifen. Die Attacken von der Seite und im Rücken werden sie schwächen. Von Norden stellen sich den Chinesen das Bulut Heer mit den verbündeten Sojoten entgegen. Zu dir werden keine Krieger aus dem Altai kommen."

Nachdenklich schweigt Kaskarbei. Er ist erzogen, schnelle Entscheidungen zu treffen. Das ist seine Stärke. „Reite zurück, berichte dem großen Khan und den Ältesten, dass wir im Norden des Tienschan stehen und gegen die Uiguren morgen den nächsten Sieg erringen werden. Der Tenir möge euch und uns bei den Kämpfen beistehen." Für einen kurzen Moment verlässt ihn der Mut. Er blickt zu den Sternen und weiß, dass oben im „Menke-Kökö-Tenir" seine Ahnen, die Helden des kirgisischen Volkes, wohnen. Dann sagt er mutig in die Stille der Nacht hinein:

„Ich bin der Löwe. Aischa, meine Mutter, nennt mich so, und mein Vater hat mir den Namen „Burkut, der Adler" gegeben. Ihnen und den alten Helden bin ich den Sieg schuldig."

Die Zeit zum Angriff naht. Bald wird der Mond über dem Tien-Schan versinken und die Dunkelheit beginnen. Leise übt er den Ruf des Wolfes.

„Ja, der Jagdruf ist gut gewählt“, stellt er fest. Er legt wie ein Jäger die Hände an den Mund. Kräftiger ertönt das grausige Heulen. Dann wiederholt er den Wolfsschrei. Aus der Ferne hört er vereinzelt die Antworten. Bald tönt es durch Täler und über Berge. Die Felswände reflektieren das Echo. Es scheint, als sei ein großes Rudel auf der Jagd. Mit Kaskarbei an der Spitze setzen sich die Dschigiten in Marsch. Die umwickelten Hufe vermeiden laute Geräusche. So reiten sie langsam dem Lager der Uiguren entgegen. Späher haben erkundet, wo der genaue Kampfplatz sein wird und wo sich der sicherste Weg dorthin befindet. Kurz vor Erreichen des Zieles lässt Kaskarbei halten. Er lauscht in den dämmernden Morgen. Vereinzelt ist noch der Jagdruf des Wolfes zu vernehmen, aber sonst ist alles still. Plötzlich vernimmt er Geschrei eines Kampfes.

„Awas greift an“, murmelt er. Der Lärm verstärkt sich und der Fürst gibt ebenfalls das Zeichen zum Angriff. In diesem Moment erkennen seine Ohren einen fremden Schlachtruf. Vor ihm erhebt sich lautes Getümmel und was passiert hinter ihm? Wie aus dem Nichts tauchen in seinem Rücken Uiguren auf, die sich auf seine Leute stürzen.

„Wir sind in eingekesselt!“, brüllt er entsetzt in die Dunkelheit.

„Wir sind entdeckt. Sie greifen uns von hinten an!“ Wie durch Geisterhand geführt und ganz ohne Befehl teilt sich sein Heer. Sie stürmen zur Seite in Spalten und Hohlwege, wenden und greifen sofort die Feinde in der Flanke und von hinten an. So geraten diese selbst zwischen zwei Fronten und sind nach kurzem Kampf besiegt. Die Strategie des Gegenangriffes hat Kaskarbei eingeübt. Auf dem Hauptkampfplatz wird das Scharmützel nicht bemerkt. Awas hat sich ohne Zögern beim ersten Wolfsgeheul, unerwartet für die Uiguren, in den Kampf gestürzt. Die sind durch den Angriff überrascht worden. Ohne Ordnung laufen sie hin und her, und die Kirgisen behalten die Oberhand. Zur selben Zeit ertönt auch von Westen Kampflärm, ein Zeichen, dass die Kirgisen unter Führung Satilgan in die Schlacht eingegriffen haben. Als die Sonne aufgeht, ist sie 3

entschieden. Viele Feinde sind im Kampf gefallen, einigen gelingt die Flucht und der Rest hat sich ergeben. Kaskarbei verhandelt mit Hilmatov, dem Heerführer der Uiguren. Der bittet um Gnade für d0ie Gefangenen.

„Der Khan der Khane in China zwingt uns, gegen die Kirgisen zu kämpfen und sie zu unterdrücken. Früher lebten wir in Frieden. So ist es zu diesem Kampf gekommen. Nehmt unsere Männer nicht als Gefangene, und wir lassen dafür eure Sklaven frei."

„Haha. Du bist sehr großkotzig!" spottet Kaskarbei.

„Unsere Leute befreien wir selbst. Durch unseren Sieg sind sie ohnehin frei." Kaskarbei will Vergeltung für die Zeit, in der sein Volk unterdrückt war.

„Wollen deine Männer die Freiheit, müsst ihr bezahlen. Ich fordere als Tribut dreihundert Pferde unserer Wahl und dazu fünfhundert Schafe. Solltet ihr weiter mit uns in Feindschaft leben und erneut angreifen, werden wir euch vernichten und die Aule zerstören. Der Besitz in euren Jurten und das gesamte Vieh wird uns als Beute gehören. Zwei deiner Krieger werden zu eurem Khan reiten und meine Bedingungen vortragen. Sie werden von Awas, Satilgan und einigen Dschigiten begleitet. Pferde und Schafe werden sie selbst aussuchen und zählen. Außerdem sind unsere Leute freizulassen. Wenn es zum siebten Mal Abend wird, müssen Tiere und meine Leute zurück sein. Das ist meine Bedingung. Ist sie erfüllt, sind deine Leute frei. Du bist unsere Geißel. Erfüllt ihr die Forderung nicht, müsst ihr sterben. Lass jetzt deine Leute losreiten." Auf dem Kampfplatz werden die Verwundeten versorgt und die Toten begraben. Das Gleiche erledigen auch die Uiguren. Kaskarbei sendet Boten mit der Nachricht seines Sieges in das Lager zu Scherpek und in den Altai. Die Sonne steigt über die Berge, als Kaskarbei mit dreitausend Dschigiten und Gefangenen zur offenen Ebene, dem Tor zum Altai, reitet. Die übrigen Kirgisen begeben sich zurück ins Lager.

„Sobald diese Aufgabe hier beendet ist, werde ich mit Asan zu meiner Schwester ‚Schöner Mond' reiten.", sagt der Fürst im Selbstgespräch.

Nurka

Kapitel drei

„Hier errichten wir unser Lager“, befiehlt Kaskarbei. Seine Begleiter sind dankbar. Der Kampf gegen die Uiguren hat viel Kraft gekostet. Die Rückkehr der Deligation wird noch einige Tage dauern. Am siebten Tag wälzt sich die Herde mit dreihundert Pferden und fünfhundert Schafen in Begleitung von Satilgan und Awas heran.

„Der Uiguren-Khan gab uns ohne Murren das Geforderte“, berichten sie.

„Zudem befahl er, die versklavten Kirgisen sofort freizulassen. Bei Kämpfen gegen die Khane Chinas will er uns unterstützen und mit uns Frieden schließen.“

„Sind denn unsere Feinde auch die Feinde der Uiguren?“ „Ja, Khan Schandenbeg ist gezwungen worden, für die Chinesen die Kirgisen und andere Stämme zu unterdrücken. Jetzt gibt uns die Niederlage Gelegenheit, eure Verbündete zu sein. Wir sollten sein Angebot ernst nehmen.“ Erstaunt sieht Kaskarbei Awas und Satilgan an. Beide nicken zur Bestätigung.

„Ihr habt eine gute Wahl mit den Tieren getroffen“, stellt er fest.

„Die befreiten Kirgisen werden die Pferde brauchen. Mit den Schafen sichern wir unsere Verpflegung“, sagt er zu Awas. Den er immer öfter ins Vertrauen zieht. Er ruft Hilmatov zu sich.

„Meine Dschigiten berichten, dass Khan Schandanbeg mit uns Frieden schließen will. Wir werden in der Zukunft Seite an Seite kämpfen. Unsere Feinde sind auch eure Feinde. Ihr seid wie wir unterdrückt“, fügt er hinzu.:

„Du bist jetzt frei und kannst zu euren Aulen heimkehren.“ Hilmatov bestätigt:

„Alleine sind wir zu schwach gegen die gnadenlosen Khane. Es ist gut, dass wir uns verbünden. Würden sich alle Stämme gegen China erheben, wären wir nicht mehr zu besiegen,“ sagt er. Die Wende des Kampfes beflügelt ihn.

„Die Uiguren wurden auch zu Knechten gemacht“, denkt Kaskarbei.

„Ob sich uns weitere Khane anschließen werden? Die Feinde werden immer öfter besiegt und Sklaven befreit. Die Streitmacht gegen das Riesenheer Chinas wächst“. Zufrieden über die Rede Hilmatovs jagt Kaskarbei mit seinen Kriegern zum neuen Lager. Die Dschigiten folgen mit den Verwundeten und Herden.

Nach seiner Ankunft betritt er die Jurte Scherpeks und fragt:

„Hast du Nachricht von Goghus-Khan?"

„Nein, ich schickte Boten, aber keiner ist zurück." Besorgt betritt Kaskarbei sein Zelt. Er denkt an die große Entfernung. Es kann noch keiner zurück sein. Trotzdem ist er ist in Sorge. Er muss Geduld haben. In der folgenden Nacht beschäftigen ihn andere Gedanken. Seine Mutter Aischa hatte ihn im Altai eines Abends zur Seite genommen:

„Mein Sohn, es ist Zeit, dass bald eine Frau in deine Jurte einzieht. Es ist nicht gut für einen Mann ohne Frau zu leben. Dein Vater wünscht sich viele Enkelsöhne. Wir sind ein starkes Geschlecht. Das muss erhalten bleiben. Sobald deine Mission gegen unsere Feinde erfüllt ist, musst du deine Verlobung einlösen und Nurka nach Hause holen." Das Wachen in der Nacht fördert weitere Gedanken hervor.

„Wird Nurka in seine Jurte einziehen?" Er erinnert sich, wie er als Neunjähriger neben Sariev, fasst ohne Pause, ins Ferganatal ritt. Wenn er zur Seite blickte, bemerkte er seinen Schatten. Übermüdet sah er ihn im Zwielicht. Einige Male überraschte sie ein grausamer Buran, der ihnen den Atem raubte. Heute weiß er nicht mehr, wie er die Anstrengungen lebend überstanden hat. Er sieht sich noch erschöpft auf dem Rücken seines Steppenpferdes liegen, in die Mähne des treuen Tieres geklammert. Er hat gar nicht verstanden, weshalb er diese Qual auf sich nehmen musste. Sein Vater sagte nur:

„Du bist nun alt genug, dich mit Nurka zu verloben. Danach wirst du einige Jahre dort wohnen, um deine spätere Frau besser kennenzulernen." Warum kommen ihm gerade jetzt diese Gedanken? Die Erinnerung verwirrt ihn. Endlich bezwingt ihn die Müdigkeit und der Schlaf trägt ihn gnädig fort. Vorher aber murmelt er noch:

„Bald werde ich zu meiner Schwester reiten."

Die Sonne des neuen Tages weckt ihn früh.

Der Fürst sagt zu Asan:

„Heute ruhen wir noch, aber Morgen machen wir uns auf den Weg. Ich will zu meiner Schwester. Zehn Dschigiten werden uns begleiten. Du wirst uns auf verschwiegenen Gebirgspfaden und sicheren Wegen führen, denn überall gibt es Gefahren. Beg Awas soll mit einer Begleitung vorausreiten, sie sollen unsere Ankunft melden."

„Es ist kein leichter Weg. Bevor wir den Ala-Too erreichen, führt er uns über die Steppe, die sich bald danach in eine Wüste verwandelt“, warnt Asan.

„Wir müssen uns auf eine gefahrvolle Reise einstellen, brauchen Wasser und Proviant.“

Kaskarbei ist bedrückt, weil er immer an seinen. alten Vater denken muss.

„Wie wird der Kampf gegen die Chinesen enden? Kann ich jetzt, wo bald die Schlacht tobt, in Ruhe reisen? Es tröstet ihn, dass die Sippe der Sojoten die Bulut im Kampf unterstützen.“

Er bittet Fürst Scherpek zu sich.

„Ich reite zu meiner Schwester “. Sicher werden bald die ersten Melder mit Nachrichten aus dem Altai eintreffen. Sie sollen mir folgen, ganz gleich, welche Botschaft sie bringen. Asan und zehn Krieger werden mich begleiten. Morgen, bevor der Tag beginnt, reiten wir.“

„Der Tenir möge mit euch sein“.

Der neue Tag erwacht mit einem wolkenlosen Himmel. Bald darauf verlässt der Tross durch den Hohlweg das Lager. Dumpf stampfen die Hufe auf den harten Boden. Die Kühle des Morgens nutzend, jagt die Kolonne nach Westen. Bald steigt jedoch Wärme auf. Die gleißend und stärker werdende Hitze gaukelt den Reitern bald Trugbilder vor. Die Pferde leiden unter der Glut. In der Kühle des frühen Tages war noch leichter Trab möglich, später bewegt sich der Trupp träge vorwärts. Menschen und Tiere erschlaffen. Kein Lüftchen bewegt sich. Das Atmen schmerzt in der Brust, die Hitze legt sich wie ein Panzer auf Mensch und Tier. Der Staub trocknet den Mund, und die Lippen platzen. Noch ist kein Murren zu hören. Gelegentlich wird ein Schluck Wasser getrunken. Als es dämmert, legt die Gruppe eine Rast ein. Auch der Abend bringt keine Abkühlung. Sie lagern wie unter einer Glutkuppel. Nur dürres Dornengebüsch ist zu sehen, vertrocknete Disteln und Tamarisken. Selbst Insekten finden keinen Tropfen Tau. Die Raben krächzen nicht. Ausgestorben liegt die Steppe vor ihnen. Noch sind die Schläuche gefüllt und es besteht keine Gefahr. Als sich der Mond am Horizont über den Gipfeln erhebt, reitet die kleine Schar weiter. Kaskarbei an der Spitze hält seinen „Weißen“ an. Dumpf sind Hufschläge zu hören. Bald taucht im blassen Licht ein Reiter auf. Es ist Awas.

„Bringst du gute Nachricht?“, fragt der Fürst. Awas zügelt sein Pferd. Er berichtet:

„Weit im Westen, wo sich aus der Wüste das Gebirge erhebt, stehen in einem verborgenen Tal kirgisische Jurten. Es sind unsere Brüder vom Stamm Tscherik, die vom Issyk-Kul vor den Dschungaren geflüchtet sind. Sie verstecken sich dort. Noch sind sie in Sicherheit. Sie erzählen, dass nach einem Überfall auf ihren Stamm viele getötet, und viele als Sklaven gefangen worden sind, ebenso treiben sie Teile ihrer Herden weg. Der Rest des Stammes hat sich dort gesammelt. Sie fürchten, dass die Feinde sie bald finden werden. Das würde ihr Ende sein.“

„Weißt du, wo sich die Dschungaren versteckt halten?“

„Ja, in einem langen Tal am Issyk-Kul. Sie erwarten sicher die Rache der Kirgisen. Der Angriff auf unsere Brüder ist vor drei Tagen gewesen. Die Feinde hatten Zeit genug sich vom Kampfplatz zu entfernen und zu verstecken“

„Reite zu den Tscherik und mach ihnen Mut“, sagt Kaskarbei zu dem Boten. Dann wendet er sich an Asan „Schicke einen ortskundigen Reiter zurück ins Lager. Scherpek soll mit Satilgan und tausend Dschigiten die Dschungaren in der Morgendämmerung überfallen und vernichten.“

„Du Asan, bleibst bei mir und begleitest mich zu meiner Schwester.“

„Kann ich trotz dieser Gefahr zu Aisulu reiten?“ Er hat Bedenken.

„Gelingt der Kampf ohne mein Mitwirken? Darf ich meine Wünsche vor die Pflicht stellen? Ohne Asan fehlt mir der Führer. Ich muss eine Entscheidung treffen. Meine Männer sind zuverlässig“, denkt er und beschließt weiter zu reiten. Bevor die Gruppe die Steppe verlässt, rasten sie im Schatten einer großen Felswand. Wind erhebt sich und Böen heulen um die Felsnase. Der Himmel verdunkelt sich. Ein Buran! Hinter dem Felsen ist kaum Schutz. Doch auf freier Fläche braust der Sandsturm ungehindert. Er ist eine große Gefahr. Den Rest des Tages bleiben sie im Schutz der steinernen Wand. Plötzlich, wie er gekommen ist, flaut der Buran ab.

„Es ist unser Glück gewesen, dass wir nicht im freien Gelände von dem Sturm überrascht worden sind“, sagt Kaskarbei.

„Die Luft hat sich abgekühlt. Bevor der Mond aufgeht reiten wir. Lasst uns den kühlen Morgen nutzen.“ Er prescht an die Spitze. Dieser Teil der Wüste ist schnell durchquert. Mittags ändert sich die Landschaft. Erst ist es eine Steppe mit dürrem Gras. Immer öfter sehen sie grüne Weiden, Bäume und Sträucher. Das Tal ist breit und von Felswänden gesäumt. Weiter in der Ferne verengt es sich. Von dort kommt ein Reiter. Es ist der Bote, den Kaskarbei zu „Schöner Mond“ geschickt hat.

„Khan Sarjak und deine Schwester heißen dich willkommen. Ich soll dich zu ihnen führen. In zwei Tagen haben wir ihren Aul erreicht. Als besonderen Gruß schickt „schöner Mond“ dir diesen Talisman. Er ist vom Schamanen gesegnet und soll dir Glück bringen.“

„Ich danke dir.“ Er legt die Kette um den Hals und verbirgt die Kostbarkeit am Herzen unter seinem Chalat.

„Wie geht es „schöner Mond“?“

„Sie erwartet sehnlich ihren Bruder.“ Kaskarbei freut sich über den Gruß. Er lässt seinem „Weißen“ die Zügel locker, der in Trab fällt. Er denkt zurück an die Zeit im Altai. Als Kind war er oft in der Jurte bei „schöner Mond.“ Sie liebt ihren Bruder. Freudige Erwartung erfüllt ihn. Er sieht Asan an, der immer Ruhe ausstrahlt. Er hat den Eindruck, dass Frieden in der Familie herrscht.

Große Sorgen bereiten ihm seine Leute im Altai, die in der Schlacht mit den Chinesen verwickelt sind. Wird Goghus-Khan siegen? Er ist kein junger Mann mehr. Im Gegenteil, die Hundert hat er bald erreicht. Kaskarbei merkt auch an sich, wie rasend die Zeit vergeht. Er wünscht sich, dass sein Vater noch lange leben möge.

Auch quält ihn die Frage, ob er die richtige Entscheidung getroffen hat, den Heerführer Satilgan gegen die Dschungaren in den Kampf zu schicken. Der ist aber kampferprobt und hat sich in vielen Gefechten bewährt. Die Krieger wachsen an ihren Aufgaben. Der Stamm Tscherik ist in Gefahr, so ist sein Befehl nicht falsch gewesen. Kaskarbei beruhigt sich.

Die Siege bei seinen Kämpfen konnte er vorher nicht überblicken. Sein Mut war seine Kraft. Jetzt sieht er auf Erfolge zurück. Viele Kirgisen sind befreit worden. Sein Heer zählt mehr als 10.000 Männer. Mit ihnen hat er große Beute gemacht und viele Feinde besiegt. Manche Besiegte sind selbst Sklaven der Chinesen gewesen. Jetzt sind sie Verbündete.

In dem großen Tal, in welches Asan ihn damals geführt hat, sind Aule mit vielen Jurten errichtet. Die Menschen vertrauen ihm und es wundert nicht, dass sie ihn zum Khan wählen wollen. Von Freund und Feind erhält er Anerkennung und freut sich darüber. Die Bescheidenheit, von seiner Mutter Aischa geerbt, ist ihm erhalten geblieben. Trotzdem ist er „Burkut, der Adler“. Und sein zweiter Name, den ihm seine Mutter gab „Kaskarbei, Sei stark wie ein Wolf“, ehrt ihn jeden Tag. Ein Gedanke lässt ihn nicht los:

„Ich hätte vor vielen Jahren bei meiner Braut Nurka bleiben sollen.“ Er erinnert sich, dass sie ein schönes Mädchen gewesen ist. Solche Gedanken hat er in letzter Zeit öfter, weil er sich so sehr mit seiner Kinderzeit beschäftigt.

Am Abend bittet Asan vorausreiten zu dürfen. Er hat die Absicht, dass Kaskarbei ein grandioser Empfang bereitet wird.

Bisher sind sie weder Reitern noch Herden begegnet. Jedoch am zweiten Tag ändert sich das Bild. Hier und da sehen sie Hirten mit ihren Tieren, vereinzelt auch Jurten.

„Haben wir unser Ziel erreicht?“, fragt der Fürst.

„Noch nicht, einzelne Tiere lassen die Leute außerhalb des Lagers weiden, obgleich die Sicherheit wichtiger ist als gutes Gras. Aber das meiste Vieh ist in den Tälern versteckt. Das große Dorf und weitere Aule befinden sich abseits im Gebirgstal.“

Die Sonne hat ihren höchsten Stand bereits verlassen und wirft lange Schatten, als lautes Rauschen den Reitern entgegenschallt. Sie blicken in die Höhe. Sind es Adler, die für die Begrüßung der Ankömmlinge den Himmel bevölkern? Aber keiner der edlen Segler ist zu entdecken. Das Geräusch wird lauter. Plötzlich endet das Plateau, auf dem sie reiten, und sie stehen an einer steil abfallenden Felswand. Sie reicht fast senkrecht bis auf den Talboden. Vor ihnen breitet sich eine weite Ebene aus, deren Ende an der gegenüberliegenden Talseite kaum sichtbar, wieder steil aufsteigt. Lebhaftes Treiben bietet sich den Augen. Ein großes Dorf und einige kleinere mit nicht zählbaren Jurten, Menschen und Herden sind zu sehen.

„Hier wirst du deine Schwester finden“, sagt ein Dschigit. „Wir sind am Ziel.“

Nacheinander, der Führer voraus, beginnen sie durch einen Hohlweg den Abstieg. Kaskarbei bemerkt einen Reiter, der sein Pferd bergauf lenkt und an einer breiten Stelle aus dem Sattel steigt.

„Ist das Khan Sarjak?“ Ihm folgt eine Frau. Die Reiter halten an, und Kaskarbei sieht endlich in die Augen von „schöner Mond“. Über ihre Wangen rinnen Tränen. Mit einem Satz springt sie vom Pferd und läuft Kaskarbei entgegen. Der springt ebenfalls herunter. Die alternde Schwester und der junge Bruder fallen sich in die Arme und verharren lange wortlos eng umschlungen.

Der Mann nähert sich langsam. Es ist Sarjak. Die herzliche Begrüßung rührt ihn. Die Umstehenden klatschen. Auch Sarjak begrüßt den Besuch herzlich.

„Sei uns willkommen, Fürst Kaskarbei. Dein Ruhm ist lange vor dir im Aul angekommen. Bleib so lange bei uns wie du Zeit hast.“

„Ich danke dir, großer Khan. Der Tenir sei dir immer gnädig.“

Zu „schöner Mond“ gewandt sagt der Fürst:

„Ich hatte große Sehnsucht nach dir. Bist du hier im Siebenstromland glücklich?“

„Ja, es geht mir gut. Hier bin ich zu Hause. Ich habe einen lieben Mann und eine gesunde Familie. Was kann ich mehr wollen?“ Sie fügt noch hinzu:

„Wir haben noch viel Zeit zum Sprechen.“ Kaskarbei sieht seine Schwester erneut freundlich an. Dann sagt er:

„Ich werde es genießen.“

Später am frühen Abend sitzt Kaskarbei auf seinem ‚Weißen‘ und verlässt ohne direktes Ziel den Aul. Er will abschalten von den vielen Ereignissen der letzten Zeit. „Ich brauche etwas Ruhe“, sagt er zu sich, und reitet in Gedanken versunken an das Ende des Tales, durch die Klamm in die Steppe. Er bemerkt nicht, dass ihm jemand folgt. Als der Lärm des Dorfes verhallt, hört er leisen Hufschlag und sieht, dass „schöner Mond“ ihm folgt.

„Ich suche die Einsamkeit mit dir, mein Bruder. Nach so langer Zeit haben wir uns sicher viel zu erzählen.“

„Bei deiner Ankunft wollte ich es nicht so deutlich sagen, um meinen Mann nicht zu kränken: Aber seit du den Altai zum Kampf gegen die Khane Chinas mit deinen Dschigiten verlassen hast, habe ich auf dich gewartet. Später ließ mir Asan durch einen Boten die Nachricht bringen, dass du bald kommst. Ich liege schon lange Zeit auf der Lauer.“

„Von unserem Vater weiß ich, dass ihr damals bei dem Auszug aus dem Altai zweimal hundert Männer mit ihren Familien gewesen seid. War Arabekov dabei?“

„Ja. Warum fragst du?“

„Hat er einen Sohn“?

„Ja, Schadweg.“

„Ich bin beiden begegnet. Sind sie vertrauenswürdig?“

„Absolut. Mein Mann und Arabekov sind Brüder.“

„Vor einigen Wochen kamen alle Leute aus den Dörfern mit Arabekov an der Spitze zu mir und forderten, dass ich ihr Khan werden sollte“, und er erzählte die Begebenheit.

„Ich habe abgelehnt.“ Lange schweigt Aisulu und betrachtet ihren Bruder mit schiefem Blick.

„Du hast richtig entschieden. Für dein Volk, die Bulut, übergibt dein Vater dir das Zepter. Halte dich bereit“.

„Euer Stamm ist gewachsen“, sagt er unvermittelt nach einer langen Pause.

„Habt ihr Feinde?“

„Ja, manches Mal werden wir von den Dschungaren und den Uiguren bedrängt. Bis heute konnten wir uns gut wehren. Wie wir hörten, hast du schon einige Schlachten gewonnen und viele Kirgisen aus der Sklaverei befreit. Dein Ruhm eilt dir voraus. „Hast du keine Frau?“ fragt sie unvermittelt.

„Vater hat einmal erzählt, dass es eine Verlobte gibt. Danach hörte ich nichts mehr.“

„Das stimmt, sie ist fast in Vergessenheit geraten, ich bin noch immer alleine. In der letzten Zeit gehen meine Gedanken öfter zu ihr. Sie hat sicher schon einen anderen Mann geheiratet. Das wäre aber meine Schuld.“

„Du solltest deine Verhältnisse regeln. Ein großer Khan braucht eine Frau. Wer soll sonst an deiner Seite sein, um dich in einsamen Nächten zu trösten; oder zum Reden, wenn du dich alleine fühlst? Wer soll dir einen Sohn schenken?“

Dieses Thema ist Kaskarbei peinlich. Er beschäftigt sich selbst seit einiger Zeit damit. Er fühlt sich bedrängt mit diesen Fragen. Darum antwortet er:

„Bald werde ich mich darum kümmern."
Beide schweigen. Dann fragt Aisulu:
„Wie geht es unserem Vater?"
„Er ist in der Gobi im Kampf gegen die Chinesen verwickelt. Ich mache mir Sorgen, weil keine Nachricht kommt. Ich weiß nicht, wie es ihm geht. Scherpek schickt dauernd Boten, aber bisher ist keiner zurück."
„Ich habe ihn schon viele Jahre nicht mehr gesehen. Hoffentlich ist nichts passiert", sagt Aisulu bedrückt.
„Darf ich dich etwas fragen?" Kaskarbei blickt verlegen zur Seite.
„Ja, sprich nur."
„Ist Asan dein einziges Kind?"
„Nein, Asan ist unser erster Sohn. Er ist etwa in deinem Alter. Später wird er als Khan der Nachfolger seines Vaters werden. Kurz nachdem wir damals den Altai verlassen haben, wurde er geboren. Danach kamen noch Neischa und Schonor zur Welt. Du wirst sie kennenlernen."
„Zwei Söhne, Vater wird sich gefreut haben."
„Es sieht so aus, dass Schonor kein Krieger wird. Wenn wir ihn suchen, finden wir ihn bei Baklei dem Barden. Er sitzt zu seinen Füßen und nimmt jedes Wort in sich auf, als sei es Muttermilch. Seit er laufen und sprechen kann, zieht es ihn zu Baklei. Das Spiel auf der Komus beherrscht er bereits perfekt, als sei ihm dieses Talent in die Wiege gelegt worden. Morgen wird er mit seinem Lehrmeister im Aul weilen und von den Mythen unseres Volkes singend erzählen. Schonor hat schon viel gelernt."
„Ich freue mich für dich. Er wird mit den Volksgesängen die Geschichte der Kirgisen wachhalten."
„Ja, er wird zwar kein Dschigite und kein großer Khan, aber er dient auf seine Weise unserem Volk."
Die Sonne wirft bereits lange Schatten.
„Es ist Zeit zum Umkehren. Die Dunkelheit birgt Gefahren."
„Sarjak hat Schafe schlachten lassen. Das ganze Dorf soll morgen feiern. Die Familie und einige Gäste werden sich in der großen Jurte meines Mannes treffen. Du wirst viele kennenlernen und kannst mit jedem reden; sogar mit dem Mulla. Er hat uns den neuen, islamischen Glauben gebracht und nun sind wir alle Mohammedaner."
Die meisten der Angekündigten wird Kaskarbei nicht kennen.

Für ihn und seine Männer sind weitere Jurten errichtet worden. Jurten aufstellen ist keine Tätigkeit für Krieger, er weiß nicht, wie diese Arbeit abläuft. Er hat sich nicht darum kümmern müssen. Heute aber hat er Ruhe und hält sich deshalb in der Nähe der Frauen auf. Sie errichten weitere Zelte. In jedem Dorf gibt es einen Vorrat von Bauteilen für weitere Jurten. Es sind Rundzelte, an denen beim Aufbau kein Nagel oder anderes Metall verwendet wird. Die senkrechten Außenwände in der Höhe eines Mannes und halber Breite bestehen aus hölzernen Einzelgittern, die mit Lederriemen an den Seiten verbunden werden und damit Scharniere bilden. Davor werden Matten aus Schilfrohr gestellt. Er betrachtet eine Weile die Frauen.

„Wie geschickt sie die Seitenteile verknüpfen und in der Runde anordnen“, stellt der Fürst fest. „Und dazu singen sie.“ Die Tür wird in Richtung Mekka eingesetzt und bildet den Eingang, der später mit einer Filzmatte zugehängt oder nach Bedarf hochgerollt wird. Je mehr Einzelgitter verwendet werden, desto größer wird die Jurte. Sind die Wände und Türrahmen aufgestellt und fest verknotet, wird zur Stabilisierung in halber Höhe als festes Tau und am oberen Rand ein breiter, gewebter Gurt geschlungen. Gespannt blickt er auf Frauen, die mit Astgabeln in der Mitte der Jurte stehen und den runden Dachkranz, der mit Bogenhölzern eine Kuppel bildet, in die Höhe heben. Andere schieben von außen Sparren hoch. Sie werden oben in der Öffnung des Kranzes verklemmt und unten auf den Gitterrahmen gesteckt. Gegen die Witterung werden außen und innen entlang der Wände und auf das Dach bunte Filzmatten mit kirgisischen Motiven gehängt. Der Dachkranz ist die Öffnung für Frischluft und dient als Rauchabzug. Auf dem Boden in der Mitte der Jurte brennt das Feuer. Bei Kälte werden weitere Filzmatten übereinandergelegt, bei großer Hitze aufgerollt. Der Wind aus der Steppe verschafft Kühlung. Sehr große Jurten aus weißem Filz sind den Khanen vorbehalten und heben damit ihren besonderen Stand hervor. Die Jurte Kaskarbeis glänzt in strahlendem Weiß. Der erste Abend bei „schöner Mond“ verläuft still. Mit Sarjak redet Kaskarbei über die Politik. Aber er lernt auch Neischa und Schonor, die Kinder, kennen. Sarjak ist wortkarg. „Schöner Mond“ dagegen unterhält sich mit Vorliebe; besonders jetzt mit ihrem Bruder, auch über die Familie.

„Neischa ist fanatisch dem Islam verfallen“, erzählt sie.

„So oft wie möglich ist sie beim Mulla. Täglich verrichtet sie die vorgeschriebenen Gebete und lebt streng nach ihrem Glauben. Unter einem großen Tuch versteckt sie ihre schwarzen Haare. Ich meine, Glaube hin, Glaube her, seine Schönheit zu verstecken ist nicht normal. Sie ist unbelehrbar. Sie beeinflusst sogar die Frauen und Mädchen im Aul. Das gibt oft Streit. Sie ist ein Außenseiter. Hier halten wir es mit dem Islam nicht so genau. Zu sehr sind wir im Schamanentum verwurzelt. Ist jemand krank oder gibt es ein anderes Problem, rufen wir den Schamanen. Mulla und Schamane gehen sich gerne aus dem Weg. Es besteht jedoch keine Feindschaft." Aisulu spricht weiter:

„Auch Schonor ist ein Außenseiter. Er sitzt dem Erzähler zu Füßen und hört seinen Gesängen ergriffen zu. Viele der Geschichten und Fabeln kennt er schon auswendig und kann sie vortragen. Es sind die Ereignisse und Legenden unseres Volkes. Gegen diese Vorliebe haben wir keine Bedenken. Durch den Barden spricht der Geist der Ahnen. Jetzt ist Schonor älter und zieht oft für längere Zeit mit Baklei von Aul zu Aul. Beide sind überall willkommen und bald ist er ebenso bekannt wie Baklei. Wie ich schon sagte: Er wird sicher kein Krieger werden." Sarjak stimmt seiner Frau zu.

„Jeder muss seinen Weg gehen, auch unsere Kinder. Der Mulla ist ein angepasster Mensch und kein Fremdkörper. Man hört, dass manche Mullas sehr fanatisch sein sollen", sagt er.

„Wir hoffen, dass Neischa nicht überdreht." Die Kinder haben still den Gesprächen gelauscht, ohne etwas zu sagen. Sie spüren das Verständnis ihrer Eltern, die sie nicht beeinflussen.

„Bei passender Gelegenheit will ich dir von einem Ereignis berichten, das uns ein Fremder aus dem Westen erzählt hat", sagt Aisulu. Sie will nicht vor Neischa davon nicht sprechen. Das hätte nur zu Streit geführt.

Früh am nächsten Morgen wird Kaskarbei durch Lärm geweckt. Ein Diener bringt sein Frühstück, Lammfleisch. Für einen Kirgisen gibt es nichts Besseres. Als er seine Jurte verlässt, sieht er überall Kochfeuer und hört lautes Sprechen. Über jeder Glut hängt ein großer Kessel, in denen Fleisch brodelt. Ein wunderbarer Duft strömt durch das Dorf, vermischt mit Arbeitslärm. Das Fest wird vorbereitet. Kaskarbei kennt den Einsatz, der bei jeder Feier unvermeidlich ist.

„Unser Volk ist von Ost bis West gastfreundlich. Niemals verlässt ein Gast hungrig oder durstig eine Jurte." Kaskarbei spürt Zufriedenheit in sich.

„Auch ich bin Kirgise", murmelt er. „Gäbe es doch weniger Feinde und mehr Frieden auf der Erde, und wären wir schon ein vereintes Volk. Nun bringen auch noch die Mullas ihren Glauben. Das wird mit der Zeit nicht gut gehen. Wir brauchen Mohammed nicht."

Jedes Kind im Aul kennt den großen Fürsten und Dschigiten, den Sieger vieler Schlachten, den Befreier. Wo Kaskarbei auftaucht, bildet sich mit einem ehrfürchtigen Abstand eine Menschentraube. Nur wenige suchen das Gespräch. Ein Mann aber kommt auf ihn zu:

„Ich kenne dich. Wohin du auch kommst, dein Ruhm ist dir schon vorausgeeilt", sagt er ohne Umschweife. Er stellt sich nicht vor. Ob er sich zu gering fühlt neben dem Fürsten? Kaskarbei betrachtet ihn.

„Kennt er den Fremden?" Er erinnert sich nicht. Das Haupthaar des Mannes ist lang und grau. Dieselbe Färbung hat sein ausgefranzter Bart. Dünn hängt er von Wangen und Kinn. Gekleidet ist er wie alle Männer der Steppe: Stiefel aus Fell, Lederhose, ein Hemd und darüber einen halblangen Chalat, der in der Körpermitte mit einer Schnur gehalten wird. Seinen Kopf bedeckt eine hohe weiße Filzmütze, das untrügliche Zeichen der Kirgisen.

„Jeder Mann hat seinen Ruhm, auch du", antwortet Kaskarbei.

„Er wird jedoch oft nicht geachtet. Woher kommst du?"

„Aus dem Westen, wo der Tienschan beginnt und das große Gebirge, dass die Leute Pamir nennen, endet. Dort, wo der Ort Osh im Fergana Tal liegt. Ich bin auf der Durchreise nach Osten.

„Es freut mich Bruder, dich kennenzulernen. Wohin soll die Reise gehen?"

„In den Altai."

„Das ist noch ein weiter, gefährlicher Weg."

Sarjak kommt in diesem Moment auf die beiden zu und das Gespräch wird unterbrochen.

Habt ihr euch schon bekannt gemacht?", fragt er, ohne eine Antwort abzuwarten. Zu Kaskarbei gewandt fährt er fort:

„Darf ich dich entführen? Ich habe etwas zu besprechen.“ Kaskarbei folgt dem Khan in seine Jurte.

„Boten sind gekommen ...“

„Aus dem Altai, von Goghus-Khan“? fragt der Fürst hastig.

„Nein, sie sind von Satilgan geschickt worden. Sie melden, dass er die Dschungaren geschlagen und die Gefangenen befreit hat. Hier sind die Boten.

Drei Dschigiten treten vor. Kaskarbei kennt die Krieger. Mit ihnen hat er in der Schlacht gegen die Uiguren gekämpft.

„Stimmt es, was Khan Sarjak berichtet?“

„Ja, Herr. Wir waren dabei. Satilgan ist ein kluger Feldherr. Er hat die Feinde umzingelt und vernichtet. Die gefangenen Kirgisen vom Stamm Tscherik sind befreit. Auch das Vieh ist zurück. Unsere Krieger haben bei den Feinden große Beute gemacht. Das sollen wir dir berichten.“

„Für diese gute Botschaft werdet ihr belohnt. Ihr könnt jetzt gehen und euch ausruhen.“

„Hast du draußen den Mann erkannt, der vorhin mit dir geredet hat?“, fragt Sarjak den Fürsten.

„Nein. Er ist einer aus dem Westen, hat er gesagt.“

„So will ich dir sagen, wer er ist. Es ist ...“

„Schöner Mond“ hat sich den Männern genähert. Noch bevor Sarjak dem Fürsten die Antwort geben kann, sagt sie:

„Kommt sofort in die Jurte. Für euch sind Ehrenplätze reserviert. Ihr könnt dort weitersprechen, bevor das Zelt sich füllt.“

„Sicher wird er mir später alles erzählen“, denkt Kaskarbei.

In der Jurte sind die Vorbereitungen für das Mahl getroffen. Bis sich die Familie und die Gäste versammelt haben, wird Kumys gereicht. Das erledigt immer der Hausherr, der sich den Gästen gegenüber auf einem flachen Sitz niederlässt. Aus dem Schlauch schüttet er den Kumys in eine Schale, rührt mit dem Finger das Getränk und leckt ihn ab. Hält er ihn für gelungen, nimmt er die Kelle, füllt sie und lässt den Inhalt langsam, mit einem dünnen Strahl in die Schüssel zurückfließen. Diese Zeremonie wird einige Male wiederholt. Anschließend wischt er den Löffel mit dem Finger ab und fischt noch etwas Schmutz aus der Schale. Als wolle er die Qualität prüfen, schlürft er selbst einen tüchtigen Schluck, dann reicht er die Schale an Kaskarbei. Nachdem der getrunken hat, gibt er das Gefäß an einen Nachbarn. So geht es weiter, bis jeder satt ist. Die Übrigen sehen dem festlichen Akt zu. Der zieht sich hin, bis auch jeder den Genuss des prickelnden Getränks erlebt hat. Diese Handlung ist feierlich. Sie zollt dem Kumys besondere Ehre. Er wird solange zelebriert, bis der letzte Tropfen den Schlauch verlassen hat. Vor dem Tee ist Kumys das erste Getränk nach der Begrüßung. Der Mulla hat sich neben Kaskarbei gesetzt, nimmt aber an dem Umtrunk nicht teil. Berauschende Getränke hat Allah verboten. Geduldig wartet er, bis Tee serviert wird. Nach dem Kumys macht der Tee die Runde. Zuckerstücke werden auf einem Holzteller gereicht. Kaskarbei nimmt ein Stück, beißt es in der Mitte durch und legt das verbleibende Stück auf den Teller zurück. Der Mulla nimmt gleich drei Stücke. Das Dritte passt ihm, er lässt es in seine Teeschale gleiten, während die Übrigen, von allen Seiten begutachtet, wieder auf dem Teller landen. Die Kinder wühlen zwanglos mit den Fingern die Stücke durch und kehren das Unterste nach oben, wobei manches Klümpchen in den Mund wandert. Keiner der Anwesenden verhält sich anders.

Unruhe breitet sich aus, denn es ist nicht vergessen worden, dass seit dem Morgen Schaffleisch in den Kesseln brodelt. Gegen Durst wurde Kumys und Tee getrunken, das stillt aber nicht den Hunger. Niemand gibt sich die Blöße, gierig zu warten.

An einer Seite der Jurte haben es sich die Frauen auf Fellen und Kissen bequem gemacht. Bei ihnen scheint der Fleischhunger nicht so ausgeprägt. Sie sind in fröhlicher Schnatterei vertieft. Solange „schöner Mond" bei ihnen sitzt, ist mit der Mahlzeit nicht zu rechnen. Die Männer beobachten das und bald sind auch sie in ihren Lieblingsthemen gefangen: die Herden und die immer lästigen Feinde. Durch die Mittagssonne hat sich Hitze in der Jurte gestaut, und Sarjak rollt die äußeren Filzmatten hoch, so dass der sanfte Steppenwind das Innere des Zeltes kühlt. Hitze, Kumys und Tee machen schläfrig. Mancher sucht sich auf dem Boden ein Fleckchen um zu ruhen.

Der Hausherr weist seine Knechte an, nach den Herden zu sehen.

In weiser Voraussicht hat Sarjak morgens zwei Schafe geschlachtet. Er kennt den Appetit der Kirgisen. Auch weiß er, mit welchem Genuss sie sich über das Fleisch hermachen. Auf keinem Teller wird später ein Rest bleiben.

In der Jurte erwacht das Leben neu: Die lustige Gesellschaft der Frauen löst sich auf, und auch die Schläfer erwachen. Sie entfernen sich für ihre Notdurft vor das Zelt.

Auf dieses Zeichen hat „schöner Mond“ gewartet. Aisulu zerlegt das Schaffleisch. Sie trennt die Knochen an den Gelenken und füllt die Schüsseln. Dabei sortiert sie gleich das Beste heraus und legt es in eine extra Schale. Das erste volle Gefäß mit den besten Stücken übergibt sie ihrem Gatten. Von dem Teller mit dem gewürzten Fleisch verbreitet sich ein herrlicher Duft. Der alles übertreffende Geruch ist umwerfend.

Der Hausherr bietet die besten Stücke zuerst den Ehrengästen an. Dabei sind die Keule, das Fett des Schwanzes, der Kopf und das Mark in den Knochen die begehrtesten Stücke. Sarjak verteilt die Happen. Die ersten Stücke bekommt Kaskarbei, danach der Fremde aus Osh, dann der Mulla, der Schamane Aetbeg und weitere Gäste. Nun bedient der Hausherr sich selbst. Er ergattert einen Kopf. Weiter hinten und entlang der Wand haben sich in gleicher Weise die übrigen Männer, Söhne und Knechte niedergelassen. Auf der anderen Seite der Jurte knien die Frauen auf Polstern. Noch bevor der Fürst gierig sein Fleisch verschlingt, fällt ihm auf, dass der Fremde, der ihn am Morgen angesprochen hat, zu den besonderen Gästen zählt. Aber jetzt will er darüber nicht nachdenken. Schmatzend werden mit bloßen Händen die Fleischstücke gehalten und verzehrt. Nagend die Knochen bearbeitet. Die Gaumenfreude ist in ihren Gesichtern zu lesen, und die Augen glänzen. Ein Stück nach dem anderen wird verschlungen. Die Knochen werden gebrochen. Aus ihnen wird das Mark gesogen. An den unzugänglichen Stellen des Kopfes werden die Augen wollüstig herausgepickt und gekaut, danach das dahinterliegende weiche Fleisch geschlürft. Mit einem Messer kratzt Sarjak die Reste heraus. Die Gier ist nicht zu überbieten und spiegelt sich in allen Augen. Nachgefüllte Schalen mit weiteren Stücken werden den Wartenden gereicht. In großer Esslust greifen die Hände hinein, nach den besten Stücken suchend. Und so erhält jeder seinen Anteil. Die Reihenfolge der Bedienung ist festgelegt: Wirt, Gast-Männer-Frauen-Kinder. Nach dem Fleisch wird in der gleichen Reihenfolge die fette Fleischbrühe aus tiefen Schalen getrunken. Wohliges Grunzen und Rülpsen verkünden das Ende der Mahlzeit.

„Mulla, dank Allah für dieses wunderbare Essen“, sagt Sarjak. Mit demütig geneigtem Kopf beten die Gesättigten. Dabei halten sie die Hände mit den Innenflächen dankbar nach oben. Sie haben den Wunsch, eine solche Feier möge es jeden Tag geben. Die fettverklebten Finger werden an den Stiefeln als Lederpflege gerieben. Es darf nichts umkommen. Wasser wird gereicht, mit dem Mund und Hände gespült werden können. Gegen die Müdigkeit, und zum Zeitvertreib, nehmen einige das Brettspiel. Sänger schlagen die Drumba und singen zu den monotonen Akkorden alte Lieder, die vom wechselvollen Leben, von der Liebe, von Siegen und der Einheit des Volkes handeln. Auch von Menschen, die weit in der Welt herumgekommen sind und dabei viel gesehen und erlebt haben. Bedenkt man, dass irgendwann Fremde aus dem weitentfernten Westen mit den Karawanen zu den Nomaden in den tiefen Osten kommen, werden sie ohne Schaudern die dortige Hygiene und das Appetitliche erleben? Hier gelten andere Regeln. Alle Völker der Erde tun, was sie können. Das ist ihr Erfolg. Trotz des Wassermangels wird die Körperpflege nicht vernachlässigt. Zum Abschrubben wird Sand verwendet, besonders Hände und Füße werden reingehalten. Eltern hätscheln und putzen ihre Kinder, suchen ihre Haare ab, wischen Sekrete aus Nase, Augen und Mund. Erwachsene und Kinder spucken auf den Boden und häufen sorgsam etwas Sand darüber, um das Ergebnis zu verdecken. Vor dem Schlachten und zerlegen von Fleisch werden die Hände meistens gründlich gereinigt. Die gute Wirkung beim Trocknen geht verloren. Man mag sich das Schlimmste ausmalen, wie das Handtuch aussieht, woher es geholt und wozu es gebraucht wird. Viele benutzen das Tuch, ohne dass es vorher gewaschen wird. Bei den vorhandenen Tischsitten würde mancher das Gruseln lernen. Mit dem Allerweltstuch werden Tassen und Schüsseln gesäubert und getrocknet. Bei den Kirgisen geht die Sparsamkeit nicht zu Lasten der Appetitlichkeit. Nichts darf verschwendet werden. Milchreste in Schalen werden solange mit den Fingern ausgewischt, bis der letzte Tropfen verschwunden ist. Fettbeschmierte Finger dienen als Lederpflege. Das Tuch ist zugleich Tisch, Tischtuch und Speisekammer. Auch Essensreste werden darin aufbewahrt. Winde und Wirbelstürme gibt es in der Steppe regelmäßig. Kaum jemand macht sich

Gedanken darüber, was sich in dem Staub befindet, der durch Filzmatten und Gitterwerk in die Jurte weht. Der eingedrungene Staub wird mit Wasser gebunden. Die Menschen ahnen nicht, was alles im Staub enthalten ist. Außen an den Gittern finden Tiere willkommene Stellen zum Scheuern ihres Fells. Sie lassen dort auch ihre Exkremente fallen. Auch für Menschen gibt es keine Toiletten. Diesen Luxus kennen Nomaden nicht. Der Kot von Pferden, Kamelen und anderen Tieren wird gesammelt, getrocknet und dient als Brennmaterial zum Kochen und Heizen.

Bei Sturm werden Seile über die Jurten geworfen um sie gegen Zerstörung zu sichern. Was kann gegen diese Sitten unternommen werden? Nichts! So ist den Nomaden kein Vorwurf für ihren Lebensstil zu machen. Bei diesen Völkern überwiegt jedoch die Gastfreundlichkeit.

„Komm ins Freie, der Barde Baklei und Schonor, mein Sohn, sind gekommen. Sie werden singen und erzählen“, sagt „schöner Mond“ zu Kaskarbei.

„Auch, wenn wir wissen, wer wir sind und woher wir stammen, so werden die Gesänge doch unser Bewusstsein vertiefen. Lass uns zuhören.“

„Ja. Aber wer ist die Frau, die bei dem Fremden aus dem Westen steht? Sie ist mir beim Festessen aufgefallen.“ Aisulu wird abgelenkt und er erhält erneut keine Antwort. Ist es Schicksal, dass ihn niemand aufklärt? In diesem Moment nähert sich ihnen der Fremde mit dieser Frau, über die Aisulu Auskunft geben sollte. Sie blicken den Gästen entgegen.

„Gerade wollte ich dem Fürsten eure Namen nennen. Er weiß nicht, wer ihr seid. Aber nun könnt ihr euch selbst vorstellen. Bei diesem Gespräch braucht ihr mich nicht.“ Aisulu entfernt sich. Im Moment schweigen die Drei verlegen und sehen sich an.

„Ich freue mich, dass wir uns bekannt machen. Ich bin Kaskarbei, Sohn des Goghus-Khans aus dem Altai. Hier im Siebenstromland habe ich einige Kämpfe gegen unsere Feinde geführt. Aisulu ist meine Schwester.“ Vater und Tochter sehen sich bedeutungsvoll an.

„Was drückt dieser Blick aus?“, fragt sich der Fürst.

„Unsere Heimat liegt weit im Westen, wie ich es dir schon sagte, von dort kommen wir“, sagt der Mann.

„Ich bin Khan Iskakov vom Stamm der Kardys“. Er deutet mit der Hand auf die junge Frau neben sich,

„Das ist meine Tochter Nurka. Wir sind auf dem Weg zu ihrem Bräutigam.“

Ein Buran, ein Erdbeben, oder eine Sonnenfinsternis hätten keine größere Wirkung auf Kaskarbei haben können, als diese Worte. Ohne etwas zu sagen, tritt er einige Schritte zurück und wendet den Blick zur Seite.

„Das ist Nurka?“, denkt er bei sich.

„Wir sind auf dem Weg zu ihrem Bräutigam“. Das war ein Hieb, der hat gesessen. „Die beiden wissen doch, dass ich es bin. Ich habe sie nicht erkannt.“

Sprachlos blickt er wieder die Frau an. Sie hat dunkles Haar und ihr Gesicht ist plump. Verlegen senkte er seinen Blick, als sie ihn ansieht.

„Das ist der Blick eines Tieres“, denkt er, „dass sich unterordnet. Sie erinnert mich an ein starkes gutmütiges Pferd.“ Gebräunt und mit dichtem Haar steht sie vor ihm. Die breiten Wangen betonen die sehr flache Nase und heben ihre Ethnie hervor. Die Füße stecken in Stiefeln von beachtlichem Umfang. In den Schäften stecken die Beine der Lederhose. Wegen des milden Wetters trägt sie einen Chalat, der vorne nicht ganz geschlossen ist und ihre drallen Brüste sehen lässt. Freude über das unverhoffte Wiedersehen sieht bei Kaskarbei anders aus. Diese Begegnung kommt für ihn zu plötzlich. Noch immer ruht sein Blick auf ihr.

„Als ich Nurka das erste Mal sah, war sie sieben Jahre alt. Jetzt ist sie eine Frau“, erinnert sich der Fürst.

Noch schweigen die Drei und sehen sich an. Jeder hängt seinen Gedanken nach.

Endlich sagt Iskakov:

„Die Jahre gingen dahin und wir wussten, dass du ein Mann geworden bist. Auch hörten wir von deinem Auftrag, Kirgisen zu befreien, und so haben wir gewartet. Verstanden haben wir es nie, warum du damals als Junge nicht bei uns geblieben bist. Wir haben aber an die Worte von Fürst Sariev geglaubt. Sein Wort ist uns noch immer heilig. Nun aber eilt die Zeit. Nurka ist jetzt eine Frau und du ein Mann. So haben wir uns zum Altai aufgemacht. Der Tenir hat es aber gefügt, dass wir dir schon hier begegnen. Besprecht euch über eure Zukunft.“ Kaskarbei hat sich gefasst. Er kann klar denken.

„Ja, wir werden miteinander reden.“ Nurka sagt kein Wort. Als Iskakov geht, folgt sie ihrem Vater. Sie will nicht reden. Mit ihm geht sie zum Festplatz, wo sich schon viele Menschen auf den Boden gekauert haben. Sie wollen die Gesänge und Vorträge des Barden Baklei hören, der hat bereits Platz genommen. Kaskarbei aber bleibt nach diesem Zusammentreffen wie angewurzelt stehen.

„Sie hat nicht mit mir gesprochen, noch nicht mal einen Gruß. Gar nichts hat sie gesagt. Ihr Blick war aber freundlich. Sie ist doch meinetwegen den weiten Weg gekommen. Gefalle ich ihr nicht?“ Er sieht hinter ihnen her. Lebhaft redet Iskakov mit seiner Tochter. Macht er ihr Vorwürfe? In Gedanken geht der Fürst ziellos umher.

„Sie hat durch Sariev mein Wort, aber ich habe kaum an sie gedacht. Den mörderischen Weg habe ich damals mit Sariev überstanden. Mit neun Jahren hatte ich Angst, viele Jahre in der Fremde zu bleiben. Die Zeit in den Bergen tat mir gut. Ich lernte Verantwortung zu übernehmen. So verging bis heute die Zeit im Flug. An Nurka hatte ich kaum Gedanken. Heute sehe ich sie wieder. Ja, wir müssen sprechen. Ich werde nicht wortbrüchig. Hoffentlich ist es nicht zu spät, ihr das zu sagen“. Seiner Schwester Aisulu will er nicht vor den Kopf stoßen, indem er wegreitet. Andererseits braucht er die Einsamkeit, seine Gedanken zu ordnen. Am liebsten würde er sich auf den „Weißen“ setzen und stundenlang über die Steppe hetzen. Er entschließt sich aber zu bleiben und geht zum Festplatz. Er vermeidet das Zusammentreffen mit Nurka. Überall brennen Feuer, denn die Abende im Gebirge sind kalt. Sie sollen auch den Rahmen für die großartigen Vorträge bilden.

Baklei hat über Stiefel und Hose einen festlich bunten Chalat gestreift mit eingewebten kirgisischen Motiven. Auf dem Kopf trägt er einen kunstvoll ornamentierten Kalpak. Um die Arme sind bunte Bänder gewunden. Schonor spielt die Drumba. Auch er hat sich bunt gekleidet. Zum Spiel bewegen sich die Körper der Zuhörer rhythmisch. Die monotonen Klänge schallen über den Platz. Nichts hält sie auf ihren Sitzen und einige belustigen sich beim Tanz. Nicht extasisch, eher bedächtig drehen sich die Paare. Damit überbrücken sie die Zeit bis zum Vortrag. Aisulu beobachtet Kaskarbei und stellt sich neben ihn.

„Ist etwas nicht in Ordnung mit euch beiden?“

„Sie hat kein Wort zu mir gesagt, mich nur angesehen."
„Ihr seid euch noch fremd. Das wird sich sicher bald ändern" ermuntert sie ihn.
„Du musst Geduld haben."

Baklei erhebt sich. Die Klänge der Drumba bleiben. Dann spricht er mit seltsamer Betonung, so als sänge er seine Worte.
„Ich wandere von Aul zu Aul, um es in alle Herzen zu brennen: Wir sind Kirgisen. Immer müssen wir wissen, wer wir sind, woher wir kommen und wohin uns unser Weg in der Zukunft führen wird. Alle wollen es wissen, denn sonst würden nicht so viele zu mir kommen. Ich sehe die glänzenden Augen beim Zuhören. Wir sind stolz, Kirgisen zu sein. Nun will ich euch erzählen, woher wir kommen:
Unsere Wurzeln sind tief im Grund der Vergangenheit verankert. Wir sind ein Teil der Natur und darin eingebunden und so ist der Glaube an unseren Ursprung entstanden.
Eine Sage berichtet, dass eines Tages die Brüder Aryk-Myrsa und Asan-Myrsa zur Jagd gingen. Sie sahen einen Hirsch und legten den Pfeil auf ihn an. In diesem Moment hörten sie eine Frauenstimme flehend rufen:
„Ich drehe mich zu euch, damit ihr mich treffen könnt!" Die Brüder erkannten, dass die Stimme von einem schönen Mädchen kam, aus dessen Kopf zwei Hörner gewachsen waren.
„Der Hirsch, den ihr töten wollt, ist mein Bruder. Erschießt ihn nicht!" Die Jäger verschonten das Tier.
„Weil ihr so gnädig seid", sagte sie weiter, „werde ich euren Bruder Aleseit heiraten", und sie nahm ihn zum Gatten. Eine Dienerin wusch ihr später Kopf und Haar. Die gehörnte Frau befahl, das Waschwasser dorthin zu schütten, wo später kein Mensch und kein Tier treten würden. Die Dienerin goss das Wasser jedoch nicht weg, sondern trank es. Dadurch wurde das schöne, gehörnte Mädchen eine Gesegnete. Der Jäger Aleseit und seine Frau, die eine Hirschkuh war, hatten zwei Söhne. Einer hieß Bapa. Aus seinen vielen Nachkommen bildete sich der Stamm Bugu, denn er hatte eine Verheißung und folgenden Segen:

„Möge sich eure Sippe reich vermehren." Bugu, der Name des Hirsches, wurde damals dem Stamm gegeben, und die gehörnte Frau erhielt den Namen Müjüsdüü-Eneden. Unsere Urahne ist die Tochter eines Hirsches, somit halb Mensch und halb Tier. Mit ihrem Mann Aleseit sind sie unsere Urahnen. Als sie starben, wurden ihre Leichname versteckt. Sie wurden nicht begraben. Noch heute verehren wir unsere Urahnen. Die Hirschkuh ist unsere Beschützerin. Sie wohnt im ‚Menke-Kökö-Tenir', zusammen mit den Helden unseres Stammes. Blutsverwandte Sippen haben sich als Kirgisen-Stämme aus dieser Abstammung gebildet, die auf der Suche nach neuen Weiden in dem unendlich weiten Land zwischen den Gebirgen, Seen und Flüssen in alle Richtungen gezogen sind und dort ihre Heimat fanden. So lebt unser Volk verstreut im Süden, im Osten, Norden und bis weit nach Westen." Schweigend hatten die Menschen bei den leisen Klängen der Drumba den Worten gelauscht. Sie sind begeistert. Das ist ihr gemeinsamer Ursprung. Von dort kommen sie her. Gefangen in ihren Gefühlen bricht Jubel aus. Jetzt tanzen sie wild und singen ihre Lieder von Kämpfen und Siegen über ihre Feinde. Der Volkssänger Baklei erhebt sich und dankt für den Beifall. Er weiß, wie er erzählen muss und was die Massen begeistert. Auch Schonor hat das bereits gelernt. Sie überlassen den Zuhörern ihre laute Freude. Als sich endlich die Begeisterung legt, kündet Baklei seinen Gehilfen Schonor als Erzähler an. Der ist bekannt und beliebt, und so warten alle auf seinen Vortrag. Aisulu ist von dem kommenden Auftritt ihres Sohnes fasziniert, wendet sich aber zuerst Kaskarbei zu.

„Geh zu ihr und frag, ob sie mit dir ausreiten möchte. Sag es als Einladung, damit sie nicht erschreckt wird. Vermittle ihr den Eindruck, dass es dir wichtig sei. Oder willst du das Versprechen nicht mehr einlösen?"

„Ja, doch. Sie soll meine Frau werden."

Unsicher geht er zu Nurka und Iskakov und bittet das Mädchen, mit ihm in die Steppe zu reiten. Den Vater bittet er um Zustimmung. Der hat keinen Einwand und ermuntert Nurka. Als sie sich einige Schritte entfernt haben, sagt Kaskarbei zu seiner Braut:

„Ich habe mich vor dir durch mein Verhalten schuldig gemacht. Nicht nur dadurch, dass ich dich damals nach unserer Verlobung verlassen habe, sondern auch, dass ich in den vielen Jahren nicht zu dir gekommen bin.

Dafür möchte ich mich entschuldigen. Sei bitte nicht nachtragend, sondern hab Geduld mit mir. Lass uns endlich miteinander sprechen."

Bis jetzt hat Nurka noch kein Wort zu Kaskarbei gesagt. Ihre Blicke waren es, durch die sie sich geäußert hat, schweigende Worte. Auch jetzt sieht sie ihn nur an. Endlich öffnet sie den Mund und sagt ihre ersten Worte.

„Ja, das sollen wir", sagt sie mit vibrierender Stimme, die an den Urschrei eines Hirsches erinnert; rau und tief. Kaskarbei ist überrascht. Er kann nur nicken. Er nimmt ihre Hände und sagt:

„Komm, lass uns die Pferde holen." Schweigend reiten sie nach Westen. Ihre langen Abendschatten, die ihnen folgen, sehen sie nicht. Allmählich hüllt der Dunst des Abends sie ein.

„Nurka ist schweigsam", denkt er.

„Mit welchen Gedanken mag sie sich beschäftigen? Als ich aus dem Fergana zurückkam, liebte ich Nurka sehr. Waren wir doch eine Zeit lang zusammen. Große Vertrautheit war zwischen uns. Wir sind uns einig, das ganze Leben wollen wir zusammenzubleiben. Doch dann überkam mich große Unruhe und Heimweh und ich floh zurück in den Altai. Weinend blieb Nurka zurück. Ob sie noch daran denkt"?

Unscharf, in Dunst gehüllt, sehen sie nach längerem Ritt Felsen vor sich aufragen, als wären sie aus dem Boden gewachsen, umgeben von bunt blühenden Ranken. Aus der Nähe erkennen sie blühende Tamarisken und Bäume. Hier halten sie an. Im Windschatten finden sie einen Platz und kauern sich auf den Boden. Von den Steinen strahlt die Wärme des Tages. Kaskarbei schweigt. Nurka soll reden! Eine lange Zeit ist es still und sie horchen auf die Geräusche der einbrechenden Nacht. Hyänen bellen und der letzte Schrei des Adlers verklingt in der Abendluft. Dann unterbricht Kaskarbei doch die Stille. Von Aischa und seinem Jugendfreund Tideweg, berichtet er und vom Leben in den Bergen als Hirtenjunge.

„Dabei habe ich oft an dich gedacht", fügt er an.

„Aber je mehr Zeit vergangen ist, desto mehr hast du dich aus meinen Gedanken entfernt". Er berichtet von den Kämpfen als Krieger und Dschigit.

Schüchtern und vorsichtig nimmt er ihre Hand, ohne dass es ihm bewusstwird, drückt und streichelt er sie sanft.

Still ist es.

„Unsere Liebe darf nicht wuchern. Sie muss langsam wachsen, wie ein gesunder Baum“, sagt Nurka in die

Abendruhe hinein. Kräftig klingt ihre Stimme und gleichzeitig zart wie sanftes Flüstern. Kaskarbei glaubt, nicht recht zu hören.

„Ist es möglich, dass in einem Menschen so viele Nuancen vereint sind?“

Vorhin hatte sie eine raue Stimme wie ein röhrender Hirsch und nun höre ich sanftes Säuseln. Was vereint sich in ihr“?

Laut sagt er:

„Du hast recht. Nach einer so langen Trennung und der kurzen Zeit, die wir zusammen sind, wissen wir wenig voneinander. Lass ich aber mein Herz sprechen, so bin ich ganz sicher, dass du meine Frau werden sollst und ich immer mit dir leben will.“ Nurka lauscht still dieser Liebeserklärung. Bis jetzt war sie sich nicht ganz sicher, ob sie das auch will. Doch nun ist sie von seinen Worten erfreut und schlingt ihre Arme um ihn. Das sagt mehr als viele Worte. Kaskarbei ist erneut von der Reaktion seiner Braut überrascht. Sie ist scheu, wortkarg und gleichzeitig steckt Feuer in ihr.

„Welch eine Frau“, denkt er.

„Wir werden in den Altai reiten und uns den Segen meiner Eltern holen. Die werden sich freuen, dass ihr Sohn eine Braut gefunden hat. Deine Leute werden uns begleiten.“

„Wenn wir für immer zusammenbleiben, sollen deine Eltern und der Schamane der Bulut uns segnen. Dem strengen Mulla traue ich nicht.“

„Für den Islam kann ich mich auch nicht erwärmen, dem Mulla bin ich ebenfalls nicht gewogen“, sagt Kaskarbei. Steppenwind, mild säuselnd und frei von der Sonnenglut der Mittagszeit, umweht sanft die Liebenden. Der Mond wirft mattes Licht über die Spitzen der Felsen und die Sterne ergänzen das nächtliche Schauspiel. Lange sitzen sie eng zusammen. Die Zeit verrinnt. Beide schweigen. Sie lassen sich ins Gras gleiten. Jetzt haben Worte keinen Raum. Endlich, aus dem schönen Wachtraum in die Wirklichkeit zurückgekehrt, machen sie sich auf den Rückweg. Das Paar schwingt sich auf den „Weißen“, und Nurka wird zärtlich vom starken Arm umfasst. Sie schmiegt sich verliebt an. Ihr Pferd folgt. Ohne Eile reiten sie durch den Hohlweg zurück zum Aul. Khan Sarjak hat auf die Rückkehrer gewartet.

„Sie kommen“, sagt er aufgeregt,

„Allah sei Dank.“ Ohne lange Vorrede sagt er:

„Ein Bote hat eine wichtige Nachricht gebracht. Durch die Gobi wälzt sich eine gigantische Karawane. Bald wird sie die dschungarische Pforte passieren. Eine große Anzahl Krieger haben die Späher gesichtet, begleitet von Frauen und Kindern. Viele beladene Kamele und eine mächtige Herde folgen ihnen. Die Männer tragen Kalpake, auf deren Krempen sich eine Schicht Staub aus der Gobi gehäuft hat. Es sind Kirgisen!“

Ein erfülltes Leben

Kapitel vier

Kaskarbei steht ganz unter dem Eindruck seiner ersten Liebesnacht. Nurka hat ihn verzaubert; ihre Wärme, ihr weicher Atem und der sanfte wie Frühlingswind. Nie vorher hat er so etwas erlebt. Selbst als Kind hat er kein solches Erlebnis gehabt.

„Ich wünsch mir, dass die Liebe zu Nurka nie aufhört", denkt er. In den wenigen Stunden in der Steppe hat sich die Vertrautheit vertieft. Es ist ihm, als bewege sich die Erde. Kaskarbei blickt Sarjak verständnislos an. Was meint er?

„Kannst du dir daraus einen Reim machen?", fragt Sarjak, der verwundert Kaskarbei ansieht:

„Kann die Liebe einem Menschen den Verstand so vernebeln?", denkt Sarjak. Geduldig wiederholte er die Nachricht. Endlich begreift Kaskarbei die Situation.

„Ich werde mich sofort darum kümmern. Wo ist der Bote?" Als hätte der nur auf dieses Stichwort gewartet, tritt ein Mann aus dem Dunkel.

„Berichte, was du weißt."

„Wir sind, wie dir bekannt ist, auf Befehl Scherpeks immer unterwegs", beginnt er.

„Dieses Mal sind wir drei Späher in einer Gruppe. Wir haben verabredet, uns nach einigen Tagen zum Austausch zu treffen. Bei dem ersten Treffen gibt es keinen wichtigen Bericht. Auch in der folgenden Zeit ereignet sich wenig. Doch eines Tages sehe ich eine Gruppe chinesischer Soldaten mit Ersatzpferden. Ich erinnere mich, dass unser Herrscher in Feindschaft mit den Chinesen liegt. Da ist mir alles klar. Zu der Gruppe stoßen weitere Soldaten. Sie reiten in die gleiche Richtung wie ich. In Deckung bleibend folg ich ihnen. Die feindlichen Soldaten treffen mit einer großen Einheit zusammen. Meine Kameraden lagern in der Nähe. Wir treffen uns und beschließen, die Chinesen zu umrunden und von allen Seiten zu beobachten. Wenige Tage später sehe ich von einem Hügel das Lager des chinesischen Heeres. Es ist unübersehbar groß. Eines Abends in der Dämmerung sehen wir im Lager eine große Bewegung. Bevor der Mond aufgeht erhebt sich ein großes Geschrei und die Soldaten stürmen vorwärts. Der Angriff kann nur den Bulut gelten. Gebannt starren wir auf die Szene. Unsere Kämpfer scheinen nicht überrascht zu sein, denn sie schlagen die Feinde mühelos zurück. Der Kampf dauert bis in die Nacht. Durch Felsen, Bäume und Sträucher ist diese Gegend für die Bulut ein idealer Angriffsplatz. Das Gelände ist schwer einzusehen. Der nächste Tag ist ruhig. Dieser eine Kampf konnte es nicht gewesen sein, und so bleiben wir in Deckung. Den ganzen Tag liegen wir auf der Lauer, aber es geschieht nichts. Die Ruhe macht uns misstrauisch. Ich muss eingeschlafen sein. Plötzlich erfüllt ein starkes Rauschen die Luft. Ein Buran, ist mein erster Gedanke. Aber die Luft war still. Ich konnte kaum etwas sehen. War es die Dämmerung? Das Rauschen verstärkt sich. Das ist war kein Sandsturm. Dann sehe ich Reiter im rasenden Galopp auf das Chinesenlager zureiten. Die Pferde ziehen etwas hinter sich her. Sie wirbeln eine mächtige Staubwolke auf, die alles verhüllt. Das geschieht ohne übliches Kampfgeschrei. Panik bricht bei den Feinden aus. Mit lautem Angstgeschrei fliehen die Chinesen. Neue Verbände der Bulut brechen von allen Seiten über die Feinde her. So werden sie in der Gobi besiegt. Aus Angst bleiben wir weiter als Beobachter in unserem Versteck. Wir können sehen, wohin die Bulut ziehen. Die vielen Menschen bilden eine riesige Karawane. Durch Späher erfahren wir, dass mit Goghus-Khan an der Spitze der Stamm in Richtung Westen zieht. Sie folgen dem Rat des Schamanen."

Kaskarbei hat den Boten nicht unterbrochen. Unter dem Eindruck des Gehörten findet er nach dem Bericht keine Worte. Als einziges sagt er zu dem Boten:

„Danke, du kannst gehen." In die Stille hinein murmelte er:

„Er hat gesiegt." Dann lacht er hysterisch. Das befreit ihn. Viele Sorgen hat er sich täglich um seinen Vater gemacht und um Nachricht nachgefragt. Er hört immer die gleiche Antwort. „Nichts Neues!" Und nun diese erleichternde Botschaft.

Nurka hat die Szene aufmerksam verfolgt. Ihr wird bewusst, Kaskarbei ist nicht nur ihr zukünftiger Gatte und der Vater ihrer Kinder, sondern ein wichtiger Mann in der Politik aller Kirgisen. Er ist der künftige Khan.

Nichts verbreitet sich schneller als eine Sensation. Wie vom Sturm getragen, schallt es über die Hügel und durch die Täler: aus dem Altai nähert sich eine große kirgisische Karawane.

„Aus der Wüste Gobi kommen sie?“, fragen Tideweg und Adrasil. Die beiden Gefolgsleute haben sich sofort nach Erhalt der Nachricht in die Jurte Kaskarbeis begeben.

„Wenn das der ganze Stamm ist, dann…“, denkt Kaskarbei. „Komm!“, sagt er zu Tideweg, „komm!!“Plötzlich hat er es eilig.

Und zu Adrasil gewandt:

„Befiel 20 Dschigiten und folge mir, wir reiten nach Osten.“

Khan Sarjak und Nurka sehen verdutzt hinterher.

Mit Tideweg an der Seite galoppiert der Fürst los. Adrasil folgt später. Kaskarbei treibt seinen „Weißen“ an. Wild reitet er durch die dunkle Nacht. Später besinnt er sich.

„Bei diesem Tempo sind die Pferde bald ruiniert“, denkt er. Langsamer reitend macht er sich die Situation bewusst.

„Für so viele Menschen und Tiere brauchen wir Platz. Vater wird vom Kampf müde sein und braucht schnell ein Zuhause.“ Er erinnert sich an Asan. Der hat schon einmal ein sicheres Tal in den Himmelsbergen gefunden. Der kennt sich aus. In einer Pause wartet er auf Adrasil.

„Reite mit zwei Kämpfern zu Asan und überbring ihm meine Anweisungen:“

„Er soll ein Tal mit einer Erhöhung für die Jurte des Khans suchen. Darauf soll seine große, weiße Residenz errichtet werden. Ein Thron aus weißen Fellen und ein weiches Bett dürfen nicht fehlen. Außerdem müssen am Eingang zu beiden Seiten die Fahnen der Bulut als Zeichen seiner Herrschaft wehen. Eine weitere große Jurte als Beratungszelt wird gebraucht, denn der Herrscher hat immer Gäste. Viele weitere große Jurten für meine Mutter Aischa und ihrem Gefolge sind nötig. Auch sollen Wohnungen für die Heerführer und Vertrauten meines Vaters stehen. Sorgt auch für mich, meine Braut Nurka und unserem Gefolge.“ Adrasil kehrt um und findet Asan bei seinem Vater Sarjak. „Für so viele Menschen und ihre Herden reicht ein Tal nicht. Es wird viel Platz gebraucht. Der Stamm ist groß. Wir müssen eine Menge Vorkehrungen treffen“, sind sich die Männer einig. Asan und Satilgan wollen die Aufgabe übernehmen. Hierfür wählt jeder einige Dschigiten. Im Schein des Mondes reiten sie. Wieder werden die Hufe mit Filz umwickelt. Großzügig hat der Tenir bei der Entstehung sicherer Lagerplätze die Menschen bedacht. Eine große Zahl sicherer Täler und versteckter Weiden hat er geschaffen. Die Vertrauten Kaskarbeis finden bald das Passende, wie damals für den Fürsten. Sie haben ein Gespür für seine Wünsche, und finden das Richtige. Auch Satilgan ist erfolgreich. Die Täler sind unbewohnt, sehr breit und lang, haben große Weiden, steile Felswände, schmale Zugänge sowie Wasser; das richtige für Mensch und Tier. In einem gibt es in der Mitte einen Hügel. Die Stelle ist geeignete für die Residenz des Khans. Der freie Platz ringsum soll die Würde besonders hervorheben. Das Weitere wird besprochen und die Vorbereitungen für den Einzug der Bulut getroffen.

Kaskarbei und sein Gefolge setzen den Weg fort. In der Mittagshitze legen sie eine Pause ein. Abends ziehen sie weiter. Kühler Wind weht über der Wüste. Das Tempo der ersten Tage hat sich in leichtes Traben verringert. Zuletzt gehen die Pferde im Schritt. Eines Mittags lagern sie in einer Höhle. Der Fürst will alleine sein, entfernt sich von der Gruppe und hängt vielen Gedanken nach.

Er denkt: „Dass er bald seine Mutter wiedersehen wird. Wie mag es ihr ergangen sein? Ist sie gesund? Wie fühlt sich sein Vater? Das Verhältnis zu ihm war nie herzlich, aber eng. Immer hat er voll Hochachtung zu ihm aufgeschaut. Ihm verdankt er auch seinen Namen, „Burkut, der Adler“. Wenn sein Vater die große Bühne verlassen wird, ist er sein Nachfolger. Ihn schaudert bei diesem Gedanken. Wird er seine Kraft und Größe haben? Ob Schipar, seine Großmutter, noch lebt? Er wünscht es sich. Sie ist sicher mit Fürst Sariev im Altai geblieben. Vielleicht hat sie mit ihm in der Selenge einen neuen Stamm gegründet. Weiden gibt es dort genug. Vertraute und Heerführer begleiten gewiss den Vater.“ Es wird ihm bewusst, wie sehr ihm die Menschen im Altai ans Herz gewachsen sind. Sehnsucht und Erwartung erfüllen ihn.

Das Land von Osten nach Westen ist weit. Wer es durchqueren will, braucht viele Monate. Es ist durchzogen von reißenden Flüssen, Seen, hohen Gebirgen, Steppen und Wüsten. Der Reiter erlebt große Strapazen.

Lange ist Kaskarbei mit seinen Dschigiten schon unterwegs, ohne einem Menschen begegnet zu sein. Endlich, nach vielen Wochen, treffen sie auf einige Reiter. Es sind Soldaten, die Kaskarbei nicht kennt. Unverhofft in der Wüste einem Menschen zu begegnen, kann gefährlich werden. Ist er ein Feind oder ein Freund? Auch jetzt nähern sich die Fremden vorsichtig.

Mit einem weißen Tuch geben sie das Zeichen des Friedens und rufen Kaskarbei zu.

„Seid ihr Bulut?“, fragt dieser.

„Ja, wir sind ein Teil der Vorhut der großen Karawane.“

„Und wer seid ihr?“, fragen sie zurück.

„Ich bin Fürst Kaskarbei und das sind Dschigiten in meiner Begleitung. Wir reiten dem Khan entgegen, ihn zu begrüßen.“

Beim nennen seines Namens springen sie von ihren Pferden und verbeugen sich.

„Dein Ruhm ist grenzenlos. Jeder in dem weiten Land kennt deinen Namen.“

„Ich bin Laila, der zweite Sohn des Osporek. Ebenso wie mein Bruder Adrasil bin ich durch meine Mutter ein Bulut. Fürst Sariev hat mich zum Heerführer ernannt. Auf seinen Befehl gehöre ich zur Leibgarde des Kahns, ich bin auch dein Diener. Es ehrt mich, dir heute zu begegnen.“ Selbstbewusst, aber bescheiden, war die kurze Rede Lailas.

„Du sagtest, es sind noch weitere Späher unterwegs?“

„Ja.“

„Wie weit ist der Weg bis zur Karawane?“

„Vier Tage.“

„Begleite mich. Auf dem Weg berichte mir, was geschehen ist.“ Es ist der gleiche Bericht, den Kaskarbei schon kennt. Weiter erzählt Laila:

„Nachdem die Chinesen vernichtend geschlagen waren, hat der Khan auf Anraten des Schamanen Sarabar entschieden, den Altai durch die Gobi für immer zu verlassen und zu den Himmelsbergen und bis zum Fluss Talas zu ziehen. Der Tenir hat es ihm befohlen. Viele Sippen haben sich angeschlossen. Mit Abstand reiten viele Krieger als Vorhut vor der Karawane her.“

„Warum Sarabar, wurde der Schamane Tarsan von seinem Amt enthoben?“

„Nein, er ist im Kampf gegen die Chinesen an der Seite des Khans gefallen.“

„Ich kenne Sarabar. Er ist zuverlässig und hat lange bei Tarsan gedient. Er wird sicher den Bulut ein kluger und erfolgreicher Schamane sein. Der Menke-Kökö-Tenir sei ihm gnädig“, sagte Kaskarbei.

Weiter geht der Ritt seinem Vater entgegen. In der Frühe des dritten Tages, die Sonne brennt unbarmherzig, ist die kleine Schar fast am Ziel. Sie sind die ganze Nacht geritten. Mit einem dumpfen Ton, wie Brausen, weht ihnen der Ostwind entgegen. Es hört sich an, als donnert eine Armee auf Pferden durch die Wüste.

„Das müssen sie sein“, sagt der Fürst zu Tideweg.

„Das Rauschen ist noch nicht laut. Ich vermute, es sind doch noch zwei Tagesritte bis zu ihnen.“

Am nächsten Tag begegnen ihnen Späher, die die Karawane sichern. Der Herrscher ist zu schützen. Viele Soldaten erkennen Kaskarbei und begegnen ihm alle mit großer Achtung. Am nächsten Tag rasten sie auf einem niedrigen Hügel. Bäume und Sträucher schützen sie vor unerwünschten Blicken. Mittlerweile ist lautes Getöse zu hören. Der Frühnebel wabert über dem großen Tal. Im Dunst sehen Kaskarbei und sein Gefolge das Lager der Bulut.

Welch ein Anblick! Unübersehbar in der Länge und Breite erstreckt sich der Platz, bis weit an den Horizont. Unzählige Jurten stehen auf dem großen Areal. Dazwischen befinden sich freie Plätze, auf denen sich Menschen bewegen. An den Seiten ringsum sind Reiter zu erkennen. Weit außerhalb weiden auf einer Oase riesige Herden. Kaskarbei saugt das erhabene Bild überwältigt in sich auf. Ein Schauder schüttelt ihn. Noch nie war er so stark beeindruckt.

„Das ist sein Volk, groß, mächtig und unbesiegbar. Das sind seine Kirgisen, für die er von seinem Vater Pflicht und Verantwortung übernehmen wird.

Werde ich die Aufgabe erfüllen können?“, denkt er selbstbewusst gibt er sich die Antwort:

„Ich bin Burkut, der Adler“.

Er schickt Tideweg und Laila mit einigen Dschigiten in das Lager. Unerkannt, aber nicht aufgehalten, kommen sie bis in die Nähe der Jurte Goghus-Khans.

Mit den Worten: „Wer ist der Kommandant der Wache?“, treten sie an einen Soldaten heran. Da tritt ein junger Mann herzu. Er ist mit aufwendigem Halsschmuck unverkennbar der Schamane. Noch ehe der Soldat antworten kann, sagt der zu Tideweg:

„Ich kenne dich. Du bist Tideweg, der Sohn des Fürsten Kulatov. Du warst mit Fürst Kaskarbei in den Bergen bei den Herden. Wo ist der Fürst?“

Tideweg ist sprachlos.

„Der wartet auf dem Hügel. Wir sollen sein Kommen ankündigen, damit sein Vater nicht plötzlich erschreckt wird.“

„Reite und hole ihn. Ich gebe dem Khan Nachricht “, sagt der Schamane. Es ist Mittag, die heißeste Zeit des Tages. Kaskarbei, begleitet von seinen Beratern, reitet in das Lager. Schnell ist bekannt, dass der Fürst seinen Vater begrüßen will. Auf dem Platz vor dem Herrscherzelt hat sich die Menge aufgestellt. In der Mitte bilden sie eine Gasse. Durch diese reitet der Fürst mit seinem Gefolge. In diesem Augenblick tritt der Herrscher, von Jubel begleitet, mit seinem Stab aus der Jurte heraus. Die Menge verstummt. Eine Weile sehen sich Vater und Sohn wortlos an. Dann springt Kaskarbei von seinem „Weißen“ und läuft seinem Vater entgegen. Vor den Augen der Zuschauer fallen sie sich in die Arme und verharren so einen Moment. Ihre Augen reden stumme Worte. Ein beredtes Schweigen. „Willkommen.“ sagt schließlich der Vater. Im selben Augenblick tritt Aischa aus der Jurte und schließt ihren Sohn in die Arme.

Seit zwei Tagen rastet die Karawane. Der Khan hat entschieden, am nächsten Tag ein Fest zu Ehren seines Sohnes zu veranstalten. Am Abend treffen sich der Herrscher, sein Stab und die Familie in seiner Jurte. Er erzählt von den Ereignissen der letzten Zeit. Auch Kaskarbei berichtet und schildert von dem Leben der versklavten Kirgisen. Bescheiden erwähnt er die Kämpfe, durch die viele befreit wurden. Auch von den Vorkehrungen für die Heimkehr des Stammes zu den Himmelsbergen und dem Fluss Talas. Als Kaskarbei den Vater verlässt, folgt ihm Aischa: „

„Dein Vater ist alt geworden, und gesund ist er auch nicht. Ich habe große Sorge, dass er sein Ziel nicht erreichen wird. Wir sollten bald weiterziehen.“ Sie stehen sich alleine gegenüber. Plötzlich nimmt sie ihren Sohn stürmisch in den Arm und küsst ihn auf die Stirn. Dann verlässt sie ihn stumm. Laut beginnt am nächsten Morgen die Feier. In der Nach ist geschlachtet worden und in den Kesseln brodelt das Fleisch. Vor jeder Jurte wird Kumys geschlagen. Feiern kennt keine Zeit und so stehen die Männer schon am Morgen unter der berauschenden Wirkung des Getränks. Bevor die Dämmerung den neuen Tag ankündigt, erschallt das Horn zum Aufbruch. Schnell werden die Reste Fleisch aus den Kesseln gefischt.

Langsam setzt sich der große Treck in Bewegung. An der Spitze reitet der Khan, von Aischa und Kaskarbei flankiert. Nach mehr als zwei Monaten erreichen sie die Himmelsberge. In den von Asan und Satilgan ausgesuchten Lagerplätzen für die vielen Menschen und Tiere herrscht reges Treiben. Wie befohlen, wurde die Ankunft vorbereitet. Die Jurte für den Khan ist ein Palast. Die Wände sind mit den feinsten Seidenteppichen aus China behängt. Den Boden schmücken Teppiche aus Buchara. Sie sind aus der Erstlingswolle gewebt, und vor der Verarbeitung in der Wolle gefärbt. Edelholzmöbel aus der Beute vieler Feldzüge bilden den Hausrat. Auf dem Boden sind pralle, bunte, mit Seidenstoff bezogene Sitzkissen ausgelegt. Hinter seidenem Vorhang sind Betten hergerichtet. Auf der gegenüberliegenden Seite gibt es viel Platz für die immer beim Khan anwesenden Gäste. Die Mitte ziert eine kunstvoll gestaltete und für den täglichen Tee nötige Feuerstelle. Die Tür weist mit ihrer Öffnung zur Kaaba. Außen sind die Wände mit Filzmatten behängt und dicht mit Filz verkleidet. Und in den weißen Filz auf dem Dach sind kirgisische Symbole eingewirkt. Links und rechts zieren Fahnen den Eingang. Fürst Sarjak und sein Stab betrachten die Jurte:

„Das ist wahrhaftig ein Königspalast."

An allen Stellen in dem ausgesuchten Tal ist eifrig gearbeitet worden, damit für das Eintreffen der Karawane der Auftrag Kaskarbei ausgeführt ist. Für ihn, seine Familie und seinem Beraterstab sind Jurten in der Nähe der weißen Residenz seines Vaters errichtet; ebenso das große Beratungszelt. Die Frauen stellen Tag und Nacht neue, große Filzmatten für die zusätzlichen Jurten her. Sie sind darin Meister. Auf den freien Plätzen sind Gruppen zu sehen, die mit der Herstellung beschäftigt sind. Alle helfen. Niemand schließt sich aus. Jung und Alt sind singend und lachend bei der Arbeit. Überall das gleiche Bild. Sie rollen Bastmatten auf dem Boden aus. Dann verteilen sie in Lagen die gereinigte Rohwolle, um sie mit einer Schüttung Haare von Ziegen zu vermengen. Danach werden die Bündel mit kochendem Wasser übergossen. Mehrere Frauen rollen die Matten zusammen und überschütten sie erneut mit kochendem Wasser. Endlich ist eine festgezurrte Rolle, von Bändern umwickelt, fertig. Nun beginnt der lustige Teil. Mit den Füßen angeschoben, kullern die Frauen das Gebilde vor sich her und treten bei jedem Schritt mit den Füßen darauf. Zwei Stunden und mehr dauert der erste Teil der Arbeit. Durch das Walken verschlingen sich die schuppigen Haarfasern, und verfilzen dauerhaft. Lachen und Singen ist zu hören. Fröhlichkeit gehört zur Arbeit. Nach einer Pause und einem Schwätzchen werden die Matten aufgerollt und eine neue Lage Haare und Wolle darauf verteilt. Das wird mehrere Male wiederholt, bis die gewünschte Dicke erreicht ist. Die Dachmatten sind dicker. Die Wandmatten haben Symbole. Dafür sind die Konturen der Zeichen aus der Matte geschnitten und Ersatzstücke in den gewünschten Farben in die Ausschnitte eingesetzt. An den Rändern sind sie durch erneutes Walken verfilzt. Die Matten sind auf die gleiche Größe geschnitten und gesäumt. An den Enden sind die Fäden verknotet. Auf ihre Arbeit sind die Frauen stolz.

Mit dem Verzeihen haben die Menschen ein Problem. Auch die Gekun. Khan Usenov und sein Schamane Seidalie leiden unter dieser Krankheit. Sie können den Krieg gegen die Bulut nicht vergessen. In der Schlacht sind ihre Väter gefallen. Die Söhne haben Rache gegen die Bulut geschworen. Nach der Schlacht hat sich der Stamm gesammelt und seine Struktur wiedergefunden. Seit damals wird in jeder ihrer Versammlungen der Rachegedanke geschürt. In den jungen Kriegern keimt der gleiche Hass. Sie sind zwar nicht am Kampf beteiligt gewesen, für sie ist er Historie, aber der Samen fällt auf fruchtbaren Boden. Und so schreien auch sie nach Vergeltung. Die Älteren distanzieren sich von den Parolen, auch Khan Usenov.

Laut gesprochen wird darüber nicht. Und so sind es zuletzt die Jungen in den Versammlungen die unter den Einfluss des Schamanen Seidalie kommen.

„Die Bulut haben die Chinesen in der Gobi geschlagen", sagt Seidalie eines Tages. Der Stamm zieht an den Tien-Schan, in ihre alte Heimat. Damit entfernen sie sich weiter von uns. Wann werden wir unseren Schwur einlösen? Aufmerksam hören die jungen Krieger zu:

„Seit vielen Jahren frage ich mich, was wir unternehmen können, um endlich die Erfüllung unserer Rache zu finden. Hat denn keiner von euch eine Idee?" fragt Seidalie erneut. Bis jetzt erhält er keine Antwort. Er selbst weiß auch keine. So enden die Treffen stets ohne Ergebnis. Khan Usenov ist besonnener als sein Schamane. Hat sein Vater das Verhalten Tulanbegs nicht verurteilt? Er will ihn hindern, Krieg gegen die Bulut zu führen. Aber Tulanbeg setzt sich durch. Soll sich das Schicksal wiederholen? Er versucht auf Seidalie Einfluss zu nehmen. Bisher ohne Erfolg.

Zwei Brüder aus der Sippe des Schamanen heben sich besonders hervor. Sie sind rauflustig und brutal. Zeigen das in jeder Versammlung. Sie helfen bei seinen Amtspflichten. Keiner findet das verdächtig. Je öfter sie sich bei Seidalie aufhalten, je mehr kommen sie unter seinen Einfluss. So wundert es nicht, dass sie eines Tages mit einem hinterhältigen Vorschlag daherkommen.

„Wie wäre es, wenn eine Delegation mit dir, dem Khan, und einigen Würdenträgern den endgültigen Frieden zu den Bulut bringt. Das würde mächtig Eindruck machen. Der Sohn des damaligen Kriegstreibers schlägt versöhnliche Töne an. Zwar ist der lange Ritt bis zu den Himmelsbergen erforderlich, du könntest aber deinen Plan ausführen. Der Khan kann diesen Vorschlag nicht ablehnen. Mach dem Herrscher klar, dass du einsichtig bist und das Hass und Rache keine gute Lösung sind.“

„Er wird nicht glauben, dass ich keinen Hass mehr gegen die Bulut hege.“

„Du musst ihn davon überzeugen. Jeder Mensch kann sich ändern. Sag, es hätte Mühe gekostet, aber die Einsicht hat gesiegt. Ein unschuldiges Gesicht kann dir helfen.“ Seidalie antwortet nicht. Sollte der Vorschlag ein Hinweis aus dem Tenir sein? Er entschließt sich zu einer Kamlanie. Sie versetzt ihn bis zur Erschöpfung in Trance. Als er wieder einen klaren Kopf hat, liegt er auf dem Boden. Später schlendert er durchs Dorf.

„Kann ich das wirklich so schildern, dass sich meine Einstellung geändert hat?“, denkt er. Sein Gesicht hellt sich auf. Er lächelt still. Einige Tage nach der Kamlanie geht er zu Usenov. Vorsichtig lässt er seine Änderung durchblicken. Der Khan hört schweigend zu. Aber auf den Vorschlag, zu den Himmelsbergen zu reiten, reagiert er zurückhaltend. Er ist misstrauisch.

„Muss ich mich entschuldigen?“, fragt er seine Berater. „An der Schlacht war ich nicht beteiligt. Würde ich damit nicht doch Schuld eingestehen? Das Verhalten des Schamanen Tulanbeg kann mir nicht angelastet werden“. Dieser Meinung sind auch seine Freunde.

„Ich werde einige Vertraute als Spione in die Versammlungen des Schamanen schicken“, denkt er. Sie sollen herausfinden, ob sich Seidalie wirklich geändert hat.“ Sein Plan ist geheim. Da es verschiedene Spione sind, die einzeln eingesetzt werden, bemerkt der Schamane die Überprüfung nicht. Nach einigen Wochen kommen die Berichte:

„Er hat sich wirklich geändert“, berichten seine Vertrauten. Von Hass und Rache ist nicht mehr die Rede. Aber er sagt auch nichts von Versöhnung. Bei Usenov bleibt ein Rest Misstrauen.

Einige Tage später reitet eine Gruppe, angeführt von Usenov und Seidalie, nach Südwesten, dem Tien-Schan entgegen.

Die große Karawane mit Goghus-Khan an der Spitz hat bereits die Dschungarische Forte durchschritten. Kein Feind hat sich ihnen entgegengestellt. Mildes Herbstwetter sorgt auch für entspanntes Reisen, die glühende Hitze ist vorbei. Es gibt frisches Wasser in den Bächen, denn zum Ende des Sommers erreicht das Tauwasser der Gletscher die Ebene.

Wieder eine Rast des großen Trecks. Menschen und Tiere erholen sich. Das Vieh frisst sich satt. Während der Reise hat Kaskarbei Boten in das Lager geschickt mit der Frage, ob für den Einzug alles vorbereitet sei. So erfährt er auch, dass Asan und Satilgan zwei große Täler ausgesucht haben. Seit einiger Zeit quält ihn außerdem die Sorge, ob die gefundenen Lagerplätze die vielen Leute und das Vieh aufnehmen können. Die Menschen sollten vorher nach Sippen und Stämmen getrennt werden. Kaskarbei erhofft sich, dass dadurch Interessen und Besitz nicht zum Streit führen. Deshalb hat er Tideweg und Adrasil, seine Gefolgsmänner, ins Vertrauen gezogen. Mit den Begs und den Häuptlingen der Sippen haben die Vertrauten diese Arbeit übernommen. Sie muss fertig sein, bevor die Karawane ihr Ziel erreicht hat. Er selbst denkt auch an die Familien seiner 1000 Dschigiten, mit denen er vor vielen Jahren in den Kampf gezogen ist. Für sie ist das von Asan zuerst gefundene Tal bestimmt. Dort leben seine Krieger und die befreiten Sklaven. So kann jeder Karawanenteil in das für ihn bestimmte Tal ziehen. Sarjak und seine vielen Helfer haben ganze Arbeit geleistet. Auch aus den Dörfern des Arabekov, haben sich Frauen, Dschigiten und befreite Sklaven beteiligt. Tideweg und Adrasil haben leichtes Spiel bei ihrer Aufgabe. Die meisten sind einsichtig und stimmen der Aufteilung zu. Das Vieh wird den Sippen und Stämmen zugeteilt. So dauert es nicht lange, dass sich der große Treck in drei Karawanen umbildet. Noch immer reitet Goghus-Khan, flankiert von Aischa und Kaskarbei, an der Spitze aller Gruppen. Im Triumphzug erreichen sie die grüne Ebene und jede Gruppe zieht ihrem Ziel im Gebirge zu. Viele reiten ihnen entgegen. Ein Chaos gibt es nicht, weil Tideweg und Adrasil die Ordnung aufrechterhalten. Sie liefern den Beweis ihrer Fähigkeiten als spätere Minister. Als haben sie geahnt, wie sich die Massen verhalten, haben sie schon früh die Karawanen in die gewünschte Richtung ihrer endgültigen Ziele gelenkt, so dass sie sich langsam voneinander lösen. Es sind noch die Führer der einzelnen Gruppen zu bestimmen. Darüber denkt Kaskarbei auch nach. Wer besitzt die Fähigkeit zum Khan? Ihm geht Arabekov nicht aus dem Sinn. „Schöner Mond“, hat ihm ein gutes Zeugnis ausgestellt. Könnte er den Menschen im Tal seiner 1000 Dschigiten ein guter Herrscher sein? Seine Rede war klug, als er Kaskarbei ansprach und sein Auftreten bescheiden. Von ihm ging große Würde aus. Ja, er wird ihm diese Aufgabe übertragen. Auch die zweite Karawane braucht einen Führer. Kommt für sie Beg Awas in Frage? Kaskarbei hat genug Gelegenheiten, ihn zu prüfen. In allen Pflichten ist er gewissenhaft und darum als Khan geeignet. Er bespricht sich mit Tideweg und Adrasil. Die beiden Recken werden mit den Aufgaben zu betraut. Feierlich werden sie in ihr Amt eingeführt. Der Haupttreck wird von Goghus-Khan Aischa und Kaskarbei angeführt. Die Sonne beleuchtet den Hügel, auf dem die weiße Jurte des Herrschers steht. Viele Besucher aus allen Richtungen warten auf das Kommen des Königs. Niemand ist größer als Goghus-Khan. Trotz seines Alters sitzt er aufrecht auf seinem geschmückten Pferd; prachtvoll gekleidet. Der Kalpak hebt dieses Bild hervor. Der Jubel der Menge will lange nicht enden. Würdevoll nimmt er auf seinem Thron Platz. Für Kaskarbei ist an der Seite ein weniger prunkvoller Thron, kunstvoll aus Edelholz geschnitzt und mit Fellen überzogen, aufgestellt. Auch er setzt sich. Nacheinander kommen die Würdenträger, verbeugen sich tief und huldigen dem Herrscher und Kaskarbei. Nach einiger Zeit mischt sich Aischa resolut in die Zeremonie. Sie bemerkt, ihr Mann ist geschwächt. Nicht der Khan hält die erste Rede im neuen zu Hause, sondern seine Frau.

„Würdenträger, Älteste, Heerführer und Freunde, wie ihr sehen könnt, ist mein Mann vom Kampf gegen die Chinesen und von der Reise durch die

Gobi erschöpft. Bevor er seine Antrittsrede hält, muss er etwas ruhen. Ihr erfahrt frühzeitig, wann er zu euch reden will. Geht bis dahin zu den Leuten und feiert mit ihnen“. Nacheinander entfernen sich die Gäste. Der Khan ruht danach lange auf seinem weichen Bett.

„Ich bin müde, als wollte ich sterben“, sagt er mit belegter Stimme zu Aischa. Wiederholt fällt er in tiefen Schlaf. Sie sitzt am Bett, hält und streichelt seine Hand. Kaskarbei setzt sich zu ihr. Zunächst schweigen beide, und jeder hängt seinen Gedanken nach.

„Wie alt bist du jetzt“, fragt Aischa unvermittelt ihren Sohn. Der überlegt.

„Ach, ist doch egal“, nimmt sie ihm die Antwort ab.

„Das ist jetzt nicht wichtig. Ich musste nur gerade an die Fische denken, die ich damals nachts vom Fluss mit zur Jurte nahm. Vater saß seit Stunden sorgenvoll draußen. Einige Tage später ist er zu den Gekun geritten, um den Frieden zu erringen. Da ging ich zu ihm. Ich wollte in der Einsamkeit der Nacht Abschied nehmen, denn Vater hatte eine lange Reise vor sich. In der Vertrautheit sagte er, dass er sich sehnlich einen Sohn wünscht. Du bist der vom Menke-Kökö-Tenir erbetene Sohn, und ich bin dem Himmel dankbar. Übrigens, die Störe waren am Morgen verdorben.“

„So bin ich das Ergebnis einer Liebesnacht?“

„Ja, du bist unser Wunschkind.“ Wieder sagt keiner ein Wort. Die Gedanken Kaskarbeis sind bei Nurka. Sie ist auf dem Weg hierher. Iskakov, Sarjak, Asan und „Schöner Mond“ begleiten sie. Es ist Zeit, endlich mit seiner Mutter darüber zu sprechen.

„Nurka und ihr Vater Iskakov sind hier“, beginnt er zu erzählen.

„Sie sind auf der Durchreise in den Altai und wohnen seit einiger Zeit bei Sarjak und Aisulu.“

Aischa hält den Atem an.

„Nurka? Das ist doch seine Braut aus dem Fergana. Hat sie gerade etwas Falsches gehört?“

„Nurka? Den Namen hatte ich fast vergessen. Habt ihr euch getroffen?“, fragt sie ihren Sohn.

„Ja, wir werden heiraten!“ Die Augen der Mutter leuchten. Wie sehr hat sie auf diese Nachricht gewartet.

Beide haben nicht auf Goghus-Khan geachtet. Er muss seit einer Weile wach gewesen sein und hat dem Gespräch zugehört. Verwundert hören sie ihn plötzlich sagen:

„Mein Sohn, mit deiner Nachricht erwärmst du mein altes Herz. Ich machte mir schon große Sorgen, wie es mit dem Stamm der Bulut weitergehen soll. Nun wünsche ich mir von euch viele Enkel. Ich hatte einen Traum: Darin sah ich meinen Enkel Jaglagar als großen Khan. Den Namen hörte ich aus dem Tenir. Durch seine Herrschaft vereinen sich die Kirgisen und werden ein mächtiges Volk. Sie sind so stark, dass sie die chinesischen Khane besiegen und sogar in ihre Hauptstadt einziehen. Bis in die Mongolei erstreckt sich sein Reich. Das Volk nennt in „Manas" und sein Ruhm geht von einem Ende der Welt bis zum anderen."

Goghus-Khan schweigt, schließt die Augen und ist bald erneut eingeschlafen.

Aischa sagt: „Dass du Nurka heiraten wirst, ist für uns eine großartige Nachricht; besonders für Vater. Damit nimmst du ihm seine größte Sorge."

Während Vater schläft, sprechen Mutter und Sohn noch eine Zeit über verschiedene Geschehnisse und über die momentane Sicherheit des Khans.

„Morgen wird sein großer Tag sein", sagt Kaskarbei.

„Wir müssen Wachen aufstellen, innen und außen, um Feinde abzuhalten."

„Es gibt auch heimliche Gefahren", weiß Aischa aus Erfahrung. „Ein Khan hat immer Feinde."

„Was hältst du davon, wenn außer dir noch ein Vertrauter in der Jurte wacht. Ich denke dabei an Tideweg. Für ihn können wir einen versteckten Schlafplatz schaffen. So ist immer aktuell zusätzlich ein Wächter beim Vater. Tideweg kann sich auch mit Adrasil abwechseln", schlägt Kaskarbei noch vor. Die Vorkehrungen werden getroffen und die Gefolgsmänner informiert. Für den Einzug des Khans und seines Stammes in das große Tal hat Kaskarbei ein gigantisches Fest angeordnet. Nachdem sich die Ankömmlinge in ihrem neuen zu Hause eingerichtet haben, werden als erstes die Fleischkessel aufgestellt, und bald herrscht großer Trubel. Überall ist Heiterkeit, Feiern mit Singen und Tanzen.

Endlich kommt Nurka mit ihrer Begleitung auf dem Festplatz an. Kaskarbei führt seine Braut zuerst in seine Jurte. Das neue Zuhause ist fast so fein eingerichtet wie das seiner Eltern. In herzlicher Begrüßung sind die Brautleute vereint. „Als wir damals in der Nacht aus der Steppe geritten kamen, sahen wir uns das letzte Mal. In der ganzen Zeit hatte ich große Sehnsucht nach dir und wünschte mir deine Nähe. Mit meinem Herzen und in Gedanken war ich immer bei dir. Des Nachts sah ich dich im Sternenhimmel und spürte im säuselnden Wind deinen Atem. Und nun halte ich dich in meinen Armen", flüstert Kaskarbei.

„Nun werde nicht sentimental. Es werden noch viele Monde kommen, wo wir uns lange nicht sehen werden, wenn du mit deinen Kriegern im fremden Land deine Feinde besiegen wirst. Aber es stimmt, so wie du es gesagt hast, hatte auch ich Sehnsucht. Wenn sich Liebende trennen, ist der Schmerz immer groß, aber jetzt sind wir wieder zusammen."

Bei der Begrüßung umarmte Kaskarbei Nurka. Hat sich etwas an ihr verändert? Er kann es nicht erklären. Die Herzlichkeit der Begrüßung trug ihn zunächst aus der Gegenwart hinweg.

Nurka sagt: „Bald sind wir drei." Es sind die besonderen Anlässe, die einen Menschen schweben lassen. Kaskarbei fehlen die Worte. Er schiebt Nurka mit langen Armen von sich und starrt sie an. Das war also die Veränderung, die er an ihrem Körper gespürt hat. Sie lächelt ihn an, als sie merkt, dass er es begriffen hat.

„Du bist ein sonderbarer Mann. Ich komme nur einmal in deine Nähe und schon bin ich schwanger", sagt sie fröhlich. Wieder liegen sie sich in den Armen.

„Ich habe meinen Eltern von dir erzählt, sobald es sich ergibt, stelle ich dich ihnen vor. Sie sind begeistert, dass wir zusammen sind. Vater wünscht sich viele Enkel. Er hatte einen sonderbaren Traum, den ich nicht ganz verstanden habe. Er träumte von seinem Enkel, einem unserer Söhne, die es noch gar nicht gibt. Er sah…" In diesem Moment dringt Lärm herein. Tideweg kommt zu Kaskarbei.

„Aus dem Norden ist eine Deligation gekommen, Khan Usenov, sein Schamane Seidalie, einige Fürsten, Älteste und Dschigiten vom Stamm Gekun. Sie wollen Goghus-Khan einen Besuch machen und ihn um Versöhnung bitten. Vielleicht meinen sie euren damaligen Krieg gegen die Gekun. Sie haben einen weiten Weg hinter sich. Wo sollen sie wohnen?"

„Führ sie zu den Jurten, die außerhalb der Aule für Besucher stehen. Morgen werde ich sie begrüßen."

„Die Gesandten scheinen unzufrieden zu sein, dass du sie nicht sofort gebührend begrüßt", berichtet Tideweg später. „Aber mit welchem Recht ist ein Gast, wenn er Aussöhnung sucht, gekränkt, wenn er nicht sofort genug Aufmerksamkeit bekommt. Wir sollten aufpassen, dass nichts Anderes dahintersteckt. Für alle Fälle habe ich mehrere Wachen verdeckt aufgestellt und größte Achtung befohlen."

„Was ist eigentlich damals passiert? Kennst du die alte Geschichte?", fragt er Kaskarbei.

„Nein, nicht gut."

„Ich muss unbedingt mit meinem Vater sprechen. Was damals war, weiß er am besten."

In der Jurte sitzt Aischa auf einem dicken Kissen, und ihr Mann hat es sich auf Kaskarbeis Thron bequem gemacht. „Hast du dich von den Strapazen etwas erholt?", fragt Kaskarbei und setzt sich zu Füßen des Vaters. „Wir hatten oft große Sorge um deine Gesundheit. Aber du bist eine zähe Natur und hast hon viel durchgemacht. Immer besiegtest du die Hindernisse. Jetzt wirst du dich erstmal ausruhen. Morgen wird wieder ein harter Tag werden."

Von den Gästen aus dem Norden weiß er noch nichts. Er und auch Aischa sind überrascht, als Kaskarbei davon berichtet.

„Was wollen die hier und wer sind sie?", fragt Goghus-Khan hastig.

„Es sind Khan Usenov und sein Schamane Seidalie vom Stamm Gekun. Sie sind gekommen, um dich um Versöhnung zu bitten. Was können sie damit meinen?" Der Khan schweigt.

„Mich um Versöhnung bitten, was soll das heißen? Die Namen sind mir bekannt. Es sind die Söhne Kurgez-Khans und Tulanbegs. Wer einen so weiten Weg auf sich nimmt, muss einen besonderen Grund haben. Was mögen sie wirklich von mir wollen? Den Krieg, den ich verhindern wollte, hat Tarsan mit seiner Gier nach dem Besitz der Bulut ausgelöst. Kann es sein, dass sein Sohn ursprünglich mir die Schuld geben will und nun zur besseren Einsicht gekommen ist? Mir erscheint es trotzdem nicht plausibel."

„Morgen werde ich die Gäste begrüßen. Vielleicht erfahre ich etwas", sagt Kaskarbei.

„Du wirst sie auch empfangen müssen."

In der Morgendämmerung kommt aufgeregt ein Wächter in die Jurte Adrasils.

„Einer von Usenovs Begleitern schleicht um die Jurte des Khans", meldet er.

„Komm", sagt er zum Wächter. Von hinten schleichen sie heran und fassen den Spion. Es ist Seidalie.

„Weshalb gehst du heimlich in der Nacht zum Zelt des Khans?" fragt ihn Adrasil.

„Der Ausgang in der Nacht ist nicht untersagt worden, aber du machst dich damit verdächtig. Warum trägst du nicht deinen Schmuck, dafür aber ein Krummschwert." Verlegen antwortete er:

„Ich konnte nicht schlafen. Das Messer hat keine Bedeutung." „Geh jetzt zurück zu deinem Schlafplatz, morgen reden wir." Als am Morgen die Delegation Kaskarbeis Jurte betritt, redet niemand vom nächtlichen Ereignis. Freundlich begrüßt er die Gesandten:

„Seid solange ihr wollt unsere Gäste. Nehmt auch am Fest teil. Später werde ich euch Goghus-Khan vorstellen, und ihr könnt euer Anliegen vortragen. Bis dahin vergnügt euch."

Unter der Führung von Arabekov und Awas erreichen auch die beiden anderen Karawanen ihr Ziel und richten sich in ihrer neuen Heimat ein. Das ist auch für sie Grund zum Feiern. Große Mengen Schaffleisch essen und Kumys trinken geht bei den Kirgisen immer.

Zu allen Khanaten werden Boten mit der Nachricht geschickt, dass die Kirgisen aus dem Altai zurückgekehrt sind.

„Es ist Zeit, dass endlich der Machtwechsel erfolgt", sagt der Khan zu Aischa.

„Ich bin müde und möchte meine Pflicht an Kaskarbei übertragen. Alle sollen erfahren, dass er „Burkut der Adler" ist." Er erinnert sich, was sie bei seiner Geburt gesagt hat:

„Er wird ein größerer Khan sein, als ich es gewesen bin." Freundlich sieht er seine Frau an. Sie ist noch immer jugendlich schön. Mit ihrer Schwangerschaft hat sie ihn damals gerettet.

Für die meisten ist der Weg zu den Himmelsbergen kürzer als in den Altai, und so kommen bald erste Gäste. Ihnen wird, wie auch den übrigen, sofort angeboten, mitzufeiern. Der Umtrieb ist riesig. Rennen werden veranstaltet, schießen mit Bogen und Pfeil und Ringkämpfe. Noch weitere Vergnügungen beschäftigt die Menschen. Manche finden den Genuss von Kumys als ihr größtes Glück. Auch die Gäste aus dem Norden haben sich unter das Volk gemischt. Goghus-Khan feiert mit. Nun ruht er. Aischa hat die Jurte verlassen und mischt sich unter die Leute. Immer hat sie engen Kontakt zum Volk, das ist ihr wichtig. So kennt sie deren Gedanken und Sorgen. Dadurch ist sie manches Mal Vermittler im Kummer. Überall ist sie beliebt. Auf dem Treck gab es wenig Kontakte. Meistens war sie bei ihrem Mann. Heute hat sie Zeit, und so braucht sie offene Ohren. Sorgen und Erfreuliches werden besprochen. Wo Aischa auch hinkommt, bildet sich bald eine Menschentraube. Feiern und Wachen passt nicht zusammen. Bei den Kontrollen gibt es viel Ablenkung. Niemand bemerkt, dass sich Seidalie wieder unauffällig der Jurte des Herrschers genähert hat. Ehe er entdeckt wird, ist er geräuschlos in der Jurte des Khans verschwunden.

Er steht still im Halbdunkel. Sein Herz schlägt wild. Jedoch sein Entschluss steht fest, der Mörder seines Vaters muss sterben. Der hat sein Leben verwirkt. Wie sein Vater soll auch er in seinem Blut ersticken. Hass verzerrt sein Gesicht. Er hört das Atmen seines Opfers hinter dem Vorhang und schleicht leise zum Schläfer. Gedämpfte Geräusche dringen ins Zelt. Trotz aller Vorsicht rascheln seine Kleider, was ihn aber nicht aufhält. Seidalie zieht vorsichtig den Vorhang zur Seite und nähert sich dem Bett. Eine Weile steht er vor seinem Opfer, als wollte er seine Absicht noch einmal überdenken. Als der Khan die Augen öffnet, sieht er den Eindringling erstaunt an. Er will etwas sagen, aber der Schamane zieht entschlossen das kurze Schwert aus seinem Chalat und holt zum Schlag aus. Dem Khan stockt einen Moment der Atem. Aber der Arm des Angreifers senkt sich nicht zum tödlichen Stoß, als er die Stimme des Opfers hört:

„Du kannst mich jetzt töten. Ich bin ein alter Mann, aber du erleidest sofort das gleiche Schicksal. Was hast du damit erreicht? Erklär mir, warum du mich töten willst. Du glaubst, ich habe deinen Vater Tarsan getötet. Das war ich nicht. Auch nicht meinen Bruder Kurgez-Khan. Der ist sogar in meinen Armen gestorben; sein Blut färbte meine Kleider. Es war ein furchtbarer Kampf, ich wollte ihn nicht. Warum also hasst du mich und willst mich töten? Wenn du es noch willst, dann tue es jetzt“. Seidalies Arm mit der Waffe senkt sich:

„Nein, den kann ich nicht töten“, denkt Seidalie. Dann sagt er leise:

„Schon als Kind, direkt nach dem Kampf, habe ich geschworen, dich zu töten. Von Jahr zu Jahr wuchs mein Hass. Ich glaubte, du hast meinen Vater ermordet. Dasselbe wollte ich tun.“

In diesem Moment wird ihm das Schwert mit Wucht aus der Hand geschlagen und fällt zu Boden. Ein zweiter Schlag wirft ihn um. Von der Benommenheit erwacht, sieht Seidalie in die Augen Tidewegs, der den Angreifer gefesselt hat. Der Überfall steckt Goghus-Khan tief in den Knochen. Es dauert eine Weile, bis er sich von dem Schrecken erholt hat. Dann verlässt er sein Bett und sagt zum Schamanen:

„Du wirst nicht getötet, obgleich du es verdient hast. Deine Absicht hast du sicher schon bereut, sonst würdest du es getan haben.“ Nach einer Weile sagt der Khan:

„Sei weiter mein Gast!“

„Ich habe den Tod aber verdient!“, schreit der Begnadigte.

„Tideweg, lass ihn laufen!“ befielt der Khan.

„Warum soll ich das tun? Er wollte dich ermorden!“

Einen Moment hält der Khan inne. Dann wiederholt er:

„Lass ihn laufen!“ Er erklärt seine Entscheidung nicht. Als sie alleine sind, bittet der Khan seinen Beschützer:

„Erzähle niemandem von dem Vorfall! Es war aber gut, dass du zu meiner Sicherheit in der Jurte warst.“

Nach ein paar Tagen sendet Goghus-Khan wieder Boten aus, dass in wenigen Tagen die Versammlung im großen Beratungszelt beginnt. Aus allen Aulen in den weiten Tälern treffen seine Berater ein. Sie sind in der Erwartung gekommen, dass etwas Großes passieren wird.

Mit Nurka Hand in Hand betritt Kaskarbei die Jurte seines Vaters. Aischa befindet sich auch im Zelt. Beide sitzen entspannt auf dicken Kissen, im Gespräch. Aischa, mit dem Blick der erfahrenen Frau und Mutter, erkennt sofort den Zustand Nurkas. „Setzt euch“, sagt der Vater.

„Mutter! Vater! Ich möchte euch Nurka, meine Braut vorstellen. Wir werden heiraten.“ Die Angesprochenen ließen nicht erkennen, dass ihnen schon alles bekannt ist. Freuen sich jedoch, dass ihr Sohn die Höflichkeit besitzt, ihnen die Schwiegertochter vorzustellen. Im vertrauten Familiengespräch sagt Aischa geradeheraus:

„Ihr habt sofort unseren Enkel mitgebracht." Nun muss auch der, sonst so ernste Großvater lächeln.

„Ich freue mich riesig über diese Botschaft. Sie wärmt mein altes Herz", sagt er.

„Kinder", fährt er fort, „ich hatte einen Traum: Darin sah ich meinen Enkel als großen Khan. Der Tenir hat mir den Namen für ihn gegeben, wie damals bei dir, mein Sohn", erklärt er erneut.

„Unter seiner Herrschaft wird das kirgisische Volk zur großer Macht vereint. Die Menschen werden ihn „Manas" nennen. Sein Ruhm wird von einem Ende der Welt bis zum anderen reichen. Der Traum entspricht meinen Wünschen." Zu Kaskarbei gewandt, sagt er:

„Deiner Mutter hat der Menke-Kökö-Tenir auch durch Träume wichtige Hinweise für uns gegeben, bevor du geboren wurdest."

Dann sagt er: „Ich glaube den Mächten des Himmels!"

Kaskarbei versteht den Sinn der Worte, die ihm sein Vater vor geraumer Zeit schon einmal gesagt hat.

In der Jurte ist es lange still. Dann sagt Nurka:

„Ich habe noch keinen Sohn. Wie kann das sein, was du sagst? Und wer weiß schon, was in der Zukunft sein wird?" Demütig ergänzt sie: „Wenn das aber als Mutter mein Schicksal sein soll, so will ich es schon jetzt annehmen."

„In wenigen Tagen wird die große Versammlung stattfinden."

Er wendet sich nochmal an Kaskarbei:

„Mein Sohn, in der Versammlung werde ich dich vor den Augen und Ohren aller Anwesenden als meinen Nachfolger mit dem Namen „Burkut-Khan" vorstellen. Ich werde dir alle Vollmachten übertragen. Erweise dich in der Zukunft dem hohen Amt würdig. Trotzdem wirst du manchen Neider, sogar viele Feinde haben, die dir Steine auf deinen Weg werfen werden. Bleib unbeirrt, das wird deine Stärke sein. Ich hoffe, du nimmst das neue Amt an."

„Ich ahnte, was kommt und habe mich darauf vorbereitet. Ich werde deinem Wunsch entsprechen", gibt er selbstbewusst zur Antwort.

„Lasst mich jetzt ein wenig ausruhen. Ich bin müde“. So beendet der Khan endgültig die Unterhaltung. Der frühe Herbst ist normaler Weise die heißeste Zeit des Jahres. Es war gut, dass die Karawane mildes Wetter auf der letzten Wegstrecke aus der Gobi hatte. Aber seit einigen Tagen quält Hitze Menschen und Tiere. Unter dem tiefblauen Himmel gibt es keine Abkühlung. Im Beratungszelt, das sich langsam füllt, ist die Luft stickig. Für den Khan steht der Thron bereit.

Kaskarbei und die Gäste nehmen dem Khan gegenüber Platz. Für Khan Usenov und Seidalie sind Ehrenplätze reserviert. Seidalie kann die Peinlichkeit, von der nur er und Tideweg wissen, kaum verbergen. Er möchte in die hintere Reihe. Das wird ihm jedoch verwehrt. Tideweg behält ihn im Auge. Die Anwesenden erheben sich, als der Khan mit Aischa das Zelt betritt und verneigen sich.

„Heute versammeln wir uns zum ersten Mal in unserer Heimat, den Himmelsbergen, und ich begrüße euch, ihr Khane, Fürsten, und tapferen Dschigiten. In den letzten Jahren hat sich vieles verändert, große Schlachten wurden gewonnen, viele Sklaven befreit, auch haben sich uns manche Feinde als Verbündete angeschlossen. Ich bin ganz sicher, dass unserem Volk großes bevorsteht. Das meiste meiner Lebenszeit ist vorbei und neigt sich dem Ende zu. Auch meine Kraft lässt nach. So werde ich heute die letzte Entscheidung meiner Amtszeit treffen. In der Zukunft wird unser Sohn Kaskarbei der Herrscher der Bulut sein“, dabei blickt er lächelnd auf Aischa, die sich erhoben hat.

„Er wird ab heute den Namen „Burkut-Khan“ tragen, den ihm der Himmel am Tag seiner Geburt gegeben hat. Kaskarbei steht auf. Er stellt sich neben seine Eltern:

„Mein Sohn, mit dem heutigen Tag übertrage ich dir die Verantwortung für den Stamm Bulut und für alle Kirgisen. Du erhältst damit deinen neuen Namen „Burkut-Khan“. Auch gebe ich dir alle Vollmachten als Herrscher. Bewahre die Einheit unseres Volkes, befreie weiterhin Sklaven, halte, wenn es möglich ist, Frieden mit deinen Feinden, damit sie Freunde werden und sorge für das Wohl deines Volkes. Wenn das auch dein Wille ist, sag ja.“ Laut und für alle hörbar antwortet der neue Khan:

„Ja! ich will!“

„Knie nieder, damit ich dich segnen kann.“ Aischa weint. Sie schämt sich nicht ihrer Tränen. In diesem Moment muss sie an seine Geburt denken:

„Sein erster Schrei war das Gebrüll des Löwen, und die Erde erzitterte“, erinnert sie sich. Goghus-Khan legt seine Hände auf das Haupt seines Sohnes.

„Der „Menke-Kökö-Tenir“ segne dich für deine große Aufgabe. Auch der Segen unserer Ahnen sei mit dir. Sei immer klug. Nimm auch meinen Segen und den deiner Mutter, die dich geboren hat. Stelle immer die Interessen deines Volkes vor deine eigenen und sei ein kluger Herrscher.“

Rauschender Beifall dröhnt durch das Zelt. Stehend werden dem scheidenden und neuen Khan Huldigungen entgegengebracht. Einen solchen Moment erlebt ein Kirgise nur einmal im Leben. Die Anwesenden sind Zeugen dieser Handlung und werden den großen Moment als Botschaft in alle Welt tragen. Vater und Sohn geben sich wortlos die Hand, während Aischa ihren Sohn fest an ihre Brust drückt. Durch die offene Tür war die Ansprache auch draußen zu hören. Als von innen der Beifall aufbraust, erschallt er auch draußen. Welch ein Tag! Das Fest, das schon vor Tagen begonnen hat, lebt wieder voll auf. Bis in die Nächte hinein wird aus den Fleischkesseln gegessen und bei Kumys die Ereignisse besprochen. Die Kunde von der Ernennung Kaskarbeis zum „Burkut-Khan“ bekommt Flügel. Als würde der Wind die Neuigkeit verbreiten, weht sie über die Weiten. Bis in den äußersten Winkel wird sie getragen; zu Freund und Feind. Bei denen, welche die Ernennung erlebt haben, gibt es nur Zustimmung. Für alle aber mischt sich die Trauer hinein, dass der große Held Abschied von der Weltbühne genommen hat.

„Aber noch ist er unter uns“, trösten sie sich. Goghus-Khan hat während seiner Amtshandlung getan, was möglich ist. Weitere Aufgaben erledigt mein Sohn, tröstet er sich. Die Nächte und Tage werden lang, und die Feier für „Burkut-Khan“ findet kein Ende. Auch dieser mischt sich unter das Volk, trinkt hier etwas Kumys, isst dort ein Stück Fleisch, und setzte sich an viele Feuer. Die Abende sind mild und die Leute genießen die Feier. Dann zieht unbemerkt von Westen eine dunkle Wolkenwand heran. Der Hitze der vergangenen Tage folgt drückende Schwüle und lastet auf allen. Schon in der Frühe treibt es den Leuten den Schweiß aus den Poren. Die Wolken hängen inzwischen so tief, als wollen sie den Boden berühren.

Statt der Morgendämmerung scheint sich die Nacht zu verlängern. Jetzt regt sich kein Lüftchen mehr. Der schwarze Himmel hat sich in giftiges gelbgrau gefärbt, und in der Ferne ist drohendes Grollen zu hören. Blitze erhellen grell den Himmel.

In der Jurte des Khans sitzt Aischa am Bett ihres Mannes. Es geht ihm schlecht. Sein Atem stößt röchelnd aus seiner Brust. Seit Stunden sitzt Aischa bei ihm, hält seine Hand und hofft, dass es ihm bald bessergeht. Sein Körper ist heiß. Dicke Kissen in seinem Rücken erleichtern ihm das Atmen. Aischa hat den Schamanen Sarabar kommen lassen. Sein Vater Tarsan hat ihn seit seiner Kindheit in diesem Beruf ausgebildet. Alle vertrauen ihm, auch Aischa. Mit Tinkturen zum Einreiben der Brust und Tee versucht Sarabar dem Kranken zu helfen. Den heißen Körper kühlt er mit kalten, nassen Tüchern auf Stirn und Waden. Mit Fetischen ruft Sarabar die Ahnen um Heilung an. Flüsternd kommen wirre Worte aus dem Mund des Khans. Aischa hält ihr Ohr an sein Gesicht. Sie hört unklare Laute:

„Wer sind meine Feinde, Himmel, beschütze Aischa und den Sohn in ihrem Leib. Ich wollte den Kampf nicht, mein Bruder. Dein Blut. Dein Blut klebt an mir. Du wurdest getroffen und sinkst sterbend runter…“ Ein tiefer Seufzer entringt sich seiner Brust. Plötzlich ein erneuter Aufschrei. Aischa springt an sein Bett:

„Blut; Blut“, stöhnt der Kranke.

„Woher kommt das viele Blut? Sie fordern Genugtuung. Das sind Chinesen. Sie schreien ohne Ende:

„Du hast uns ermordet“. Wirr bäumt der Kranke sich von seinem Bett auf. Schweißnass. Aischa ist hilflos. Sie ruft Sarabar, der erneut den Khan versorgt.

Den ganzen Tag brausen Stürme über das Land. Der Regen, den die Natur dringend braucht, will nicht fallen. Durch den Wind mildert sich die Schwüle und lässt die Menschen freier atmen. In der nächsten Nacht kommt das ersehnte Nass. Aus den Wolken regnet es, als seien sie geborsten. Bäche werden zu reißenden Flüsse. In Mulden staut sich das Wasser zu Teichen und Seen. Jurten werden weggespült. Jeder rettet was möglich ist und trägt seinen Besitz auf höheres Gelände. So wird größerer Schaden verhindert. Die Menschen haben wenig Hausrat, sind an Unwetter gewöhnt und nehmen die Gewalten gelassen hin. Die Kinder haben ihren Spaß beim

Planschen. Selten gibt es dazu Gelegenheit. Auch die Erwachsenen nutzen das Wasser für ein bescheidenes Bad. Die Steppe hat sich durch den Regen in eine blühende Oase verwandelt. Überall blüht und grünt es. Die dürstende Erde bedankt sich. Die Kühle belebt den Khan. Erfrischt verlässt er sein Bett. Khan Usenov und Seidalie besuchen Burkut-Khan:

„Schon lange haben wir deine Gastfreundschaft in Anspruch genommen. Wir haben entschieden, bald in den Altai zurückzureiten. Vorher wollen wir uns vom Khan verabschieden“, sagen sie bescheiden.

„Mein Vater wird gerne noch mit euch reden. Ich gebe euch Bescheid.“ Der Khan ist nicht begeistert. Die wirren Träume haben ihn aufgewühlt. Vieles hat er verdrängt. Trotzdem kommen unzählige Tote aus vielen Schlachten in seine Träume und quälten ihn.

Er hat keinen Krieg aus Habgier geführt. Stets hat er mit Verantwortung entschieden. Waren die vielen Siege ein Geschenk des Menke-Kökö-Tenir? Sein Volk liebt ihn. Sogar seine Feinde achten ihn.

„Ich trage viel Verantwortung auf meinen Schultern“ tröstet er sich.

„Sag den Gästen, sie sollen am zweiten Tag in der Mittagstunde ins Beratungszelt kommen. Ich werde sie verabschieden. Lade auch Khane und Würdenträger dazu ein“. In der Zwischenzeit soll Satilgan die Vorbereitung für die Rückreise treffen.

Die Jurte füllt sich. Auf dem Thron sitzt diesmal Burkut-Khan. Dieser besondere Platz ist für ihn reserviert. Aischa begleitet ihre Männer. In den ersten Reihen sitzen die Gäste und Krieger der Gekun. Burkut-Khan eröffnet die Ansprache:

„Khan Usenov, Herrscher der Gekun-Kirgisen und ihr Dschigiten, ich begrüße euch. Diese Stunde dient der Erinnerung. Darum gebe ich das Wort weiter an meinen Vater. Er ist der beste Zeuge der alten Zeit.“ Goghus-Khan erhebt sich. Das wirkt, als habe der Tenir einen Boten des Himmels gesandt.

„Ich nenne euch meine Brüder. Die älteren Krieger unter euch mögen sich dabei an die längst vergangene Zeit erinnern, als Jahr für Jahr die Bulut in den Norden, und die Gekun in den Süden wanderten, um sich zu besuchen. Wir feierten große Feste und lebten in Frieden. Bis zu diesem einen Tag!“ Der Redner macht eine Pause, als sei er in Gedanken versunken.

Plötzlich sagt er mit einem Lächeln, als seien die Schatten von damals verflogen:

„Ihr seid gekommen. Gerne haben wir euch als unsere Brüder hier an den Himmelsbergen, unserer alten und neuen Heimat, aufgenommen. Wir haben gemeinsam an den friedlichen Spielen teilgenommen, saßen am selben Feuern, haben Kumys getrunken und Fleisch gegessen, Freundschaften geschlossen. Aber ihr seid nicht ohne Grund hier. Sagt uns, weshalb ihr den beschwerlichen Weg auf euch genommen habt." Usenov muss mit dieser Frage gerechnet haben, denn er erhebt sich sofort, um dem Khan zu antworteten:

„Nach dem Tag, von dem du gerade gesprochen hast, das war auch der Tag nach dem Kampf, waren wir keine Freunde und keine Brüder mehr. Von da an waren wir Feinde. Es gab keine Gelegenheit, Rache für unsere Toten zu nehmen. Aber in unseren Herzen schrien wir danach. In den Versammlungen wurde dieser Schrei lauter. Mit der Zeit haben Versöhnung und Vernunft die Oberhand gewonnen. Unsere Absicht zur Versöhnung war ehrlich. Leider gibt es auch Rückfälle wie bei Seidalie. In ihm lebte versteckt der Hass weiter. Seine Absicht war, dich aus Rache für seinen Vater Tulanbeg zu töten!"

Goghus-Khan ist von der Ehrlichkeit beeindruckt. Er lässt nicht durchblicken, dass er dieses Geheimnis kennt. Seidalie springt empört auf.

„Ich bin der Mörder! Das Leben des großen Herrschers ist in Gefahr gewesen!" Aufruhr bricht los. Goghus-Khan bittet um Ruhe.

„Der Angriff auf mich, oder besser sein Erfolg, wurde glücklicherweise durch Tideweg verhindert", sagt er ruhig.

„Außer Tideweg, Seidalie und mir, weiß niemand, dass der Schamane mich töten wollte. Das Schwert hatte er zum Schlag erhoben. Aber er schlug nicht. Sein Arm mit der Waffe sank schlaff herab. Ich habe in seine Augen gesehen und erkannt, dass er in diesem Moment über sich traurig war. So habe ich ihm verziehen. Er wird nicht bestraft."

Niemand im Zelt versteht diese Entscheidung. Es ist Gesetz, dass auf versuchten Mord am Herrscher die Todesstrafe folgt. Den Ausführungen des Khans folgt Stille. Ein solch schweres Verbrechen begnadigen? Das ist unvorstellbar.

„Ist der Khan etwa nicht mehr im vollen Besitz seiner Sinne? Er ist ja schon alt", geht es manchem durch den Kopf. Noch ehe erneut lautes Aufbegehren erfolgt, fährt er fort:

„Ich wurde angegriffen und demnach liegt die Entscheidung bei mir. In den Augen des Schamanen, erkannte ich ehrliche Reue und Einsicht. Das sind wertvolle Eigenschaften, die geachtet werden müssen. Diese Entscheidung habe ich nicht jetzt getroffen, sondern sofort nach der versuchten Tat. Aus diesem Grund habe ich niemanden eingeweiht. Auch nicht Burkut-Khan. Jetzt habe ich es allen gesagt. Für die ehrliche Antwort des Khan Usenov kann ich mich nur bedanken." An die Delegation gewandt, sagte er:

„Ihr habt die Absicht, in eure Heimat zu reiten. Der Segen des Himmels und unser Segen begleiten euch. Ihr seid ebenso wie wir Kirgisen. Wenn ihr durch den Altai reitet, sammelt die Verstreuten aus der Selenge und dem Tal des Jennisej. Bezieht auch die Sojoten mit ein. So wird euer Stamm wachsen. Wenn die Zeit reif ist, dann wandert ebenfalls in die Mitte des großen Landes, hierher zu den Himmelsbergen, an den Tien Schan und an den Fluss Talas. Hier sind Weiden im Überfluss. Wohnen wir näher beieinander, sind wir noch stärker gegen unsere Feinde. Wenn ihr eure Heimat erreicht habt, erzählt davon, was ihr hier angetroffen habt. Eure Erlebnisse wollen sicher alle hören."

An Burkut-Khan gewandt fragt er:

„Ist für ausreichend Proviant, Waffen, Ersatztiere und Begleitung gesorgt?"

„Ja, Satilgan hat alles veranlasst. „Bevor Usenov mit seinen Leuten den Aul Burkut-Khans verlässt, geht er noch einmal zu Goghus-Khan. Ohne weitere Umschweife sagt er zu ihm:

„Ich werde nicht nur von eurer Gastfreundschaft berichten, sondern vor allem von deinem Großmut. Mit diesem Namen werde ich dich bei allen rühmen. Ich werde dich bei meiner Erzählung „Goghus-Khan, den Großherzigen" nennen. Das Erlebte ist einmalig. Ich werde deinen Ruhm verbreiten."

Aischa beobachtet mit Sorge den Zustand ihrer zukünftigen Schwiegertochter Nurka. Der Umfang ihres Bauches hat sich gewaltig vergrößert. Bis zur Niederkunft dauert es sicher nicht mehr lange.

„Wann soll die Hochzeit sein?“, fragt sie vorsichtig.

„Sobald Sura, meine Mutter und mein Bruder Scholdon hier eingetroffen sind. Dein Sohn hat sofort, als wir in unser neues zu Hause eingezogen sind, Boten ins Fergana-Tal geschickt. Ebenso 100 beste Pferde als Kalym. Das war mit meinem Vater ausgehandelt worden. Iskakov ist einverstanden. Schon damals brachte Fürst Sariev ein großzügiges Brautgeschenk mit. Nun hoffen wir auf die Ankunft vom Rest meiner Familie. Dann feiern wir.“

„Ich habe die Frage nicht aus Neugier gestellt. Die Gesundheit meines Mannes ist nicht die Beste. Er möchte doch noch gerne seinen ersten Enkel sehen, bevor er zu den Ahnen auffährt. Ohne diese Gunst des Schicksals fällt ihm das Sterben schwer.“

„Wann mein Kind geboren wird, weiß ich nicht. Darauf habe ich keinen Einfluss. Ich wünsche mir so sehr, dass meine Leute bald hier sein werden.“

„Wir sollten alle Vorbereitungen treffen, dass uns das Ereignis nicht überrascht. Kommt die Hebamme regelmäßig zur Untersuchung?“

„Ja, jeden zweiten Tag. Sie sagt, dass es keine Probleme geben wird. Bis zur Geburt wird es noch etwas dauern. Darüber bin ich froh. Es beruhigt mich. Auch Kaskarbei kümmert sich trotz seiner vielen Pflichten rührend um mich.“

„Ich habe nur einen Sohn geboren. So ganz erfahren bin ich nicht. Aber alle Hilfe, die möglich ist, will ich dir geben.“

„Deinen Beistand nehme ich gerne an, liebe Schwiegermutter.“ Es ist das erste Mal, dass Nurka Aischa mit dem vertrauten Wort anspricht. Allmählich sind die Frauen enger verbunden. Burkut-Khan tritt hinzu, umarmt Nurka und küsst seine Mutter auf die Stirn.

„Komm, ruh dich aus“, sagt er zu Nurka. Beide gehen nach Hause. „Deine Mutter ist sehr lieb und aufmerksam zu mir. Ich glaube, wir werden uns gut verstehen. Sie weiß auch, dass du sofort, als wir hier ankamen, nach meiner Familie geschickt und nochmal einen Kalym gezahlt hast.“

Kaskarbei wird von Vertrauten noch immer mit seinem Rufnamen angesprochen, was ihn nicht stört. Der große Titel ist nach seiner Meinung für das Offizielle reserviert. Als seine Beraterin kommt zuerst Nurka infrage.

Er erinnert sich an Schipar, seine Großmutter. Vater ging vor jeder Entscheidung in ihre Jurte. Mit ihr besprach er als erstes alles Wichtige. Jetzt ist er in derselben Lage. Auch Nurka soll seine erste Vertraute sein. Nachdem sie etwas geruht hat, fragt ihr Mann:

„Ich brauche deinen Rat. Ich möchte das System meiner Regentschaft verändern. Ich werde mich mit Ministern als Beratern umgeben. Bei der Vielfalt meiner Aufgaben brauche ich Ratgeber. Männer, die mir zuhören und keine Scheu haben, mir auch einmal zu widersprechen. Ich werde versuchen, immer für sie ein offenes Ohr zu haben. Was hältst du von dieser Absicht?“

Lange Sekunden vergehen, ehe Nurka antwortet:

„Ich glaube, dass das eine gute Idee ist. Kein noch so kluger Mensch kann immer richtig entscheiden. Wenn du dich jedoch vor anderen öffnest, gibst du auch einen Teil deiner Macht auf. Du bist dann kein Alleinherrscher mehr. Das musst du bedenken.“

„Über ein Volk zu herrschen ist nicht nur eine Machtfrage, sondern vor allem Verantwortung. Wenn sie aber auf mehreren Schultern gewissenhafter Berater ruht, kann es doch nur gut sein.“

„Aber wie stellst du dir das vor? Und wer käme dafür infrage?“ Jetzt ist Nurka hellhörig.

„Hast du schon bestimmte Vorstellungen, wer in dein Kabinett hineinsoll? Sei bei der Auswahl sehr vorsichtig“, sagt sie mahnend.

„Als erstes ist ein persönlicher Berater wichtig. Mit dem ich die Richtung der Politik abstimmen kann. Dieser Minister ist der Wichtigste. Der Titel könnte lauten: „Minister für persönliche Beratung“, oder auch nur „Persönlicher Berater“. Für dieses Amt habe ich an Tideweg gedacht. Bei ihm sehe ich alle Qualitäten. Er ist ehrlich, treu und klug. Seit unserer Kindheit sind wir Freunde. Nie hat es zwischen uns einen ernsthaften Konflikt gegeben, obgleich wir auch schon mal anderer Meinung waren. Seine Treue ist keine tierische Ergebenheit, denn dazu gab es nie eine Veranlassung. Immer waren unsere Gespräche offen und auf Augenhöhe. Er erscheint mir der Richtige.“

„Tideweg! Tideweg! Ja, er ist der Beste. Der wird seine Freundschaft mit in sein Amt nehmen und für dich kein Nebenbuhler sein. Nimm ihn!“

Das überzeugt.

„Die weiteren Minister sollen Sachberater sein. Jeder erhält ein Fachgebiet. Wer Minister wird und für welches Resort, möchte ich zusammen mit Tideweg entscheiden, vorher aber mit dir besprechen."

Der Khan verlässt seine Frau, die in Gedanken versunken ihrer Arbeit nachgeht.

„Schon damals, nach unserer ersten Liebesnacht, als die Kirgisen-Karawane aus der Gobi kam, wusste ich: mein Mann gehört mir nicht alleine!", denkt sie.

Nurka spürt, die Zeit bis zur Niederkunft wird knapp. Nicht, dass sie schon Wehen hätte, aber ihr Körper drängt zur Eile. Ihr Vater Iskakov hat seine Jurte im Aul bezogen und wartet ebenfalls auf seine Frau Sura. Für den Sohn Scholdon steht sein eigenes Zelt bereit. Sofort nach dem Eintreffen, soll die Hochzeit sein. Hoffentlich geht der Plan auf. Die Brautleute haben entschieden, dass der Schamane Sarabar die Trauung vornehmen soll. Die Zeremonie soll verkürzt werden. Bei so viel Eile tritt die Tradition zurück. Wenn alle Rituale einer kirgisischen Hochzeit durchgeführt würden, könnten sie durch das baldige Geschrei des Neugeborenen unterbrochen werden. Dann müsste die Hochzeit ausfallen.

„Uns beiden ist schon bekannt, wie nach alter Sitte Hochzeit gefeiert wird", denkt Nurka.

„Trotzdem ist nur eine kleine Trauung möglich. Schon damals war es gegen gute Sitte, als Kaskarbei und ich uns in der Steppe nahegekommen sind. Der erste Teil, die Brautschau erfolgte nach altem Brauch, als wir noch Kinder waren. Aber Kaskarbei ist geflüchtet.

Die übrigen Etappen einer Hochzeit ziehen sich in fast unendliche Länge, nach der Tradition sind sie jedoch erforderlich. Sie werden nun unserer Situation geopfert. Mit einem dicken Bauch ist eine Braut keine Jungfrau mehr. Trotzdem werden Verwandte und Freunde, zum Gelingen der Hochzeit beitragen. Normalerweise hätte Kaskarbei und ich nach altem Brauch umeinander werben müssen. Erst bei dem siebten Werben hätten wir eng zusammen sein dürfen.

Eine solche Eheschließung ist eine große Strapaze. Über die ganze Zeit hätten wir unseren Eltern und Freunden eine Unmenge Aufmerksamkeiten schenken müssen. Das ist uns erspart geblieben. Als Entschädigung werden wir ein großes Fest veranstalten. Viele Gäste sind geladen. Hoffentlich ist die Geburt unseres Sohnes nicht vor der Hochzeit.

Was wird mit dem Schwiegervater? Wird er die Aufregung überstehen? Aischa und der Schamane versorgen ihn vorbildlich."

Nurka vermeidet in diesen Tagen jede Anstrengung. So bleibt ihr viel Zeit zum Ruhen und Denken.

Endlich bringen Boten die Nachricht, dass die Erwarteten sich mit einer großen Herde als Kiit, der Gegenleistung für den Kalym, dem Dorf nähern. Viele Hochzeitsgäste sind bereits gekommen. Im Beratungszelt soll die Trauung stattfinden. Bei den Kirgisen scheint alles Große groß zu sein. So auch das Eheversprechen der Brautleute, die ein ungewöhnliches Bild abgeben. Eine Braut, mit einem stark gewölbten Leib war nur bei der zukünftigen Gattin des Burkut-Khan denkbar. Das Volk ist großzügig. Beim Eintritt Nurkas will Jubel und Klatschen für die Braut nicht enden. Aischa ist hocherfreut. Die Menschen lieben Nurka. Auf einem Stuhl nimmt die Braut Platz. Nun übernimmt der Schamane die Führung durch die Feier. Sarabar stellt nach ein paar einleitenden Worten an die Braut die Frage, ob sie den Bräutigam heiraten will. Der Sitte nach ziert sich Nurka, aber nach kurzem Zögern sagt sie: „Ja!"

Bevor der Schamane die gleiche Frage an Kaskarbei richtet, feilscht er mit leiser Stimme über seinen Lohn. Schließlich sind sie sich einig. Erst jetzt stellt er ihm laut die Frage, ob er Nurka als Frau haben wolle. Der zögert nicht mit der Antwort, sagt sofort: „Ja!"

Nun wird eine Schale mit Wasser vor Sarabar gestellt, dieser weiht den Inhalt, spricht dann den Segen und ruft die Ahnen an. Dabei verliert er sich in die Kamlanie. Er trinkt aus der Schale, reicht sie an die Braut weiter und die weiter an den Bräutigam. Nachdem auch die Eltern und danach alle Verwandten getrunken haben, wünscht der Schamane dem Paar Glück und Segen. Dann verlässt er und alle Männer bis auf den Bräutigam das Festzelt. Frauen führen nun das Paar in ihre Jurte. Nach den vielen Pflichten sind sie endlich alleine. Das ist ein Trugschluss. Die Frauen bleiben heimlich draußen vor der Jurte stehen und lauschen durch das Gitterwerk auf Geräusche, die von innen nach außen dringen sollen. Leider warten sie vergeblich.

„Ich bin völlig erschöpft", sagt Nurka, und lässt sich auf das Bett fallen. Sie hält sich mit den Händen den drallen Bauch, in dem sich ihr Sohn wieder einmal grob gebärdet.

„Der will raus". Kaskarbei sieht seine Frau lieb an.

„Gut, das er bis jetzt gewartete hat." Nach gutem Brauch wird das Paar einige Tage nach der Hochzeit nicht gestört, außer sie begeben sich selbst unter Menschen. Bei Nurka dauert das Alleinsein nur kurze Zeit. Unruhe kommt auf.

In den Kesseln brodelt auf Anweisung Aischas vorsorglich sauberes Wasser. Aischa und andere Frauen laufen aufgeregt umher. Die Hebamme ist zu sehen. Von der Weißen Frau aber geht Ruhe aus. Mit klaren Worten gibt sie Anweisungen. Nur Kaskarbei ist nirgends zu sehen. Wäre jetzt seine Großmutter Schipar hier, könnte sie die alte Geschichte von seiner Geburt erzählen. Vieles scheint sich zu wiederholen. In einiger Entfernung von der Jurte sind viele Menschen auf dem Dorfplatz versammelt. Sie warten auf den Moment, dass ein lauter Schrei durch den Aul schallt. Bis in die Nacht warten sie. Nichts geschieht. Der schrille Laut würde das Signal zum Feiern sein. Bei den vielen Bewohnern des weiten Tales mit ihren vielen Dörfern ist eine Geburt nichts Seltenes. Es wird geboren und gestorben, das ist der Lauf des Lebens. Aber hier wartet man auf den Kronprinzen, den späteren Khan. Mitternacht ist vorbei, und der Mond beginnt unterzugehen, als es so weit ist. Der Schrei ist nicht schrill und nicht durchdringend.

„Beginnen die Wehen erst?", fragen sich die Wartenden. Als nichts passiert, beginnt die Menge sich zu zerstreuen. Da tritt endlich die Hebamme vor die Tür und verkündet mir leiser Stimme das große Ereignis. Einige klatschen. Andere sagen:

„Oh!".

Freude und Begeisterung würde sich bei den Wartenden anders anhören. Schnell leert sich der Platz. In der Jurte werden Mutter und Kind versorgt. Später taucht Kaskarbei auf. Die Nachricht hat ihn erreicht. Stolz, das Haupt erhoben, geht er zwischen den letzten Wartenden hindurch. Er ist Vater geworden. Welch ein Ereignis! Er geht zur Jurte Nurkas. Der Geruch erschreckt ihn. Es riecht penetrant nach Blut, Kräutern und Ausdünstungen. Der Dampf hüllt alles in einen dichten Nebel. Mit Mühe sieht er Nurka. An der Tür hat ihm die Hebamme zugeflüstert:

„Der Mutter geht es gut! Es ist ein Mädchen!“ Kaskarbei schiebt sie wortlos zur Seite und tritt an das Bett seiner Frau. Nurka weint und sieht ihn aus nassen Augen ängstlich an. Wartet sie auf seine Reaktion, weil sie ihm nur eine Tochter geboren hat?

„Weiß er es schon?“, denkt sie. Der Vater strahlt, nimmt seine Frau in den Arm und drückt sie mit vielen Küssen an sich.

„Du weißt es?“, fragt sie zaghaft.

„Ja, ich weiß es! Wie haben ein Kind. Unser Kind!“

Die Frauen legen das Mädchen in eine Wiege, die mit einem dünnen Tuch abgedeckt ist. Es ist ein einfaches Holzgestell, weich ausgepolstert, mit einer kleinen Öffnung im Boden, durch welche die kindlichen Exkremente abgeführt werden. Bei den vielen Wanderungen der Nomaden ist dieses eine gute Lösung. Dabei wird der kleinen Kasten auf ein Kamel geschnallt. Bei den Vornehmen stillt die Mutter ihre Kind nicht selbst. Das übernimmt eine Amme. Nurka fragt die Hebamme:

„Welche Frau wird mir dienen?“

„Dafür habe ich im Aul schon Vorsorge getroffen. Ich weiß, wer dafür infrage kommt“. Sie achtet darauf, dass die Nährmutter ausreichend Milch für Nurkas Tochter hat und von edlem Stand ist.

„Ich habe schon nach ihr geschickt“, beruhigt sie Nurka. Als sie kommt, fasst Nurka sofort Vertrauen zu ihr. Regelmäßig versorgt sie den Säugling.

„Wie soll unsere Tochter heißen?“, fragt Nurka ihren Mann.

„Wäre unser Kind ein Junge, hätte sich diese Frage erübrigt. Vater hat ihn uns schon genannt“, sagt Kaskarbei unbedacht. Nurkas Gesicht überzieht ein dunkler Schatten.

„Warum kränkt mein Mann mich?“, denkt sie und wendet ihr Gesicht ab.

„Ob Junge oder Mädchen, darauf habe ich doch keinen Einfluss“, denkt sie. Kaskarbei bedauert die leichtfertige Bemerkung und tröstet seine Frau.

„Sei nicht traurig, der Tenir wird uns noch viele Kinder und den ersehnten Sohn schenken. Der ist uns verheißen worden.“

„Trotzdem brauchen wir für unsere Tochter einen Namen!“, sagt Nurka versöhnt.

„Unser Kind möge glücklich werden. Sollen wir sie Bachtjar nennen? „Bachtjar, sei glücklich“, schlägt er vor.

„Der Name gefällt mir. Glück ist ein großes Gut, ja, so soll sie heißen“, sagt Nurka leise.

Die Schamanen sind vorrangig die religiöse Kraft der Kirgisen. Das im alten Glauben verwurzelte Volk nimmt die neue Religion der Mullas nur zögernd an und vermischt sie mit ihrer Tradition. Es entwickelt sich ein Volksislam, der sich hauptsächlich an dem Altbekannten orientiert. Abergläubische Vorstellungen vermengen sich. Zu dieser Zeit verfügen die Nomaden über keine eigene Schrift, somit wird der neue Glaube nur eine Umhüllung der alten Lehre. Erst viele Jahrhunderte später festigt sich der Islam, vor allem im Fergana Tal. Dort sind viele Nomaden sesshaft. Es gibt Koranschulen und die Mullas haben mehr Einfluss. Auch versucht der muslimische Glaube den Männern mehr Macht in der Familie zu geben. Bei den vielen Pflichten ist bei den Nomaden die Stellung der Frau den Männern fast ebenbürtig. Sie leben tolerant miteinander, was sich täglich zeigt. Alkohol wird gelegentlich getrunken, vor allem der Kumys; und auch das Fleisch von Schweinen wird gegessen. Die Frauen bedecken selten ihre Köpfe. Viel später ändert sich das.

Bald nach der Entbindung darf Nurka das Bett verlassen. Zusammen mit Bachtjar ziehen nach einigen Tagen die Eltern in die gemeinsame Jurte des Khans.

Als durchdringe jugendliches Leben den Großvater beim Anblick seiner Enkelin. Sein altes Gesicht glänzt vor Glück und der Mund ist oft staunend geöffnet. Die Augen sprühen Feuer. Wenn es ihn enttäuscht hat, dass es kein Junge ist, lässt er es nicht merken. Nurka legt das Kind vorsichtig in seine Arme. Lange sagt er kein Wort, sieht Bachtjar nur an.

„Was mag er denken“? fragt sich Kaskarbei. Endlich sagt er:

„Ich habe den Himmel innig um einen Enkel angefleht und er hat uns eine Tochter geschenkt. Damit will er euren Glauben an den „Menke-Kökö Tenir“ prüfen. Aber seid sicher, der große Held der Zukunft wird euch und unserem Volk noch geboren werden. Die Ahnen haben es mir gesagt.“ Seine Worte klingen wie eine Prophezeiung. Die Anwesenden glauben ihm.

Dass sich so viele große Ereignissen in kurzer Zeit einstellen, ist geahnt, aber nicht gewünscht worden: Hochzeit, Geburt und nun noch das, mitten hinein in die bereits begonnene Feier für die Heirat Kaskarbeis und der Geburt kommt die Nachricht vom Sterben Goghus-Khans.

Aischa betritt völlig verweint die Jurte ihres Sohnes, lässt sich schluchzend auf ein Kissen fallen und sinkt in sich zusammen. Nurka setzt sich neben ihre Schwiegermutter, legt den Arm um ihre Schulter und tröstet sie. Zaghaft fragt sie:

„Ist es soweit?“ Aischa nickt.

„Ist Kaskarbei bei ihm?“

„Ja, auch der Schamane.“

„Lass uns zu ihm gehen“, sagt Nurka und hilft Aischa beim Aufstehen. In der Jurte brennt auf einem kleinen Schrank ein Talglicht. Als sie eintreten, lässt der Luftzug die Flamme flackern und schließlich verlöschen.

„Ein Zeichen“, denkt Nurka.

„Ein Lebenslicht will ausgehen.“ Mit belegter Stimme erzählt Aischa:

„Gestern saß ich schon sehr früh am Morgen an seinem Bett. Im Rücken durch Kissen gestützt, lauschte er auf die Geräusche von draußen, als nehme er Anteil am Leben. Stellte sogar einige Fragen, und es kam zu einer kurzen Unterhaltung. An der Wand, gegenüber der Tür sind plötzlich Strahlen der Morgensonne durch das Gitterwerk auf dem Filz zu sehen. Er zeigte mit der Hand darauf und sagte nur: „Sonne“. Ich verstand die Bemerkung, rollte die Matte hoch und ließ das Licht rein. Mühsam sagte er:

„Ich möchte noch leben, gerne bliebe ich bei euch.“.

Das klang sehr traurig. Dann weinten wir beide.“ In der Jurte ist es jetzt ganz still. Auch von draußen ist nichts zu hören. Selbst die Vögel haben aufgehört zu singen. Wie ein Feuer hat sich die Nachricht verbreitet, wie schlecht es um die Gesundheit des Herrschers bestellt ist. Das Volk liebt ihn. Jeder weiß aber, dass das Sterben allen Menschen verordnet ist. Bis zum Abend geschieht nichts. Es ist die Nacht, die mit Finsternis den Menschen Angst macht. Niemand kommt zur Ruhe, als warten alle auf die traurige Nachricht. Dann ertönt ein leiser Schrei in der Stille, gefolgt von bewegtem Weinen. Kaskarbei und Nurka sind sofort bei Aischa, die am Bett ihres Mannes steht und den Röchelnden mit ihren Armen umfasst. Der sieht seinen Sohn nicht mehr und haucht in diesem Moment sein Leben aus.

Kaskarbei und einige enge Vertraute waschen nach der Tradition den Leichnam. Danach wird er in mehrere weiße Tücher gewickelt, die am Kopf, an den Füßen und Händen fest verschnürt werden. Am Abend versammeln sich Verwandte und Freunde in der Jurte, beten mit dem Schamanen und dem Mulla und werden bewirtet. Am nächsten Morgen tragen einige Männer den Leichnam auf den Schultern zum Grab, denn er muss schnell beigesetzt werden. Nach der Tradition begleiten die Frauen die Männer nicht.

Das Grab ist eine rechteckige Grube, so groß, dass gerade ein erwachsener Mensch darin Platz findet. Sie ist so ausgehoben, dass sich die Öffnung nach oben verjüngt. Ist der Tote in die Grube gelegt, wird das umwickelte Gesicht vom Tuch befreit und lose darübergelegt. Über alles wird in der ganzen Länge ein Tuch gebreitet und darüber Erde geschaufelt. An den Seiten schichten die Männer Steine auf, und obendrauf über alles werden weitere Steine gelegt und Erde geschüttet. Die vielen Brocken sollen den Toten vor grabenden und kratzenden Tieren schützen.

Außer an einigen Erinnerungstagen gibt es nach einem Jahr eine große Feier. Viele kommen von nah und fern. Festlich geschmückt, wie zu einer Hochzeit, finden sich die Gäste zum Totengedächtnis ein. Es wird eine Feier mit Wettrennen und anderen Spielen und viel Essen und Trinken. Über den großen Khan wird dabei kaum gesprochen, man denkt nur still an ihn. Wie bei den meisten Nomaden endet damit auch für die Familie des Verstorbenen das Trauern. Die Grabstätte auf dem Friedhof verwildert und wird von der Natur erobert. Bald ist das Grab nur noch ein mit Gras und Sträuchern bewachsenes Geröllfeld. Für den Khan wird ein Mausoleum aus Steinplatten errichtet. Ein solches Bauwerk leisten sich nur berühmte und reiche Familien. Damit setzen sie ein Denkmal. Viele Gäste haben an der Beisetzung, der Hochzeit und Geburt Bachtjas teilgenommen.

Die neue Staatsform

Kapitel fünf

Oma und Eltern sitzen an der Wiege Bachtjars. Die spielt mit ihren Fingern.

„Wie süß sie die Händchen bewegen kann“, sagt stolz die Mutter. Das Kind umfasst einen Finger und bewegt ihn hin und her.

„Kaskarbei ist stolz auf seine Tochter“, sagt sie.

„Ich hatte große Angst, weil unser erstes Kind kein Junge ist.“

„Den Sohn werdet ihr bekommen, davon bin ich fest überzeugt. Ich spüre in meiner Seele, dass sich die Verheißung erfüllt.“ Aischa schweigt.

Sie denkt an eine bestimmte Nacht vor vielen Jahren, als sie am Fluss Abschied von ihrem Mann nahm. Und an das Orakel des Schamanen. Ihr Mann hatte große Sorge, weil er keinen Sohn hatte. Die Stunden am Fluss wurden zur Erfüllung der Verheißung. Sie glaubt auch jetzt an die Macht des Himmels.

Sura hat sich in diesen Wochen mit Aischa angefreundet. Sie war in den schweren Wochen des Leids bei ihr und hat sie getröstet. Sie ist älter als Aischa, und die Verbindung ist mehr als nur Freundschaft. Mütterlicher Beistand der Älteren. Sura ist oft in ihrer Nähe. Später in der Jurte Aischas, nehmen sich die Frauen in die Arme.

„Ich muss zurück nach Hause. Iskakov drängt. Als Einziger ist unser zweiter Sohn bei den Herden. Das Jahr ist schon weit fortgeschritten. Wir sind glücklich, dass Nurka und Kaskarbei doch noch ein Paar geworden sind. Damals, als der Junge uns verließ, waren wir sehr traurig. Aber nun ist alles gut.“

Die Feier ist zu Ende und die Gäste zurück zu ihren Herden und Stämmen. Der Herbst zeigt sein buntes Gesicht. Mit Gewalt meldet sich der Winter an. Die zerklüfteten Gebirge bewirken im Norden der Himmelsberge ein gemäßigtes Klima. An vielen Stellen auf den hohen Gipfeln des Tien-Schan ist es milder, als auf dem Grund mancher Täler. Dort sinken im Winter die Temperaturen oft sehr tief. Vor allem in den Niederungen der Flusstäler. Der heiße Wüstenwind aus der Gobi jagt im Sommer glühende Temperaturen durch die oft viele hundert Werst langen Senken, die bis zum Fergana Becken reichen, und die Hitze steigt in unerträgliche

Höhe. Im Winter bringt der Ostwind große Kälte. Die Nomaden sind darin Meister, zu allen Jahreszeiten die besten Weiden für ihre Herden zu finden. Die Verluste ihres Viehs bleiben gering. Nicht alle Stämme sind reich. Manche Menschen dienen auch bei Herdenbesitzern als Tagelöhner.

Die Familie kehrt zum Normalen zurück. Alle Hände werden gebraucht. Sura und Iskakov haben sich verabschiedet. Scholdon, Nurkas Bruder, ist auf Drängen Kaskarbeis geblieben.

Eine Versammlung findet statt. Burkut-Khan erläutert vor den Zuhörern seinen Plan, sich mit Ministern als Berater zu umgeben. Wer sie sein werden, sagt er nicht. Zunächst hat er nur Tideweg mit dem Titel „persönlicher Berater“ zu seinem ersten Minister ernannt; Mit einigen Vertrauten führt er Gespräche, um sie zu prüfen. Tideweg ist bei jeder Besprechung anwesend. Darüber wundert sich niemand. Es ist bekannt, dass beide seit undenklichen Zeiten unzertrennliche Freunde sind. Vielmehr hätte es gewundert, wäre Tideweg nicht der engste Vertraute geworden. Scholdon, Nurkas Bruder, ist für Kaskarbei ein unbeschriebenes Blatt. Als er bei den Eltern um die Hand Nurkas angehalten hatte, war er noch nicht geboren. Kaskarbei wünscht ihn näher kennenzulernen. So macht er sich selbst ein Bild von dem jungen Mann. Seine Absicht bespricht er nicht mit Nurka. Er beobachtet, Scholdon ist ruhig, beteiligt sich nicht aufbrausend an Gesprächen, beharrt auch nicht auf sein Recht, redet bedächtig und scheint über einen großen Sachverstand zu verfügen. Trotz seiner Jugend hat er viel Erfahrung. Vor allem im Umgang mit den Herden. Sagt er etwas, widersprechen ihm seine Zuhörer kaum. Einmal hat Kaskarbei ihn beim Reiten beobachtet. Wie alle Kirgisen sitzt er fest und sicher auf seinem Pferd. Mit den Eigenschaften hat er sich nach seiner Meinung schon für größere Aufgaben hervorgetan.

„Komm in meine Jurte. Ich möchte mit dir reden!“, sagt Kaskarbei zu Scholdon. Als hätte er diese Einladung erwartet, erscheint er umgehend.

„Nimm Platz“, fordert ihn der Khan auf.

„Ich kenne nur deinen Namen und weiß nichts aus deinem Leben. Hast du Lust, mir etwas daraus zu erzählen? Mit deiner Schwester bin ich verheiratet. Deinen Vater Iskakov habe ich als einen ehrenwerten Mann kennengelernt und schätze ihn sehr, deine Mutter Sura ist eine bemerkenswerte

Frau; nur du bist mir noch fremd. Ist meine Bitte für dich ungebührlich, mir etwas aus deinem Leben zu erzählen?"

„Nein, das ist sie nicht. Was soll ich dir sagen? Ich bin noch jung und habe kaum Lebenserfahrung", beginnt er bescheiden.

„Demnach gibt es nicht viel zu berichten. Ich bin jünger als Nurka und folge überzeugt dem Propheten, habe beim Mulla etwas lesen, schreiben und rechnen gelernt, aber sonst bin ich mit meiner gesamten Kraft bei unseren Herden. Für sie setze ich alles ein. Fast ohne Ausnahme verbringe ich meine gesamte Zeit bei ihnen. So versorge ich die Kranken, helfe bei Geburten, vor allem aber beschütze ich sie vor wilden Tieren. Vielen habe ich sogar einen Namen gegeben. Vater hat mir die gesamte Verantwortung übertragen." Scholdon macht eine Pause. Auch Kaskarbei schweigt. Zwar ist es für einen Kirgisen nicht ungewöhnlich, mit der Natur eng verbunden zu sein, doch hat ihn die Schilderung beeindruckt. Im Stillen fragt sich der Khan:

„Kann ich ihm eine große Verantwortung übertragen? Wenn ich die Viehwirtschaft und somit das Vermögen unseres Volkes schützen will, könnte er hierfür als Minister wirken? Ich will ihn noch einmal prüfen", denkt er.

„Ich habe die Absicht, jetzt vor dem Abtrieb ins Gebirge zu den Herden zu reiten, willst du mich begleiten?", fragt er.

„Gerne begleite ich dich! Danke!" Er ist begeistert. Am nächsten Tag in aller Frühe macht sich der kleine Trupp auf den Weg. Kaskarbei hat Tideweg informiert. Achte besonders auf Nurkas Bruder. Die Gruppe rastet auf einem Hügel. Von hier hat er einen guten Überblick über das Gelände. Der Rastplatz befindet sich auf einer Hochebene. Soweit Kaskarbei sehen kann, weidet dort eine riesige Herde.

„Der Stamm der Bulut ist reich", sagt er in Gedanken.

Langsam bewegt sich die Herde grasend vorwärts. Hirten mit ihren Hunden begleiten sie. Magere Tiere sieht er keine.

„Wir haben allen Grund, zufrieden zu sein", spricht er. Scholdon mischt sich sofort nach der Ankunft unter die Tiere. Kaskarbeis Augen folgen ihm. Einer Kuh; einem Pferd; nähert er sich, dem Tier die Flanke und den Hals kraulend. Er spricht mit vielen Tieren aus der Herde. Sie leben halb wild, lassen sich aber von ihm ohne Scheu anfassen, als sei die Berührung eine

Magie. Die Hunde kommen ohne Knurren an seine Seite. Ohne ein Wort mit den Hirten gesprochen zu haben, ist er mit den Tieren vertraut. Kaskarbei wundert sich. Obgleich es zu den besonderen Tugenden der Nomaden gehört, täglich Umgang mit ihrem Vieh zu haben, ist die Vertrautheit von Scholdon mit der Herde etwas Besonderes. Das ist seine Welt, in der er lebt. Die Hirten sind zurückhaltend. In Begleitung Kaskarbeis macht er sich bekannt. Das bekommt Scholdon locker hin. Die Hüter sind normale Menschen. Sie sind anders als er und sind zurückhaltend. Trotzdem ist die Begegnung freundlich. Schnell ist der Knoten gelöst.

Die Frauen versorgen die Kühe, tragen die Kälber über glitschige Pfade, vorbei an Abgründen und stampfen Butter.

In einem Schleudergefäß wird die fette Milch aufbereitet und als Butter in einem Schafsbalg zum Kühlen in den Bach gelegt. Alle acht bis zehn Tage wird sie auf Kamelen ins Tal gebracht. Butter gehört neben Fleisch und Milch zu den Hauptnahrungsmitteln der Kirgisen.

Kaskarbei ist von der Eignung Scholdons als Minister überzeugt. Die Hirten bereiten den Aufbruch vor, und kurz darauf beginnt der Abtrieb.

„Welchen Eindruck hast du von Scholdon?“

„Wer so mit Tieren und Menschen umgeht, hat Qualität“, meint Tideweg.

„Ein Minister hat viel Verantwortung. Glaubst du, er hat das Zeug dazu?“, fragt Kaskarbei.

„Ja. Außerdem kann er rechnen.“

„Dann soll er diese Aufgabe übernehmen! In der nächsten Versammlung soll er in sein neues Amt als Minister für „Viehwirtschaft und Vermögen“ eingeführt werden.“ Scholdon stellt fest, dass seine Aufgaben sehr umfangreich sind.

Scherpek versieht noch immer seinen Dienst als Späher. Er selbst reitet nicht mehr. Er plant jedoch noch für die Sicherheit der Kirgisen. Das Alter liegt schwer auf seinen Schultern. Wer kann ihn ersetzen? Gefahren abwenden und Feinde erkennen ist lebenswichtig für die Nomaden.

Kaskarbei fragt Tideweg:

„Wer soll Scherpek ersetzen?“

„Was hältst du von Adrasil. Der hat unter Scherpek viele Jahre als Späher und Meldereiter gedient. Von ihm hat er alle Schliche gelernt, die ein guter

Spion kennen muss. Und er ist vertrauenswürdig. Ich weiß keinen Besseren."

„Ich auch nicht.", bestätigt Kaskarbei.

„So soll er die Aufgabe als „Minister für äußere Sicherheit" bekommen!"

Noch weitere Aufgaben sind zu verteilen. Es geht um die Verteidigung und um die Ausrüstung mit Waffen. Wer käme dafür infrage? Mit diesen Gedanken beschäftigt, vergehen die nächsten Wochen.

Kaskarbei sitzt mit seiner Familie beim Tee. Es kommt selten vor, dass es eine stille Stunde ohne Pflichten gibt. Bachtjar, die „Glückliche", krabbelt auf den Teppichen und versucht, sich an der Einrichtung hochzuziehen. Ein anmutiges Bild des stillen Glücks.

„Ich bin dankbar, dass uns der Tenir dieses Kind geschenkt hat", sagt Kaskarbei.

Der Diener meldet, dass Satilgan Kaskarbei sprechen möchte. Beide gehen in das Beratungszelt.

„Was gibt es, dass du mich sprechen willst?", fragt Kaskarbei.

„Vielleicht ist es nicht wichtig. Aber ich habe eine Sorge", antwortet Satilgan.

„Als Khan Usenov uns verließ, um zurück in den Altai zu reiten, gab ich ihm neben ausreichend Proviant auch Waffen und Ersatzpferde als Geschenk mit. Dabei ist mir aufgefallen, dass der Vorrat an Eisenwaffen sehr geschrumpft ist. Kann es sein, dass der Eisengießer, Fürst Kulatov, inzwischen zu alt für diese Aufgabe geworden ist? Das gleiche glaube ich auch von seinem Schmied Tursale. Sie haben zwar viele Gehilfen, aber insgesamt ist die Erzeugung rückläufig. Du solltest mal mit ihnen reden. Gokus-Khan hat die Chinesen besiegt, aber sie werden an uns Rache nehmen. Das ich erst jetzt komme, geschah aus Rücksicht wegen der vielen Ereignisse. Jetzt kann ich nicht länger schweigen."

„Du meinst, hier gibt es eine Lücke?"

„Ja! Es geht um unsere Sicherheit."

„Satilgan, ich danke dir für den Hinweis. Sofort werde mich darum kümmern!"

Kaskarbei bleibt mit der Sorge zurück. Um die Waffen hat er sich lange keine Gedanken gemacht. Er erkennt die Gefahr. Mit einem baldigen Angriff rechnet er nicht.

„Du bist alt geworden, Fürst Kulatov“, sagt er einige Tage später zum Eisengießer.

„Du ebenfalls Tursale“ und sieht beide aufmerksam an. Die sind verlegen.

„Jeder wird älter“, entgegnet Kulatov.

„Bis jetzt haben wir unsere Arbeit gewissenhaft gemacht.“

„Ja, das habt ihr. Im Kampf gegen die Chinesen in der Gobi sind aber viele Waffen verbraucht worden. Konntet ihr die Lager wieder füllen? Sind wir vorbereitet, falls wir angegriffen werden?“

„Nachdem unser Stamm in den Tien-Schan gezogen ist, suchen wir angestrengt nach neuen Erz und Kalk. Kleine Mengen haben wir gefunden, jedoch nicht so viele wie im Altai. Wir wollten dir davon berichten. Täglich sind wir im Gebirge und hoffen bald auf mehr Erfolg“, antwortet Fürst Kulatov.

„In der Schmelztechnik und auch in den Schmieden haben wir viele Gehilfen ausgebildet. Sie sind geschickt und leisten gute Arbeit. Sobald wir mehr Rohstoffe haben, geht die Herstellung zügig weiter.“

Kaskarbei glaubt, dass es ein guter Zeitpunkt ist, Fürst Kulatov und den Schmied Tursale in seine Pläne einzuweihen. Vorsichtig beginnt er.

„Ich werde die Pflichten aufteilen und für alle Sparten Minister ernennen. Die werden alles verantwortlich leiten. Für die Ausrüstung der Soldaten mit Waffen und Pferden wird künftig Satilgan zuständig sein. Ihr beide werdet direkt mit ihm zusammenarbeiten. Mit eurem Wissen, der Erfahrung und seiner Verantwortung werden wir gegen unsere Feinde stark sein. Für die Verteidigung werde ich Talasbeg als Minister ernennen. Beide, mit euch zusammen, werden diese Aufgaben lösen. Ausrüstung, Waffen und Verteidigung gehören zusammen. So bleibt auch ihr in der Verantwortung. Ihr werdet mit eurem Wissen Berater der Minister sein.“

Kaskarbei wird von einer Unruhe getrieben.

„Habe ich an alles gedacht?“, fragt er sich.

„Es geht doch nicht nur um Waffen, Sicherheit und Vermögen. Soll die Gemeinschaft der Kirgisen in Zukunft funktionieren, ist mehr erforderlich.“ Er berät sich mit Nurka, wie er es sich vorgenommen hat. Du hast an das Wichtigste gedacht“, versucht sie ihn zu beruhigen.

„Du hast dich doch immer mit Tideweg besprochen.“

Kaskarbei braucht Abstand. Er bittet Tideweg, mit ihm in die Berge zu reiten. Die frische Luft, der Wind und die wilde Landschaft machen den Kopf frei. Erhaben glänzen die weißen Riesen in den „Immer blauen Himmel“. Erneut beeindruckt von der Natur hängen beide beim Reiten ihren Gedanken nach. Zum Vergnügen treiben sie ihre Pferde zum Galopp und jagen durch das Gebirge. Irgendwann halten sie an und gönnen den Pferden eine Pause.

„Was meinst du, haben wir bei der Ministerauswahl an alles gedacht? Meine innere Stimme sagt mir: es fehlt noch etwas! Ich brauche deinen Rat“, sagt Kaskarbei. Lange ist es still. Keinem will etwas einfallen. Endlich sagt der Gefragte:

„Hat Scholdon nicht erzählt, dass er bei den Mullas Lesen, Schreiben und Rechnen gelernt hat? Was ist, wenn er sein Wissen an die neuen Minister weitergibt? Sie können das Wichtigste ihrer Arbeiten schriftlich festhalten. Später kann jeder nachlesen, was vor Zeiten geschehen ist. Damit würden Entscheidungen festgehalten werden. Was ist mit den Barden, den Erzählern, auch sie könnten die Geschichte unseres Volkes aufschreiben.“ Eine Weile schweigt Kaskarbei. Was er hört, ist für ihn neu. Er weiß, dass die Chinesen schriftkundig sind. Aber bei den Nomaden ist Schreiben und Lesen nicht üblich.

„Hältst du es für möglich, dass Scholdon eine solche Aufgabe übernehmen könnte?“ zweifelt Kaskarbei.

„In welcher Sprache sollte das geschehen?“

„In derselben, in der auch die Mullas sprechen.“

„Ja richtig, er hat dieses Wissen von ihnen. Als Scholdon mir aus seinem Leben erzählte und das erwähnt hat, ist mir der tiefere Sinn nicht aufgefallen. Er machte diesen Hinweis wie etwas Normales.“

Später sagt Tideweg und wechselt das Thema:

„Erinnerst du dich an unsere Jugend, als wir einige Jahre im Gebirge bei den Herden verbringen mussten? Du bist damals vor Nurka geflüchtet.“

„Ja, wir waren jung“, erinnert sich Kaskarbei und lacht. „Das war damals toll, und wir hatten noch keine Pflichten.“

„Ich hätte Lust auf die Jagd zu gehen“, sagt Tideweg. „Wie damals.“

„Nurka wird sich Sorgen machen, das will ich ihr nicht antun. In der letzten Zeit ist sie sehr verändert. Ich fürchte, sie ist krank. Die Jagd holen wir nach.“

Er trifft Nurka in der Jurte seiner Mutter. Schon vor der Tür hört er fröhliches Lachen. Als er eintritt, springt Nurka ungewöhnlich lebhaft auf und fällt Kaskarbei um den Hals. Sie weint. Es sind Tränen der Freude.

„Unser Sohn hat sich angekündigt“, sagt sie mit rotem Kopf.

„Der Tenir hat unser Beten erhört“. Vor langer Zeit hatte es eine ähnliche Situation gegeben, erinnert er sich. Damals hatte Nurka einen dicken Leib. Als er das bemerkte, schob er sie vor sich, um ihre Figur besser sehen zu können. Auch jetzt sieht er genau hin, kann aber keine Veränderung feststellen.

„Ich sehe nichts“, sagt er und streicht mit der Hand über ihren Bauch. Nurka lacht.

„Wie dumm sind doch die Männer“, sagt sie und nimmt ihren Mann in die Arme.

„Es dauert noch mehr als ein halbes Jahr, bis unser Sohn geboren wird.“ Schnell hat er begriffen. Vor Freude küsst er sie leidenschaftlich. Aischa stand weinend daneben. Jetzt sagt sie:

„Ich habe fest daran geglaubt. Auch Vater; er hat euch seinen Segen gegeben.“

Die freudige Kunde verbreitet sich schnell. Es gibt keinen, der nicht daran glaubt, dass das neue Kind der erwartete Sohn sein wird. Schon bald brennen die Feuer unter den Kesseln und der Kumys fließt erneut, wie die Bäche in den Bergen. Die Menschen feiern. Von allen Seiten kommen Glückwünsche. Es ist, als stehe für einen kurzen Moment die Erde still. Von nun an ist Kaskarbei noch fürsorglicher. Die Staatsgeschäfte ruhen eine Weile, als sei das kommende Ereignis das Größte.

Erster Schnee kündigt den nahen Winter an. Fürst Kulatov überflutet mit seinen Gehilfen die Himmelsberge auf der Suche nach Erz. Von der Kälte lässt er sich nicht beirren. Der Erfolg stellt sich ein. Er nimmt die Mahnung Burkut-Khans ernst. Verstärkt sollen wieder Waffen geschmiedet werden. Sie werden bei der Suche immer erfolgreicher. Mit vollbeladenen Lasttieren kehren sie immer öfter zurück. Auch die Schmelzöfen verdoppeln sich, werden größer und moderner. Es herrscht bei den Schmieden viel Arbeit.

Allmählich füllen sich die Lager. Kulatov meldet den Erfolg dem Khan. Der ist zufrieden.

„Ich hörte, dass Saliev, Sohn von Khan Medet, viele Jahre zu den Mullas in die Schule gegangen ist?“, sagt Tideweg zu Kaskarbei.

„Wir sollten mit ihm reden. Vielleicht kann er zusammen mit Scholdon die Minister in Lesen, Schreiben und Rechnen lehren. Deine Nichte Neischa hat engen Kontakt zum Mulla, sie ist auch ausgebildet. Das sind schon drei Leute, die ihr Wissen weitergeben könnten. Wir werden mit ihnen sprechen. An den Fluss Talas werden Boten geschickt. Kaskarbei bittet Saliev zu sich. Er will ihn fragen, ob er den Posten als Minister für, „Kultur, Feste und Schriftkunde“ annehmen will. Khan Medet nutzt die Gelegenheit und schließt sich mit Nasgül, der „Launischen Blume“, dem Tross an. Als Kaskarbei davon erfährt, lädt er auch Khan Sarjak und seine Frau Aisulu ein. Obgleich erst vor kurzer Zeit Khan Iskakov und Sura in das Fergana zurückgeritten sind, bittet er auch sie erneut zu sich. So können die Eltern an der Ernennung ihrer Kinder zu Ministern, Sprachlehrern und Beratern teilnehmen. Der gesamte Stamm feiert weiterhin die Ankündigung des Sohnes. Das wird die passende Gelegenheit sein, das Gleiche auch im Kreis seiner Familie zu tun. Fast täglich treffen Delegationen aus aller Herren Länder im Tien-Schan ein und überbringen Glückwünsche für den ersehnten Sohn.

Nurka leidet unter der Schwangerschaft, aber die Vorfreude überwiegt. Sie denkt nur an ihren Sohn.

„Er soll Jaglagar heißen. So hat es der Großvater gewünscht und vorausgesagt, dass er ein großer Khan und Feldherr werden wird. Und er soll von den Ältesten den Beinamen „Manas“ bekommen. Er wird nach der Verheißung die im Buch der Weisung steht mit einem großen kirgisischen Heer die Chinesen besiegen. In den Weissagungen steht sogar geschrieben, dass er in der chinesischen Hauptstadt eine Zeitlang regieren wird. Bei diesen Gedanken fragt sie sich wiederholt:

„Wer ist später die Frau an seiner Seite? Eine starke Persönlichkeit muss es sein, die ihn in allen Gefahren unterstützen wird?“ Eine Antwort hat sie nicht. Ohne dass es dafür eine Erklärung gibt, kommt ihr immer wieder der Stamm Gekun in den Sinn, dort soll die Lösung zu finden sein. Ihrem Sohn aber soll es nicht wie Kaskarbei ergehen.“

Auf viele der Eingeladenen müssen Kaskarbei und Nurka wegen der weiten Wege lange warten. Noch bevor sie kommen, sendet der Khan auch eine Delegation in den Altai und in die Taiga zu Khan Usenov mit der Einladung. Dann bricht der Winter mit voller Wucht herein und schließt die Pfade und Pässe im Gebirge. Öfter müssen die Geladenen auf ihrer Reise für längere Zeit in kirgisischen Jurten, die auf ihrem Weg stehen, Rast machen. Erst als sich Tauwetter einstellt, treffen die Gäste ein und nehmen sofort an der Feier teil. Kaskarbei und Tideweg haben sich bereits in vielen Debatten darauf geeinigt, welche Pflichten den einzelnen Ministerien zuzuordnen sind und wer ihnen jeweils als Berater zur Seite stehen wird. Die Tage werden länger und wärmer. Nun soll bald die Ernennung der Minister erfolgen. Wie immer nehmen die Menschen aus den vielen Dörfern und auch die geladenen Gäste an der bevorstehenden Feier zur Ernennung teil. Das große Beratungszelt füllt sich. Alle sind voller Erwartung. Burkut-Khan beschreitet neue Wege. Bisher waren die Khane Alleinherrscher, und nun sollen die Minister die Politik mitbestimmen. Welche Befugnisse und Pflichten sie erhalten sollen, haben Kaskarbei und Tideweg in endlosen Beratungen festgelegt. Links und rechts des Burkut-Khan sitzen als Geistliche der Mulla und der Schamane. Würde Kaskarbei die Geistlichkeit nicht in die Berufung der Minister einbeziehen, müsste er den Zorn des Volkes fürchten. Außerdem befinden sich auf beiden Seiten je vier freie Sitzplätze, auf denen die berufenen Minister später sitzen werden. Dem Herrscher gegenüber hat das Volk Platz genommen. Mit kraftvoller Rede eröffnet er die Versammlung. Dabei erklärt er seinen Plan und sagt unter anderem:

„Unser Volk wird immer zahlreicher, viele Sklaven sind von ihren Peinigern befreit worden und es entstehen dauernd neue Aule mit vielen Jurten. Nun ist in mir die Sorge, dass damit auch vielfältig Unfrieden und Streit sich mehren. Wie können wir dem begegnen. Aus dieser Frage wurde der Gedanke geboren, die Verantwortung auf viele Schultern zu verteilen. So möchte ich mich zum Wohl aller Kirgisen mit klugen Beratern umgeben. Sie sollen den Titel Minister tragen und sind mir unterstellt. Die ausgewählten Männer haben sich bewährt und sind Meister in ihrem Fach. So können sie unserem Volk dienen.“ Kaskarbei macht eine Pause, damit das

Gesagte wirken kann. Wie immer gibt es neben der Zustimmung auch Kritik. Der Khan lässt sich jedoch nicht irritieren. Er weiß, dass es auch Neider geben wird, wenn er die Namen der Minister nennt. Das erfordert von ihm größte Umsicht. „Der erste von mir erwählte Minister ist Tideweg und soll den Titel „Persönlicher Berater“ tragen“, fährt er fort.

„Der ist mir seit meinen Kindertagen ein vertrauter Freund. Scholdon, der Bruder von Nurka, soll als Minister für die „Viehwirtschaft und das Vermögen des Volkes“ in Zukunft verantwortlich sein. Der erfahrene Heerführer Adrasil wird für die „äußere Sicherheit“ Sorge tragen. Talasbeg, ebenfalls ein erfahrener Heerführer, wird das Resort „Verteidigung“ übernehmen. Damit unser Heer zu jeder Zeit kampfbereit ist, wird Satilgan für „Ausrüstung und Waffen“ Verantwortung tragen. Die fünf genannten Minister übernehmen mit den erwähnten Pflichten grundlegende Aufgaben zur Sicherheit unseres Volkes. Das alleine wird jedoch nicht ausreichen. Wir müssen auch an die Zukunft denken, an die nach uns kommenden Generationen. Wie sollen sie erfahren, wie wir gelebt haben? Welche Namen wir trugen? Wie wir unsre Feinde besiegten und wer unsere Helden waren? Wir orientieren uns sonst nicht an den Chinesen, aber eines haben sie uns voraus: Sie haben eine Schrift und Papier, auf das sie ihre Zeichen malen. Damit tragen sie ihre Geschichte in die Zukunft, und jeder wird später wissen, was bei diesem Volk in tausend Jahren geschehen ist. Unter den Kirgisen befinden sich auch Schriftkundige. Sie gingen in die Koranschulen der Mullas und lernten Rechnen, Lesen und Schreiben. Dieses Wissen soll uns dienen. Sariev, der Sohn des Khan Medet vom Fluss Talas, ist schriftkundig und zuverlässig. Nach vielen Gesprächen erscheint er mir geeignet, unserem Volk mit seinem Wissen als Minister für „Kultur, Schriftkunde und Feierlichkeiten“ zu dienen. Unsere Enkel werden es uns danken.“

Burkut-Khan macht eine Pause. Jubel bricht los. Er kann sich des Eindrucks nicht erwehren, dass der laute Beifall keine reine Zustimmung zu seinen Absichten ist. Es gibt auch heimliche Feinde. Wo Macht ist, gibt es auch Verschwörer. Davon unbeirrt, ergreift er erneut das Wort:

„Es war in der Vergangenheit unvermeidlich, dass in der Gemeinschaft der vielen Sippen und Stämme Streit entstanden ist. Wer will den schlichten? Die Streiter werden uneins sein, und so werden Freunde zu Feinde,

EMIL GÄTJENS

NACH OSTEN, IMMER GERADEAUS

TAUSEND JAHRE SIND VOR DIR WIE EIN TAG UND WIE EINE NACHTWACHE

ROMAN

Irdische Zeiten und Entfernungen sind endlich. Wer weiß heute noch wie es war, als die Menschen auf fliegenden Pferden die Weiten Mittelasiens durchstreiften, sie die Sprache der Tiere verstanden haben und eine gehörnte Hirschkuh die Urmutter eines Volkes war? Das Rad der Zeit dreht sich im Roman zurück. Es wird das Leben der Menschen betrachtet. Man erhascht einen Blick auf die pittoreske Natur mit ihren Gebirgen, Seen, Wüsten, Strömen und Steppen. Viele Völker treten ins Rampenlicht und verschwinden wieder. Ein bunter Reigen. Die deutschen Siedler sind nicht vergessen. Etwa 250 Schicksalsjahre leben sie auf fremder Erde. Sie kehren zurück in ihre Heimat zu ihren Wurzeln und man nennt sie hier Russen. Sie kommen in die Gegenwart, in das Heute.

RediromaVerlag

erhältlich im Buchhandel, bei Amazon.de und
direkt beim Rediroma-Verlag

ISBN 978-3-96103-602-8

15,95 Euro (D)

Familien und Sippen werden sich bekämpfen. Das schwächt unser Volk. Feinde haben wir genug."

Der Khan legt erneut eine Pause ein. Jetzt spürt er, die Versammelten stimmen ihm zu. Er hat den Nerv getroffen.

„Mir haben in einer schlaflosen Nacht unsere Ahnen im Tenir einen Rat gegeben", fährt er fort. „Wir sollen einen klugen Mann aus unseren Reihen bestimmen, der erfahren ist, über innere Zufriedenheit verfügt und einen ausgeglichenen Charakter hat. Der soll Frieden stiften. So habe ich mich entschieden, Arabekov, den Bruder des Khans Sarjak, als Minister für das „Amt des Richters" zu bestimmen. Er soll eigenmächtig und neutral Recht sprechen und untersteht nur mir." Wieder schallt Beifall. Dieses Mal hat der Khan keinen Zweifel an der Echtheit des Jubels.

„Wenn wir unsere Feinde besiegen wollen, müssen wir Stärke zeigen. Sie sind nicht nur im Kampf, sondern auch durch Diplomatie zu erringen. Für diese Aufgabe ist der Heerführer Laila bestens geeignet. Goghus-Khan hat ihn bereits vor der Schlacht in der Gobi zu seinem Adjutanten ernannt. Er soll ehemalige Feinde für unsere Interessen gewinnen." Die Zuhörer besprechen den Vorschlag Kaskarbeis. Lebhafte Debatten füllen das Zelt. Die neu ernannten Minister treten vor die Geistlichen. Zuerst spricht der Schamane ihnen die Eidesformel vor, die von den Ernannten nachgesprochen wird.

„Ihr habt Burkut-Khan gehört und verstanden welche Aufgaben er euch übertragen hat. Ich frage euch: nehmt ihr das Amt an, so bestätigt das laut mit ja."

„Ja."

Wie mit einer Stimme geben die acht neuen Minister ihre Zustimmung.

„Ihr legt heute den Eid auf den Namen unseres großen Herrschers und auf den unseres Volkes ab. Mit eurem „Ja" übernehmt ihr die Verantwortung für euer Amt. Ihr übt es zum Wohl aller und zur Ehre unseres Herrschers aus. Mit eurem „Ja" gelobt ihr auch aufrichtig, ehrlich und zuverlässig eure Pflichten zu erfüllen und für immer dem Herrscher den Gehorsam. Kniet nun nieder, damit ich euch segnen kann." Bei der Vereidigung legt sich eine feierliche Ruhe über die Anwesenden. Manche wischen sich verstohlen eine Träne aus dem Auge. Nicht nur das Feierliche berührt die

Anwesenden, sondern auch das Einmalige. Die weißhaarigen Ältesten erinnern sich nicht, dass es in der Vergangenheit jemals Minister zur Unterstützung eines Khans gegeben hat. Das ist ohne gleichen. Das löst bei ihnen aber auch Unbehagen aus. „Hoffentlich ist das keine falsche Entscheidung gewesen“, denkt mancher. Die Minister nehmen auf den freien Plätzen neben Burkut-Khan Platz. Ein erhabenes Bild. In der Mitte der Herrscher, flankiert von den Ministern und Geistlichen. Nurka wünscht sich den Besuch Khan Usenovs und seiner Familie in ihrer Jurte. Es soll ein privates Gespräch werden. Ihrem Gatten sagt sie den Grund, was sie bewegt, nicht. Der Gedanke an ihr neues Kind lässt ihr keine Ruhe. Usenov betrachtet die Einladung als besondere Ehre. Er und seine Gattin kennen den Anlass der Einladung nicht, und so beginnt die Unterhaltung locker und zwanglos. Bereitwillig berichtet Usenov von der damaligen Rückreise mit Seidalie und den Begleitern. Von der Schlacht in der Taiga, bei welcher sein Vater gefallen ist, spricht er nicht. Dieses Thema ist durch. Vielmehr erzählt er begeistert von der Begegnung mit den Bulut im Altai.

„Meistens sind es Alte und Kinder, die mit dem Rest des Viehs damals zurückblieben. Fürst Sariev hat mit Schipar einen neuen Stamm gegründet. Beide sind bereits gestorben. Ein Sohn des Fürsten Kulatovs, des Eisengießers, mit Namen Sidikov, ist neuer Khan. Von dem Vorschlag, die Kirgisen nach hier zu vereinen, habe ich Sidikov berichtet. Die Einladung wird geprüft. Sie sind nicht abgeneigt. Das gleiche habe ich bei meinem Volk, den Gekun, festgestellt. Jeder Kirgise träumt von dem großen Volk. Von Feindschaft und dem unseligen Krieg ist nichts mehr zu spüren.

Seidalie ist wie umgewandelt. Überall rühmt er den Großmut, den er erlebt hat. In einer Versammlung gab es nur Zustimmung zu deinem Vorschlag. Der Gedanke eines vereinten Volkes lebt in allen Kirgisen. Auch ich stehe voll dahinter.“ Kaskarbei ist aufmerksam dem Bericht gefolgt. In Gedanken sieht er die enorme Streitmacht.

Nach der Ernennung der Minister haben sich Adrasil, Talasbeg und Satilgan an ihre Aufgaben gemacht. Als erstes hat sich jeder mit Beratern umgeben, um erfolgreich zu sein. Das gefällt Kaskarbei. Als er nun hört, dass die Kirgisen im fernen Nordosten dazu neigen, ebenfalls in das Land ihrer Väter, den Himmelsberge und dem Tal des Talas zu kommen, erfüllt ihn das mit Freude. Die Befreiung der Sklaven und die Zusammenführung der vielen Stämme sind sein Ziel gewesen. Zwar formieren sich seine Feinde, stellen jedoch momentan keine Gefahr dar. Er ist so sehr in seinen freudigen Gedanken gefangen, dass er für einen Augenblick seine Umgebung vergessen hat. Vor allem bemerkt er die Unruhe Nurkas nicht. Wiederholt sieht sie Mira, an und suchte ihren Beistand. Gerne hätte sie etwas gefragt. Aber Mira und Nurka kennen sich noch zu wenig, so dass Mira die Signale nicht verstand. In einer Pause, in der die Männer ihren Gedanken nachhängen, platzt Nurka plump mit der Frage an Mira heraus:

„Wie geht es deinen Kindern?" Die Gefragte ist überrascht und die Männer über den Themenwechsel erstaunt.

„Was gibt es denn Wichtigeres, als unser Volk und darüber zu reden?", mögen Letztere gedacht haben? Aber sie überlassen den Frauen das Wort. In diese kleine Verwirrung hinein fragt Nurka erneut, wie es den Kindern geht.

„Die Welt ist klein, trotz der großen Entfernung zwischen unseren Aulen. Ihr werdet gehört haben, dass wir einen Sohn und eine Tochter haben. Der Sohn ist unser ganzer Stolz. Für alle Eltern ist ein männlicher Nachkomme das Größte?", ergänzt Mira unsensibel.

„Wir sehen schon jetzt seine wunderbare Zukunft. Er wird gewiss seinen Vater beerben und das Volk der Gekun als Khan führen. Er ist unser ganzer Stolz", wiederholt sie. „So waren wir über die Geburt unsere Tochter nicht traurig. Wir hoffen, dass sie einen guten Mann bekommen wird." Nurka traf die Spitze. Sie ist endlich bei ihrem Thema.

„Bei uns ist es umgekehrt. Der Tenir hat uns zuerst Bachtjar geschenkt. Sie ist unser ganzer Stolz. Ich bin wieder schwanger und wir erwarten nun unseren Sohn. Seinen Namen hat uns der Tenir genannt. Er soll ein großer Khan werden. Goghus-Khan, hatte aus dem Tenir die Erleuchtung. Auch seine Zukunft wurde ihm gezeigt. Unsere Aufgabe ist es nun, für ihn eine ebenbürtige Frau zu finden. Eine Frau, die ihm als eine gute Gattin zur Seite steht und viele Söhne zur Welt bringt. Wir werden bald suchen müssen, wer eine geeignete Braut ist."

Mit offenem Mund und großen Augen ist Mira der Rede Nurkas gefolgt. Auch die Männer waren verwundert und lange sprachlos. Kaskarbei wendet sich endlich an seine Frau:

„Liebe Nurka, darüber haben wir doch noch gar nicht gesprochen. Das hätten wir vorher tun sollen."

„Als Mutter mache ich mir eben darüber Gedanken. Seit langem habe ich daran gedacht und immer wieder, ohne dass es mir bewusstwurde, eure Tochter vor Augen gehabt." Sie blickt die Gäste vielsagend an. Mira sagt unbeholfen:

„Unsere Tochter Sina ist ein liebes Mädchen. Sie wird bestimmt eine gute Ehefrau werden."

„Darüber zu befinden, hat noch Zeit", sagt Usenov verlegen. Er hat das Gefühl, dass das Gespräch aus dem Ruder läuft. Nurka gibt nicht auf.

„Lasst uns darüber sprechen, sobald unser Sohn geboren ist." Nach diesem Gespräch ist Nurka zufrieden. Alle die Sorgen um die Zukunft ihres Sohnes hat sie sich vom Herzen geredet. Das beruhigt sie. Sie weiß aber auch, dass sie sich für den Vorstoß vor Kaskarbei verantworten muss.

Arabekov bezieht für seine Arbeit als Richter eine Jurte als Amtssitz. Rechtsprechung ist etwas Geheimes. Kläger und Beklagte kommen nur getrennt zu ihm. Der Andrang ist groß. Manche müssen draußen in angemessener Entfernung warten. Jede Verhandlung ist geheim. Darum stellt er Wächter auf, die dafür sorgen, dass der oft laute Streit draußen nicht mitzuhören ist. Beisitzer sind Berater und Zeugen der Verhandlung. Der Schriftkunde-Unterricht zieht auch bei Arabekov ein. Sariev unterrichtet das Personal. So kann der Verlauf einer Verhandlung auf Papier festgehalten werden. Aus den umliegenden Dörfern suchen viele ihr Recht bei dem Richter.

Nördlich der Himmelsberge, durch das Gebiet der Bulut, verläuft die Karawanenstraßen. Händler ziehen mit ihren Kamelen, Maultieren und Waren vorbei. Es entsteht mächtiger Andrang. Bei den Nomaden besteht immer Bedarf, bei Frauen besonders. Bezahlt wird mit Vieh und Naturprodukten wie Fellen und Filz. Trotzdem setzen sich auch mehr und mehr Münzen aus aller Herren Länder als Zahlungsmittel durch; aber auch Gold, Silber und Edelsteine. Die Händler der Karawanen aus China bieten in wunderbaren Farben gefärbte Seidenstoffe an, dazu Rüschen, Borden, Schleifen, Garne, Nähnadeln, Scheren und vieles andere, was Frauen sich wünschen und letztlich der Schönheit dient. Bei der Damenwelt hört die Bescheidenheit auf, und der Kaufrausch beginnt. Jede will später in ihrem neuen Chalat die schönste sein. Außerdem schauen sie nach Goldreifen, Ketten und Edelsteinen. Die heimlichen Wünsche nach Schmuck und schöne Kleidern treibt sie um. Sie verhandeln gekonnt über Preise, als sei das ihr tägliches Geschäft. Aber auch Nützliches wird gekauft: Gewürze, Tee und Gegenstände, die das eintönige Nomadenleben erleichtern; Töpfe, Pfannen, Schüsseln, Tassen, Bestecke und Kessel für das Teewasser. Auch kleine Bratöfen, die mit Dung befeuert werden, sind sehr beliebt. Die Männer begleiten ihre Frauen und helfen bei den Verhandlungen. Auch bei ihnen gibt es Begehrlichkeiten, denn es sind nicht nur Angebote für Frauen und Mädchen vorhanden. Für die Männer sind Werkzeuge wichtig.

Vor allem aber wollen viele Papier und andere Utensilien zum Schreiben. Seit Sariev, Minister für Schriftkunde, im Amt ist, gibt es eine große Anzahl Lernwilliger.

Eine Karawane aus dem Südosten hat sich angekündigt. Der Führer schickt Boten voraus, um sich nach einem günstigen Lagerplatz zu erkundigen. Auch um sicherzustellen, dass genügend Interesse für den Aufenthalt der Handelsleute besteht. Hält eine Karawane an, ist es schwer, sie wieder in Bewegung zu setzen. Vor allem aber ist die Frage wichtig, ob in der Umgebung genügend Futter für Pferde, Kamele und Maulesel gekauft werden kann.

Manche Nomaden mähen das Gras zu Heu und bauen Getreide an. Das sind gute Einnahmen. Futterbedarf besteht immer. Leider zeigt es sich, dass sich bei guten Umsätzen Gier einstellt, und so bieten manche das Futter zu teuer an.

Die Boten erfragen die Preise bei den Dörflern und mancher Führer leitet bei zu hohen Preisen den Zug um. Der Idealfall ist, wenn sich der Lagerplatz in einem saftig grünen Tal befindet. Die Tiere fressen sich satt und ruhen von den Strapazen. Ist das gegeben, lagert die Karawane eine Woche und länger. Dann kostet das Futter nichts.

Die Karawanen ziehen von Ost nach West und umgekehrt. So kann es passieren, dass nach Absprache der Führer sich zwei Karawanen begegnen und an ziemlich der gleichen Stelle, etwa sich gegenüber, ihre Lager aufschlagen. Sie bieten damit große Mengen Waren an. So bildet sich für kurze Zeit eine pulsierende Stadt mit orientalischer Buntheit. Die Reisenden sind vor allem Turkmenen, Usbeken und Perser, Europäer, Osmanen,

Armenier, Syrer und Juden. Manche wechseln bei einer solchen Begegnung die Reiserichtung. Auch begegnen sich Leute, die aus Aleppo oder Damaskus kommen und solche vom Mangischlak oder Buchara. Es ist ein lebhafter Trubel; laut, bunt und orientalisch. Nähert sich eine Karawane den Dörfern der Bulut, ist das Tage vorher bekannt. Oft reitet Burkut-Khan ihr mit einem Gruß entgegen. Vor allem wenn Redjeb Aly der Karawanenführer ist. Die Begrüßung zwischen Kaskarbei und Redjeb Aly ist herzlich. Sie kennen sich seit langem. Aber auch andere Führer sind ihm gut bekannt. Wie ein langer, dicker Wurm schlängelt sich die Karawane vorwärts. Oft reisen bis zu zweitausend Menschen mit; dazu die Lasttiere. Sie haben Hochachtung voreinander. Redjeb Aly ist ein Mann mittleren Alters, trägt einen schwarzen Bart, der über die Wangen fast das ganze Gesicht bedeckt. Die Augen und das Haupthaar sind ebenfalls schwarz. Trotz seines Reichtums, ist er in Wolle gekleidet. Seine Waffe ist ein kurzer Dolch.

„Wie war deine Reise?“, fragt Kaskarbei.

„Inschallah, Gott möge immer seinen Segen geben; anstrengend, aber das ist mein Leben.“

Ein Karawanenführer ist ein seltsamer Mensch, der meistens über zwei Besonderheiten verfügt:

Er ist erstens der absolute Herrscher über Menschen, Tiere und Handelswaren seines Zuges. Niemand widersetzt sich seinen Anweisungen. Bevor sich eine Karawane auf den Weg macht, muss sich jeder Händler oder Fremde die Teilnahme für die oft lange Reise von ihm genehmigen lassen. Mit weisem Blick prüft er, was der Bewerber für ein Mensch ist. Ungläubige, die nicht an den Propheten glauben, werden abgewiesen, außer sie gehören zu einer bekannten Religion; wie etwa Juden, Christen oder Buddhisten. Abfällig äußert er sich über die Ungläubigen, die Schemsije genannt werden. Der Islam verbietet den Umgang mit Verworfenen. Kein Muselmann will mit einem Geächteten etwas zu tun haben. Und zweitens: Der Führer einer Karawane ist bis in seine tiefste Seele unantastbar zuverlässig. Sein Wort gilt immer. Höchstselten kann ihm eine Verfehlung nachgewiesen werden. Er ist der absolute Herrscher der Karawane. Von seiner Pflicht entfernt er sich selten.

„Willst du bei uns halten?“, fragt Kaskarbei.

„Es besteht Bedarf bei meinen Leuten.“ Die Karawane hält eine halbe Tagesreise außerhalb der Aule. Wie bei einer Prozession machen sich die Menschen auf den Weg zu den Händlern. Immer ist das Gleiche zu sehen, nämlich das Einmalige beim Halt einer Karawane. Wenn der Lindwurm anhält, geschieht das nicht in einem Augenblick, sondern langsam; zäh wie dicker Brei. Im Lager der Karawane findet jeder ohne Anleitung seinen Platz.

Die Vornehmen tragen modische Kleider aus Europa. Als wären sie miteinander bekannt, lagern sie ohne fremde Hilfe zusammen an einer Stelle des großen Areals. Diener errichten geräumige Zelte, legen weiche Teppiche zum Schlafen auf den Boden entladen die Tragtiere und stapeln Körbe, Pakete und Ballen, wie ein Wall um ihr Lager.

Die meisten der Reisenden, geizig oder arm, entladen ihre Tragtiere selbst und schichten die verpackte Ware als Wände auf, die mit Tüchern und Planen als Schutz gegen die Sonne überspannt wird. Es bilden sich Straßen und Gassen zwischen den Lagernden. Viele schlafen auf Teppichen und Kissen. Bei dieser Mittelschicht gibt es viel zu sehen und zu hören. Auch ist es lustiger, dort zu lagern, als bei den Reichen. Sie sind die lauteste Gruppe. Wer nicht schläft, sucht die Unterhaltung, macht Geschäfte oder knüpft Freundschaft.

Die Armen liegen verstreut irgendwo auf nacktem Boden. Überall stehen Garküchen und bieten Essen an. Der Hunger ist auf Reisen ein dauernder Begleiter der Menschen.

Irgendwann, nachdem alle Geschäfte abgeschlossen sind, zieht eines nachts die Karawane weiter. So war es schon immer. Die Abläufe wiederholen sich. Manche reisen ihr halbes Leben hin und her, treffen andere Menschen und nutzen verschiedene Karawanen. Danach gibt es oft tränenreichen Abschied. Andere werden in irgendeiner Stadt sesshaft, handeln dort, bewerben sich als Handwerker oder schließen irgendwo neue Freundschaften. Abschied ist in jedem Land der Erde und zu jeder Zeit des Lebens ein Schicksal. Der Reiz des Reisens aber bleibt. Der Gesichtskreis weitet sich und Unbekanntes wird bekannt. Manche wollen, nachdem sie dieses Leben kennen, kein anderes. Sie langweilen sich nicht, sondern sind voll erregter Leidenschaft bei immer neue Eindrücken. Aber die Stimmung kann kippen. Vor allem bei den Europäern. Ursprünglich hinterlässt die

Buntheit des Orients tiefgehende, nachhaltige Eindrücke. Es ist der fremde Duft, der die Menschen berauscht. Das immer Neue, denen sie erliegen. Das Sprachengewirr und die andere Kleidung. Selbst die Sandwüsten mit ihren pittoresken Gebilden und den unbarmherzigen Burans haben am Anfang ihren besonderen Reiz. Auch das unbegreiflich Fremde, die schwarzen Augen und Bärte in den dunklen Gesichtern beeindrucken. Wenn das alles gesehen und erlebt ist, kann sich Unbehagen einstellen, das sich steigert und in Angst ausartet. Was verbirgt sich hinter den dunklen Augen und der gebräunten Stirn? Sind es ehrliche Gedanken? Oder sind sie voll Mordlust? Das Fremde macht Angst, die sich bis zur Hysterie steigern kann. In diesen Menschen schreit übermächtig nur eines: Zurück! Zurück! Sie bereiten die Rückfahrt vor. Fragen nicht nach dem günstigsten Weg und nicht nach Kosten. Sie sehen bei ihrem Tun in ihrer Blindheit neue Gefahren. Sie unterliegen ungebremst einem irren Zwang und wollen in ihre bekannte Umgebung zurück, zu den Menschen, die in ihrer Sprache reden, deren Worte und Gedanken sie verstehen und die die gleiche Kleidung tragen wie sie selbst. Haben sich die Ängstlichen entschieden, wird umgehend die Rückreise vorbereitet. Der neue Eifer verdrängt die Angst durch die Hoffnung auf Änderung. Kurioses passiert; es gibt Abschiedsschmerz. Es tut weh, sich plötzlich von Freunden zu trennen, mit denen sie die gesamte Reisezeit täglich zusammen waren.

„Und doch“, sagen sie, „es muss sein.“ Unter Tränen und herzlichen Umarmungen gehen sie auseinander. Sie treffen sich nie wieder.

Kaskarbei hat sich wiederholt bei der Karawane aufgehalten. Neben spaßigen Einlagen bei den meisten Gesprächen mit Redjeb Aly wird auch über Ernsthaftes geredet. Oft wird eine Karawane von Banditen angegriffen und ausgeraubt. Es gibt Tote und Verletzte. So entsteht viel Schaden. Das fürchten die Karawanenführer. Bei einem Gespräch kommt unweigerlich auch dieses Thema auf den Tisch. Kaskarbei kennt diese Gefahren. Redjeb Aly hat durch seine Boten erfahren, dass es in der Gegend seiner Weiterreise Überfälle gegeben hat. So erfährt der Khan von der Gefahr.

„Wenn ich doch auf diesem Weg Soldaten als Schutz hätte“, sagt Redjeb Aly zum Khan „dann wäre mein Weg sicherer.“

„Den kann ich dir geben“, sagt der Angesprochene.

„Sind dir fünfhundert Männer genug?“ Hocherfreut nimmt Redjeb Aly das Angebot an. Der Khan hat bei der Hilfe einen Hintergedanken: Redjeb Aly wird auf seiner Reise den Khan loben. So mehrt sich dessen Ruhm. Bis die Karawane weiterzieht, ist Hochstimmung. In allen Jurten herrscht große Freude. Freunde und Verwandte kommen und gehen.

„Sieh mal was ich gekauft habe“, prahlt Nurka vor Aischa.

„Ich liebe dieses Rot.“

„Hast du denn auch Stoffe in Farben unseres Volkes gekauft; blau, weiß, grün und braun?“

„Ja, aber rot leuchtet wie der Abendstern. Diese Farbe liebe ich besonders.“ Wie eine Schar Hühner laufen die Menschen durcheinander. Vor allem sind es die Frauen. Jede zeigt, was sie gekauft hat. Die Männer waren auch nicht bescheiden, freuen sich jedoch ohne Aufregung. Bald sitzen vor den Jurten Gruppen von Frauen, sie schneidern und nähen. Dabei wird gesungen und erzählt. Neid ist nicht zu erkennen, denn jede zeigt der anderen bereitwillig, was sie näht. Nurka sitzt auch bei ihnen. Eingebildet ist sie nicht, weil sie die Gattin Burkut-Khans ist. Ihre Bescheidenheit macht sie beliebt. Sie zeigt, dass sie eine von ihnen ist. Eine Frau berichtet von einem Fremden, den sie schon einige Male gesehen hat.

„Er ist nicht mehr jung“, erzählt sie.

„Er ist wie unsere Männer gekleidet und trägt einen Kalpak. Seit meiner Kindheit wohne ich in den Dörfern im Tien Schan, aber diesen Mann kenne ich nicht.“ Die Nachricht von dem Fremden sorgt für Aufregung unter den Näherinnen.

„Hast du mit ihm gesprochen?“

„Nein, als er mich sah, ging er weg.“

„Wer hat ihn noch gesehen?“, fragt Nurka. Sie reden durcheinander. Es stellt sich heraus, dass auch andere ihm schon begegnet sind, aber niemand weiß Genaues. Nurka hört interessiert zu. Es kommt immer wieder vor, dass sich Durchreisende hier aufhalten, aber dieser Fremde gibt sich nicht zu erkennen. Sie erzählt Kaskarbei davon.

„Ich werde Tideweg bitten, sich darum zu kümmern“, sagt er. Das Ergebnis der Nachforschung erstaunt Kaskarbei. Tideweg berichtet:

„Ich traf den Fremden draußen vor den Dörfern unter einem Felsen. Er stand davor und versteckte sich nicht, als ich bei ihm anhielt. Ich stieg vom Pferd, aber er blieb stehen, sah mich nur an.

Dann fragt er „Wer bist du, dass du mir nachreitest? Habe ich etwas Unrechtes getan?“

„Nein, ich weiß von keinem Unrecht“, gab ich zur Antwort. „Ich bin Tideweg, der Berater des Burkut-Khans. Mit erstauntem Blick, den ich nicht vergessen kann, sah der Fremde mich an. Unwillkürlich dachte ich:

„Das ist ein Großer.“

Dann sagte er:

„Ich bin Kirgise, heiße Koketeh und stamme aus Turkestan, aus der Gegend des Pamir. Vor dem grausamen chinesischen Khan Alokä, bin ich hierher geflohen. Kann ich eine Weile bei euch bleiben?“

„Noch ehe ich antworten konnte, ergänzte er seine Rede.“

„Weil ich alt bin und der Weg hierher voller Gefahren ist, habe ich mich der Karawane angeschlossen.“

Ich sagte:

„Burkut-Khan wird entscheiden, ob du bleiben kannst. Er erwartet dich. Der Khan schickt mich, dich zu ihm zu führen. Komm! Du kannst dich mit auf mein Pferd setzen.“ Kaskarbei empfängt Koketeh und ist erstaunt, was der zu erzählen hat.

„Turkestan liegt im Westen, weit entfernt von hier. Dort leben viele Kirgisen“ beginnt er. Kaskarbei staunt, das ist ihm nicht bekannt.

„Ist Alokä ein Freund der Chinesen?“, fragt er Koketeh.

„Ja, seit vielen Jahrzehnten bekämpft er die Kirgisen, unterdrückt uns. Viele Begs hat er gegen mich aufgehetzt. Zuletzt wurde ich abgesetzt. Über mein Volk und andere Khanate regiert jetzt Alokä. Er hat auch Khan Panus von Taschkent vertrieben und ebenso Khan Tekes von Sarmakant. Er hat das Volk auf seine Seite gezogen.“ Kaskarbei versinkt in Grübeln. „Hat nicht Iskakov den Namen Alokä erwähnt? Ja, Kaskarbei erinnert sich.“ Koketeh berichtet weiter, und für Kaskarbei ist der Geflohene ein ehrlicher Mann.

„Ich bin ohne Heimat. Kann ich in eurem Aul bleiben?“

„Ja, Tideweg wird dir deine Jurte zeigen. Sei unser Gast, solange du willst.“ In der folgenden Zeit nimmt Koketeh an Besprechungen der Ältesten und Minister teil. Er ist ein Kirgisen Khan und gehört zur Elite. Gegen Alokä aber wächst bei den Bulut der Zorn. Sie sind sich einig, eines Tages werden sie gegen ihn Krieg führen. Er ist ein Despot und nach den Schilderungen Koketehs fürchtet er niemanden und fühlt sich nur den Khanen Chinas verpflichtet.

„In Käfigen aus dicken Eisenstäben hält er sich Drachen, die dicht mit Hornschuppen gepanzert sind“, berichtet Koketeh weiter, „nähert er sich ihnen, winseln sie unterwürfig und kriechen in die Ecke. Auch Löwen und Tiger leben in Käfigen. Die sind wild und zornig gegen ihn. Sie hassen Alokä. Neben den Raubtierkäfigen bewohnt er ein vornehmes Zelt, einem Palst gleich, um das sich seine Getreuen lagern. Im Inneren auf der untersten Stufe vor seinem goldenen Thron, sitzt der Zauberer Großauge. Tag und Nacht hält er eine Glaskugel in Händen. Er ist von normaler Gestalt, aber das halbe Gesicht wird von einem riesigen, starren Auge bedeckt. In dem Glas erkennt er ringsherum bis auf eine Entfernung von vierzig Tagesreisen alles, was sich dort bewegt. So weiß Alokä immer Bescheid.“ Koketeh wird wie Tideweg ein enger Berater des Khans. Er weiß Dinge, die bei den Himmelsbergen nicht bekannt sind. Er ist Kaskarbei eine Hilfe. Der Westen ist weit entfernt Koketeh wird durch sein Wissen unentbehrlich. In vielen Jurten ist er künftig Gast, trinkt Kumys und greift gerne in die gefüllten Fleischkessel. Er ist ein Mann von etwa sechzig Jahren und hat schon viel erlebt. Wenn er davon erzählt, herrscht ringsherum Stille.

„In meiner Heimat sind die meisten Menschen Nomaden, wie hier im Tien-Schan“, berichtet er. „Aber es gibt dort mehr große Städte mit festen Häusern. Die Mullas haben Schulen, in denen sie die Gläubigen in der Lehre Mohammeds unterrichten. Mullas sind gelehrte Geistliche, die schreiben, rechnen und lesen können. Sie sind stranggläubig und setzen die Muslime, die sich nicht an die Vorschriften des Koran halten, unter Druck. Vor allem wachen sie streng über die Sitten. Männer haben viele Freiheiten und werden selten für ein Vergehen bestraft. Mit Frauen geht man strenger um. Ihr Wert ist bei den Mullas gering. So werden sie auch härter bestraft.“

Was Koketeh spricht, kommt nicht bei allen gut an. Das Thema Muslime wird aber oft angeschnitten. Gehört Neischa zu den Zuhörern, geht es hoch her. Gegen ihren Glauben darf sich niemand kritisch äußern. Ihre Überzeugung ist fanatisch. Bei ihr hat die Nähe zum Mulla Spuren hinterlassen. Sie hat nicht nur Lesen, Schreiben und Rechnen gelernt, sondern ist eine ernsthafte Muslime geworden. Das Wort des Propheten ist ihr heilig. Jede Meinung gegen ihn ist gleichbedeutend mit dem Wort eines Ungläubigen. Scholdon und Sariev waren auch bei den Mullas in der Schule. Aber wie bei den meisten Nomaden ist auch bei ihnen der Islam ein Glaube ohne Tiefe. Sie gehen bei Bedarf zuerst zum Schamanen. Ihm gehört das Vertrauen. Hilft er nicht, wird der Mulla gefragt. Der Mulla bei den Bulut ist ein toleranter Mann. Manchmal sieht man beide wie Freunde an verschwiegenen Orten Kumys trinken. Koketeh wagt eines Tages eine Begebenheit zu schildern, die für Aufsehen sorgt.

„Ich bin damals etwa halb so alt wie heute, als ich an einem Frühlingstag zusammen mit einigen Dschigiten eine Herde Pferde zum Verkauf in die Gegend von Sarmakand auf den Markt getrieben hab. Heute würde ich das damals erlebte nicht mehr ertragen können, was ich sah, war grausam. Während des Aufenthaltes wohnten wir in einer Herberge. Die Tiere waren verkauft und die Rückreise geplant. Die wenigen Tische und Stühle im Gastraum waren von uns belegt. Bei der letzten Mahlzeit stehen einige Männer um den Tisch und aßen ungeniert von unseren Speisen. Es war genug vorhanden, und so sagte ich nichts. Danach setzten sie sich auf den Boden, rauchten, trinken Tee. Sie redeten wild in ihrem Dialekt. Plötzlich hören wir lautes Geschrei. Die Männer sprangen auf, als hätten sie auf dieses Signal gewartet. Einer riss mich hoch und wir stürmten vor die Tür und zum Stadttor hinaus. Dort sah ich eine schreiende Menge. Am Ende des freien Durchganges ist ein dicker, mannshoher Pfahl in die Erde gerammt. Nägel waren in ihn geschlagen und Stricke hängen herunter. Hinter dem Pfahl standen zwei schwarzbärtige Mullas mit ernsten Gesichtern. Die Menschen standen auf trockener Erde. Hier und da waren einige dürre Palme zu sehen, die keinen Schatten spendeten. Die pralle Sonne brannte. Überall lag dicker Staub. Ungeduldiges Grölen lag in der Luft.

Plötzlich war es still. Alle blickten zum Stadttor. Dann begann das Geschrei von neuem. Durch die Pforte kamen Soldaten, die in ihrer Mitte eine an Händen gefesselte, barfüßige Frau führten. Ein einfacher Chalat und ein Kopftuch verhüllten ihren Körper. Die Soldaten banden Hände und Körper mit Stricken an die Nägel des Pfahls. Auch ihr Kopf und die Füße wurden festgebunden. Ein Mulla betete laut zu Allah. Dann verlas er die Anklage:

„Hier steht die Ehebrecherin, die vor Allah, dem Propheten, und den Menschen gesündigt hat. Das Gericht hat die Anklage des Ehemannes genau geprüft. Zeugen sind befragt worden. Sie ist in allen Anklagepunkten schuldig. Sie muss sterben! Zur Vollstreckung der Strafe durch Steinigung übergebe ich sie den Männern!" Die Mullas zogen sich zurück. Damit beginnt der archaische Exzess. Ich schaute den Geistlichen wegen der grausamen Worte entsetzt nach. Es polterte, Stöhnen war zu hören und beim Hinsehen bemerkte ich, dass starkes Zittern durch den Körper der Frau lief. Vor ihr im Staub lag ein großer Stein. Er musste ihre Schulter getroffen haben und war auf einen Fuß gefallen. Blut spritzte. Die Männer griffen nach Steinen, um sie auf die Frau zu werfen. Es sind dieselben Männer, die von meinem Tisch gegessen haben. Sie halten Steine in den Händen. Wie Hagel prasselten die Geschosse auf die Gefesselte. Kein Schrei kam über ihre Lippen. Die Menge wurde immer hysterischer. Auch die andere Schulter wurde getroffen. Kein Schrei, aber Zittern durchlief den geschundenen Körper. Vor den Pfahl lag bereits ein Haufen Steine. Ein Mann, der besonders eifrig war, warf mit besonderer Wucht. Er traf ihre Brust. Das Blut spritzte durch den Umhang auf den Boden. Die Frau brüllte vor Schmerz. Ein tierischer Schrei. Ihr Körper zuckte. Dann hing sie ohnmächtig in den Stricken, die sich langsam lösten. Wahrscheinlich spürte sie jetzt nichts mehr, als sie zusammensank. Vor Entsetzen und Mitleid konnte ich nicht hinsehen. Ich wollte mich abwenden, als ich noch sah, wie einer die Frau am Kopf, mitten ins Gesicht, traf. Kein Zittern, kein schriller Schrei, dafür sank der Körper nun vollends in sich zusammen und lag auf dem Boden, mitten im Steinhaufen. Der Chalat war zerrissen und von Blut durchtränkt. Brutal wurden weiter Steine geworfen. Die Zuschauer johlten. Sie hörten erst auf zu werfen, als sich ein Berg Steine am Boden über ihrem Körper gebildet hatte, der einem Grab in der Steppe ähnelte. Ich musste würgen und erbrechen. In der Herberge traf ich später einige der Steinwerfer, die mich wortreich und wie einen Freund begrüßten. Ich wandte mich ab.

Ein anderer Mann, dem ich in der Herberge begegnet, sieht mein blasses Gesicht.

„Ist das etwas zu viel für dich gewesen?", fragte er.

„Ja!“, konnte ich nur antworten.

„Ich habe dich vorhin beobachtet, als die anderen Gäste die Herberge betraten. Hast du gewusst, dass einer von ihnen der gehörnte Ehemann ist?“

„Nein!“, rief ich unbeherrscht.

„Der mit Hut und dem schwarzen Chalat.“ Ich betrachte den Mann, der an der Wand lehnte.

„Das ist der Betrogene“, dachte ich.

„Der sieht gar nicht brutal aus.“ Der ist mir draußen aufgefallen. Es fiel mir ein, dass er abseitsgestanden hat, etwas hinter den Anderen. Er hat wenige Steine geworfen, stellte ich fest.

Der neben mir stehende Nachbar sagte:

„Solche Sitten sind beklagenswert. Glücklicher Weise passieren diese Rituale nicht mehr oft. Die archaische Gewalt steht in keinem Gesetz. Unser Khan hat es untersagt, und sein Wort ist für uns Gesetz. Aber die Tradition ist so tief verwurzelt, dass es immer wieder, passiert. Die Mullas setzen das Gesetz einfach außer Kraft. Hätte heute Morgen jemand versucht, die Steinigung zu verhindern wäre, dass sein tödliches Ende gewesen. Die aufgebrachte Menge hätte ihn gelyncht. Die Mullas sind eine Macht, der niemand widerstehen kann. Sie hetzen die Leute auf und erinnern an die Tradition.“

Ich bleibe mit meinen Begleitern noch bis zum nächsten Tag in der Herberge. Dann verlassen wir die Stadt.“

Koketeh ist so sehr in seiner Schilderung gefangen, dass ihm das Verschwinden einiger Zuhörer entgangen ist. Für manche ist die Geschichte zu grausam gewesen. Es ist nicht seine Absicht, die Zuhörer zu erschrecken. Er entschuldigt sich bei den verbliebenen Anwesenden. Die meisten haben aber den Hintergrund verstanden. Es sollte berichtet werden, wie grausem der Islam sein kann. Scholdon und Sariev sind unter den Zuhörern. Sie haben ihre eigenen Gedanken. Später besprechen sie das Gehörte. Sie haben in ihrer Heimat bei den Mullas ähnliches erlebt. Es ist ihre Überzeugung, dass bei den Nomaden so etwas nicht passieren darf.

Neischa ist bei der Erzählung nicht anwesend. Keiner kann sagen, wie sie reagiert hätte. Bei den Muslimen gibt es überwiegend nur die Monogamie während es die Nomaden, auch wenn sie sich zu dem Propheten bekennen, es nicht so genau nehmen. Oft haben Männer zwei und mehr Frauen, besonders in der Oberschicht. Sie wollen einen Sohn haben. Es ist auch immer die Frage, ob ein Mann viele Kinder und mehrere Frauen ernähren kann. Kaskarbei und Nurka wird die Geschichte Koketehs zugetragen. Beide sind entsetzt.

„Trotzdem", meint Kaskarbei, „es ist die Wahrheit. Wir müssen wissen, was in der Welt passiert. Hier bei uns werden wir solche Exzesse verhindern." Er sagt noch ergänzend:

„Hoffentlich hat diese grausame Geschichte dir in deiner Schwangerschaft nicht geschadet."

„Unser Sohn hat keinen Schaden genommen. Sieh doch nur meinen Bauch, der platzt bald, wenn der Knabe sich nicht bald bequemt sein süßes Köpfen herauszustrecken. Ich liebe ihn schon jetzt", sagt sie lachend.

„Welch eine Frau", denkt ihr Gatte.

„Wie lange müssen wir noch auf unseren Sohn warten?"

„Die weiße Frau sagt, es ist bald soweit. Den Tag kennt sie nicht. Sie kommt täglich, wie bei Bachtjar. „Hat sie schon nach einer Milchmutter gesucht. Sie hat die Richtige gefunden."

Tideweg sitzt mit Kaskarbei im Beratungszelt.

„Kannst du mir schon etwas über die Minister berichten?", fragt der Khan. „Machen sie Fortschritte?" Tideweg bedenkt die Frage. Was soll er antworten? Viel gibt es noch nicht zu sagen.

„Dass Arabekov sehr erfolgreich ist, weißt du bestimmt. Er nimmt sein Amt ernst. Täglich kommen zerstrittene Leute, damit er ihnen hilft. Es wird überall erzählt, dass fast alle mit seinem Rechtspruch zufrieden sind. Bekommt er Nachricht von einem Übeltäter, der nicht angeklagt ist, lädt er diesen vor. Mancher wurde sogar verurteilt. Der ist absolut der richtige Mann.

Außerdem macht er Fortschritte beim Erlernen der Sprache und beim Schreiben, ebenso seine Gehilfen. Somit liefern Saliev als Lehrer, zusammen mit Scholdon, beste Ergebnisse."

„Das ist erfreulich", stellt Kaskarbei fest.

„Mir ist der Gedanke gekommen", berichtet Tideweg weiter, „Dass es Sinn macht, wenn jeder Minister ein Siegel bekommt. So hält er eine Entscheidung fest, setzt sein Siegel unter das Schriftstück, und es wird dadurch zum Gesetz. Auch kann sein Beschluss nicht vergessen werden und bleibt erhalten." Kaskarbei sieht Tideweg ungläubig an:

„Ein Siegel?" fragt er. „Das ist neu!" Tideweg lacht.

„Minister hat es bei den Kirgisen auch noch nie gegeben!"

„Gebe ich damit meinen Ratgebern nicht zu viele Vollmacht in die Hände?" zweifelt Kaskarbei.

„Ich werde sie überwachen das ist eine meiner Aufgaben."

„An deiner Loyalität zweifle ich nicht, trotzdem, es überrascht nur. Ja, wir werden den Versuch machen!" entscheidet Burkut-Khan.

„Tideweg ist durch niemanden zu ersetzen."

„Scholdon macht auch sonst von sich reden", fährt Tideweg fort.

„Wie ich höre, kümmert er sich um die Not der Leute. Er geht in ihre Jurten. Was erzählt wird, reicht ihm nicht, sondern er macht sich selbst ein Bild. Dafür ist er viel unterwegs. Am besten, er soll es dir selbst berichten."

„Das werde ich bei nächster Gelegenheit anhören.

Was weißt du von Adrasil?", wechselt Kaskarbei das Thema.

„Von ihm höre ich wenig. Der berichtet mir gelegentlich von seiner Arbeit. Scherpek tut sich schwer, seine Vollmacht als erster Späher an den neuen Minister abzugeben. Adrasil räumt ein, dass Scherpek gewöhnt ist zu befehlen. Jetzt wird ihm befohlen."

„Alt sein und nicht mehr gebraucht werden, ist für ihn unerträglich. Adrasil hat dem Fürsten Mut zugesprochen. Er soll sich erinnern, wie oft er Unheil von den Bulut abgewendet hat." Kaskarbei nickt in Gedanken.

„Ja, Scherpek ist ein Großer", stellt er sinnend fest, was Tideweg bestätigt.

Zu dem Gespräch mit Scholdon kommt es nicht mehr. In der Nacht hält lautes Reden und das Herumlaufen vieler Menschen das Dorf wach. Zwar ist Gebären nichts Seltenes, es passiert fast täglich. Wird aber ein Herrscher geboren, so ist, dass etwas Besonderes. Wie bei der Geburt Bachtjars beginnt sofort ein großes Fest. Sariev bereitet es vor. Bald werden Gratulanten aus den Tälern der Himmelsberge und des Issyk-Kul eintreffen. Aber noch warten die Menschen bei Kumys und Fleisch auf den bekannten Schrei. Endlich ist es soweit.

„Welch ein Glück für unser Volk", rufen die Leute. „Endlich wird der verheißene Sohn geboren". Die Weissagung des Goghus-Khans und den

Namen Jaglagar kennt jeder. Adrasil hat Boten mit der Neuigkeit ausgesandt und zum Fest eingeladen. Sariev ist als Minister für die Gestaltung der Feier zuständig. Sogar Khan Usenov aus der weitentfernten Taiga ist mit Mira und Tochter Sina geladen. Die nehmen die Einladung gerne an.

Zum Gespräch mit Scholdon kommt es vorerst nicht, weil er viel unterwegs ist.

Bachtjar ist überglücklich und freut sich auf den Bruder. Nurka hat während der gesamten Schwangerschaft mit ihr über Jaglagar gesprochen. Mit der kleinen Hand hat sie oft über den Bauch Nurkas gestreichelt und hautnah seine Zappelei erlebt. Nurkas Meinung nach ist die Grundlage für eine tiefe, geschwisterliche Liebe in ihre Tochter hineingelegt. Jaglagar ist geboren. Die Menschen sind glücklich. Das Fest dauert einen Monat. Die Begrüßung zwischen Nurka und Mira ist sehr herzlich, während die der Männer verhalten ist. Wie beste Freundinnen umarmen sich die Frauen dabei. Die Herzlichkeit geht aber vor allem von Nurka aus. Sie sieht bereits in Mira die Schwiegermutter ihres Sohnes. So besteht bald größte Harmonie. Jaglagar wird von allen Gästen, begutachtet. Mira tut sich dabei besonders hervor. Wiederholt trägt sie das Kind schaukelnd auf dem Arm. „Sie ist ebenso glücklich wie wir“, sagt die Mutter zu ihrem Mann. „Ich wünsche mir so sehr, dass unser Sohn mit Sina ein glückliches Paar werden wird.“

„Glück allein wird nicht reichen. Du weißt es doch, zu welch großer Aufgabe er uns vom „Menke-Kökö-Tenir“ geschenkt wurde. Wir wollen dafür beten, dass alle Vorhersagen sich erfüllen.“

Wieder endet ein Sommer mit Stürmen und Regen. Die Gäste sind mit vielen guten Wünschen für Mutter und Kind abgereist. Vorher kam es noch zu einem kurzen Gespräch zwischen Khan Usenov und Kaskarbei.

„Bei deinem letzten Besuch sagtest du, es besteht Bereitschaft bei euch, dass unsere Brüder im Altai in die Stammheimat zu den Himmelsbergen und zum Talas umsiedeln wollen. Hast du weiteres gehört?“

„Ja, in der letzten Zeit formieren sich Sippen und treffen Vorbereitungen, hierher zu kommen. Viele scheuen den weiten Weg.“

„Es ist ja auch ein kühner Traum, dass sich nach hunderten von Jahren das kirgisische Volk in der Stammheimat sammelt“, sagt Burkut-Khan.

„Wir dürfen die Hoffnung nicht aufgeben“, erwidert

Usenov. Kaskarbei stimmt zu.

Endlich hat der Khan Gelegenheit, mit Scholdon zu sprechen. Tideweg ist auch dabei. Die Begegnung beginnt fröhlich. Die Ausstrahlung und gute Laune Scholdons stecken an. So auch jetzt, als sie im Beratungszelt zusammen sind. Nach kurzer, lauter Begrüßung stellt Kaskarbei ihm direkt die Frage:

„Wie kommst du mit deinem Amt zurecht? Hast du Lust, uns von deiner Arbeit zu berichten?“

Er hat geahnt, dass diese Frage der Grund für das Zusammentreffen ist. Er lächelt. Dann sprudelt es aber aus ihm hervor.

„Welche Aufgaben mein Amt mit sich bringen würde, war mir zuerst nicht bewusst. „Minister für „Viehwirtschaft und Vermögen“ waren am Anfang Worte ohne Leben. An sie musste ich mich erst gewöhnen. Jedes für sich habe ich verstanden, aber nicht in vollem Umfang. Ich dachte: „Reite erst einmal los, vielleicht findest du irgendwo die Antwort. Mein Weg führte mich nach Westen, nach Samarkand. Dort wollte ich Khan Tekes treffen. Der war vor Alokä in ein Versteckt, in eine einsame Jurte, ins Gebirge geflohen. Seine Familie und wenige Getreue bewohnen um ihn einen kleinen Aul. Das ist der Rest seines Stammes. Von ihm erfuhr ich, dass er massiv von dem chinesischen Vasallen bedrängt wird. Seine Geschichte kannte ich bereits von Koketeh. Die Notlage und Armut stach mir ins Auge. So habe ich mich genau umgesehen. Bei den Jurten weideten einige Tiere. Mir war klar, das ist nicht die Herde eines Khans, der reich ist und den einige Dörfer umgeben.“ Von unseren kirgisischen Brüdern wurde ich herzlich aufgenommen, bewirtetet und gaben mir von ihrem Wenigen. Überall Armut und bittere Not. Ich musste nichts fragen, sah es trotzdem. Hier gab es kein Vermögen, das ein Minister schützen und erhalten könnte. In der Jurte des Khans traf ich auch Khan Panus. Auch er klagte über Alokä und von dem gleichen Elend. Der sagt nur:

„Wenig Volk, kein Vieh und viel Armut.“

Der Weg hierher zurück ist weit. Ich machte mich auf den Heimweg. Nicht über den breiten Handelsweg, sondern durch einsame Gebirgstäler bin ich geritten und hoffte, vereinzelt kirgisische Jurten zu finden. Sie lagen versteckt. Wenig Vieh weidete dort. Mir fiel auf, dass es viele Kinder gab. In den Zelten sah ich kaum Teppiche und Filzmatten, die im Winter die Bewohner wärmen konnten. Auch der Vorrat an getrocknetem Dung für die Feuerstelle im Zelt fehlte.

„Wie kocht ihr denn euren Tee?", fragte ich. Als Antwort schüttelten manche mit dem Kopf, andere blickten weg, damit sie nicht antworten brauchten. Endlich sagte eine Frau: „Unsere Kinder suchen Steppengras oder trockenes Schilf. Für den Tee reicht das. Jeden Tag sind sie unterwegs. Sie spüren die Not noch nicht, und es macht ihnen Spaß, eine Aufgabe zu haben.

„Und wie wollt ihr im Winter heizen?"

„Wir wissen es nicht!"

„Ich sehe, dass an eurer Jurte noch Platz für Filzmatten ist, an den Außenwänden, dem Dach und auch innen. Die würden euch wärmen. Ihr müsstet weniger heizen." Leise, mit Weh in der Stimme, sagte die Frau:

„Du hast doch die wenigen Tiere draußen gesehen. Was sollen sie uns denn alles geben? Milch, Wolle, Dung zum Heizen, Haare für den Filz und gelegentlich ein Stück Fleisch in den Kessel?"

Schweigend saßen wir zusammen. Die Frau entfachte ein kleines Feuer und bald hatte ich in eine Holzschale mit Tee.

„Mit Gras und Schilf kann doch kein Fleisch gekocht werden", meinte ich ahnungslos. Die Frau weinte.

„Fleisch? welches Fleisch?"

Die Stimmung wurde bedrückter. Dann sagte ich:

„Ich sehe keine Männer, wo sind sie?" Als hätte ich etwas Furchtbares gesagt, weinten plötzlich alle, Frauen und Kinder. Das war so traurig, dass ich befürchtete, es käme auch über mich. Dann schrie voller Verzweiflung eine der Frauen: „Die hat Alokä getötet oder zu Sklaven gemacht!!" Auf meinem Weg kehrte ich noch in viele Jurten ein. Tee bekam ich überall. Große Freundlichkeit schlug mir entgegen, aber ich sah überall die gleiche Not. Nicht nur durch Alokä ist bei unserem Volk Not entstanden, sondern auch durch Schicksale.

Das Wetter war mild und die Nächte lau. Aus Reisig und Laub machte ich mir ein Nachtlager unter einem Felsen. Die Nacht draußen, statt in einer Jurte, machte meine Gedanken frei. Im Westen versankt die noch immer wärmende Abendsonne und bestrahlte mir die müden Knochen. Das bunt gefärbte Laub leuchtete in Gold und Bronze. Dieses Erleben gab mir ein gutes Zeichen, vom Menke-Kökö-Tenir gesandt. Hinter mir ragten beschützend die weißen Riesen des Tien-Schan in den Himmel, ebenfalls in der Sonne glänzend; zuletzt die Schneegipfel. Von den vielen Eindrücken und Erlebnissen müde an Körper und Geist ließ ich mich erschöpft auf mein Lager fallen. Ich wollte nur noch schlafen. Dieser Wunsch erfüllte sich nicht. Fluchtartig wich die ersehnte Ruhe. Die schrecklichen Bilder der letzten Wochen raubten mir den Schlaf. Auch den ersehnten Frieden fand ich nicht. Dafür bewegten mich viele Gedanken, aus denen sich eine Vision bildete. Ich begann in dieser Nacht meinen Auftrag als Minister für „Viehwirtschaft und Vermögen“ zu verstehen. Viehwirtschaft und Vermögen, sind keine großen Worte mehr, sondern eine Aufgabe.

An meinen Vater Iskakov, Khan unseres Stammes Kardys und an seine Fürsten und Begs musste ich denken. Die verwalten ein kaum übersehbares Vermögen an Tieren. Die Herden wachsen ohne ihr Zutun. Dadurch vergrößert sich ihr Eigentum. Diese Entwicklung ist nicht aufzuhalten. Wer reich ist, bekommt immer noch dazu. Sehe ich zu unseren Brüdern in den Altai und die in den Weiten Sibiriens liegende Taiga und zu den Quellflüssen des Jenissej, so ist unübersehbar die gleiche Entwicklung festzustellen. Das gilt für alle großen Khanate wie bei Sarjak, Medet und Awas; auch für unser. Was ist nun meine Aufgabe als Minister?

Ich sehe sehr reiche und sehr arme Menschen. So unaufhaltsam der Besitz der Reichen größer wird, wächst auch die Not bei den Armen. Hier drängt sich mir die Frage auf, was kann ich tun? Heute verstehe ich alles besser denn je. Ich frage auch euch, was kann ich tun, das zu verändern?“ Scholdon spricht mal langsam, mal schnell. Und dann ist es, als springt seine Erregung, sein Mitleid und seine Anteilnahme auf die Zuhörer über. Sie haben durch die Schilderung seine Eindrücke in Gedanken miterlebt, und für Augenblicke ist es still im Zelt. Fürst Kaskarbei, der große Burkut-Khan, erhebt sich und geht in der Jurte schweigend hin und her. Dann sagt er mit leiser Stimme, nachdem er wieder Platz genommen hat:

„Ich habe nur „Krieger“ sein gelernt, ebenso mein Freund Tideweg. Aus der Sicht deiner Schilderung haben wir noch nie unser Volk betrachtet. Immer war alles gut. Wer Not erleidet, erträgt sie leise und mit Geduld, und wer Reichtum hat, prahlt nicht damit. So habe ich unser Volk immer zufrieden erlebt. Wir haben von Kind an gelernt, dass alles, Armut und

Reichtum, in der Gunst unserer Ahnen liegt. Über uns alle wacht der große „Menke-Kökö-Tenir“. Was du gesehen hast, ist irdisches Schicksal. Können wir das ändern? Oder dürfen wir versuchen, es zu ändern? Das Errichten einsam stehender Jurten außerhalb der Aule in abgelegenen Tälern können wir nicht verhindern. Es stimmt, mit der Einsamkeit geht auch die Not einher. Oft sind die Sippen zerstritten. Mordende Horden streifen umher und überfallen die einsam stehenden Zelte, stehlen das Vieh und entführen die Bewohner, die dann Sklaven werden.“ Kaskarbei nimmt die Wanderung durch das Zelt wieder auf.

„Trotzdem hast du mit deinem Bericht etwas angestoßen“, wendet er sich direkt an Scholdon.

„Es kann nicht unsere Absicht sein, unser Volk zu entzweien. Vor vielen Jahren bin ich mit tausend Dschigiten ausgezogen zu befreien. Mein Auftrag darf sich nicht ändern. Die vielen Kirgisen verschiedener Sippen und Stämme, die jetzt in fast unzählbaren Aulen rund um die Himmelsberge und dem Isyk-Kul leben, haben keine Not. Sie sind vor Feinden geschützt. Bei Feiern sitzen alle an vollen Fleischkesseln und leiden weder Hunger noch Durst. Wir müssen versuchen, die Verstreuten zu sammeln, dass sie bei uns leben. Dann sind sie sicher.“ Lebhaft werden die Gedanken Kaskarbeis besprochen. Scholdon hat eine Lösung für das Problem, hielt sich aber damit noch zurück, zunächst begeistert er sich an dem Plan des Khans. Mit seinem scharfen Verstand erkennt er jedoch sofort, dass jetzt von zwei unterschiedlichen Situationen gesprochen wurde war. Kaskarbei hat auch von Armen gesprochen, aber die gemeint, die am Rand der Dörfer leben. Sie profitieren trotzdem von den Menschen und ihrer Nähe. Sie gehören eben zum Dorf. Sie stehen unter der Fürsorge der Gemeinschaft. Er hat aber die ohne Schutz in den einsamen Jurten gesehen, irgendwo im Gebirge, die nicht in der 0bhut ihres Stammes leben. Das sind die Armen, von denen er berichtet hat. Die brauchen Hilfe. Scholdon stellt fest, dass bei gleicher Schilderung eines Erlebnisses unterschiedliches verstanden wird. Eine neue Erfahrung für ihn. Er muss das Thema noch vertiefen. Vorsichtig beginnt er:

„Es ist richtig, dass die im Schutz des Stammes wohnen, keine Not kennen. Ich habe aber die gesehen, die nicht in der Nähe eines Dorfes leben. Die kein Vieh besitzen, keine Wolle und Tierhaare, um Filz, Teppiche und

Kleider herzustellen. Damit sie sich im Winter wärmen und auf dem Feuer Teewasser kochen können.

Fehlt der Dung, haben sie kein Feuer, und die Menschen erfrieren. Auch vor Überfällen sind sie nicht sicher. Ihre Armut hat mich betroffen gemacht. Wer hilft unseren Brüdern." Kaskarbei und Tideweg sind der weiteren Schilderung aufmerksam gefolgt. Bisher hatten sie ihren eigenen Blick auf die Ereignisse und sind nun überrascht.

„Was können wir tun? Hast du einen Plan?" Scholdon erinnert sich an die schlaflose Nacht im Gebirge. Viele Gedanken waren durch seinen Kopf gegangen, er hat immer an die Kahne Panus und Tekes gedacht.

„Können wir nicht die entmachteten Kahne Panus und Tekes mit dem Rest ihrer Stämme zu uns an die Himmelsberge einladen? Sie könnten sich hier ansiedeln. In unseren Tälern ist genügend Platz. Damit ist ihre Not beseitigt. Wir rücken zusammen und unsere Macht wird größer. Von unserem Vieh geben wir jedem Zuwanderer, Tiere für die Zucht und die Versorgung." Scholdon schweigt. Er hat alle Fragen Kaskarbeis, wie er sein Amt als Minister ausüben will beantwortet, so kann er nach seinem Verständnis Vermögen und Viehwirtschaft verwalten.

Als Kaskarbei in seine Jurte tritt, kommt ihm Nurka entgegen:

„Komm, lass uns zu deiner Mutter gehen, sie hat schon nach dir gerufen."

„Wie geht es ihr?"

„Aischa ist krank! Sehr krank! Es geht ihr nicht gut. Seit einiger Zeit ist sie zu schwach, um aufzustehen, und niemand kann helfen. Täglich kommt der Schamane Aetbeg. Er betreut ja fast alle Kirgisen im Tien-Schan. Er legt deiner Mutter Kräuter auf den Bauch, darüber warme Umschläge und gibt ihr Tee zu trinken. Auch verfällt er jedes Mal in Kamlanie, braucht seine Fetische und ruft die Ahnen an. Weil sie an Aetbeg glaubt, lindert das ihren Schmerz. Die Krankheit scheint er damit nicht zu heilen. So wird ihr Zustand immer kritischer."

Aischa ist alleine und liegt weich auf ihrem Bett aus Fellen. Mit verzerrtem Gesicht sieht sie die Eintretenden schweigend an. Kaskarbei hält mitfühlend die Hand seiner Mutter. In dieser Stimmung schweigen die Anwesenden. Was kann auch gesagt werden? Erneutes Stöhnen.

„Der Schmerz muss unerträglich sein", denkt mitleidig der Sohn. Er kann nicht helfen. Das lange Gespräch mit Scholdon hat er verdrängt. Jetzt geht es nur um seine Mutter. Schon einige Zeit liegt sie mit geschlossenen Augen auf ihrem Bett. Die Minuten vergehen. Kaskarbei erinnert sich an das Sterben seines Vaters. Wieviel ist seit damals geschehen? Langjährige Weggefährten sind alt geworden, oder leben nicht mehr. Die Zeit eilt dahin. Und nun steht auch seine Mutter vor dem Tor ins Ungewisse. Sie öffnet die Augen und sieht verwirrt ihren Besuch an, als müsste sie eine Frage stellen. Dann scheint sie sich zu besinnen.

„Ihr besucht mich, weil ich bald sterbe“, sagt sie plötzlich mit müder Stimme und ohne Zusammenhang.

„Ich weiß, dass es mit mir zu Ende geht. Das müsst ihr mir nicht sagen.“ Danach liegt sie still auf den Fellen. Es dauert aber nicht lange, bis sie sich aufrichtet und sagt:

„Denkst du an die Weissagung deines Vaters.? Dein Sohn. wird ein Großer sein, und sie werden ihn „Manas“ nennen“

„Ja, Mutter, wer kann das vergessen“, sagt Kaskarbei. Sie schließt die Augen und fällt kraftlos zurück. Das ist das Letzte, was Aischa sagt. In der Nacht haucht sie ihr Leben aus.

Am nächsten Tag wird Aischa nach der Sitte der Kirgisen beigesetzt. Wie es die Gewohnheit ist, läd Kaskarbei zur Trauerfeier ein, die einen ganzen Monat dauert.

Jaglagar, sein großer Sieg

Kapitel sechs

„Leben und Tod sind eng zusammen“, sagt Kaskarbei zu Nurka. Sie nimmt seine Hand.

„Lass uns die wertvolle Zeit nutzen, die uns der Tenir schenkt.“ Aischas Beisetzung ist vorüber. Zu ihrer Trauerfeier haben sich wieder viele um ihren Sohn Kaskarbei versammelt. So ist es Brauch. Aischa hat sich, wie schon Goghus-Khan, zu einem Mythos entwickelt. Sie wird noch nach ihrem Tod vom Volk verehrt. Immer hatte sie ein offenes Ohr für die Menschen, vor allem bei Frauen und Kindern. Die ehemaligen Sklaven bei den Kirgisen erinnern sich, dass Kaskarbei sie befreit hat. Die Khane und ihre Dschigiten, welche bei den Kämpfen dabei waren. erinnern sich lebhaft, dass er viele Feinde besiegt hat. Sogar die Ältesten aus dem Altai, heute im Greisenalter, erzählen den Jungen die Ereignisse von damals. „Als wir selbst noch jung waren, hat sich im Altai der Stab der Verantwortlichen um Goghus-Khan im Beratungszelt versammelt. Wir wissen noch genau, was über den noch jungen Kaskarbei gesagt und gedacht worden ist. Der hatte sich zu Wort gemeldet und einen feurigen Beitrag geleistet. Die meisten Zuhörer waren von seiner Rede begeistert. Sie hatte Stil und war klug formuliert. Er wollte versklavte Kirgisen befreien. Einige aber hielten ihn nach seinem Vortrag für eingebildet und hochmütig. Unter anderem sagte er: „…Die Zeit ist reif, der Frühling will das Land verjüngen und die Kirgisen werden sich im Kampf vereinen“, hat er begeistert gerufen.

„Ihr Ältesten und Heerführer, gebt mir tausend der besten Kämpfer, dazu Ersatzpferde, Meldereiter, und Tragtiere mit Waffen und Proviant. Ich werde einen Weg bahnen und versklavte Kirgisen befreien; und danach noch viele!“ Die meisten der Ältesten ließen sich unter dem Eindruck seiner Rede überzeugen und stimmten zu:

„Wir geben ihm die tausend Dschigiten!“, sagten sie. Doch hinter der vorgehaltenen Hand sagten heimlich die Zweifler:

„Soll er doch bei dem großen Plan umkommen, dieser hochnäsige Jüngling.“ Viel später, nachdem er große Schlachten geschlagen hatte, ihn viele verehrten und als er von dem damaligen Geflüster im Altai hörte, sagte er bescheiden bei einem Gespräch zu Tideweg:

„Ich bin nicht zugrunde gegangen, habe aber viele Kirgisen befreit und Feinde besiegt."

Die Zeit nimmt ihren Lauf. Jaglagars achter Geburtstag ist vorüber. Aus der mütterlichen Fürsorge Nurkas hat er sich gelöst.

„Es ist an der Zeit, dass unser Sohn besser reiten lernt" sagt Kaskarbei zu Nurka. Vater und Sohn suchen gemeinsam für ihn ein Steppenpferd aus, dass ihm der Vater schenkt. Jaglagar gibt ihm den schönen Namen „Brauner", nach der Farbe des Fells. Von da an ist Brauner sein bester Freund. Seit er sich auf dem Rücken seines Pferdes halten und reiten kann, ist er meistens mit seinem Onkel Scholdon zusammen. Sie harmonieren sehr. Jaglagar lässt sich gerne von ihm belehren und saugt alles, in sich hinein. Gerne sind sie bei den Herden. So lernt er intensiv den Umgang mit Tieren. Scholdon legt in ihn ein Fundament. Auch wird er gründlich in Schreiben, Lesen und Rechnen unterrichtet. Scholdons ruhiges Wesen überträgt sich günstig auf seinen Schützling.

„Schade, dass ihn Waffen so wenig interessieren", sagt Kaskarbei zu Tideweg.

„Schick ihn doch zur Ausbildung zu Talasbeg, der mit den Männern Übungen veranstaltet."

„Das ist nicht möglich. Er ist doch mit Sina, seiner Tochter, verlobt. Mit Usenov soll er in die Taiga. So ist es vereinbart. Nach der Sitte soll er mindestens zwei Jahre bei seiner Braut wohnen."

„Stimmt, davon habe ich gehört", sagt Tideweg. „Entschuldige. Ich hatte eure Vereinbarung vergessen." Tideweg schweigt und überlegt. Dann sagt er:

„Usenov und Mira sind doch wegen der Beisetzung mit Sina hierhergekommen. Was ist, wenn ihr den Spieß umdreht; Sina bleibt stattdessen bei euch, und die Eltern reiten alleine zurück. Dann sind die Kinder auch zusammen, und Jaglagar kann trotzdem zu Talasbeg in die Lehre."

„Diese Entscheidung geht auch Nurka, Usenov und Mira an. Ich muss erst mit ihnen reden. Trotzdem, deinen Vorschlag finde ich gut. Jaglagar könnte bei Talasbeg das Kriegshandwerk erlernen. Außerdem kann Schonor beide unterrichten. Und Jaglagar ist mit seiner Braut zusammen."

Sina bleibt, und Jaglagar kümmert sich rührend um sie. An manchen Tagen sind sie zusammen mit Scholdon unterwegs. Er erklärt, wie wichtig es für die Menschen ist, den Tieren bei Krankheit zu helfen. Auch den freundlichen Umgang mit anderen Leuten lehrt er sie. Wiederholt reiten sie zum Volkserzähler. Begeistert hören sie, was er über die Kirgisen, ihrem Leben und deren Vergangenheit erzählt. Nicht nur Mythen über Kriege und Siege berichtet er, sondern auch viele andere Geschichten. Die Kirgisen haben bis zu dieser Zeit noch keine eigene Schrift, und die der Mullas beherrschen die meisten Nomaden nicht. Nun halten die Erzähler die Vergangenheit lebendig.

Von Aisulu, die von allen nur „Schöner Mond“ genannt wird, erfahren Jaglagar und seine Begleiter, dass der Barde Baklei verstorben ist. Viele Jahre war er der Lehrmeister Schonors.

„Nun ist Schonor der Barde in unserer Gegend“. berichtet sie.

„Er berichtet nicht nur von den Kirgisen, sondern erzählt auch gerne Geschichten, über die man sich an den Feuern bei Kumys gerne unterhält. Die Leute hören Fabeln und Anekdoten gerne, obgleich sie sich oft läppisch anhören. Lachen ist eine besondere Tugend der Nomaden.

„Habt ihr etwas Zeit?“ fragt sie.

„Heute will er in unserem Dorf Geschichten erzählen.“ Interessiert machen sich Scholdon und seine Begleiter auf den Weg zum Festplatz. Wie immer ist es wieder das alte Schauspiel. Schonor, in festlich buntem Chalat mit Kalpak auf dem Kopf bekleidet, sitzt erhöht. Jeder kann ihn sehen.

Zu seinen Füssen hockt ein Junge, noch ein Kind.

„So hat Schonor damals auch begonnen.“ Fast alle Bewohner des Auls und Zuhörer aus anderen Jurten gehören zum Publikum. Scholdon und seine Freunde setzen sich ins Gras und warten. Der Junge zu Schonors Füssen zupft auf der Komus und singt dazu. Voll Erwartung beginnt die Vorstellung. „Liebe Freunde“, beginnt Schonor. „Heute möchte ich euch die Fabel vom dummen Wolf erzählen. Kennt ihr sie bereits?“, fragt er listig. Schonor weiß, er hat die Fabel schon einige Male vorgetragen. Oh Wunder, das Volk schreit:

„Nein!! Erzählen! erzählen!“ und tuen, als kennen sie die Geschichte nicht. Sie brauchen den Spaß, denn es gibt wenig Abwechslung in ihrem Leben.

„Dann hört zu“, beginnt er. „Ein Wolf macht sich auf die Futtersuche. Er hat großen Hunger. Zu einer Ziege, die des Weges kommt, sagt er:

„Komm her, ich muss dich fressen.“

„Wenn es sein muss, so ist das eben mein Schicksal“, sagt die Ziege. „Aber sieh, wie mager ich bin. Davon wirst du nicht satt. Ich laufe nach Hause, dir eines meiner dicken Jungen zu holen.“ Der Wolf ist einverstanden. Die Ziege läuft davon und kommt nicht wieder. Nach vergeblichem Warten geht der Wolf unzufrieden weiter.

Da trifft er ein Schaf und sagt zu ihm das Gleiche. Schlagfertig sagt das Schaf:

„Kannst du nicht einen anderen nehmen? Ich bin weit und breit der beste Tänzer. Es wäre doch schade um mich“.

„Du kannst tanzen?“, fragt der Wolf ungläubig.

„Ja, ich will es dir zeigen.“ Das Schaf tanzt, macht immer größere Kreise und tanzt davon. Ärgerlich läuft der Wolf weiter. Danach trifft er ein Pferd.

„Pferd, ich habe einen Riesenhunger, komm her zu mir, ich muss dich fressen.“ „Weißt du, ob du mich fressen darfst?“

„Wieso“, fragt der Wolf verständnislos.

„Hinten, unter meinem Schwanz, ist ein Zettel“, erwidert das Pferd. „Auf dem steht, ob ich gefressen werden darf.“ Der Wolf sieht nach und erhält einen Hufschlag. Heulend läuft er davon. Die Leute sind begeistert über die tragische Geschichte. Sie klatschen und sie rufen: „Bravo“.

Laut klingt die Komus. Die Zuhörer tanzen, singen und sind fröhlich.

Nachdem alle ihre Plätze eingenommen haben, fragt Schonor:

„Kennt ihr die Geschichte von dem schönsten Mann im Land?“

„Nein!“, schreit das Publikum.

„Wollt ihr sie hören?“

„Ja!“ Wie im Chor klingt die Antwort.

Schonor ist sich sicher, sie schon mehr als einmal erzählt zu haben.

„Vor vielen Jahren lebte ein Khan. Er sagte von sich:

„Ich bin der schönste Mann weit und breit.“ Eines Tages wurde ihm erzählt, dass in einem Dorf ein Mann wohne, der noch schöner sei.

„Bring ihn zu mir!“, schrie der Khan entsetzt. Der Mann machte sich sofort auf den Weg und folgte dem Boten. Innig verabschiedete er sich vorher von seiner jungen Frau. Unterwegs fiel ihm ein, dass er etwas vergessen hatte und kehrte um. Durch einen Spalt im Fenster schaute er ins Zimmer und sah seine Frau im Arm eines anderen Mannes. Entsetzt folgte er trotzdem dem Befehl des Khans. Mit entstelltem Gesicht, aschfahl und mit verzerrter Miene erreichte er sein Ziel.

Mit den Worten:

„Was, du hässlicher Mensch, willst schöner sein als ich? Ins Gefängnis mit dir", empfing ihn der Khan und liest ihn in sein Gartenhaus sperren, das nur ganz oben ein kleines Fenster hatte. „Ich bin sonst schöner", versuchte der Hässliche sich zu rechtfertigen, „aber ich habe gestern etwas Furchtbares erlebt. Das hat mich so hässlich gemacht."

„Das kann nicht sein", sagt der Khan.

Der Schöne Khan ging anschließend auf die Jagd.

Der eingesperrte Ehemann hörte draußen vor seinem Gefängnis ein Geräusch und kletterte zum Fenster hoch. Er war erstaunt über das, was er sah.

Am Abend kam der Khan in den Pavillon.

Er begann ein Gespräch.

„Wie kommst du dazu zu sagen, du seist schöner als ich?"

„Ich versichere dir, dass es bei dir auch so sein wird", erwiderte der andere."

„Sag allen", fährt der Gefangene fort, „dass du morgen früh wieder auf die Jagd gehst und erst am Abend zurück sein wirst. Bist du aber ein Stück des Weges gegangen, kehre um und komm heimlich in das Gartenhaus."
Der Khan kam. Nach einer Weile war das gleiche Geräusch wie gestern zu hören.

„Was ist das?" fragt der Schöne Khan.

„Steig zum Fenster hoch und siehe selbst", sagt der Gefangene. Der Khan sieht seine Frau, die innig einen Mann umarmt und küsst, der aus einem Brunnenhaus kommt. Aschfahl und verstört klettert der Khan hinunter. Der Gefangene sagt: „Du siehst jetzt genauso aus wie ich gestern. Du hast gerade deine Schönheit verloren. Lass uns weggehen. Die Frauen sind alle schlecht."

Sie gehen in einen Wald, an einem See gelegen. Eine dicke, schlafende Schlange versperrt den Weg. Aus Angst klettern sie auf einen Baum und blicken zum anderen Ufer des Sees. Dort steht eine Frau. Sie lockt die Männer zu sich.

„Kommt, vertreibt mir die Zeit“, sagt sie. Wenn ihr nicht zu mir kommt, wecke ich die Schlange auf. Sie ist ein Zauberer“, droht die Schöne. Die Männer gehen zu ihr und vertreiben die Langeweile. Dabei erzählen sie, was ihnen passiert ist.

„Die Frauen sind überall untreu. Ihr werdet nirgends eine bessere finden. Kehrt zu euren eigenen zurück“, empfahl die schöne Frau. Die Männer folgten ihrem Rat.“

Die Zuhörer klatschen.

„Schonor kennt bestimmt weitere Geschichten. Wir brauchen uns nicht wundern, wenn er gleich die Nächste erzählt“, sagt Scholdon.

„Wir wollen aber zurück nach Hause.“

Tatsächlich, Schonor sagt:

„Für heute habe ich noch eine Anekdote von einem Jungen und einer Schlange. Die kennt ihr und alle Leute im ganzen Land sicher schon. Sie wurde oft erzählt. Ihr kennt sie doch sicher auch“? Auf diese gezielte Frage erhebt sich wildes Geschrei:

„Nein!! Nein!!“

„Aber es ist schon spät“, gibt Schonor zu bedenken.

Keiner erhebt sich. Stattdessen werden viele Feuer erneut angezündet. Die Feier ist noch nicht zu Ende. Die Anwesenheit Schonors wird ausgenutzt, die Zuhörer bleiben. Die alten Geschichten wurden schon so oft erzählt, dass die Inhalte nicht erklärt werden müssen. Den Menschen geht es nur um Unterhaltung. Trotzdem behaupten sie, sie nicht zu kennen. Das ist die Spannung. Das ist ein Teil der Freude. Durch die dauernden Vorträge bleiben die Erzählungen lebendig. Fackeln beleuchten den Festplatz. Der Knabe zupft weiter die Komus. Manche singen dazu. Der Lärm schallt weit über das Dorf und die Steppe. Schonor hebt die Hand, dass er weitererzählen will. Sofort herrscht Ruhe.

„Ein Herrscher träumte, es regnet Säbel und Dolche vom Himmel. Erschrocken fragt er am Morgen seine Diener, wer den Traum deuten könne. Keiner konnte es. Der Khan schickte Boten aus, jemand zu suchen, der den Traum versteht. Der sollte reich belohnt werden. Ein Junge ging des Weges und traf eine Schlange. Die sagte, wenn du mir das Geld gibst, das du vom Khan bekommen wirst, will ich dir den Traum deuten. Der Knabe versprach es und die Schlange gab ihm die Deutung. „Es gibt Krieg.“

Er ging zum Herrscher, deutete den Traum und erhielt das Geld, das er aber für sich behielt.

Kurz darauf hatte der Khan erneut einen Traum. Es regnete Füchse vom Himmel. Er sandte wieder Boten aus mit der Frage, wer den Traum erklären könne, der soll viel Geld bekommen. Wieder traf der Knabe die Schlange. Die sagte: „Du hast mich das erste Mal getäuscht und den Lohn behalten, aber ich will dir noch einmal helfen, wenn ich das Geld von dir bekomme.

Der Traum bedeutet: Die Menschen werden schlau wie Füchse. Der Knabe deutete den Traum und bekam den Lohn. Auch dieses Mal behielt er ihn. Ein weiteres Mal hatte der Khan einen Traum: Es regnete Schafe vom Himmel. Wieder traf der Knabe die Schlange:

„Ich will dir noch einmal helfen, obgleich du mich wieder betrogen hast", sagte sie.

„Der Traum bedeutet, die Menschen werden gut wie die Schafe." Der Knabe ging zum Khan, deutete den Traum und bekam auch dieses Mal das Geld. Das brachte er der Schlange. Die aber sagte zu ihm: „Ich brauche das Geld nicht. Aber du hast durch deine Entscheidungen bewiesen, dass du nicht besser bist, wie alle anderen Menschen."

Die Schlange brauchte sein Geld nicht! Es ist wahr, die Menschen sind überall nicht anders, als der Knabe. Von der Weisheit des Lebens nimmt er nur das für sich nützliche Wissen, ist habgierig auf das Gold und Geld der Erde. Es ist ein Schicksalsweg, sein eigenes Rätsel zu lösen nach der uralten Mahnung: „Erkenne dich selbst".

„Können wir Scholdon mit seinen Freunden zu den Khanen Panus und Tekes schicken?", fragt Kaskarbei Tideweg.

„Die sollen versuchen, die Herrscher mit dem Rest der Getreuen, ihrem Vieh und den Jurten zur Umsiedlung zu uns zu bewegen. Sie sind uns sehr willkommen. Damit hätte Alokä keinen Einfluss mehr, und wir stärken unsere Armee mit jedem Krieger."

„Ich habe keine Bedenken, wenn wir ihnen zum Schutz Soldaten mitgeben, dann muss es möglich sein", rät Tideweg.

„Zehn Männer und einige Kamele für den Transport sind sicher die Lösung. Scholdon ist im Kampf unerfahren. Laila, der bei Goghus-Khan

Heerführer war, ist sicher der geeignete Führer. Er tritt als Minister sicher auf."

Kaskarbei spricht mit den Beteiligten. Laila und Scholdon finden den Plan großartig. Die Mission gefällt Scholdon, kann er doch damit der Zusammenführung der Kirgisen dienen.

Wieder ist ein Winter vorbei und im Frühling beginnt der Ritt der kleinen Delegation über die erneut grünende und blühende Steppe. Sina reitet so gut wie Jaglagar. Begeistert toben sie sich bei immer neuen Wettrennen aus. Großzügig lässt Jaglagar Sina gewinnen und täuscht so vor, er könne es nicht besser. Sind sie weit vorgeritten und außer Sichtweite, legen sie sich ins Gras und halten sich an den Händen. Nach einigen Wochen erreichen sie ihr erstes Ziel. Khan Panus ist mit dem Plan einverstanden.

„Hier leben wir unsicher", erzählt er.

„Erst vor wenigen Tagen hat eine Horde des Alokä uns angegriffen und versucht, unser letztes Vieh zu stehlen. Wir konnten sie ohne eigene Verluste abwehren."

„Wie viele Dschigiten konnten sich vor Alokäs in Sicherheit bringen?", fragt Laila.

„Etwa vierzig, dazu Frauen, Kinder und Vieh, Wir sind in die Berge geflüchtet. Das jetzige Versteck ist gut gesichert. Sie wissen aber, wo wir uns aufhalten und greifen uns immer wieder an."

„Jetzt sind wir etwa fünfzig Kämpfer", sagt Laila.

„Das wird reichen, uns zu verteidigen. Späher sollen unseren Weg sichern. Vielleicht macht es Sinn, sie nach Norden zu schicken, von wo die Feinde uns wahrscheinlich angreifen werden. Sie sollen sofort reiten."

Vier Kämpfer verlassen das Lager. Sie reiten sternförmig in die genannte Richtung. Danach wird zum Aufbruch auf geheimen Wegen gerüstet. Die Späher halten Kontakt zur Hauptgruppe. Es gibt keine Vorkommnisse. Laila erreicht die Himmelsberge ohne Zwischenfall. Scholdon ist begeistert, ist doch mit dieser Aktion ein Teil seines Planes erfüllt worden. Auch für Jaglagar und Sina war es ein unvergessliches Erlebnis. Kaskarbei bittet Laila und Schonor, ein Tal für die Neuen mit den gleichen Bedingungen zu suchen, in dem sie Platz zum Siedeln und Weiden für die Herden haben. Dabei müssen es die gleichen Möglichkeiten wie damals für Goghus-Khan sein. Khan Panus bedankt sich bei Kaskarbei.

„Eines Tages wirst du zurück in deine Heimat reiten. Bis dahin bleib hier". Kaskarbei fährt ermunternd fort:

„Ich bin davon überzeugt, dass im Gebirge viele von deinem Umzug erfahren und auch hierher wollen. In deinem Tal ist viel Platz, wirst du sie aufnehmen?"

„Ganz bestimmt! Wir sind doch ein Volk! Ich glaube, dass eines Tages der große Krieg gegen die verfluchten Khane Chinas kommen wird; vor allem gegen den grausamen Alokä. Wir werden siegen, sie töten und die Überlebenden verjagen." Die Augen glänzen vor Kampfeslust.

„Dann werden wir Frieden haben", ergänzt er.

Ohne weitere Umschweife bittet Kaskarbei Laila und Scholdon, erneut aufzubrechen, damit auch Khan Tekes aus Sarmakand in Sicherheit gebracht wird. Darauf haben sie schon gewartet. Sie machen sich auf den Weg.

Bei Tekes sind nur wenige Dschigiten geblieben. Khan Tekes stimmt dem Vorschlag Scholdon zu. Bald ist der Trupp auf dem Rückmarsch. Seine Gruppe ist nicht so kampfstark wie die Vorherige. Darüber wird gesprochen.

„Wann könnte ein Angriff auf uns erfolgen? Am Tag oder bei Nacht?", fragt Jaglagar die Männer. Die sehen den Jungen an. Hat der einen Scherz gemacht? Erst will keiner antworten, doch dann sagt Laila:

„Vermutlich nachts."

„Dann sollten wir Krieger nicht im Lager schlafen. Halten wir uns außerhalb auf, können wir den Feind von hinten angreifen und vernichten", sagt Jaglagar.

Bisher waren Laila und Scholdon um keine Antwort verlegen. Was sie aber von dem Knaben hören, verschlägt ihnen die Sprache. Laila sagt freundlich:

„Wir werden deinen Vorschlag bedenken."

Im ersten Nachtlager sind nur Frauen, Alte, Kinder, Lastkamele und das Vieh. Die Männer bringen sich außerhalb des Lagers in Deckung. In der ersten Nacht gibt es keine Störung. Laila folgt dem Vorschlag Jaglagars. Das nächste Nachtlager wird ebenso angeordnet. Jaglagar kann vor Aufregung nicht schlafen. Er liegt wach auf seiner Matte. Später nimmt er ein leises Dröhnen in der Erde war.

„Das ist kein Tier“, sagt er. Vorsichtig robbt er zum nächsten Dschigiten und weckt ihn.

„Sie kommen“, flüstert er.

„Wach auf!“ Beide gehen zu den anderen Schlafenden. So bekommt jeder die Nachricht. Im Nu sind alle kampfbereit und liegen auf der Lauer. Laila hat die Parole ausgegeben, nur bei seinem Zuruf anzugreifen. Die Feinde nähern sich vorsichtig auf ihren Pferden dem Lager. Laila hat dort ein kleines Feuer brennen lassen, daran haben sie sich orientiert. Das Feuer soll auch den Eindruck erwecken, dass die Menschen ahnungslos schlafen. Nach einer Weile ist leise das verabredete Zeichen zu hören; der Ruf des jagenden Berglöwen. Danach stürmen Laila und seine Dschigiten mit Höllengeschrei in den Rücken der Feinde. Es herrscht großer Tumult. Die Verwirrung nutzt Laila, und bald sind die Eindringlinge besiegt. Ein Überlebender wird gefangen. Bei seiner Befragung schweigt er. Später gibt er zu, auf Befehl Alokäs angegriffen zu haben. Laila bemerkt das Schweigen Khan Tekes. Er stellt keine Frage an den Gefangenen. Auch unterwegs hält er sich von ihm fern. Auf verschwiegenen Wegen durch das Gebirge erreicht die Gruppe nach einigen Wochen den Tien-Schan.

Laila berichtet Kaskarbei von dem klugen Hinweis seines Sohnes. Kommentarlos nimmt er den Bericht zur Kenntnis. Es ist aber zu spüren, dass ihn das mächtig freut. Khan Panus empfängt erleichtert und freudig die Ankömmlinge und schnell sind für sie Jurten errichtet.

Der Gefangene wird vor Kaskarbei und Tideweg geführt. Er steht stolz und aufrecht vor ihnen. Seine Haltung ist aristokratisch.

„Willst du uns deinen Namen und deine Stellung bei Alokä verraten?“, fragt Kaskarbei.

„Ich bin Fürst Tolog“, sagt er leise.

„Khan Tekes bin ich gut bekannt. Ich habe zu seinem Khanat gehört, bis der große Überfall des Alokä erfolgte. Der stellte mich vor die Wahl, entweder ich diene ihm oder ich werde getötet.“ Nach einer kurzen Zeit fügte er hinzu:

„Ich bin Kirgise! Alokä hat mit System unsere Sippen, eine nach der anderen, bezwungen und an sich gebunden. Die Herden wurden uns geraubt und viele Männer und Frauen zu Sklaven gemacht. Auch zwang er uns, gegen unsere eigenen Leute, die Kirgisen, zu kämpfen.“

Ja! Unter Todesandrohung bin ich abtrünnig geworden. Bei meiner Entscheidung habe ich gehofft, einmal meinen Leuten helfen zu können. Trotzdem habe ich mich vor dir schuldig gemacht, ich habe den Tod verdient, verfüge über mich."

„Meinst du es ehrlich? Oder bist du ein Spion? Ich werde dich prüfen. Du wirst nicht gefesselt. Tideweg weist dir eine Jurte zu. Verlass nicht den Aul."

Später befragt Kaskarbei Khan Tekes. Der bestätigt, dass Fürst Tolog zuverlässig sei und seine Aussage richtig ist.

„Nach dem nächtlichen Kampf habe ich bis jetzt nicht mit ihm gesprochen, ich wollte erst deine Befragung abwarten!"

„Was meinst du, was mit ihm geschehen soll?", fragt ihn Kaskarbei.

„Er soll in unserem Tal in meiner Nähe wohnen", war die klare Antwort.

„Sollten wir mal gegen Alokä kämpfen, wird er uns sehr nützlich sein." Tolog bewohnt nun eine Jurte im Tal des Khans Tekes. Der soll mit Tolog sprechen. Es muss doch etwas von Alokä zu berichten sein.

„Ich weiß nicht viel", sagt er bescheiden. Die meiste Zeit wurde ich als Sklave behandelt. Aber einige seiner Krieger, die mich als Fürst kennen und achten, haben mir manches berichtet. So habe ich erfahren, dass Großauge, der Zauberer, immer zu Alokäs Füßen auf der untersten Stufe vor seinem goldenen Thron sitzt. Er hat eine große Glaskugel in seiner Hand und sagt ihm, was bis zu einer Entfernung von vierzig Tagesritten geschieht. Mehrmals täglich wird er gefragt:

„Was siehst du?" Und der berichtet, was die Kugel zeigt. Einmal sagte Großauge:

„Ich sehe über hunderttausend kirgisische Krieger, bereit zum Kampf gegen dich. Sie sind mit Lanzen und Pfeilen aus Eisen bewaffnet, jederzeit zum Angriff gerüstet." Alokä ist in großer Sorge.

„Ich sehe noch mehr: in ihren Reihen wächst ein junger Held heran. Der wird nach dem alten Zauberbuch der Chinesen alle Khane und Völker, die gegen die Kirgisen kämpfen, vernichten."

Fürst Tolog erzählt weiter.

„Angst hat der grausame Khan, tiefsitzende Angst und großen Zorn. Er ist verunsichert und weiß im Moment nicht, wie er sich verhalten soll. In Kürze geht von ihm keine Gefahr aus", beendet Tolog seinen Bericht.

Kaskarbei behält Recht. Immer mehr Flüchtlinge aus dem Westen treffen ein, ganze Sippen mit ihrem Vieh, Kamelen, beladen mit Jurten und Hausrat. Die Verstreuten aus dem Gebirge sammeln sich bei den Himmelsbergen. Ein Dorf nach dem anderen entsteht. Kaskarbei bittet die Khane Panus und Tekes zu sich.

„Das Tal, in dem ihr lebt, wird zu eng für so viele Menschen mit ihren Herden. Wenn es nicht genug Weiden und Wasser gibt, wird Streit entstehen. Besprecht euch. Einer könnte mit etwa der Hälfte der Bewohner und Herden in eurem Tal bleiben. Der andere zieht weiter. Laila und Scholdon werden helfen, ein neues Tal zu finden. Sicher werden noch mehr Verlorene und Vertriebene zu uns kommen. Für sie ist es besser, beschützt im Tien-Schan zu wohnen, als einsam in versteckten Tälern. Kann ich auf eure Zustimmung hoffen?“ Beide nicken.

„Sie werden richtig entscheiden“, denkt Kaskarbei.

Laila und Scholdon machen sich zusammen mit Panus und Tekes auf die Suche. Sina und Jaglagar schließen sich dem Trupp an. Bald ist ein geeignetes Tal gefunden. Für das neue Khanat ist es sehr gut. Jaglagar ist ein besonders aufmerksamer Beobachter. Er kriecht in jede Ecke. Als Erster erklimmt er auf einem schmalen Pfad die steile Felswand, die das Tal einrahmt.

„Da hinauf kann man nur zu Fuß“, erklärt er fachkundig. Er findet auch die einzige Quelle und folgt dem Wasserlauf. Dass es in einem kleinen Gehölz Wild gibt, entdeckt er auch. Der spätere Umzug geht geräuschlos von statten. Wer als Neuankömmling kommt und sesshaft werden will, hat die Wahl, wo er sich niederlässt. Khan Tekes zieht weiter, während Panus in dem ersten Tal bleibt.

„Ob unser Sohn jemals die Reife erreichen wird, ein großer Khan zu sein?“ fragt eines Tages Kaskarbei seine Frau.

„Das ist schwer zu sagen. Momentan schart er einige Jungen um sich, auch ältere, mit denen er jeden Tag unterwegs ist. Sie reiten ins Gebirge und auf die Jagd. Dann bringt er gelegentlich ein Stück Wild nach Hause. Oder sie sind mit Scholdon bei den Herden. Die waren auch schon in kleine Kämpfe mit Viehdieben verwickelt und haben sie vertrieben. Immer ist Sina bei ihnen. Oft sind sie einige Tage unterwegs. Für mich ist das ein Zeichen, dass er langsam erwachsen wird“, sagt sie.

„Die Horde verehrt ihn. Die scheinbaren Spiele sollten wir sehr ernst nehmen.

Es würde mich nicht wundern, wenn sie ihn eines Tages zu ihrem Khan wählen würden."

„Das ist aber weit hergeholt. Das sind doch noch Kinder", sagt Kaskarbei.

„Eine Mutter sieht das anders", sagt sie weiter.

„Vor einigen Wochen berichtete er, dass sie heimlich eine starke Horde Uiguren beobachtet haben. Die zogen auf die kasachische Seite. Als das Gelände übersichtlich wurde, haben sie die Verfolgung aufgegeben. Sie wollten nicht erkannt werden. Der feindliche Reitertrupp muss nichts bedeuten, aber warum streunen große Kriegshorden umher? Seit dem großen Kampf deines Vaters in der Gobi haben wir Frieden. Wer sagt uns aber, dass das so bleiben wird?"

Kaskarbei bleibt nachdenklich zurück. „Uiguren ziehen umher", sagt er leise zu sich. „Das ist ungewöhnlich." Kaskarbei erinnert sich an Khan Schadenbeg, der die Schlacht verloren und ohne Widerspruch eine Strafe gezahlt hat. Er versicherte, nicht mehr gegen die Kirgisen zu kämpfen. Sollten wir angegriffen werden, wollte er mit seinen Kriegern an unserer Seite gegen die Feinde der Kirgisen kämpfen. Vielleicht hat er seine Meinung geändert. Er ist schließlich besiegt worden. Oft wachsen bei den Unterlegenen Rachegelüste. Es ist an der Zeit, dass Laila Kontakt zu Schadenbeg aufnimmt und die Lage klärt. Von meinem Minister Adrasil, dem Späher, höre ich auch nichts. Vielleicht ist die Beobachtung Jaglagars ohne Bedeutung? „Haben deine Leute bemerkt, dass sich Truppen bei den Uiguren zum Krieg rüsten?", fragt er Adrasil, und Kaskarbei berichtet ihm von der Beobachtung seines Sohnes.

„Nein, keiner meiner Melder hat darüber berichtet. Vielleicht war zufällig eine Reitergruppe auf der Jagd. Ab sofort werden wir die Gegend aufmerksam beobachten", sagt Adrasil. Tatsächlich gibt es keine weitere Truppenbewegung. Kaskarbei ist beruhigt. Trotzdem beruft er eine Versammlung ein. Außer der Begegnung mit den Uiguren, die von je her Erzfeinde der Kirgisen sind, gibt es weiter Punkte, die besprochen werden müssen. Seine Minister, alle Khane und die Ältesten nehmen daran teil. Die Jurte ist voll besetzt. Burkut-Khan führt den Vorsitz. Zum Beginn der

Versammlung bricht ein Tumult aus. Was ist los? Eine Gruppe Jugendlicher mit Jaglagar an der Spitze will sich Einlass erzwingen. Kaskarbei ist empört.

„Was wollt ihr?“ fragt er barsch.

„Wir wollen als Zuhörer an der Sitzung teilnehmen. Denn was besprochen wird, geht auch uns an!“, sagt Jaglagar. Kaskarbei ist irritiert. Er will keine öffentliche Diskussion vor den Versammelten. Tideweg flüstert leise und sehr vertraulich:

„Mein Freund, es hat eine Zeit gegeben, da saßen wir zwei auch draußen an der Jurte deines Vaters und haben die Sitzung belauscht. Erinnerst du dich? Später durften wir rein!“ Kaskarbei stutzt einen Moment, dann sagt er zu den Eindringlingen:

„Hinten an der Wand könnt ihr euch setzen. Nur unter einer Bedingung; ihr seid nur Zuhörer.“

„Wir werden schweigen“, sagt Jaglagar. Keiner der Anwesenden hat einen Einwand. Burkut-Khan beginnt mit der Sitzung.

„Minister, Khane und Heerführer, Ihr Ältesten; auch ihr jungen Dschigiten, die ihr so begierig Einlass gewünscht habt, euch alle begrüße ich. Diese Versammlung ist erforderlich. Jeder wird schon von Alokä gehört haben. Er ist ein Vasall der Khane Chinas und unterdrückt unser Volk. Seine Grausamkeit ist unvorstellbar. Kirgisen werden zu Sklaven, er stiehlt unser Vieh und tötet seine Widersacher.

Unter uns befinden sich auch die Khane Koketeh aus dem Fergana, Panus aus Taschkent und Tekes aus Sarmakand. Diese Männer und ihre Völker haben das geschilderte Schicksal erlitten und sind deshalb zu uns gezogen. „Seid bei den Himmelsbergen herzlich willkommen, ebenso die mit euch gekommen sind“, sagt er zu den Khanen. „Sichere Täler, Weiden und Wasser gibt es hier für alle. Hier seid ihr zuhause.“ Kaskarbei macht eine Pause.

Dann fährt er fort: „Seit der großen Schlacht in der Gobi, haben wir Frieden. Gelegentlich mussten wir uns zwar gegen Viehdiebe wehren. Aber auf dieser Ruhe dürfen wir uns nicht ausruhen. Der Frieden kann schnell vorbei sein.

Vor Kurzem wurde eine Horde Uiguren auf dem Weg in das Land der Kasachen beobachtet. Ich schließe daraus, dass sie auf der Jagd waren. Sie verhielten sich auffällig. Ich habe Minister Adrasil aufgefordert, auf eine mögliche Gefahr zu achten. Unsere Melder sind zu unserem Schutz Tag und Nacht unterwegs.

Talasbeg schult die Dschigiten, die jeder Zeit einen Angriff abwehren können. Alle Wehrfähigen und Gesunden haben sich zum Dienst gemeldet. Scholdon betreut die Herden. Er sorgt für ausreichend Pferde, falls es einen Kampf geben sollte, auch für Kamele und Yaks als Transporttiere und Vieh für die Verpflegung. Satilgan ist zuständig für Waffen aus Eisen. Er wird vom Fürsten Kulatov, den Eisengießern und Schmieden unterstützt. So erleben wir keine Überraschung."

Fürst Tologs und Khan Tekes berichten von Alokä. Die Versammlung schließt mit vielen guten Vorsätzen. Jaglagar und seine Getreuen verlassen schweigend die Jurte. Draußen bleiben sie zusammen und besprechen das Gehörte.

„Was können wir zum Frieden beitragen?", fragt Donlog, sein erster Gefolgsmann. So recht weiß es keiner.

„Wir melden uns zur Ausbildung als Dschigiten bei Talasbeg", sagt einer. Da werden sie als erstes gebraucht, sind sich alle einig. Auf diese Entscheidung sind sie stolz. Sina meldet sich mit energischer Stimme.

„Und was wird aus mir? Gehöre ich nicht zu euch?" An das Mädchen hatte keiner gedacht. Die Jungen schweigen verlegen. Donlog fasst Sina am Arm, stellt sie in die Mitte und fragt: „Sieht Sina wie ein Mädchen aus?" Bisher hat keiner der Jungen die Verlobte des Jaglagar so betrachtet. Sie gehört doch zu ihnen. Jetzt sehen plötzlich alle genauer hin, aber keiner stellt etwas Entscheidendes fest. Sie kleidet sich wie die Jungen; Stiefel, Hose aus Leder, der Chalat verschwindet im Hosenbund und sie hat kurze Haare. Nun wird die Situation komisch, trotzdem lacht niemand. Dann sagt Donlog:

„Sie muss erst eine Frau werden. Nach der Hochzeit mit Jaglagar ist sie kein Dschigit mehr und das Problem ist gelöst!" Die Frage ist beantwortet. Weiter wird darüber nicht gesprochen. Die Sieben melden sich geschlossen bei Talasbeg. Der ist über den Zuwachs erfreut. Dass auch Sina zur Gruppe gehört, stört ihn nicht. Er kennt sie und weiß, dass sie die Braut Jaglagar ist. Darüber wird nicht gesprochen. Sie sieht aus wie die Jungen, das reicht ihm. Talasbeg wird nachdenklich. „Noch sieht sie aus wie ein Junge? Aber wie lange?" Soviel versteht er von Frauen, ihr Körper wird sich verändern.

„Das kann schnell gehen. In zwei bis drei Jahren ist es zu sehen. Ich schicke die Sieben erstmal zu Satilgan. Er soll ihnen einen Brustpanzer anpassen.“ Satilgan kennt Sina ebenfalls. Sein Erstaunen über Sinas Entscheidung, dass sie ein Dschigit werden will, lässt er sich nicht anmerken. Für die Jungen ist der Auftrag schnell erledigt. Sie sind schnell versorgt. Dann sagt er: „Mein Vorrat an Panzern ist mir ausgegangen, einen muss ich noch anfertigen. Das wird eine Zeit dauern.“ Die sechs entfernen sich. Sina bleibt. Seine Ausrede entspricht nicht der Wahrheit. Es sind noch welche da. Aber an dem Panzer des Mädchens will er etwas ändern. Er hat die gleichen Gedanken, wie Talasbeg:

„Aus Kindern werden Erwachsene.“ Mit dem Schmied Tursale bespricht er die Änderung. Nachdem der Panzer glühend ist, dengelt der Schmied an beiden Seiten im Brustbereich tellerförmig eine nach außen weisende, Wölbung hervor, sie wird ihn unter ihrem Chalat tragen, über einem Wollhemd zum Schutz der Haut.

„Wenn du deinen Chalat locker wie eine Bluse trägst, bemerkt niemand den Brustpanzer“, empfiehlt ihr Talasbeg.

„Jetzt bin ich ein richtiger Dschigit“, freut sie sich. Es melden sich noch weitere Männer bei Talasbeg. So wächst sein Heer von Tag zu Tag. Das freut nicht nur den Minister, sondern ganz besonders Kaskarbei. Von der Entscheidung der Jungen erfährt er vorläufig nichts.

Talasbeg schafft Struktur in seine Truppe. Er erklärt Kaskarbei seinen Plan:

„Wir müssen eine Gliederung schaffen, ich werde Gruppen bilden. Die kleinste soll, aus zehn Soldaten bestehen. Jeder Soldat lässt sich zu zehn Mann gezielt einsetzen. Einer ist für sie verantwortlich und kümmert sich darum, dass ausreichend Waffen und Reittiere vorhanden sind. Ist etwas nicht planmäßig, muss Meldung gemacht werden. Die nächste Gruppe ist eine Hundertschaft, aus zehn Untergruppen zusammensetzt. Auch sie hat einen Führer. So soll der Aufbau weitergehen. Die nächste Einheit ist die Tausendschaft, die von einem Heerführer befehligt wird, und letztlich bilden fünf Tausendschaft eine Armee, befehligt von einem General. Alle Einheiten stehen unter dem Oberbefehl des Ministers, der bei allen Entscheidungen mit dir als Khan-Khan abstimmen muss. So können wir gezielt bei einem Feldzug unsere Dschigiten in den Kampf führen. Ich werde

Jaglagar zum Führer einer Zehnerschaft ernennen“, teilt er Kaskarbei noch mit.

Die Erde bebt und rumpelt in der Nacht.

„Was ist los?“ schreit Kaskarbei. Unsanft aus dem Schlaf gerissen springt er mit einem Satz von seinem Bett auf. Ihm ist klar, ein Erdbeben. Das Rütteln hört nicht auf! Die Jurte wird hin und her geschüttelt. Nichts wie raus und Halt suchen, um nicht zu stürzen. Von den Innenwänden fallen Gegenstände lärmend auf den Boden. Ja, die Erde bebt. Vor Kurzem gab es schon einmal Stöße. Auch früher im Altai. Damals war er noch Kind.

Jetzt erlebt er es wieder. Die Menschen rennen schreiend vor ihre Jurten. Ein gewaltiges Beben. Es dauert und dauert viele Herzschläge lang. Durch die Wucht der wackelnden Erde wirft der Berg in der Nähe des großen Tales, in dem die Dörfer stehen, mit gewaltiger Kraft dicke Gesteinsbrocken durch die Luft. Am Morgen ist dann zu sehen, dass er seine ursprüngliche Höhe verloren hat. Geschrumpft grüßt er am Morgen bei Sonnenaufgang das Trümmerfeld im Tal. Das Beben hat eine tiefe und breite Rinne quer über den freien Platz in die Erde geborsten. Ein Graben, der sich bei jedem Nachbeben verbreitert hat. Im Gebirge haben sich neue Berge aber auch Täler, die zu Seen werden, gebildet. Auch die Läufe von Flüssen und Bachläufen suchen sich neue Wege. Viele Pässe sind verschüttet.

Entsetzt machen die Menschen einen Bogen um den Graben. Noch hat niemand Schaden genommen. Die Angst vor der Tiefe ist groß.

Die Erde beruhigt sich nicht. Neue Erdstöße bilden weitere Spalten. Eine Herde, die an dieser Stelle verängstigt steht, stürzt mit grausigem Gebrüll in den dunklen Schlund. Die Erde kommt nicht zur Ruhe. Die Familie des Khans ist beim ersten Erschüttern nach draußen gerannt. Der Platz ist voll Menschen. Schreiend hasten sie durcheinander.

„Das war noch nicht alles“, sagt ein Greis.

„Es kommt noch mehr“, und begann aus seiner Jugendzeit zu erzählen. Es rumpelt immer wieder, sodass er unterbrochen wird.

Nurka irrt zwischen den schreienden Menschen umher und sucht ihre Kinder. Diese sind zwar erwachsen und helfen sich selbst. Das kommt ihr aber nicht in den Sinn.

Sie stürzt über einen Stein. Dabei bemerkt sie gerade den Schatten, der an ihr vorbeisaust. Sie liegt zwischen zwei Felsbrocken auf etwas Warmen.

Unter ihr wabert etwas Weiches. Vor Entsetzen springt sie schreiend auf. Ihre Hände sind feucht und rot gefärbt. Der helle Körper eines toten Tieres liegt vor ihr. Es muss ein junger Schneeleopard sein, der von einem Stein erschlagen wurde. Das Tier hat gewiss aus Angst die Nähe der Menschen gesucht. Das ist nun sein Ende.

Das Beben lässt nach. Außer einigen leichten Erschütterungen ist es ruhig wie vorher. Jaglagar, Bachtjar und Sina kommen unbeschadet nach Hause. Mit dem Instinkt der Krieger konnten sie allen Gefahren ausweichen.

Die Kirgisen und das Vieh, die in den Erdspalten versunken sind, werden mit Steinen bedeckt. Niemand glaubt, dass es noch Lebende gibt. Diese Art Beisetzung ist bei den Nomaden üblich. Die Steine schützen die Leichen vor Wildtieren. Die Leute säubern den Dorfplatz und schützen sich damit vor Seuchen. Bald ist die Umgebung der Jurten gesäubert und fast alles ist wie vorher. Es gibt eine Trauerfeier mit reichlich Kumys und Fleisch, an der die Bewohner aller Dörfer des weiten Tales teilnehmen. Alle trauern. Das Leben geht weiter und nach einigen Tagen ist für die meisten wieder alles wie vorher. Sie haben ihre Pflicht an den Toten erfüllt.

Anders sieht es bei denen aus, die Vieh verloren haben. Zwar sind Tiere nicht wertvoller als Menschen, aber es ist ihre Existenz. Vor einer falschen Einstellung möge sie der Tenir schützen.

Ein Erdbeben ist nicht nur Zerstörung, es kann auch nützlich sein. Kulatov, sein Schmied Tursale und einige Männer machen sich auf den Weg ins Gebirge. Mit Bergbrüche und Geröllabstürze legen die Berge auch manche Schätze frei. Erz und Kalkstein wird für Waffen und Rüstungen gebraucht. Mehrmals steigen sie auf ins Gebirge und kommen mit beladenen Lasttieren zurück. So hat das Beben nicht nur Opfer gekostet, sondern auch etwas gegeben. Sachen gegen Menschenleben ist kein guter Tausch. Trotzdem, Nomaden messen eben mit anderen Maßstäben. Es ist nach ihrem Glauben der „Menke-Kökö-Tenir“, der die Geschicke des Volkes lenkt.

Von Adrasil erfährt Kaskarbei, dass im Altai bei den Kirgisen Aufbruchstimmung herrscht. Sippen und Stämme sind bereits unterwegs zu den Himmelsbergen.

„Meine Späher haben das erkundet und auch mit den Trecks Kontakt gehabt. Immer mehr Menschen sammeln sich in ihrer angestammten Heimat am Tin-Schan, dem Yssyk-Kul und Fluss Talas.“

„Gibt es auch eine Nachricht von Khan Usenov aus Sibirien?“ fragt Kaskarbei.

„Meine Späher berichten, dass dort auch reges Treiben herrscht. Immer mehr Menschen vom Stamm Gekun sammeln sich mit Lasttieren und Herden zum gemeinsamen Aufbruch.“

Kaskarbei denkt.

„Kommt Usenov mit seiner Familie, werden sie wohl bald auf die Hochzeit von Jaglagar und Sina drängen. Er weiß aber die jungen Leute nicht einzuschätzen. Sie sind immer zusammen, wie es die Sitte verlangt.“ Stark mit seinen eigenen Problemen beschäftigt, ist er ablenkt.

„Ich muss dringend mit Nurka sprechen“, denkt er. Dabei fällt ihm ein was sein Vater über Jaglagar vorhergesagt hat.

„Frauen wissen über Hochzeiten besser Bescheid.“ Ihm wird bewusst, dass er wenig über seinen Sohn weiß.

„Ich werde mich um ihn kümmern“, nimmt er sich vor. „Vorher werde ich mit Scholdon, Adrasil und Talasbeg sprechen. Jaglagar ist intensiv in ihrer Obhut und hat zu ihnen mehr Kontakt. Meine Vertrauten wissen mehr über ihn, als ich. Klagen kamen keine über ihn. Ein gutes Zeichen.“ sagt der Vater.

„Mein Mann, ich freue mich, dass du endlich an die Hochzeit unserer Kinder denkst. Die sind so mit sich selbst beschäftigt, dass ihnen ihr Erwachsensein nicht bewusst ist. Ihnen wird es ebenso ergehen, wie es uns damals ergangen ist. Als wir uns nach vielen Jahren endlich gefunden hatten und einmal zusammen waren, bist du in den Kampf gezogen und hast mich schwanger zurückgelassen.“ Nach einer Pause fuhr sie fort:

„Sina scheint zwar nicht schwanger zu sein, aber sie ist mit Leib und Seele Dschigit. Sie kann perfekt mit Waffen umgehen, trägt einen Brustpanzer, reitet und kämpft wie ein Mann. Sie galoppiert in vorderster Reihe neben Jaglagar“, hat mir Scholdon berichtet.

„Die Sieben, Jaglagar mit den fünf Gefolgsleuten, sind eine verschworene Truppe. Ich bezweifle, dass die beiden an ihre Hochzeit denken. Bei ihnen wird es am Ende sicher ähnlich sein wie bei uns.“

„Mir ist nur nicht klar, was Usenov und Mira dazu sagen werden“, wendet Kaskarbei ein.

„Zuerst gibt es sicher Ärger, weil es die nach der Tradition vorgeschriebene Hochzeitsfeier nicht geben kann. Mira hält viel auf Etikette. Ich glaube aber, dass sie am Ende zustimmen werden.“

Tideweg hat die Unterhaltung wortlos verfolgt. Er ist ja in alles, was in der Familie passiert, eingeweiht. Nun aber will er das Thema auf den Punkt bringen:

„Wir und viele andere bei den Bulut kennen die Weissagung Goghus-Khans über euren Sohn. Als Held wird er Manas heißen. Momentan ist er noch in seiner Welt gefangen. Zwar haben Sina und seine fünf Gefolgsmänner ihn zu ihrem Khan erhoben, aber was wird sein, wenn wir in einen Kampf verwickelt werden? Last uns mit Adrasil, Scholdon, Talasbeg und Laila beraten. Auch heikle Themen können besprochen werden.“

Im Beratungszelt findet das Treffen statt. Ohne lange Umschweife fragt Kaskarbei:

„Wie wird mein Sohn allgemein eingeschätzt? Ich bitte euch um eure Meinung. Ihr habt den meisten Kontakt zu ihm. Seid ehrlich zu mir und verschweigt nichts.“

Scholdon brennt darauf etwas zu sagen. Er berichtet über seinen Schützling. Fast täglich ist er mit ihm zusammen. Als Onkel hat er den engsten Kontakt zu ihm. Bevor Scholdon mit seinem Bericht beginnt, sagt Kaskarbei zu ihm:

„Wir wissen, wie eng ihr befreundet seid, verliere dich deshalb nicht in langatmige Schwärmerei. Sei sachlich in deinem Bericht.“

„Meine erste Aufgabe war es“, beginnt er, „mit Jaglagar über die wirtschaftliche Stärke der Bulut zu sprechen und ihm unser Vermögen bewusst zu machen. Wir hielten uns viel bei den Herden auf. Er ist geschickt bei der Pflege der Tiere, hilft bei Krankheiten und Geburten. Vor allem liebt er sie. Zu den Hirten ist er freundlich und hat an allem großes Interesse. Öfter hat er gegen Räuber und Viehdiebe gekämpft. Furchtlos hat er sich als ein guter Dschigit bewährt. Auch im Schreiben, Lesen und Rechnen ist er talentiert. Von der letzten Karawane kaufte er bei den Händlern Papier und Schreibzeug und schreibt Listen. Er zählt die Tiere nach Geschlecht und Alter. Die Herden will er nach Gattungen trennen, damit wir immer einen guten Überblick haben. Ich kann nur das Beste über ihn berichten."

Scholdon ist stolz, so viel Gutes über seinen Schützling erzählen zu können.

An Laila gewandt, fragt Kaskarbei:

„Was hast du zu berichten. Ihr seid doch zusammen zu den Khanen Panus und Tekes geritten?"

„Mich hat die kluge Taktik beeindruckt, mit der Jaglagar bescheiden, aber überzeugt, eine Kriegslist vorschlug. Wir haben damit bei dem nächtlichen Angriff Alokäs gesiegt. Der Junge hat Talent. Bei dem langen Ritt war sein Verhalten klug. Er ist ein tapferer Dschigit. Ich kann nur Gutes über ihn sagen."

„Nur Gutes, nur Gutes", denkt Kaskarbei.

„Kein Mensch ist fehlerfrei, auch mein Sohn nicht." Kaskarbei ist verunsichert. Er sieht als Vater bei seinem Sohn manchen Fehler. Er ist also sehr beliebt, dass ihm so viel Anerkennung erwiesen wird.

Nun empfindet er vorsichtig etwas Stolz, ohne ihn zu zeigen.

Er wendet sich an Talasbeg. Der trägt in der Hauptsache Verantwortung für die Ausbildung und den Einsatz der Soldaten. Jaglagar hat sich mit seinen Gefolgsleuten die meiste Zeit bei ihm aufgehalten.

Auf seinen Bericht wartet der Vater nun besonders. Ist sein Sohn ein brauchbarer Dschigit geworden? Es ist Friedenszeit und er konnte sich bisher nicht im Kampf bewähren. Das gilt vor allem für die jungen Krieger. Kaskarbei erinnert sich an seine Jugendzeit, als er mit tausend Dschigiten in seinen ersten großen Kampf gezogen ist. Einen Sieg nach dem anderen errang er. Wie kann er Jaglagar an seinen Erfolgen messen? Kaskarbei erkennt, sein Maßstab ist unrichtig. Er will sich die Frage jetzt nicht stellen, ob er der Große, wie geweissagt, sein wird. Trotzdem hat er Sorge um Jaglagar. Land auf, Land ab, ist bekannt, was Goghus-Khan vorhergesagt hat. Jetzt will er nicht spekulieren und wendet sich an Talasbeg.

„Berichte", bittet er ihn.

„Über deinen Sohn habe ich viel zu erzählen. Ohne Zwang kam er mit seinen Leuten zu mir. Die Sieben sind mit Begeisterung in die Truppe eingetreten. Die Strapazen der Übungen haben sie ohne Murren auf sich genommen. Jaglagar konnte ich eine Zehnerschaft anvertrauen. Bei den

Übungen war er mit seinen Leuten der Beste. Kampfspiele waren seine Freude. Abends, bei Fleisch und Kumys sitzend, wurde der Tag besprochen. Jaglagar und seine Truppe waren immer beim Genuss des Kumys enthaltsam. Die Gefolgsleute sprachen ihren Führer nur mit Khan an. Sie verehren ihn. Bei den Gesprächen werden oft gute Gedanke geäußert. Jaglagar sagte zum Beispiel:

„Wir sollten die Herden nach Rassen trennen. Pferde müssen bei einem Angriff am besten erreichbar sein. Sie können in einem versteckten Tal mit fetter Weide stehen. Ebenso eine Jurte mit Waffen. Die Truppe steht bei einem Angriff sofort mit voller Ausrüstung bereit, auch die Meldereiter. Weitere Krieger, die bei ihren Familien weilen, haben ihre Pferde bei sich und sind demnach in Kürze zur Verteidigung bereit. Außerdem wäre es gut, Kamele für den Nachschub auf einer anderen Weide, getrennt von den Nutztieren zu halten. Ebenso sollte eine Anzahl Soldaten zu stationieren sein. Für die Flucht unserer Familien sind bei den Jurten Yaks und Kamele wichtig. Außerdem wäre es nützlich, wenn je eine Hundertschaft bei den Herden wacht.“ Er machte noch weitere Vorschläge, wovon mir die meisten nützlich erschienen. Damit qualifiziert er sich immer mehr und wird mir zu einem unentbehrlichen Berater.“ Ohne Übertreibung hat Talasbeg seine Erlebnisse geschildert, von zustimmendem Kopfnicken und leisen Bemerkungen begleitet. Aufmerksam folgen alle dem Bericht. Die leuchtenden Augen Kaskarbeis sieht niemand. Der erhebt sich, geht raus und wischt verschämt eine Träne von der Wange. Was er gehört hat, beeindruckt ihn. Seine Entwicklung ist völlig an ihm vorbeigegangen. Er hat nicht bemerkt, dass er ein Mann geworden ist. In seinen Augen war er noch das Kind. Dann ist sein inneres Gleichgewicht wiederhergestellt. Beim Eintritt in die Jurte staunt er. Stehend klatschen seine Berater.

„Danke für eure Berichte“, sagt er.

„Ihr habt sie mir geliefert. Was ich gehört habe, stärkt mir die Hoffnung auf eine gute Zukunft. Ich danke euch! Wir haben von der Sicherheit gegenüber unseren Feinden gesprochen. Außer einigen Geringfügigkeiten, wie etwa Viehdiebstähle, ist um uns herum alles ruhig. Oder täuscht dieser Eindruck. Aus der Geschichte unseres Volkes wissen wir, dass es immer wieder Kämpfe geben wird. Vor allem gegen Türken und Uiguren. Die

Ruhe darf uns nicht in einer falschen Sicherheit wiegen, stets für die Verteidigung bereit zu sein ist alles.

Was hat Alokä für Pläne, und was wissen wir von den Uiguren, die ihren Hauptsitz in der Gobi haben? Auch von den Mandschu, Mongolen, Dschungaren und Tyrgauten wissen wir nichts. Adrasil, was für Meldungen bringen deine Späher? Müssen wir etwas befürchten?“ Bei dieser direkten Frage zuckt der Angesprochene zusammen. Er fühlt sich ertappt. Den ganzen Tag stellt er sich die kritische Frage, ob er alles für die Sicherheit getan hat. Er weiß, ein plötzlicher Angriff ist immer möglich. Noch vor der Antwortet beschließt er, in der Zukunft noch gewissenhafter seine Pflicht als Minister zu erfüllen.

„Bis jetzt kann ich von keiner akuten Gefahr berichten“, beginnt er. „Das schließt aber nicht aus, dass wir unerkannt Feinde haben. Bei unserem Wohlstand kann es leicht zu Begehrlichkeit kommen. Meine Meldereiter haben jedoch nichts Verdächtiges festgestellt. Alokä steht aber unter Verdacht. Er residiert als Vasal Chinas und hegt großen Hass gegen unser Volk. Seit ich davon weiß, frage ich mich, wie können wir ihn besiegen. Er ist eine Gefahr für die Kirgisen. Außerdem verfügt er über ein Heer. Meine Idee ist es, dass sich einer unserer Leute als Spion unter seine Leute mischt, um seine Absichten zu erkunden. Da fällt mir Fürst Tolog ein. Der war doch Gefangener des Alokä. Sicher hat er beim einfachen Volk Freunde, die ihm über seine Absicht etwas sagen können. So erfahren wir, was dieser Schakal vorhat.“

„Der Vorschlag gefällt mir. Ich werde Fürst Tolog fragen, ob er zustimmt. Er ist gewiss der Einzige, der infrage kommt. Er hat uns ja bereits einen kleinen Einblick in das Verhalten Alokäs gegeben. Nach seinem Bericht sitzt der Zauberer Großauge immer in seiner Nähe. Mehrmals täglich will der Khan wissen, was die gläserne Zauberkugel zeigt. Ich danke dir für den guten Vorschlag“, sagt Kaskarbei. „Berichte weiter.“

„Was die Uiguren angeht“, fährt Adrasil fort, „da habe ich Bauchschmerzen. Sie sind über viele Jahrhunderte unsere besten Feinde. Als du sie damals besiegt hast, gaben sie dir bereitwillig den Tribut. Sogar das Versprechen, als Verbündete an deiner Seite gegen unsere Feinde zu kämpfen. Versprochen ist schnell etwas werden die Uriguren ihre Zusage halten? Ich habe Zweifel. Wir sollten den Kontakt suchen. Mir steht es nicht zu, Aufgaben zu verteilen. Sollte ich einen Rat geben dürfen, erscheint mir Minister Laila der Richtige für ein Gespräch mit Khan Schadenbeg und dem Heerführer Hilmatov zu sein. Mit einigen Dschigiten und weißer Fahne käme er bei den Uiguren sicher gut an. Das wäre ein Besuch unter Freunden. So könnte er ihre Einstellung erkunden und auch über Alokä sprechen. Den Vorschlag deines Sohnes, die Herden nach Geschlecht zu trennen, kann ich nur unterstützen. Jetzt ist noch Zeit, uns vorzubereiten."

Nach der Versammlung sitzt der Khan lange auf seinem Platz. Die Sorge um Jaglagar ist verflogen.

„Der verhält sich klug. Ihm fehlt nur noch die Erfahrung schwerer Kämpfe. In seinem Alter war ich auch nicht bessergestellt", denkt er.

„Ich werde ihn für die Verhandlung mit Laila zu den Uiguren schicken, damit er spionieren lernt. So kann er auch ein Auge auf Laila richten." Den Plan bespricht er mit Tideweg. Laila und Jaglagar sind begeistert. Der kleine Trupp reitet los, und Kaskarbei hofft auf Erfolg. Krieg passt nicht in seine Pläne. Lange dauert es bis zur Rückkehr der Abordnung.

Fürst Tolog hat zuerst Bedenken, diesen Auftrag anzunehmen. Er sieht aber die Notwendigkeit ein. Er ist aus der Gewalt Alokäs befreit worden. Kaskarbei spricht mit Tolog. Jetzt ist dafür eine gute Gelegenheit. Seit der in der Nähe nahe des Khans Tekes lebt, ist das heute die erste Begegnung.

„Hast du dich im Tin-Schan eingelebt?", fragt Kaskarbei.

„Fern der vertrauten Umgebung zu leben ist nicht leicht. Wie geht es dir?"

„Ich bin mit meinem Schicksal zufrieden", antwortet er.

„Eine bescheidene Antwort", denkt Kaskarbei.

„Du hast eine schwere Zeit hinter dir. Zufriedenheit erfordert viel Mut. Sie ehrt dich. Hast du Pläne für die Zukunft, und möchtest du darüber reden?"

„Ich stehe noch unter dem Eindruck meiner Erlebnisse. Pläne habe ich keine. Ich bin dir dankbar, dass ich gerettet wurde. Wäre es mir möglich, nähme ich an diesem Scheusal furchtbare Rache."

Kaskarbei horcht auf.

„Was hat er gesagt?", fragt er sich erstaunt.

„So groß ist sein Hass? Ist er für die Aufgabe, die ich ihm übertragen will, der Richtige? Er ist aber ein im Kampf erprobter Krieger, dem ich einiges zumuten kann. Ich versuche es“, denkt Kaskarbei.

„Kann ich dir eine besondere Aufgabe übertragen? Trotz der Bedenken werde ich es tun. Ich brauche einen zuverlässigen Mann, dem ich voll vertrauen kann.“

Tolog sagt: „Ich werde dich nicht enttäuschen!“

„Es gibt Grund zu der Annahme, dass Alokä einen großen Angriff plant. Zusammen mit den Uriguren. Wir kennen seinen Plan nicht. Es gilt seine Absicht zu erkunden. Von dir habe ich erfahren, dass du Freunde unter den kirgisischen Sklaven hast. Du als Spion sollst sein Vorhaben herausfinden. Kannst du diese Aufgabe übernehmen?“

„Gerne erfülle ich mit dem Segen des Menke-Kökö-Tenir zum Wohl unseres Volkes deinen Wunsch.“

Eine Weile ist es still.

„Mit dieser Frage habe ich nicht gerechnet, jetzt habe ich mich entschieden“, denkt Tolog.

„Das ist die Gelegenheit, Rache zu nehmen. Zwar wünschte ich sie mir anders, aber Rache ist Rache. Mit dieser Aufgabe kann ich auch meinen Dank für die Befreiung zeigen. Kommt es zum Kampf, kriege ich sicher eine Gelegenheit den verhassten Feind zu töten.“

Tolog antwortet: „Ja, ich übernehme den Auftrag.“ Kaskarbei ist zufrieden, und die Einzelheiten werden besprochen. Tolog verlässt mit einigen Kämpfern den Aul auf heimlichen Pfaden. Abends verzichten sie trotz des kalten Wetters auf ein Feuer. Sie essen ungekochtes Fleisch und trinken dazu Wasser aus der Quelle. Am Tag wärmt die Herbstsonne. Wieder reiten sie mehrere Wochen, bis sie an in ihr Ziel kommen. Das ist die Heimat von Tolog. Wege und Pfade sind ihm vertraut. Wegen seiner Ortskenntnis erkundet er zunächst alleine die Lage. Die Gruppe versteckt sich. Wehmut befällt ihn bei dem Bewusstsein, dass er ein Fremder in seiner Heimat ist. Viele Jahrzehnte hat er mit seiner Familie in der Nähe von Khan Tekes gelebt. Jetzt muss er heimlich reiten. Aber er hadert nicht mit seinem Schicksal. Aus der Gefangenschaft wurde ich befreit, und nun bereite ich die Rache an meinen Feinden.“

Er verdrängt die dunklen Gedanken. In Deckung nähert sich Tolog dem feindlichen Gebiet. Hinter Sträuchern und Felsen versteckt er sich. Alokä ist feige und misstrauisch. Er umgibt sich mit einer Leibgarde und Meldereitern. So erfährt er alles, was außerhalb seiner Residenz geschieht. Angst ist kein guter Ratgeber, sie ist gefährlich. Seine eigene große Vorsicht hilft Tolog. Bei einem Ritt bemerkt er einige Krieger, die sich ihm bei lauter Unterhaltung nähern. In Deckung hofft er, einige Bruchstücke ihres Gespräches zu verstehen. Er sieht genau hin, ob er die Männer kennt. Nein, das sind keine versklavten Kirgisen. Umso mehr ist nun Vorsicht geboten. Er lauscht angestrengt. Erstaunt folgt er der Unterhaltung:

„...dann wird es sicher nicht mehr lange dauern, bis der Kampf beginnt", trägt ihm der Wind Worte zu.

„Wir werden große Beute machen. Es wird erzählt, dass die Jurten der Bulut voll sind mit Gold, Silber und Teppichen sowie riesigen Mengen guter Waffen. Die haben keine Ahnung, dass wir sie zusammen mit den Uiguren überfallen wollen. Die leben verträumt friedlich in ihrer heilen Welt. Riesige Herden sollen sie besitzen, als kleine Gruppen versteckt in vielen abgelegenen Tälern des Tien-Schan. Das haben unsere Reiter ausgekundschaftet. Diese Schlacht wird endlich wieder ein Erfolg für uns. Hoffentlich haben wir nach dem Kampf genügend Lasttiere für unsere Beute", resümierten sie. Unbekümmert, als wären sie weit und breit alleine in der Gegend, reden sie laut. Einen Moment ist Tolog verunsichert. Soll er die kleine Gruppe angreifen und gefangen nehmen? Sie könnten vernommen werden und sicher würden Kaskarbei und Tideweg noch mehr aus ihnen herausquetschen. Aber dann zögert Tolog einen Moment.

„Nicht alle könnte ich gefangen nehmen oder töten. Der Überfall würde sicher bemerkt werden", sagt er sich. „Dadurch schöpft Alokä sofort Verdacht. Wahrscheinlich wird er dann die Wachen verstärken und uns jagen, bis uns die Luft wegbleibt, und wir werden danach nichts mehr von seinen Absichten erfahren. Unbemerkt haben wir die Möglichkeit, noch mehr herauszufinden. Alokä wird sich sicher fühlen. Bleiben wir versteckt." Tolog bespricht sich mit seinen Leuten. Sie stimmen zu. Mit Abstand und Deckung folgt er den Dschigiten Alokäs. Am Abend wird die Gruppe größer. Es treffen aus allen Richtungen weitere Krieger ein, und ein großes Lager bildet sich. Nur wenige Wachen werden aufgestellt.

„Die fühlen sich sicher“, denkt Tolog.

„Das ist die Gelegenheit, nah heranzuschleichen. So werden wir mehr erfahren als bisher. Meine Entscheidung war richtig.“ Die Dunkelheit schützt die Lauscher. Alokäs Leute fühlen sich unbeobachtet und entfachen ein großes Feuer, über das sie Fleischkessel hängen. Einige schlagen Kumys. Wieder beginnt eine laute Unterhaltung. Sie berichten von ihren Erlebnissen. Bei den meisten ist die Erwartung groß bald Beute zu machen. Jeder hofft auf seinen Vorteil. Tolog und seine Leute kriechen näher an den Feind heran, um besser zu hören.

„Deckt eure Augen etwas ab“, weist Tolog seine Leute an, „damit sie nicht durch den Schein des Feuers reflektieren.“ Tolog betrachtet wieder alle Gesichter auf der Suche nach gefangenen Kirgisen, kann aber keine entdecken. Es scheint, als vertraut Alokä den Kirgisen nicht und setzt sie nicht als Späher ein. Die Spione werden auf eine harte Probe gestellt. Der Fleischkessel verbreitet einen verführerischen Duft. Als Krieger sind sie auf Entbehrung geübt und so bewältigen sie auch diese Prüfung. Leicht fällt es ihnen jedoch nicht bei ihrer kargen Mahlzeit. Allmählich legt sich der Lärm der ersten Begegnung. Fleisch und Kumys scheinen die Gemüter zu beruhigen. Nun sind auch erste Gesprächsfetzten zu hören. Einer von ihnen, ihr Anführer, führt das große Wort.

„Wir können unserem Khan wieder berichten, dass wir keinen Kirgisen begegnet sind. Das wird ihn freuen. Ich glaube, die ahnen nicht, was sie erwartet. Da wird ihnen beim unerwarteten Angriff mit den Uiguren, die Luft wegbleiben. Die Überraschung kommt uns bei dem Überfall zugute. Ihr eigenes großes Heer wird ihnen wenig nützen. Vielleicht müssen wir sie erst aufwecken, damit sie sich verteidigen“, lästert er. Lautes Lachen folgt.

„Was siehst du in deiner Zauberkugel“, fragt der Khan täglich Großauge.

„Die Zauberei kann ich nicht verstehen, aber der Khan glaubt daran. Großauge faselt davon, dass die Kirgisen ein Heer von mehr als hunderttausend Mann haben, und immer noch weitere Dschigiten stoßen dazu. Sogar aus dem Altai kommen sie. Alle haben eiserne Waffen. Ganz oft erzählt er von einem jungen Helden, der alle besiegen kann. Lächerlich ist das. Als wenn dieses Volk einen Helden hervorbringen würde. Ich glaube das nicht.“

„Trotzdem“, sagt ein anderer, „wie stark sie auch sind, wir werden siegen und reich werden.“ Tolog zieht sich mit seinen Leuten zurück. Eilig reiten sie fast pausenlos zurück zu den Himmelsbergen. Kein Wort oder Erlebnis vergessend, berichten sie Kaskarbei sofort das Ergebnis ihrer Mission. Scheinbar gelassen hört der sich den Bericht an. Hat er es nicht geahnt, dass sich hinter seinem Rücken etwas zusammenbraut?

„Haben die wirklich gesagt, die leben verträumt friedlich in ihrer heilen Welt?“

„Ja“, bestätigt Tolog.

„Genauso wörtlich.“ Kaskarbei wird rot vor Zorn.

„Diese Bastarde“, brüllt er. Langsam beruhigt er sich.

„Ihr habt die Aufgabe gut gelöst“, sagt er zu Tolog.

„Nun wissen wir woran wir sind. Ich danke euch. Erholt euch erstmal bei Fleisch und Kumys. Darauf habt ihr lange verzichten müssen.“ Kaskarbei bleibt mit Tideweg nachdenklich in der Jurte zurück.

„Warum sind Laila und Jaglagar noch nicht zurück?“ Angst ist nicht sein besonderes Talent. Aber jetzt überfällt sie ihn. Tideweg spricht beruhigend mit ihm:

„Es ist ein weiter Weg durch die Gobi. Außerdem, kommst du bei Nomaden vorbei, wird erst bewirtet. So ein Halt kann lange dauern. Deine Furcht ist sicher unbegründet.“

„Die Uiguren sind unsere besten Feinde. Wir müssen damit rechnen, dass sie etwas gegen uns unternehmen. Was ist, wenn sie unsere Leute gefangen nehmen?“, gibt Kaskarbei zu bedenken. Tideweg versucht, Kaskarbei von diesen Gedanken abzulenken, obgleich ihn die gleiche Sorge quält. „Wir sollten Dschigiten als Spione hinterherschicken, die die Lage erkunden“, meint er.

„Der Führer der Gruppe darf den Uiguren nicht bekannt sein. Was hältst du von Scholdon? Der ist kein Krieger und für diese Aufgabe vielleicht etwas naiv, aber gerade das kann von Vorteil sein.“ Kaskarbei zögert.

„Scholdon ist Nurkas Bruder. Das kann falsch von ihr verstanden werden. Trotzdem, kein schlechter Vorschlag. Es stimmt; der ist jung, unerfahren, ehrgeizig und unbekannt. Ich werde mit ihm sprechen.“ Nurka hat nichts einzuwenden.

„Das wird ihn in seiner Persönlichkeit stärken“, sagt sie. Das Ziel soll sein, Laila und seine Leute zu finden. Sie wählen den direkten Weg zu den Uriguren, ohne versteckte Pfade. Adrasil ist in diese Unterredung mit einbezogen worden.

„Wir sollten zusätzlich auf geheimem Weg durch das Gebirge, kleine Gruppen Dschigiten als Späher schicken. Die Gefahr spitzt sich zu. Wir müssen unseren Feinden zuvorkommen“, schlägt er vor.

Sofort wird dieser Plan umgesetzt.

„Sind die Herden getrennt?“, fragt Kaskarbei, „gibt es genug Waffen und sind Soldaten in Bereitschaft?“

„Ja. Vor allem stehen die Pferde in zwei Tälern. Tausende Dschigiten, Heerführer und eine große Anzahl Waffen sind in Jurten bei den Herden. Alles ist sofort einsatzbereit. Nutztiere für unsere Verpflegung sind auf viele kleine Täler verteilt und gut bewacht. Mehr können wir im Moment nicht machen“, beantwortet Tideweg Kaskarbeis Frage. Alle befinden sich in großer Anspannung. Jetzt heißt es abwarten.

Volle Aufmerksamkeit verlangt ein anderes Ereignis und nimmt Kaskarbei und den Stamm in Anspruch. Die Kirgisen im Altai sind auf dem Weg zu den Himmelsbergen. Meldereiter berichten, dass sich eine gewaltige Karawane durch die Wüste Gobi der Dschungarischen Forte nähert. An ihrer Spitze reitet Khan Usenov. Diese Botschaft weckt in ihm Erinnerungen. Er denkt daran, als vor vielen Jahren der große Kirgisen Stamm, die Bulut, mit seinem Vater Goghus-Khan an der Spitze, in den Tien-Schan gezogen ist. Für eine kurze Zeit nimmt die Vergangenheit seine Gedanken gefangen. Damals war er noch ein junger Krieger. Mit einigen Vertrauten ist er der Karawane entgegen geritten, um als Erster seine Eltern zu begrüßen. Nun kommen die letzten Kirgisen aus dem Altai zurück in die seit Jahrhunderten angestammte Heimat. Kaskarbei hofft, dass auch die letzten noch Verstreuten den Weg zurückfinden werden. In dieser angespannten Zeit ist es eine besondere Gunst des Tenir, dass sich Krieger sammeln. Er bespricht das Ereignis mit Adrasil.

„Wissen deine Reiter, wie viele Dschigiten den Zug begleiten?“

„Nicht genau. Die geschätzte Zahl ist fünfzigtausend. Dazu kommen Alte, Frauen, Kinder und das Vieh“, berichtet Adrasil.

„Das sind viele Menschen. Für alle brauchen wir sichere Täler zum Siedeln mit Weiden und Wasser. Wann werden sie hier eintreffen?“, will Kaskarbei wissen.

„Sie kommen nur langsam vorwärts. Es werden noch einige Wochen vergehen, bis sie hier sind.“

„Besprich das Erforderliche mit Tideweg“, sagt Kaskarbei.

„Die Hälfte der Männer soll sich sofort bei Talasbeg melden, damit sie mit Waffen ausgerüstet werden und solange es möglich ist, für den Kampf üben. Der andere Teil der Männer wird die Familien begleiten und helfen, die Dörfer aufzubauen. Tideweg soll auch genügend Führer für die Suche nach den richtigen Lagerplätzen einsetzen. Er soll auch eine Delegation zur Begrüßung den Gekun entgegenschicken“, ordnet Kaskarbei noch an.

Nurka ist erfreut.

„Nun kann endlich die Hochzeit gefeiert werden“, denkt sie und. ist erfreut und gleichzeitig erschrocken.

„Wie soll das gehen? Jaglagar hat seine Mission mit Laila noch nicht beendet und Sina ist in seiner Begleitung. Niemand weiß, wann sie zurück sein werden. Wie soll ich das Mira erklären? Wie wird Khan Usenov reagieren?“ Es bleiben Fragen. So kommt keine Freude auf. Kaskarbei kann seine Frau nicht beruhigen. Die eigenen Sorgen um die Sicherheit der Kirgisen sind zu groß. Er zieht sich immer öfter mit Tideweg zur Beratung zurück. Die Melder bringen keine wichtige Nachricht. Nirgends wird etwas Verdächtiges festgestellt. Viel Geduld wird gefordert. Erst viel später werden sie erfahren, was geschehen ist. Jetzt gilt es zu warten.

Endlich erreichen Laila und Scholdon mit allen Begleitern gesund das Dorf. Zu lange Zeit sind die Minister unterwegs gewesen. Erleichtert und fröhlich verläuft die Begrüßung. Die Anspannung entlädt sich in guter Stimmung. Die Freude überträgt sich auf die Familien und ihre Kinder, die nun begrüßt werden. Nurka ist erleichtert. Ihr Sohn und Sina sind gesund zurück. Wie hätte es sonst die Hochzeit gegeben? Nach der herzlichen Begrüßung zieht sie sich zurück und weint vor Glück. Sie hat ihren Sohn wieder, um den sie gebangt hatte. Der Trubel nimmt seinen Lauf, Fleisch brodelt in den Kesseln und Kumys wird geschlagen. Es gibt aber auch eine Ahnung, wie gefährlich der Auftrag Lailas und Scholdons gewesen ist. Der Erfolg der Mission ist daran zu erkennen, dass die Männer gesund zurück sind. Was haben sie erkundet? Kaskarbei ist sehr ungeduldig. Er will das Ergebnis des Auftrages wissen. Die Fragen dulden keinen Aufschub.

Er zieht sich mit den Zurückgekommenen sowie Tideweg, Adrasil und Talasbeg zurück. Der Khan kommt sofort zur Sache und sagt: „Laila, erzähle! Was habt ihr erfahren?“

„Der größte Teil des Weges verlief ohne Störung“, beginnt der Minister.

„Wir nähernten uns der Gegend, wo in der westlichen Gobi die Uriguren leben. Uns kam eine Horde Krieger mit erkennbar feindlicher Absicht entgegen. Wir zeigten ihnen gut sichtbar mit weißen Tüchern, dass wir in friedlicher Absicht unterwegs sind. Die Uriguren nahmen darauf keine Rücksicht, brüllten uns an, drängten uns zusammen, und wir wurden bedroht. Als Gefangene trieben sie uns vor Khan Schadenbeg. Der verhöhnte uns und sagte spöttisch:

„Na ihr tapferen Bulut“. Dann werden wir eingesperrt. An den Sonnenaufgängen können wir die Tage im Gefängnis zählen. Es waren zehn. Niemand sprach mit uns. Essen und Trinken wurde durch einen Türschlitz in die schwer bewachte Jurte geschoben. Am elften Tag kam ein Krieger, fesselte uns an Händen und Füßen und führte uns in ein leeres Zelt. Wie die schlimmsten Verbrecher wurden wir behandelt. Dann kam Schadenbeg mit einigen Gefolgsleuten herein. Wir konnten wegen der Fesseln nicht aufstehen, wie es sich vor einem Khan gehört. Dafür wurden wir ausgepeitscht.“ Laila zieht seinen Chalat aus und zeigt den Anwesenden den eitrigen, entzündeten und teilweise vernarbten Rücken.

„Meine Begleiter wurden ebenso behandelt und haben auch Narben. Ohne ein Wort an uns zu richten, mussten wir zurück ins Gefängnis. Abends erschien er mit seiner Begleitung erneut. Dieses Mal gehörte der General Kälüg Bagha zu seiner Abordnung. Seinen Namen haben wir zufällig erfahren.

„Ich und meine Leute möchten uns bei euch entschuldigen. Die Gefangennahme war ein Irrtum. Ich habe euren Besuch falsch eingeschätzt. Uns wurde die Begegnung geschildert, als wäret ihr die Angreifer“, versuchte er unseren Kontakt mit seinen Leuten zu verdrehen.

„Meine Krieger sind bestraft worden. Sie haben bestätigt, dass ihr eine weiße Fahne bei euch hattet. Aber nun seid ihr hier und wir können über eure Mission sprechen. Denn grundlos seid ihr den weiten Weg nicht gekommen.“ Mit freundlichen Worten führte er das Gespräch weiter.

„Ab Morgen könnt ihr euch im Dorf frei bewegen. Ihr seid meine Gäste. Entschuldigt meine falsche Einschätzung. Zum Schutz werden Wachen in eurer Nähe sein. Bei den Bewohnern unseres Auls könnte es gegen euch Feinde geben und ihr würdet belästigt“ sagte er.

„Ich kenne euch nicht“, sagte er zu uns.

„Ihr seid noch sehr jung. Wer seid ihr? Die alten Krieger sind meine Freunde. In alter Zeit hatten wir den gleichen Feind. Dabei denke ich besonders an Goghus-Khan und seinen Sohn Kaskarbei. Heute heißt der Junge doch anders, wie ich hörte. Wie ist doch sein Name?“ Diese scheinheilige Rede war für Jaglagar zu viel. Er sprang auf, alle Höflichkeit vergessend und sagte leise mit bösem Unterton:

„Ich bin Jaglagar, der Sohn des großen Burkut-Khans. Über meinen Vater wurde abfällig gesprochen. Für mich, meinen Vater und Großvater, sowie meinen Leuten erbitte ich die größte Hochachtung! Mein Begleiter“, und dabei zeigte Jaglagar auf mich,

„ist im Kabinett Burkut-Khans Minister für Propaganda und Verständigung. Die weiteren Begleiter sind ausgesuchte, zuverlässige Dschigiten mit hohem Rang. Wir kommen in friedlicher Absicht.“ Mit blassen Gesicht hörte der Khan die Worte Jaglagars. Die Uriguren hatten wirklich keine Ahnung, wer vor ihnen stand“, fuhr Laila fort.

„Ich kann mich täuschen, aber die Augen des Generals blitzten. Die Worte Jaglagars hatten auf ihn Wirkung. Als uns der Khan verließ, ging der General als Letzter.“ Er flüsterte mir zu:

„Wir sehen uns noch“. Jetzt wurden wir besonders gut behandelt. Der Khan suchte noch öfter das Gespräch. Er stellte keine Fragen.

Nach wenigen Tagen sorgten einige Reiter, die ins Dorf ritten, für Aufsehen. Im Schatten tranken wir Kumys und unterhielten uns. Schon von weitem hörten wir Geschrei. Die Menschen liefen herum und bildeten eine Gasse. Die Gruppe ritt langsam, einer hinter dem anderen durch das Spalier auf die Mitte des Dorfplatzes zu. Der Erste trug eine weiße Fahne an einer Lanze, die er sichtbar hochhielt. Lächelnd und mit der Hand winkend grüßte er hoheitsvoll das Volk. Dann erkannten wir ihn. Es war Scholdon. Die Überraschung war nun bei uns.“

Laila sieht seine Zuhörer an und erkennt die Wirkung seiner Worte. Auf den Gesichtern zeigt sich ein Lächeln. Ein tolles Erlebnis. Nur Kaskarbeis zieht die Stirn in Falten.

„Sofort kommt Schadenbeg auf die Reiter zu", erzählt Laila weiter. „Ihm bleibt keine Zeit zu fragen, wer die Ankömmlinge sind. Denn ungefragt richtet sich Scholdon im Sattel auf und verkündet laut: „Ich bin Scholdon, Minister im Kabinett des Burkut-Khans, zuständig für Viehwirtschaft und Vermögen. Ich bringe euch die Grüße meines Herrschers."

Schweigen und verdutzte Gesichter folgen. Dann bricht lauter Jubel los.

„Ich heiße euch willkommen", hörte man den Khan freundlich sagen. „Wir sind hocherfreut, dass ihr uns durch euren Besuch eine so große Ehre erweist. Seid herzlich eingeladen und bleibt unsere Gäste, so lange ihr es wollt", sagte er. Von seinen Wachen hatte er schon erfahren, dass weitere Bulut kommen werden. Wer es sein wird, war nicht bekannt. Scholdon strahlte über den herzlichen Empfang und blickte stolz in die Runde. Überall sieht er freundliche Gesichter.

„Hier gibt es für uns keine Gefahr", muss er arglos gedacht haben.

Dann erblickt er uns", erzählt Laila weiter. „Er wusste, dass er uns treffen werde, trotzdem ist er überrascht. Zur Begrüßung sprang er mit einem Satz vom Pferd. Laut haben die Leute Scholdon begrüßt.

Khan Schadenbeg reagierte und befahl ein Fest zu feiern. Es sollte mehrere Tage dauern mit großen Mengen Fleisch und Kumys. Die Leute waren begeistert. Es gab keine Feier ohne Spiele. Auch Treffen mit Schadenbeg fanden noch statt. Er vermittelte den Eindruck, dass er etwas von uns erfahren wollte. Wiederholt brachte er das Gespräch auf unseren Stamm.

„Wie viele Krieger habt ihr unter Waffen?", fragte er lauernd, „habt ihr genügend Wasser, sind die Weiden gut, und seid ihr vor Feinden sicher?" Auffällig war sein Interesse, über welche Gegend verstreut die Bulut leben.

„Habt ihr mit eurem großen Stamm den gesamten Tien-Schan und die Gegend um den Isyk-Kul besiedelt? Ich habe gehört, dass ihr auch mit einzelnen Sippen die Täler und Flüsse im Tien-Schan belegt habt. Ein großer Stamm braucht viele Weiden. Sobald die Gekun aus der Taiga zu euch kommen werden, wird es sicher eng bei den Bulut."

Wir haben uns gefragt, woher er das weiß. Spätestens bei dieser Bemerkung horchten wir besonders auf. Sein Interesse machte uns stutzig. Wir ließen uns auf diese Fragen nicht ein und gaben keine Auskunft. Diese Neugier erweckte den Eindruck, er will uns aushorchen. Freundschaft zu uns konnte nicht der Grund sein. Aber was denn sonst? Dann war es sicher doch wahr, was wir von Alokä wissen. Die planen einen gemeinsamen Angriff gegen die Bulut. Für uns bestand bei den Uriguren keine Gefahr und so ließen wir uns Zeit zurück zu kommen. Außer Schadenbeg, kamen auch andere zu uns. Zweimal schlenderte für ein kurzes Gespräch auch General Bagha vorbei. Mit freundlichen Worten machte er Konversation, jedoch ohne verfängliche Fragen zu stellen. Einmal ließ er durchblicken, so wie bei der ersten Begegnung, dass wir uns noch treffen werden. War es nur eine nebensächliche Bemerkung?

Vor unserem Rückritt wurde Tamtam gemacht. Einen ganzen Tag wurde gefeiert. Danach begleiteten uns zwei Zehnerschaften vom Morgen bis zum Untergang der Sonne. Und nun sind wir hier gesund angekommen."

Damit endet Laila den Bericht. Scholdon hat während der Schilderung Lailas aufmerksam zugehöhrt. Auf die Frage Kaskarbeis, ob er dazu etwas zu ergänzen hat, sagt er: „Nein! Der Bericht Lailas ist komplett. Er hat alles gesagt. Ich kann nur ergänzend bestätigen, auch ich bin der festen Überzeugung, wir befinden uns in großer Gefahr."

Bis auf einige kleine Bemerkungen hat Kaskarbei Laila wortlos zugehört. Nun ist er nachdenklich. Er erhebt sich, geht einige Male hin und her und sagt dann zu den Anwesenden:

„Ihr habt wie ich die Nachricht gehört. Lasst alles auf euch wirken und geht jeden Punkt nochmal in Gedanken durch. Wir müssen eine Entscheidung treffen. Kommt in zwei Tagen morgens hierher zurück, dann werden wir uns beraten. Jetzt geht zu euren Familien oder auf den Platz und feiert mit den Leuten."

„Komm mein Sohn, wir reiten auf die Jagd", sagt Kaskarbei. „Wir werden einige Zeit unterwegs sein." Im Stillen denkt er:

„Ich kann meinen Sohn nur besser kennen, wenn er öfter in meiner Nähe ist."

Jaglagar staunt, sein Vater hat ihn bisher nie auf die Jagd mitgenommen.

„Was mag dahinterstecken?" denkt er. „Reiten wir alleine?" will er wissen.

„Nein. Tideweg und einige Dschigiten begleiten uns. Tideweg brauche ich als Ratgeber. Er gehört zu uns, fast so wie du, deine Mutter, Bachtjar und Sina. Als Junge verging kein Tag, an dem wir nicht zusammen waren. Tagelang waren wir im Altai auf der Jagd nach Bären und dem Berglöwen unterwegs. Unsere Freundschaft hat tiefe Wurzeln und wurde nie infrage gestellt."

„Braucht ein Mann einen solchen Menschen?"

„Ja, wenn er ehrlich ist, nicht nur an sich denkt und man sich gut versteht, dann hält eine solche Verbindung das ganze Leben; so wie bei Tideweg und mir. Hat man keinen Freund, ist das Leben oft einsam."

Sie reiten sehr früh am Morgen in das Gebirge. Absichtlich meiden sie die Hauptwege.

„Diese schmalen Pfade sind zwar unbequem, dafür aber sicherer. Wer nicht gesehen werden will, wählt sie", erklärt Kaskarbei. Allerdings können sie auch böse Fallen für Reiter sein." Jaglagar ist nicht dumm, diese Erfahrung hat er schon gemacht.

Der Morgen ist kalt. Auf Gräsern und Sträuchern sind feine Eiskristalle zu sehen.

„Es ist Herbst", sagt Tideweg. „Der Wind kommt aus der Gobi. Der nächste Winter meldet sich an."

„Er scheint dieses Jahr früh zu kommen." Bald sind die bizarren Eisgebilde verschwunden, von der Sonne aufgeleckt. Bunt hängt noch dünn Laub an den Zweigen. Noch einige Frostnächte, dann liegt es auf dem Boden.

Mit geringem Abstand führen Kaskarbei und Jaglagar die Truppe an.

„Du hast es sicher bemerkt", beginnt der Vater ein Gespräch, „wir sind auf einsamen Wegen unterwegs. Hier könnten wir Fremde Spione treffen. Die wählen auch solche Pfade. Wir sollten uns still verhalten. Die klare Luft und der Wind können unsere Stimmen weit durch die Täler tragen", sagt er zu Jaglagar. Die weitere Unterhaltung erfolgt leise. Wild begegnet ihnen nicht, und es kommt nicht zur Jagd. Abends wird ohne Feuer gelagert. Damit sie nicht frieren, haben sie Felldecken und Jacken im Gepäck. Die kalte, ruhige Nacht ist der Grund, dass noch vor Sonnenaufgang aufgebrochen wird. Die Sonne scheint auf die Reiter. Sie wandert mir ihren Strahlen hoch, und bald glänzen in der Ferne die Riesen mit ihren weißen

Kappen im gleißenden Licht. Dabei verdrängen sie die Schatten. Ein pittoreskes Bild. Als sie eine Klamm durchritten haben und sich auf einer Hochebene befinden, öffnet sich vor ihnen ein weites Tal, voll mit Menschen, Jurten und Tieren. Vorher waren ihnen schon Geräusche aufgefallen. Sofort gehen Kaskarbei und seine Leute in Deckung. Sie kriechen vorsichtig an den Rand.

„Sind es Feinde die dort lagern?“ Ein großer Aul ist zu erkennen.

„Hier hat sich ein ganzer Stamm niedergelassen“, sagt Kaskarbei „und wie es scheint, schon eine längere Zeit.“

Sofort drängt sich Jaglagar vor.

„Ich schleiche runter und bringe einen Gefangenen mit, den wir verhören können.“ Tideweg horcht auf. So etwas sagt keiner der mutlos ist und das Risiko scheut oder sogar Angst hat.

„Natürlich geht der nicht alleine“, denkt er, noch bevor jemand sich äußern kann.

„Ich begleite dich. Zwei Leute können deinen Plan besser ausführen“, sagt er zu Jaglagar. Kaskarbei stimmt zu.

„Mehr als zwei Späher sind zuviel. Geht mit dem Segen des Tenir.“

Alle in der Gruppe suchen mit den Augen die Ränder des Tales nach versteckten Pfaden ab, auch wo Wachen stehen könnten. In den Himmelsbergen sind die Trogtäler breit und haben an den Steilhängen hinter Sträuchern steile, versteckte Pfade. Die Erosion der Jahrhunderte haben die Wege geschaffen. So sind Abspaltungen und Risse entstanden, in die sich Sträucher und Pflanzen verwurzelt haben. Die Öffnungen sind sofort nach Entstehungen von der Flora erobert worden. Stufenförmig sind Felsen abgebrochen, die als versteckte Pfade genutzt werden können. Das Grün gibt dem Kletterer Sichtschutz. Auf diese natürliche Hilfe bauend, machen sich Tideweg und Jaglagar auf den Weg. Vorsichtig klettern sie Schritt um Schritt nach unten. Sie verständigen sich durch Zeichen. Zu tief abzusteigen wäre falsch. Einen Gefangenen nach oben zu schaffen ist nicht einfach.

„Wir sind zu weit vom Dorf entfernt in die Wand eingestiegen“, flüstert Tideweg seinem Begleiter zu.

„Lass uns aufsteigen und es näher nochmal versuchen.“

„Weiter vorne sind wir leichter zu entdecken“, gibt Jaglagar zu bedenken.

„Aber unsere Möglichkeiten verbessern sich." Sie verfolgen den neuen Plan und sind bald in der Nähe eines Wächters. Der hockt nah am Abgrund, teilweise verdeckt hinter einem Strauch in der Herbstsonne. Unverwandt blickt er in das Tal. Die Sonne scheint noch warm. Insekten summen und der aufsteigende Lärm bildet ein starkes Geräusch. Die Luft weht gegen die Männer, so dass der Wächter sie nicht hören kann. Die beobachten lange den Mann, der unverwandt ins Tal schaut. Er vermutet offensichtlich keine Gefahr. „Jetzt", nickt Tideweg. Der Jüngere ist stärker, der fasst den Wächter blitzschnell mit dem linken Arm von hinten um den Kopf und hält ihm den Mund zu. Gleichzeitig drückt er ihm den Dolch an den Hals. „Keinen Ton", zischt er und zieht den Mann vom Abgrund weg. Der wehrt sich und tritt wild um sich. Damit er Ruhe gibt, schlägt Tideweg ihm mit der Faust gegen den Kopf. Schnell ist der schlaffe Körper gefesselt, und um den Mund wird ihm ein Tuch gebunden. Jaglagar wirft sich den Gefangenen über die Schulter und sie erreichen bald das Lager.

„Wie heißt du?", fragt Kaskarbei. Noch immer benommen vom Faustschlag blickt er den Frager mit wirren Augen an. Der scheint sich zu wundern. Dann schreit er plötzlich: „Wo bin ich!?"

„Wir sind Bulut. Du bist unser Gefangener." Doch der scheint nicht zu verstehen, was geschehen ist.

Endlich sagt er laut voll Stolz:

„Ich bin ein Uigure!"

„Warum lebt ihr in diesem Tal, eure Heimat ist doch die Gobi?" Der Fremde ohne Namen schweigt.

„Lass ihn, der wird schon reden. Wir bringen ihn noch dazu." Ihn auf ein Pferd gebunden verlässt die Gruppe ihren Lagerplatz. Einer der Dschigiten, ein ausdauernder Langläufer, bleibt zurück. Er soll beobachten, wann der Wächter vermisst wird und wie der Feind reagiert. Am Abend erreicht der Läufer die Gruppe und berichtet:

„Schon kurze Zeit, nachdem ihr den Lagerplatz verlassen habt, ertönte lautes Geschrei. Einige Männer schwärmten aus, kletterten an der Steilwand hoch und suchten nach dem Wächter. Wir haben keine Spuren hinterlassen, so suchten sie vergeblich. Eine Horde Reiter verließ das Tal. Im

Aul herrschte große Unruhe. Viele liefen umher. Nun wusste ich, wir werden verfolgt. Mit diesem Wissen verließ ich meinen Posten. Ich wollte ihnen nicht in die Quere kommen."

„Uriguren", denkt Kaskarbei. „Im Tal ist nicht der gesamte Stamm. Ihre Streitmacht ist größer. Sie haben jedenfalls die Gobi verlassen und sind in unsere Gegend gezogen. Bestimmt sind weitere Täler besetzt worden." Er bespricht seine Vermutung mit Tideweg. Der ist der gleichen Meinung.

„Was sollen wir unternehmen?" fragt er.

„Wir müssen sofort systematisch alle Täler westlich der Gobi durchkämmen. Ebenso die im Norden und Süden", sagt Kaskarbei.

„Heimlich haben die sich herangeschlichen. Unsere Vermutung stimmt. Zusammen mit Alokä wollen sie uns von zwei Seiten angreifen. Wir wissen, wo der Feind steht und können uns gezielt verteidigen." Zu Jaglagar sagt sein Vater:

„Wenn die Jagd auch ausgefallen ist, so hat uns der Himmel beigestanden. Dem Menke-Kökö-Tenir wollen wir besonders danken. Die Jagd holen wir nach." In kurzer Abstimmung wird festgelegt, wer in welche Richtung reiten soll. Es müssen kleine Gruppen sein. Jaglagar wird angewiesen, mit zwei Dschigiten südlich des Tien-Schan nach Osten zu reiten. Tideweg und Kaskarbei, auch jeweils mit zwei Begleitern, sollen sich die andere Richtung vornehmen. Mit entsprechenden Anweisungen werden die zwei letzten Krieger mit dem Gefangenen zurück zum Aul geschickt. Das Erlebnis wird besprochen und an Adrasil, Talasbeg und Laila der Befehl weitergegeben, den gleichen Auftrag ohne Zögern auszuführen. Dass Kaskarbei sofort reagiert, wird sich als Vorteil erweisen. Die Kundschafter bringen unterschiedliche Nachrichten. Jaglagar berichtet:

„Nur einen Tagesritt entfernt vom ersten bewohnten Tal entdeckten wir ein zweites Dorf. Es sah dem ersten ähnlich. Wir beobachteten eine längere Zeit. Es waren einige Jurten und sehr viele Männer auf dem Platz. Frauen waren nur wenige zu sehen. Beim Vieh fiel uns die große Überzahl an Pferden auf. Einen Gefangenen wollten wir nicht nehmen. Als wir oben um das Tal schlichen, ist uns ein Mann aufgefallen, der das Dorf beobachtete. Er hielt sich versteckt. Wir nahmen deshalb an, dass er kein Wächter sei. Wir waren neugierig. Vorsichtig näherten wir uns dem Fremden. Plötzlich drehte er sich um und sah uns überrascht an. Aber ich war nicht weniger erstaunt. Der Uigurengeneral Kälüg Bagha stand vor uns. In der ersten Reaktion wollte er sich verteidigen. Ich schrie ihn entsetzt an: „Halt!! Du bist doch Bagha. Wir kennen uns doch.“ Sofort ließ er den Arm sinken und atmete schwer. „Jaglagar? Du?“ Einen Moment ist er sprachlos und umarmt mich. Dann sagte er:

„Ich hatte euch noch viel zu sagen, als ihr in der Gobi wurden, aber es ergab sich keine Gelegenheit dazu.“ Meine Dschigiten entfernen sich diskret, gehen in Deckung und beobachten uns. Der General zog mich zur Seite und sagte leise:

„In der Gobi wollte ich euch vor Khan Schadenbeg warnen. Er ist nicht ehrlich. Bei den Uriguren tobt ein Machtkampf um seine Nachfolge. Zwei Heerführer streiten sich erbittert und stellen sich gegen Schadenbeg. Der will Hilmatov als seinen Nachfolger bestimmen. Ich bin zwischen die Streithähne geraten. Mir wird unterstellt, an der Spannung schuldig zu sein. Ich wurde zum General über zehntausend Dschigiten befördert, weshalb ich angefeindet werde. Es gibt Neider. Den Posten könnte ich verweigern, aber im Moment ist es sinnlos. Etwas Anderes geht mir gegen den Strich, die Habgier und die gesteigerte Kriegslust bei den Uriguren. Beute wollen sie machen. Sie vermuten in euren Jurten Gold und Silber und anderes Wertvolle. Jedes Mittel ist ihnen recht. Es ist gleichgültig, wie viele Menschen sterben müssen. Alokä konnte meine Leute leicht für den Plan gewinnen. Diesen Krieg werde ich nicht mittragen. Dagegen will ich kämpfen. Erfolgreich geht das nur an eurer Seite. Zu meinen Leuten habe ich keine Bindung. Eine Familie habe ich nicht, ich bin frei und kann nach meinem Gewissen entscheiden. Willst du prüfen lassen, ob ihr meinem Rat wollt? Viel Zeit bleibt uns nicht. Wenn der volle Mond beginnt schmaler zu werden, soll der Angriff erfolgen. Können wir uns in fünf Tagen an dem roten Felsen treffen? Gib mir dann deine Antwort.“ Kurz habe ich das Angebot bedacht. Es erschien mir verlockend. Dann sagte ich:

„Ja, das ist möglich. Bis dahin sind wir keine Feinde. Bist du einverstanden?“

„Ja“, gab er als Antwort.

„Nun bin ich ihm gegenüber in der Pflicht.“

Kaskarbei hört interessiert zu. Er hatte ja schon davon gehört, dass der General in der Gobi sich mehrfach Laila, Jaglagar und seinen Leuten genähert hatte. Nun weiß er genau, welche Absicht dahintersteckt.

„Wenn er zu uns überläuft, ist er ein Verräter“, denkt er. „Solche Männer sind nicht beliebt. Sie sind eher zu fürchten. Wann sind sie ehrlich? Bei jeder Gelegenheit können sie erneut Verrat verüben. Aber was sie sagen, kann uns nützlich sein. Wir werden alles besprechen“, entscheidet er. Adrasil und Tideweg machen an unterschiedlichen Stellen die gleiche Entdeckung, dass neuerdings in vielen Tälern Aule entstanden sind und dort Menschen wohnen. Vor allem sind Männer gesehen worden. Weitere Wachen werden nicht gefangen. Laila und Talasbeg, die sich weiter in Richtung Westen gehalten haben, melden übereinstimmend, dass eine große Anzahl Krieger an verschiedenen Orten auf verborgenen Wegen heimlich durch das Gebirge reiten und sich sammeln. In diese Hektik hinein berichten Meldereiter, dass sich der Stamm Gekun aus der Taiga dem Tien-Schan nähert. Sie haben bereits die Dschungarische Forte durchritten. Jetzt muss für die vielen Menschen und ihre Unterbringung gesorgt werden. Frauen, Kinder und die Herden sollen sofort in das Tal des Talas weiterreisen. Khan Medet weiß Bescheid. Die Dschigiten der Gekun sollen dem Heer zugeteilt werden. Nun ist die Streitmacht auf fast neun Mal hunderttausend Männer angewachsen. Ein gewaltiges Heer. Bis in die Nacht besprechen die Minister und Heerführer die Ereignisse. Die Absicht des General Bagha wird von allen Teilnehmern einstimmig verurteilt.

„Er ist ein Verräter“, darin sind sich alle einig.

„Aber haben wir nicht eine Verantwortung für unser Volk? Der Verrat wird uns wahrscheinlich den Sieg über unsere Feinde bringen. Tausende werden deshalb nicht sterben. Er ist gut für uns. Aber müssen wir deshalb auch den Verräter lieben?“ Diese Gewissensfrage löst eine lebhafte Debatte aus. Manche sind für die plötzliche Hilfe im Konflikt mit den Uriguren und Alokä dankbar, andere dagegen verurteilen den General. Etwas Außergewöhnliches passiert, Kaskarbei fragt jeden seiner Berater einzeln nach seiner Meinung. Das hat es noch nie gegeben. Bisher hat nur einer bestimmt, aber jetzt soll jeder seine Meinung sagen. Die Mehrheit stimmt für die Mitwirkung des Generals. Kaskarbei ist oberster Führer über das gesamte Heer, er hat das Weisungsrecht und stimmt für die Mehrheit.

„Die Mehrheit von euch hat dafür gestimmt. Wir nehmen das Angebot des Generals an. Mit seiner Hilfe ist uns der Sieg gegen unsere Feinde sicher. Was mit dem Verräter wird, überlassen wir dem Tenir. Der wird die richtige Antwort finden.“ Damit ist diese Frage entschieden.

An Jaglagar gewandt sagt er:

„Geh zu Bagha und sag ihm, wir sind mit seinem Vorschlag einverstanden, wenn er uns den genauen Angriffsplan unserer Feinde preisgibt.“

Nach einigen Tagen ist das freundliche Spätherbstwetter vorbei. Erster Schneefall bedeckt das Land. Die Nächte sind mit Frost kälter geworden. Es wird wieder Winter im Tien-Schan. Das ist im Gebirge keine Seltenheit, und keiner wundert sich. Es schneit ohne Unterbrechung und die Pässe sind unpassierbar. Laut Talasbeg ist das Heer an allen Standorten voll kampfbereit. Ein großer Vorrat an Waffen liegt bereit, und die Pferde brauchen nur bestiegen zu werden. Der volle Mond, noch von Wolken verdeckt, beginnt in wenigen Tagen kleiner zu werden. Kaskarbei ist zufrieden. Er rechnet damit, dass die Uriguren vor der geplanten Zeit angreifen werden.

„Wir müssen ihnen zuvorkommen!“ denkt er. Jaglagar, von Tideweg und Laila begleitet, kommen zurück. Mit ihnen auch General Kälüg Bagha. Kaskarbei empfängt die Delegation, wie es einem General gebührt. Nach einem Kotau berichtet auf die Frage Kaskarbeis der General in allen Einzelheiten die Pläne des Uriguren-Khans Schadenbeg. Somit soll in vier Tagen an der ganzen Front der Angriff beginnen. Diese Nachricht ist für die Bulut von großer Bedeutung. Kaskarbei hat die Möglichkeit, seinen Angriff in allen Einzelheiten festzulegen. Trotzdem bleibt die Sorge, ob der General ehrlich und kein Verräter ist.

„Was ist, wenn er uns in eine Falle lockt?“ Es bleiben Zweifel. Zur eigenen Sicherheit wird Bagha unter Arrest gesetzt und gut bewacht. Im Morgengrauen des dritten Tages soll der Angriff beginnen. Dabei sind Frost, Schnee und Eis die Gunst der Stunde. Das ist für uns ein Vorteil“, sagt der Khan.

„Als Angriffszeichen soll der Wolf in alle Richtungen heulen. Sobald die Antwort zu hören ist, wird ein Heeresteil nach dem anderen über den Feind herfallen.“ Weitere Einzelheiten des großen Kampfes werden abgestimmt und jedem Heerführer seine Aufgabe zugeteilt. Zur Unterstützung sollen auch die Khane der einzelnen Kirgisen Stämme eingesetzt werden, denn jeder ist auch ein erfahrener Krieger.

In der Nacht erkrankt Kaskarbei schwer. Aus dem Nichts heraus quälen ihn grausame Schmerzen. Sein Körper glüht vor innerer Hitze. Wirres Gerede kommt aus seinem Mund. Krampfhaftes Zucken begleitet die Krankheit. Nurka, seine Kinder und Sina umlagern sein Bett. Ebenso ist Tideweg anwesend. Der Schamane Aetbeg und auch der Mulla betreuen Kaskarbei als Ärzte, und nacheinander macht jeder seine Kamlanie. Bis zum Morgen bessert sich sein Zustand nicht. Vor Schmerzen wälzt er sich im Bett. Laut ist sein Stöhnen zu hören. Am Morgen, der mit Sonnenschein grüßt, richtet sich Kaskarbei plötzlich auf und blickt mit Verwunderung die Anwesenden an.

„Der Tod will nach mir greifen“, sagt er leise.

„Werde ich den großen Sieg über unsere Feinde noch erleben? Ich fühle, mein Ende naht.“ Erschöpft macht er eine Pause. Sein Gesicht ist wieder von Schmerz verzerrt. Dann spricht er leise weiter:

„Meine Entscheidung steht fest. Jaglagar wird der neue Khan sein. Er soll nach meinem Tod der Führer der Bulut und oberster Kriegsherr sein. Jetzt soll er den Kampf seines Lebens erfolgreich bestehen. Komm mein Sohn, dass ich dich segnen kann.“ Jaglagar kniet sich neben das Bett.

„Der Menke-Kökö-Tenir möge dir immer gnädig sein. Sei ein kluger Herrscher und diene deinem Volk. Sie werden es dir danken.“ Kraftlos fällt er auf sein Bett zurück. Nurka beugt sich über den knienden Sohn, drückt ihn an sich und sagt:

„Werde so wie dein Vater, dann haben wir alle eine gute Zukunft. Der Ruhm und deine Klugheit sollen dir bei Freund und Feind vorauseilen.“

Es schneit weiter und die Wege sind unpassierbar. Erst später ist es Jaglagar klar, dass der frühe Winter für ihn ein Segen des Himmels sein wird.

Die nächsten Tage sind voll Unruhe. Die Truppen formieren sich. Bei Anbruch der Nacht am Ende des dritten Tages setzen sie sich leise, und auf Deckung bedacht, zu den feindlichen Linien in Bewegung. Der Schnee und der Frost erweisen sich als großer Vorteil. Er dämpft die Huftritte der Pferde und lähmt den Feind.

Der Verrat des Generals Bagha macht einen genauen Angriffsplan möglich. Das Volk verharrt in Starre.

„Wie wird der Kampf enden?"

Nur an Kaskarbei geht die Aufregung vorbei. Mit Fieberkrämpfen ist er ohne Besinnung. Was in der Macht der Ärzte steht geschieht. Aber viel erreichen sie nicht. Nurka sitzt ohne Pause am Bett ihres Mannes und hilft, wo es möglich ist. Liebevoll behandelt sie ihn mit kalten Kompressen, mit Bachwasser, die sie auf die heiße Stirn und die Waden legt. Die Krankheit kann sie jedoch nicht heilen. In der festen Gewissheit, dass er bald wieder gesundwird, versieht sie ihren Liebesdienst. Ihre Gedanken sind nicht bei der tobenden Schlacht. Selbst an ihren Sohn denkt sie nicht. Der Tag vergeht und noch einer. Da öffnet Kaskarbei für einen Moment die Augen. Er sieht seine Frau mit klarem Blick an. Sie will schreien, doch im letzten Moment beherrscht sie sich. Der Schamane legt seine Hand auf ihren Arm:

„Das Fieber ist gesunken, bestimmt ist das ein gutes Zeichen", sagt er leise.

„Der Himmel hat unser Beten erhört."

Sie wird in der Nacht von einem Schrei aus ihrem leichten Schlaf gerissen, springt auf und sieht noch, dass Kaskarbei sich stöhnend aufbäumt und danach röchelnd auf sein Kissen zurücksinkt. Später drückt sie ihm die gebrochenen Augen zu. Ihr Gesicht ist nass vom stillen Weinen. Draußen tobt Siegesgeschrei. An der lauten Feier hat sie keinen Anteil. Sie hält noch lange die Hand des Toten und sagt:

„Nun kannst du nicht mehr die Hochzeit deines Sohnes erleben."

Manas

Kapitel sieben

Der Sieg über die Uiguren, Alokä und andere Feinde sind seit Generationen die größte Tat in der Geschichte der Kirgisen. Durch diesen Erfolg steigen sie zur mächtigsten Nation in Mittelasien auf. Die Feinde sind besiegt oder haben sich ergeben und die meisten kirgisischen Sklaven sind befreit. Ihr gewaltiges Reich erstreckt sich im Westen vom Kaspischen Meer bis zur Wüste Gobi im Osten. Rücksichtslos hat Jaglagar die Feinde bis in die große Wüste gejagt. Im Rausch seines Erfolges will er weiterkämpfen und den Hauptfeind, die Chinesen besiegen. In ihre große Stadt will er vordringen und von dort sein gigantisches Reich regieren. Für Jaglagar ist es bis hierher eine Heldenreise. Auf dem weiten Weg zu seinem Ziel will er noch weitere unterdrückte Kirgisen, die versteckt im Gebirge leben, aus ihrer Versklavung befreien. Dadurch wird sein riesiges Heer weiter verstärkt. Jaglagar ist der große Sieger.

Bevor er den neuen Feldzug beginnt, kehrt er zu seiner Mutter Nurka zurück. Boten haben ihm die Nachricht vom Tod seines Vaters Kaskarbei gebracht. Es ist Sohnespflicht, dem Vater ein würdiges Begräbnis zu bereiten. Auch wartet im Aul seine Braut Sina. Ihr hat er die Ehe versprochen. Die Jugendzeit ist für immer vorbei. Als der Große Kampf beginnt, bleibt Sina bei Nurka. Nun wartet sie auf ihn. Eine große Hochzeitsfeier wird es nicht geben. Er stemmt sich gegen die Tradition. So übergehen sie, ebenso wie seine Eltern, die Vorschrift. Ihre Hochzeit findet zusammen mit der Siegesfeier und der Bestattung statt. Niemand nimmt Anstoß daran. Laut und ungebärdig wird gefeiert. Sina sagt zu Jaglagar:

„Ich bin seit längerer Zeit schwanger." Nurka sagt dazu nur: „Wie bei uns", und sie erinnert sich an die erste Nacht, als sie mit Kaskarbei auf dem Boden bei den warmen Felsen in der nächtlichen Steppe lag. Bachtjar, die Glückliche, ist das Ergebnis.

Die Versammlung aller kirgisischen Khane wählen Jaglagar einstimmig zum Khan, zum König aller Kirgisen als Bestätigung, nachdem Burkut-Khan ihn bereits dazu ernannt hatte. Die Menschen sonnen sich in seinem Ruhm. Die Kirgisen sind durch den Sieg das mächtigste Volk in Mittelasien. An den Feuern bei Lammfleisch und Kumys werden Wunderdinge über seine Taten erzählt.

Der Erfolg Jaglagars ist die Geburtsstunde einer unsterblichen Sage, die als Epos in die Geschichte eingeht. Er ist der Größte. Noch nie hatte ein Khan der Kirgisen so viele Erfolge errungen. Der gewaltige Sieg hat das Volk geeint. In aller Herren Länder, bei den Stämmen und Sippen, wird der Ruf des heldenhaften Khans gehört. Die Befreiten sind in den Tin-Schan und an den Fluss Talas gezogen. In vielen Tälern stehen ihre Jurten. Wochenlang dauert die Siegesfeier. Alle Khane scharen sich um ihren neuen Herrscher. Die Volkssänger rühmen Jaglagar. Sie erfinden einen neuen Namen. Er wird zur sagenhaften Figur, die bald den Namen Manas trägt. In episch geschmückten Vorträgen erinnern sie an das prophetische Wort des großen Goghus-Khan. Seinen Enkel wird man Manas, den Großherzigen, nennen. Von nun an sprechen die Volkserzähler bei ihren im Singsang vorgetragenen Geschichten über den Sieg nur noch von Manas. Der Name wird zum Mythos. Schonor, Aisulus Sohn, ist nicht wiederzuerkennen. Mit Miras Sohn, Kürmano als Gehilfen, zieht er von Aul zu Aul. Schon in der Taiga war Kürmano täglich mit dem Barden unterwegs. Als seine Familie, Mutter Mira, Vater Khan Usenov und Schwester Sina in den Tien-Schan gezogen kamen, hat er sofort die Nähe zu Schonor gesucht. Die neue Aufgabe erfüllt ihn ganz. Das Volk liebt ihn.

„Sina und ihre Familie gehören zu uns", sagen die Leute. Nun ist bei Kürmano, wie bei Schonor, seine große Zeit als Erzähler gekommen. Er berauscht sich an seiner Aufgabe.

In Jaglagar brennt das Feuer der Ungeduld. Beim ersten sanften Frühlingshauch verlässt er mit seinen Kriegern die Himmelsberge. Ihr Ziel ist die eherne Stadt im fernen China. Der Ruhm eilt ihm voraus und seine Feinde im Gebirge und der Gobi ergeben sich oder werden besiegt und viele unterdrückte Kirgisen befreit. Unterwürfig bieten ihm seine Feinde ihren Dienst in seinem Heer an. Diese Horden verschiedener Stämme waren nicht wirklich frei, sondern Unterdrückte der verhassten Chinesen. Viele Monate dauert der Weg bis zur Grenze, oft von Kämpfen unterbrochen. Mit List, Kampfgeschrei, besonderer Tapferkeit und weiteren Siegen nehmen die Kirgisen schließlich die Hauptstadt ein, und Jaglagar regiert aus dieser sechs Monate sein Riesenreich.

Hier verlassen wir Jaglagar, wenden uns ihm als den sagenhaften Helden Manas in seinem Epos zu und erfahren, was die Manatschis sagen.

„Kirgisen, kommt und hört, was Manas euch zu berichten hat", rufen sie den Leuten zu. Es hört sich an, als wollte Manas persönlich zu ihnen reden. Diese starke Überzeugung lebt in den Barden, so sehr hat der große Sieg und das Vereinen der vielen Kirgisen Stämme sie im Herzen berührt. Und das Volk? Es lebt ebenfalls wie in einem Rausch, wenn sie den Erzählern zuhören. Die Taten ihres Helden sind auch ihre Erfolge.

„Kommt und hört ", rufen die Manatschis. „Manas will zu euch reden." Die Menschen laufen auf den Festplatz, verlassen Kumys und Fleischkessel, um nichts zu verpassen. Als Schonor und sein Helfer Platz nehmen, beginnt im Rhythmus Klatschen und Tanzen zur Melodie, welche die Manatschis auf ihren Instrumenten spielen. Dazu singen sie ihre Lieder. In einem aus feiner Wolle gewebten Chalat sitzt Schonor vor der Menge. Langsam wird es still auf dem Platz. Ruhe schwebt über der Menge. Alle Augen sind auf die Erzähler gerichtet.

„Ihr Kirgisen, hört meine Stimme. Durch meine treuen Diener will ich zu euch reden. Alle sollen die Geschichten meines Lebens hören, wie ich sie vom ersten Tag an auf Erden erlebte." „Wie redet der?", fragend sehen sich die Leute an. „Nicht Schonor spricht zu uns, das ist Manas!", sagt einer ehrfurchtsvoll. „Lasst uns zuhören."

Prophetische Träume

Merkt euch die Zeichen: Loht im Aug die Glut?
Schonen wird er nicht das eigne Blut.
Ist hoch die Stirn? Die Weisheit ruht im Hirn.
Ist breit der Kopf? Der Mut nahm ihn beim Schopf.

Aus dem Epos Manas

Schonor erhebt als Zeichen seinen Arm und dann die Stimme und beginnt die sagenhafte Geschichte in epischen Worten und sagenhafte Bericht zu erzählen:

„In uralter Zeit, als es noch geflügelte Pferde gab und die Tiere, die Sprache der Menschen verstanden haben und mit ihnen reden konnten, erschienen Fremde im östlichen Bergland des Altai und an den beiden Quellen des Flusses Jennisej. Sie waren Vertriebene. Der Staub einer langen Wanderung lag auf den Krempen ihrer weißen Kalpake. Kirgisen waren es, weggejagt aus ihrer alten Heimat Turkestan. Im Hochland lebten zu dieser Zeit Tyrgauten, Kasachen, Mandschus, Noiguten und andere Stämme. Die Flüchtlinge wurden freundlich in der Fremde, vor allem von den Noiguten, aufgenommen und übergaben ihnen Geschenke. Zum Stammesältesten der Noiguten, Akbalta, sprach der Führer der Kirgisen:

„Über uns haben die Chinesen viel Leid gebracht. Mit Heerscharen, dicht wie der Staub trockener Wege, fielen sie über unseren Khan Nogoi her, töteten ihn und zerstreuten seine vier Söhne mit ihrem Volk und den Herden in alle Winde. Einer, der schon sehr alt war, Orosdu, durfte in Turkestan bleiben, denn er würde ja sowieso bald sterben. Den zweiten trieben sie in die Weiten Sibiriens, den dritten, Bai, brachten sie nach Kaschgar, den jüngsten aber, gerade Mal siebzehn, den jugendlichen Dshakyp, jagten sie hierher. So steh ich vor euch. Verweigert mir, meinen Leuten und meinem Vieh nicht den Schluck Wasser aus euren Bächen und das Büschel Gras von euren Weiden." Die gewandte Rede des jungen Führers gefiel Akbalta, und das ehrwürdige Geschlecht der Kirgisen schlug im fremden Land seine Jurten auf. Dshakyp schloss Freundschaft mit ihnen. Sein Geschlecht vermehrte sich, auch die Herden und der Reichtum häufte sich an. Dshakyp und seine Frau Tschi-Yrda wurden älter. Es fehlte der Sohn. Trauer senkte sich über Dshakyp Augen. Eines Tages ritt er zu seinen Herden und zählte vierzigtausend Pferde. Für das übrige Vieh fand er keine Zahl. Weinend sprach er:

„Wird es mir versagt bleiben, je einen Sohn zu haben?"

Die tränenvollen Augen erschrak am Abend seine Frau Tschi-Yrda.

„Weshalb weinst du, mein Mann?", fragte sie ihn.

„Ich habe nur ein Leid", antwortete er.

„Ich werde älter und wir haben noch kein Kind." Da weinte auch Tschi-Yrda.

In der Nacht hatten beide einen Traum. Am Morgen sah Dshakyp seine Frau freudig lachen. Auch er lachte.

Dshakyp erzählte:

„Im Traum band ich den Jagdvogel, einen weißen Falken, an die Stange. Plötzlich kamen alle Vögel der Welt herbeigeflogen und setzten sich zu ihm. Der Falke aber war der Schönste und stolzer als die anderen." Danach erzählt Tschi-Yrda:

„In meinem Traum kam zu mir ein alter Mann mit weißem Bart und gab mir einen Apfel. Ich aß ihn und mein Leib schwoll an, dass ich weder stehen noch sitzen konnte. Dann gebar ich einen Löwen und sein erstes Brüllen betäubte die Erde." Sie ließen einen Weisen kommen, dass er die Träume deutete. Der überlegte und sagte schließlich:

„Euch wird ein Sohn geboren, er wird stark sein wie ein Löwe und seine Augen sind die eines Adlers."

Als nach neun Monaten Tschi-Yrdas Zeit gekommen war, sprach Dshakyp:

„Mir ist vor lauter Warten fast das Herz zersprungen. Ich reite in die Berge, dort werde ich Ruhe finden. Ist unser Kind ein Mädchen, dann gib mir keine Nachricht. Ist es aber ein Knabe, schicke sofort einen Boten. Dem ersten Überbringer der frohen Botschaft werde ich vierzig ausgesuchte Renner aus meiner Herde schenken."

Gerade als er in den Bergen ankam, war in seiner Herde ein Fohlen geboren worden. Sein Fell glänzte wie frischgefallener Schnee. Auf ihm spiegelte sich die Sonne.

„Dieser kleine Hengst wird das edle Ross meines Sohnes sein!" sagte er und gab ihm den Namen Rehbrauner. Tschi-Yrda gebar ihren ersten Sohn und sein Schrei war wie der des Leu. Die Herzen der Menschen und die gewaltigen Berge des Altai zitterten bei seinem Gebrüll. Sofort ritten Boten in die Berge, Dshakyp zu suchen, die frohe Botschaft zu überbringen und den Lohn zu kassieren. Sein Freund Akbalta fand ihn. „He, Dshaskyp, du vergeudest wertvolle Zeit! Komm in deine Jurte. Ein Sohn ist dir geboren worden! Hörst du, ein Sohn sage ich dir. Von seinem Schrei wäre ich fast taub geworden. Das ist kein Sohn, sondern ein Löwe.

„Als Dshakyp seine Jurte betrat und sah wie Tschi-Yrda den Neugeborenen an ihrer Brust nährte, und als er den Knaben auf seine Hände nahm und ihn an sein Herz drückte, da war das Glück seiner Seele übermächtig und er schluchzte laut.

Zur Geburt seines Sohnes und ihm besonders zu ehren lud Dshakyp zu einem großes Fest, damit die frohe Kunde über alle Grenzen des weiten Landes und von einer Generation zur nächsten fortklinge.

Nach einigen Monaten, als alle Geladenen angekommen waren, begann die Feier. Von allen vier Richtungen des Himmels waren sie gekommen.

Üppig wurden sie bewirtet. Hunderte Hammel wurden geschlachtet, und die Gäste schauten verwundert auf das Kind. Sie staunten über sein Aussehen: schmaler Scheitel, hohe Stirn, gebogene Nase, große Hände, Tigerhals, Löwenmähne und Sternenaugen; alles Zeichen eines kühnen Mannes.

„Wie soll der Knabe heißen?“, fragten die Ältesten. Ein weißbärtiger Greis aus Mekka sagte:

„In dem Namen Allahs, des Allerhöchsten, sind zwei „a“. Die sollten auch in seinem Namen stehen. Manas soll der Knabe heißen“

Dshakyp sagte: „Das ist ein klangvoller Name“. Dshakyp, Tschi-Yrda, und die Ältesten waren einverstanden.

Der Name

Des Feuers Glut – das ist Manas!
Des Löwen Mut – das ist Manas!
Des Speeres Ende – das ist Manas!
Der Zeiten Wende – das ist Manas!

Aus dem Epos Manas

Nach dem Fest reisten die Gäste zurück zu ihren weit entfernten Aulen. In der Jurte Dshakyp aber wuchst der Knabe heran. Die Eltern verwöhnten ihren Sohn und er wurde ein Raufbold. Er verspottete die Alten, trank einen ganzen Schlauch Kumys in einem Zug leer und quälte Tiere. Seine Freunde wurden zu Feinden. Das grämte die Eltern.

„Mit unserer Erziehung haben wir ihn verdorben. Er muss die Kälte des Lebens zu spüren bekommen“, und sie schickten ihn in die Berge zu Oschpur, dem Hirten.

„Dulde keine Widerrede, züchtige ihn“, sagte Dshakyp.

Doch Manas sorgte für die Lämmer, pflegte die schwachen Tiere und hielt Wache bei den Starken. Nach zwei Jahren wurde Manas Pferdehirte und sorgte für die Fohlen zur Freude der Eltern.

Eines Tages preschten durch hohes Gras neun tyrgautischer Reiter in die Herde und treiben Pferde fort. Der neunjährige Manas schwang sich auf den Rehbraunen, holte die Tyrgauten ein, tötete mit einem Hieb den Anführer und warft die Übrigen aus den Sätteln. Die Angreifer fliehen.

Der Hirte Oschpur jammerte:

„Oh Manas, du hast mit deinem Sieg den schlafenden Drachen Chinas geweckt.“

Die Augen Manas versprühten Blitze als er antwortete:

„Die Zeit ist reif! Endlich wird es wieder Frühling, das belebt und verjüngt die Erde! Die Kirgisen werden sich vereinen und gegen die Khane ins Feld ziehen!“

Oschpur war beeindruckt:

„Wahrlich, dein Name wird unser Schlachtruf sein. Du schwingst das Schwert der Gerechtigkeit.“ Er kam geläutert zurück in den Aul.

Manas vergnügte sich bei der Jagd mit seinen Freunden. Die Jäger ritten am Ufer des reißenden Flusses. Im Innern noch erhitzt vom Sieg über die tyrgautischer Pferdediebe, dringt Manas in eine unbekannte Lichtung ein. Plötzlich stand ein weißbärtiger Greis vor ihm. Er hielt in der einen Hand einen Speer und in der anderen ein Schwert. Schweigend übergab er beides an Manas.

„Wer bist du?“, fragte Manas.

„Ich bin der Geist der Kirgisen. Nimm dies, von den Ahnen wird es dir vererbt.“ Manas wunderte sich.

„Der Speer wird im Kampf zu vierzig Speeren und das Schwert zu vierzig Schwertern. So viele werden künftig auch deine Gefolgsleute sein. Gemeinsam mit ihnen bist du unbesiegbar.“

Als er sich bei dem Greis bedanken wollte, ist dieser verschwunden.

Die vierzig Gefolgsmänner

Ihr, mit Banner, Lanze, tretet vor!
Ihr, mit Pfeil und Panzer, tretet vor!
Männer, mit dem Löwenmut, tretet vor!
Männer, mit Treu im Blut, tretet vor!

Aus dem Epos Manas

Aus der Hauptstadt Chinas kam Khan Dsholoi ins Gebirge, ein Riese unter den Tyrgauten. Er trug die Schuld am Elend tausender junger Kirgisen die bei mächtiger Hitze und schwerer Arbeit starben. Er war eine starke Stütze Chinas, aber auch der Schrecken der Kirgisen.

Dsholoi wurde mit großen Ehren bei seinem Stamm empfangen. Sie scharten sich um ihn. Seine Esslust war bewundernswert. Ohne Mühe verspeiste er fünf Hammel und trank dazu aus einem großen Kelch ihr Blut. In ihm brodelte die Kraft von ungelöschtem Kalk. Der Umfang seines Leibes war gewaltig. Sein Schnauzbart stand wie Mühlräder im Gesicht. Wie Sträucher wucherten die Wimpern. Mit seinen Händen zerdrückte er alles zu Staub. Nach dem Essen rülpste er wie ein betrunkener Elefant, wobei sich alte Platanen von seinem Atem bis zur Erde neigten. Er saß noch beim Mahl, als seine Wolfsaugen acht ermattete Tyrgauten in zerrissenen Chalats auf sich zukommen sah. Durch eine Gasse in der Menge kamen sie zu ihm und warfen sich ehrfürchtig auf die Erde. Einer sagte:

„Großer Dsholoi, höre uns an und zürne nicht. Wir waren neun Krieger und gedachten, uns ein paar Pferde aus der Herde des Dshakyp zu holen, aber sein neunjähriger Sohn erschlägt unseren Anführer und wirft uns aus den Sätteln." Dsholoi brach in schallendes Gelächter aus. Seine Zähne, so groß wie Türen, entblößten sich.

„Die Kirgisen, die wir über die ganze Welt verstreut haben, erheben wohl aufs Neue ihre weißkappigen Häupter?", brüllte er.

„Kocht noch immer Recken Blut in den Sklaven Adern? Wir hätten sie alle töten sollen. Wie heißt Dshakyps Brut?"

„Manas!"

„Manas?" Dsholoi runzelt die Stirn.

„Manas? Diesen Namen erwähnt das Buch der Weissagung bei den chinesischen Zauberern. Dort heißt es: „Sechs Monde wird Khan Manas in der ehernen Hauptstadt herrschen." Dsholoi beschloss, Manas dem Khan der Khane in der Hauptstadt zum Geschenk zu machen. Er bestieg sein Riesenpferd, um ihn zu fangen. Manas war wieder mit seinen Gefolgsmännern auf der Jagd. Seine Genossen wiesen entsetzt mit den Händen nach Osten und flohen. Manas richtete seine Augen auf den Gegenstand ihrer Angst. Er sah zwei Berge auf sich zukommen, einer über dem anderen. Der Riese Dsholoi kam auf seinem Riesenross herangesprengt.

„He, ihr Brut der Habenichtse, Bastarde der kirgisischen Sklaven!" brüllte Dsholoi schon von weitem.

„Wer von euch heißt Manas?" Unter seinem Atem trübte sich das klare Wasser des Flusses. Die Freunde hatten Angst. Manas schleuderte mutig den Speer seiner Ahnen gegen Dsholoi. Ein Wunder geschah, nicht ein Speer, sondern vierzig bohrten sich in seine Riesenbrust. Der Getroffene heulte vor Schmerz auf. Dann zückte Manas das Schwert und warf es auf den aufgeschichteten Fleischberg. Seine Männer trauten ihren Augen nicht. Sie sahen, dass vierzig Schwerter, grell in der Sonne funkelnd, durch die Luft fuhren. Das Pferd erzitterte, bäumte sich auf und jagte mit dem verwundeten Dsholoi auf dem Rücken nach Osten. Wie bei einem Wunder kehrten beide, Schwert und Lanze in Manas Hände zurück. Der wollte sofort seinen Feind verfolgen. Wieder steht der Greis vor ihm:

„Halt ein, Manas. Noch ist die Zeit deines Kampfes mit Dsholoi nicht gekommen. Die vierzig Speere und die vierzig Schwerter, mit denen du Dsholoi besiegt hast, sind in der Zukunft die Waffen deiner Gefolgsmänner. Mit ihnen zusammen wird dich niemand besiegen." Manas sah die Knaben an und bemerkte ihr Zittern. Tschubak, Sohn des Noiguten Akbalta, trat vor Manas und fragt:

„Wer hat dir die vierzig Schwerter und vierzig Speere gegeben?" Manas sagte.

„Du bist mein Gefolgsmann!"

Als Antwort küsste Tschubak die Klinge des funkelnden Schwertes. Auch die anderen folgten seinem Beispiel. Es waren Serek, Adshibai, Urtschü, Bosul und alle anderen; bis zu vierzig.

Auf dem weißen Filz

Kühn ist der Jagemann, kühn der Milan.
Weiß ist der Filz, weiß wie der Schwan.
Diene der Filz als Sitz dem Mann!
Rasch ist der Sieg in seinem Bann.

Aus dem Epos Manas

Sechsmal war es Frühling geworden, sechsmal hatte sich die Erde erneuert, und Manas ist fünfzehn Jahre alt. Vierzig Gefolgsmänner hatte er um sich geschart.

Wir nehmen uns jetzt die Zeit und blicken zurück auf die Weiden in Turkestan, um zu sehen, was dort geschehen ist. Wir erinnern uns auch, dass Dshakyps ältester Bruder Orosdu in Turkestan bleiben musste und Bai, der dritte Bruder, nach Kaschkar vertrieben wurde. Beide erlitten in den Sklavenjahren großes Leid. Nun waren ihre Jahre gezählt. Bai hatte zwei Söhne, die gut und weise geraten sind. Orosdu aber hatte zehn Söhne. Die waren böse, hartherzig und wild. Die Menschen sprachen nur von den Raufbolden. Fast ohne Unterbrechung liegen sie untereinander im Streit. Eines Tages sagen Bais Söhne zu den Zehn:

„Habt ihr gehört, was von Quelle zu Quelle, von Baum zu Baum, von Aul zu Aul, vom Altai bis Turkestan gesprochen wird? Den Kirgisen ist Manas zum Geschenk gegeben worden. Seine Kraft soll unermesslich sein, wie die Kraft der Erde. Vor ihm erschrak sogar der Riese Dsholoi. Beendet euren Streit und werdet einig, uns steht ein großer Kampf bevor." Die Raufbolde aber hörten nicht darauf und bedrängten weiter Bais Söhne. Daraufhin sprach der Vater:

„Die Unterwerfung unter die Raufbolde ist zu viel. Lasst uns zu meinem Bruder Dshakyps in den Altai ziehen. Er hat große Herden und die helle Sonne Manas ist aufgegangen. Zunächst reite ich allein voraus."

Lange war er unterwegs, bis er sein Ziel, die Berge des Gebirges, erreicht hatte. Kurz vor dem Ziel bewegten sich zwei Berge auf ihn zu. Die Vorahnung presste sein Herz zusammen. Mutig ritt er an Dsholoi vorbei. Der schrie wütend:

„Wer bist du, weißkappiger Sklave"? Der Riese zog sein Schwert und streckte Bais Ross mit einem Streich nieder. Den Alten fesselte er an den Sattel. Er dachte, Manas gefangen zu haben. Schnell begriffen die Tyrgauten, dass er stattdessen einen gebrechlichen, kirgisischen Krieger besiegt hatte. Scham und Rachedurst kam über den Riesen und er schrie:

„Hebt eine Grube aus und begrabt ihn bei lebendigem Leib." Sie warfen ihn in die Grube und vergaßen in der Eile sie zuzuschütten. Mit einem Heer von achttausend Kriegern zog der Riese zum Kampf gegen Manas. Über einen schmalen Bergpfad kamen sie in einen Talkessel mit Gräsern und einem See. Wildenten flogen über das Röhricht.

Zur gleichen Zeit jagte hier Manas mit vielen Begleitern.

„Lasst uns einen Khan wählen", sagten sie.

„Der sein Pferd opfert und wir alle davon essen, der soll unser Khan werden."

„Manas ist schon längst unser Khan", antwortet erzürnt Tschubak. Dass wollte die Menge nicht anerkennen. Da trat Mindibai vor und sagte:

„Nehmt den Grauen, der gehört Manas." Manas nickte und tötete das Ross mit einem Streich. Da hoben die Dschigiten Manas auf den weißen Filz und riefen ihn zu ihrem Khan aus. Die Berggipfel warfen das Echo des Schwurs zurück, dass es im Tal widerhallte. Gras, Tau, Tiere, Fluss und der Himmel waren die Zeugen.

Der Schwur
sei unser Zeuge auf ewige Zeit
Höre, du Himmel, da du flimmerst im Blau,
sei unser Zeuge auf ewige Zeit!
Höre, du Wildbach, da du rasest zum Fluss,
sei unser Zeuge auf ewige Zeit!
Höret, Tiere, die ihr trinket vom Fluss,
seid unsere Zeugen für ewige Zeit!
Schwöret dem Manas, ihr Verwegenen, den Eid:
Unsere Herzen, das rächende Schwert, alles gehört Manas für alle Zeit"
Aus dem Epos Manas

Mit dem Schwur traten die Jünglinge vor Manas und küssten das blinkende Schwert. Begeistert stürmten sie mit ihren Schwertern in Händen, im Galopp und schreiend dem Talkessel entgegen. Plötzlich stehen sie vor dem Heer Dsholois. Die Feinde glaubten, eine mächtige Streitmacht kommt. Die erzitterte und sie flohen. Auch Dsholoi erstarrt vor Schreck und folgt den Fliehenden.

Im Siegesrausch wollte Manas die Tyrgauten verfolgen. Tschubak fiel ihm in die die Zügel.

„Halt", sagte er.

„Wir sind achtzig und die kommen mit achttausend. Bemerken die, wie wenige wir sind, vertilgen sie uns. Deine Zeit wird noch kommen."

Die Jagdgesellschaft ritt zurück. Als sie ihr Dorf erreichten, kommen ihnen mit Glückwünschen die Ältesten entgegen. Einer von ihnen war der alte Bai. An ihm klebte noch der Rest Sand aus der Grube. Er verneigte sich. Die erkennen ihn und er sagt:

„Einen ganzen Tag lag ich in der Grube und hatte viel Zeit nachzudenken. Mir wurde bewusst, dass wir zu schwach sind gegen China zu kämpfen, geschweige zu siegen. Vereinen sich die Kirgisen, kommen wir auf höchstens dreitausend Krieger. Die Zahl der Feinde ist aber unermesslich", sagte er mutlos.

„Wir brauchen einen Khan, der unsere Grenzen schützt, und nicht einen, der Kriege führt." Die Ältesten traten vor und hielten sich dafür geeignet. Jeder will Khan werden. Es fällt keine Entscheidung. Tschubak, der erste Gefolgsmann Manas, tritt in die Mitte:

„Ihr Ältesten", begann er demütig und mit Würde.

„Ihr ehrwürdigen Ältesten, hört mich an: Wir waren auf großer Jagd, haben Manas zu unserem Khan gewählt und ihn auf den weißen Filz gehoben. Er kann die Kirgisen führen. Prüft selbst und Überlegt es euch."

Eine Lange Weile wart es still.

„Dieser Dschigit spricht die Wahrheit", sagte der alte Bai. Was konnten die Ältesten gegen den Hochgeachteten sagen? So wurde Manas zum Khan gewählt und alle küssten sein Schwert. Viele Tage lang wünschten die Ältesten ihrem neuen Führer Glück und ehrten ihn.

Die Begegnung mit Eschtek und Koschoi

Der Dinge Ursprung er besingt,
des Himmels Stimme zu ihm dringt,
der Reden Knoten er durchsticht,
den Schwertern er die Spitze bricht.

Aus dem Epos Manas

Tag und Nacht ritten sie den Feinden entgegen. Manas wollte siegen und weitere Kirgisen befreien. Mit tausendvierzig Dschigiten war er ausgezogen. Sie jagen durch Schluchten und wasserlose Wüsten. Hin und wieder sahen sie Männer, die Wassergräben ausheben und auf Feldern als Sklaven arbeiteten. Es waren Kirgisen. Manas sagt:

„Ab heute seid Ihr keine Knechte mehr, sondern Krieger des Manas." Sie folgten ihm. Aus jedem Lager kamen Krieger hinzu.

„Uns fehlen die Tränen, um über unser Leid zu weinen", erzählten sie.

„Die kommen im Frühling und Sommer und nehmen uns weg, was sie wollen. Sogar im Herbst und Winter belagern sie uns. Vor allem aber unsere Mädchen holen sie."

Die Zahl der Krieger wuchs. Zu allen sagte Manas das Gleiche. Bald zählte sein Heer sechstausend Krieger. Sie durchquerten das Land der Tyrgauten. Weil Khan Dsholoi in China war, erwarteten sie keinen Angriff. ziehen kampflos weiter. Nach einigen Tagen kamen sie in das Land Neskaras, dem Khan der Mandschu. Darauf folgte die Wüste. Ein anderer böser Feind. Das Heer zählte inzwischen über zwanzigtausend Krieger.

Von der Hitze platzten den Männern die Lippen, die eisernen Brustpanzer glühten und die Pferde wurden wegen dieser Qual rasend. Einige verdursteten. Das war kein leichter Ritt und alle sind verbittert. Da schob sich Tschubak an Manas Seite:

„Manas führt uns in den Tod!", schrien die Krieger entsetzt.

„Wir kommen in der Wüste um! Die Männer grollen, sprich zu ihnen!" Manas gebot der Karawane Halt und spracht mit donnernder Stimme zu seinen Leuten. Eine aufmunternde sollte es sein, jedoch manche waren darüber verbittert. Sie sollte Mut machen, doch bei vielen bewirkt die Rede das Gegenteil. Er sagte:

„Steht der Krieger, so steht er auf Wache! Reitet der Krieger, so reitet er dem Feind entgegen! Stirbt er liegend, so schießt er noch einen Pfeil ab! Der Sieg über unsere Feinde macht das Herz frei! Den Tod kann man nur einmal erleiden, das Leben aber gewinnt man mit jedem Sieg! Die Starken sehen der Not ins Auge, die Schwachen dagegen erblinden!" Manas machte eine Pause. Dann sagte er weiter:

„Die Knaben, die auf ihren Lippen noch die Muttermilch schmecken, sollen zusammen mit den Alten und Frauen in den Altai reiten. Die Mutigen aber folgen mir!" Dieser Befehl versetzte einige Zuhörer in Begeisterung. Kein Krieger wollte umkehren. Manas ließ schwören:

„Wenn ich meine Heimat und Manas verrate, soll mich die finstere Macht strafen, der helle Tag soll sich von mir wenden. Der Fluch unsterblicher Recken soll mich treffen!" Das Heer zog weiter. Am vierten Tag kamen sie in eine Gegend mit Quellen und dichtem Gras. Nach einigen Tagen waren sie am Ziel. Sie hatten das Land der Mandschu erreicht. Hier lebten gefangen Eschteks und Koschois Sippen. Der Khan der Mandschu,

Neskara, ist in die Hauptstadt Chinas gerufen worden. Die Kirgisen Eschteks sind Sklaven der Mandschu. Als Gefangene bewohnten sie ein Tal mit nur einem schmalen Zugang, in das sie gedrängt worden sind. Wenige Soldaten sind zur Bewachung erforderlich.

„Draußen in der Ebene, versteckt hinter Felsen und Sträuchern, lagert ein Heer“, berichteten die auf der Hochebene postierten Wächter Khans Eschtek.

„Sie verhalten sich in Deckung. Das könnten Kirgisen sein.“ Die Hoffnung auf baldige Befreiung wuchs. Erst recht, als sie erfuhren, dass es wirklich von Manas angeführte Krieger waren.

Zu dieser Zeit war auch der Kirgise Koschoi in derselben Gegend, ein Verwandter Escheks. Er war zu seiner Sippe heimgekehrt. Schon in jungen Jahren hatte er begonnen, die Welt zu durchwandern. Die Weisheit der Araber, das Wissen der Europäer, die Zauberkraft und Kunstfertigkeit Indiens hat er in sich hineingesogen. Auch in China hatte er viele Jahre gelebt. Doch durch das traurige Schicksal der Kirgisen und ihrer Bedrängnis wart sein Herz gealtert. Silberstreifen schimmerten in seinem Bart. Er trug eine spitze Luchsmütze. Das war seine besondere Erkennung. Als er vom Schicksal seines Volkes erfuhr, hatte er großen Zorn. Er erinnert sich an seinen Zaubergürtel, den er in Hindustan erbeutet hatte. Mit seiner Hilfe und einer List, besiegte er mit Manas Heer die Mandschus. Eschtek, Koschoi und alle Dschigiten schwören Manas ewige Treue. Mit wenigen Dschigiten hatte Manas den Feldzug angetreten. Jetzt, nachdem viele Sklaven befreit waren und er mit Eschteks Krieger vereint war, zählt das Heer über vierzig mal tausend Mann. Nach einem ausführlichen Festgelage machte sich der lange Zug auf den Weg in den Altai. Manas ritt auf seinem Rehbraunen an der Spitze, flankiert von seinen vierzig Gefolgsmännern, sowie Koschois und Eschtek. Hinter ihnen ritten die Sänger mit Liedern seiner Heldentaten. Sowie der Mond stetig runder wurde, vermehrt sich die Zahl der Jurten im Altai, und immer neue Aule entstanden. Die angekommenen Krieger des Manas vereinten sich mit denen aus Dshakyps und Bais Stamm. Viele Kirgisen aus Kaschgar, Sibirien, Turkestan und allen Himmelsrichtungen kamen in den Altai zu Khan Manas und schworen ihm Treue. Schreiber zählten die Krieger und schrieben das Ergebnis auf. So wurden neunzigtausend Krieger ermittelt. Dazu kamen noch ebenso viele Greise, Frauen und Kinder.

„Hier verlassen wir Khan Manas und sein Heldenepos. Doch der Mythos lebt in den Herzen und Gedanken der Kirgisen.“ Müde vom vielen Sprechen reckt sich der Manatschi Schonor und beendet seinen langen Vortrag. Letzte Feuer verbreiten mattes Licht. Träumend, unter dem Eindruck des Gehörten, schlendern die Menschen nach Hause. Sie verehren ihren Helden, und singen seine Lieder.

„Wer ist größer als Manas?“

„Niemand!“ ist die Antwort. In Gedanken hängen sie den Erzählungen und alten Geschichte ihres Volkes nach. Manas ist der Größte. Das haben sie gerade den mystischen Schilderungen über die lange Zeit kirgisischer Geschichte durch den Manatschi entnommen. Das festigt den Nationalstolz. Manas ist der Inbegriff ihres Heldentums.

In den nächsten Tagen werden die Leute von der Gegenwart eingeholt. Das Leben in den Dörfern ist trotz der Kämpfe in China ruhig. Die Kinder lärmen beim Spiel. In ihrer Fröhlichkeit vergessen sie, dass ihre Väter gegen Chinesen kämpfen. Meldereiter bringen gute und schlechte Nachrichten. Aber das interessiert die Kinder nicht. Dass ihr Khan einen Sieg nach dem anderen erzielt, hören sie überall. Ihre Mütter beweinen die Toten, die sie nicht begraben können. Sie verstehen das alles nicht, erahnen aber die Schrecken. Seit Jahrhunderten leben die Nomaden mit Siegen, Niederlagen und dem Tod. Betrifft es aber eine Familie besonders, verursacht der Verlust große Not. In den Nächten wird viel geweint. Nicht nur die Mütter und Ehefrauen, sondern auch ihre Kinder. In Nurkas Jurte, bei der auch Sina, die Frau Jaglagars, wohnt, herrscht bedrückte Stimmung. Nurka weiß, dass das Epos Manas auch Parallelen zur aktuellen Wirklichkeit ihres Sohnes Jaglagars hat. Diese Erkenntnis lebt in ihrem Herzen. Genauso leidet auch Sina, die schwangere Frau Jaglagars. Die Frauen trösten sich gegenseitig. Die Nabelschnur zu Mira, ihrer eigenen Mutter, ist längst zertrennt. Jetzt sind Jaglagar und Nurka ihre Familie. Auch Bachtjar mit dem besonderen Beinamen „Sei glücklich“ ist jederzeit wie eine Schwester an Sinas Seite. Die Schwangerschaft macht Sina zu schaffen. Zwar ist die morgendliche Übelkeit vorbei. Nun nagt und frisst die Angst an ihrem Glück, jung zu sein und Mutter zu werden. Die Ungewissheit quält, wann wird ihr Mann nach Hause kommen. Der letzte Bote berichtete, dass in der Gobi auf dem Weg nach China massenhaft Krieger durch die mörderische Hitze gestorben sind. Sie seien tot von ihren Pferden gefallen. Sie blieben liegen wo sie hinstürzten. Die Natur besorgt die Bestattung. Es sei sinnlos, den Treck anzuhalten, entschied Jaglagar. Weit und breit gibt es weder Schatten noch Wasser, nur die Hitze; gleißend und zerstörend.

Nurka trifft Vorkehrung für die Geburt ihres ersten Enkels. So ist es seit jeher gewesen. Sie schickt nach der weißen Frau, die Sina täglich betreut. Auch eine Milchamme wird gefunden. Sina ist ihr wie die eigene Tochter.

Bachtjar und Sina reiten, sofern es der Zustand der Schwangeren erlaubt, täglich eine kurze Strecke aus. Nurka und die Hebamme sind entsetzt. Sie meinen, dass es schaden wird. Heute ist ein kühler Tag. Leichter Wind weht von den Bergen. Sobald die Mädchen unterwegs sind, schäumen sie vor Übermut. Mit Abstand folgen ihnen Wächter. Die Mädchen fühlen sich unbeobachtet. Ausgelassenes Lachen und laute Fröhlichkeit besiegen den Kummer dunkler Nächte.

„Die Stunden nachts in der Einsamkeit sind grausam.“ Unvermittelt bricht diese Bemerkung aus Bachtjar hervor.

Sonst ist sie wie ein milder Frühlingstag, lustig ansteckend, was sofort auf Sina überspringt. Was soll diese Bemerkung bedeuten?

„Du hast es gut, hast einen Mann“, bricht es weiter aus Bachtjar hervor. Die Fröhlichkeit ist vorbei. Beide blicken bedrückt auf den Boden.

„Was nützt mir ein Mann, ein Held in den Augen der Leute, um den ich jede Nacht weinen muss?“ Sina will nicht über sich sprechen. Aber Bachtjar ist ihre Freundin. Nach einer Weile sagt Sina:

„Es ist bitter, wenn kein liebes Wort in der Nacht mich tröstet. Als Jaglagar jünger war, und wir in der Horde nebeneinander auf die Jagd ritten, oder Viehdiebe verfolgten, hatte ich ihn immer bei mir; auch des nachts.“ Verträumt sagt sie:

„Das war eine wunderbare Zeit. Tursale, der Schmied bei Kulatov, hat mir sogar einen Brustpanzer geschmiedet. Stell dir das vor. Mir, einem jungen Mädchen. Den habe ich damals noch nicht gebraucht.“ Beide schweigen. Bachtjar legt den Arm um Sina.

„Kann ich der Freundin mein Geheimnis erzählen?“ denkt sie.

„Gefühle sind selten berechenbar. Kann ich mit ihr reden?“ Obgleich sie sich gut kennen, einander wie Schwestern lieben, haben sie doch Geheimnisse. Nach wenigen Sekunden sagt Bachtjar:

„Ich habe in meinem Herzen einen Schatz, den ich sehr liebe.“

„Du Glückliche! Einen Mann?“

Sofort erkennt Sina die dumme Frage.

„Ja!“

„Weiß er etwas von deinen Gefühlen?“

„Nein. Ich glaube nicht. Nein bestimmt nicht. Bis jetzt habe ich kaum mit ihm gesprochen. Ich bin mir nicht sicher, ob er sich überhaupt an mich erinnert. Aber in mir brennt das Feuer.“

Lange ist es still. Bachtjar schweigt und Sina denkt:

„Die Arme, sie kennt das Leid der Liebe noch nicht.“ Nach einer gefühlt langen Zeit sagt Bachtjar.

„Liebe Schwester, du hast Recht. Ein Mann, der selten zu Hause ist, auch wenn er in unseren Herzen wohnt, wie kann der seine Frau trösten. Wie wird es mir mal ergehen?“

„Bei uns tragen alle Frauen das gleiche Schicksal. Als Nomaden haben wir viele Pflichten. Wir kümmern uns um die Kinder, das Dorf und das Vieh. Unsere Männer sind Krieger. Das ist seit Jahrhunderten so. Wir brauchen nicht zu hoffen, dass sich das in der Zukunft ändern wird.“ „Lass uns ein paar Schritte gehen“, sagt Sina.

„Das wird dem Kind und meinen Beinen guttun.“ Die Begleiter versorgen die Pferde.

Nach wenigen Schritten hören sie Winseln. Sie folgen dem Geräusch um einige Felsen. Tief über dem Boden kreisen Raben. Das ist normal. Die Vögel sorgen für die Harmonie in der Natur und vertilgen Aas.

„Liegt hier ein totes Tier?“ Sina ist erstaunt. Ehe Bachtjar antworten kann, sagt sie: „Da ruft und weint jemand.“ Sie sehen eine lange Felsspalte, die nach unten breiter wird. Einen Augenblick ist es still. Jetzt ist der Hilfeschrei wieder zu hören.

„Das ist Weinen in Todesangst“, sagt Bachtjar. Sie beugt sich über den Spalt, um besser zu hören oder zu sehen. Die Geräusche sind jetzt deutlich. Da ist jemand hineingestürzt.

„Wir holen sofort Hilfe, ihr werdet gerettet", schreit sie erregt in die Dunkelheit. Die Frauen wissen nicht, wie viele in der Kluft stecken. Sofort wird Hilfe gebraucht. Die Wächter reiten los und sind nach kurzer Zeit mit Stricken, Stangen, weiteren Helfern und einem dünnen Jungen zurück. Das Kind soll runtergelassen werden. Als es hochgezogen wird, sind alle erstaunt. Auf seinem Arm trägt er einen kleinen, blutverschmierten Hund. winselnd schmiegt er sich an seinen Retter.

„Ein Junge ist eingeklemmt. Im Dunkeln habe ich nichts Genaues erkannt. Starke Schmerzen muss er haben. Ich hörte stöhnen", berichtet der Dünne.

„Unten ist der Spalt breiter, als man von oben erkennt." Ein schlanker Mann klettert am Seil hinunter. Nach kurzer Zeit ist der Verunglückte geborgen.

„Das ist doch Schako, der Sohn Asans!", ruft erregt Bachtjar. Ohne Kontrolle über sich, fällt sie dem Jungen schluchzend um den Hals. In diesem Augenblick weiß sie es bestimmt: sie liebt ihn! Hat ihn schon immer geliebt. Er ist es, den sie im Herzen trägt. Die Umarmung dauert zu lange, als sie für die Erleichterung bei dieser Rettung nötig wäre. Die Helfer erahnen das Besondere dieses Momentes und klatschen. Schako ist benommen. Gerade ist er vor dem sicheren Tod gerettet worden und erlebt die stürmische Zuneigung Bachtjars. Sie weint vor Erleichterung über die Rettung des Geliebten und das gestärkte Bewusstsein ihrer Liebe. Schako hat weiche Waden und setzt sich auf den Boden. Bachtjar kauert dicht neben ihm.

„Wo ist mein Hund", ruft er besorgt. Seinetwegen ist er in den Spalt gefallen. Als sein Freund die vertraute Stimme hört, kommt er freudig jaulend gelaufen. Schako hält ihn auf dem Arm, krault sein Fell, voll Zuneigung streichelt er ihm zärtlich den Kopf. Bachtjar scheint vergessen.

„Wie ein Kind sein liebstes Spielzeug festhält", denkt sie einen Augenblick.

„Schako ist jünger als ich." Aber im Moment hat das für sie keine Bedeutung.

Sina ist wegen der Schwangerschaft patzig wie ein Bär. Sie konnte bei der Rettung nicht mitwirken. Aber mit Freude hat sie die Liebenden beobachtet, deren Glück gesehen. Jetzt kennt sie den heimlichen Schatz. Schako hat sich bei dem Absturz verletzt. Auf Bachtjars Pferd wird er ins

Dorf gebracht. Für die junge Frau beginnt eine glückliche Zeit. Sie wohnt jetzt in der Jurte ihres Onkels Asan und pflegt Schako. Danach will sie weiter in seiner Nähe leben; Tag und Nacht. Seine Jugend stört sie nicht. Bei der Großmutter „Schöner Mond", die Schwester Kaskarbeis, findet sie volle Zustimmung. Es ist keine neue Familie, in die Bachtjar geraten ist. Auch Nurka hat keinen Einwand zu dieser Verbindung. Die Männer sind im Krieg, die Frauen führen das Regiment. So ist es entschieden, Bachtjar und Schako sind ein Paar. Bald ist Schako völlig gesund und verbringt viel Zeit mit Bachtjar. Wie alle Liebenden suchen sie die Einsamkeit. Manches Mal schielt die junge Frau auf ihren Angebeteten.

„Wird unsere Liebe halten?", ist dann ihre bange Frage. Im Stamm ist es üblich, dass bei Paaren die Männer älter sind. Man sagt, das muss so sein, und niemand hat etwas dagegen. Aber ist es richtig, dass die Frauen früher erwachsen sind? Täglich prüft sie ihr Verhalten, was sie redet oder wenn sie die Pläne für ihre Zukunft bedenkt. Dabei stellt sie fest, Schako wirkt sehr jugendlich, lacht viel und treibt allerlei Scherze. Ihre anfänglichen Bedenken vertreibt sie schnell und stellt fest:

„Ich liebe ihn sehr." So bleibt alles, wie es ist.

Etwas Besonderes stellt Bachtjar fest, dass Schako sich mehr und mehr zu Schonor und Kürmano, den Volkserzählern, hingezogen fühlt. Wie Schonor als Junge, treibt sich auch Schako von früh bis spät bei den Barden herum. Auch er saugt die Geschichten seines Volkes in sich hinein. Oft übt er sich mit Erzählungen und kann eine Schar Zuhörer um sich versammeln. Auch heute wieder. Bachtjar sucht ihn und findet ihn bei Kürmano. Sie setzt sich in das Publikum. Eine Weile hört sie gespannt zu. „Als Barde wird er niemals ein Dschigit werden." Kommt es ihr in den Sinn.

„Vater hätte dagegen bestimmt Einwände, und was wird mein Bruder Jaglagar dazu sagen? Egal, Schako ist wie er ist und ich liebe ihn. Ich stehe an seiner Seite!" Ihr kommt eine Idee. Eilig setzt sich in den Schatten einer Platane und lässt ihren Gedanken freien Lauf.

„Werden die Barden ihre Vorträge immer gleich schildern? Oder werden sie Worte und Begriffe im Sinn verdrehen. Ich vermute, dass sie verschiedene Deutung bekommen werden. Kann ich daran etwas ändern?" Lange denkt sie ohne die Lösung zu finden darüber nach. Der Mulla bittet sie, doch öfter in den Schreibunterricht zu kommen? Dieses Stichwort hat ihr gefehlt. Wie durch eine Erleuchtung, weiß sie sofort, das ist die Lösung. Bei der Karawane kauft sie Schreibzeug. Auch unterhält sie sich mit anderen Schriftkundigen. So fällt die Entscheidung, dass nach jedem Vortrag das Gehörte aufgeschrieben wird. Damit werden für die Zukunft die vielfältigen Berichte der Volkserzähler über den sagenhaften Helden Manas und die realen Geschichten Wort für Wort festgehalten. Alles wird dem Papier anvertraut. Die Barden liefern den Stoff.

Eine neue Zeit. Als Saliev, Sohn des Khans Medet, „Minister für Schriftkunde und Kultur“, davon hört, ist er begeistert. Unter Anleitung Bachtjars beginnt die Arbeit. Täglich treffen sich die Schreiber. Auch die Manatschis kommen zur Hilfe. So wird alles, Ereignisse, Erzählungen, Sagen und Legenden des kirgisischen Volkes festgehalten. Reales wirkt dabei hinein in den Mythos „Manas“. Wer würde später sonst von den Siegen Goghus-Khans; dem tragischen Sterben des Kurgez-Khans, dem Herrscher der Gekun, im Altai; der wunderbaren Geburt Kaskarbeis, dem Sohn Goghus-Khans, berichten? Oder von der Freude über die Befreiung der versklavten Kirgisen informieren. Und dass die Kirgisen Stämme vereint bei den Himmelsbergen und dem Fluss Talas, unter Khan Jaglagar, zur größten Macht in Mittelasien geeint wurden. Und dass er in einer gewaltigen Schlacht alle Feinde, Mongolen, Uriguren und Chinesen, vernichtend geschlagen hat. Durch die Schreiber wird die Vergangenheit lebendig gehalten.

Das Glück der jungen Liebenden steigert sich zum Höhepunkt ihres Lebens. Sie gehen ganz in ihrer Aufgabe auf. Dass Schako kein Krieger wird, stört niemand.

Sina hat Angst um Jaglagar.

Wie mag es ihm ergehen? Nur einmal erhielt sie durch einen Boten eine Nachricht. Danach ging es ihm gut. Es gibt in der chinesischen Hauptstadt zwar Feinde, berichtet der Bote, durch seine Krieger wird sie jedoch geschützt.

Weiter berichtet er nichts. Verschweigt er etwas? In Sina wächst die Sorge um den Gatten und das Volk. Er hat die zentrale Gewalt hergestellt und die Stämme vor der Zersplitterung bewahrt. Nun ist er schon lange im fremden Land. Kann er sein großes Reich aus dieser Entfernung regieren? Schon ist von Unruhe bei den Kirgisen zu hören. Einige Khane lehnen sich gegen ihn auf. Sina lebt in Sorge. Die Schwangerschaft ist ein Problem.

„Wann wird er endlich nach Hause kommen? Reicht es ihm nicht, Sieger über China zu sein? Er ist doch der Eroberer!“ Nurka hat auch keinen brauchbaren Rat für Sina, spricht ihr jedoch Mut zu. Mit dem Kummer alleine gelassen, zieht sie sich zurück und überlegt.

„Ob ich ihm schreibe?“ Wie Bachtjar hat auch sie es bei den Mullas gelernt.

„Der Meldereiter soll warten.“ Sina schreibt einen Brief an Jaglagar. Sorgsam versteckt der Bote den Brief an seinem Körper und reitet auf einsamen Wegen, seinen Auftrag auszuführen.

„Es kann nie ausgeschlossen werden, dass bei den Gefahren eine Botschaft nicht ankommt. Der Brief erreicht nach zwei Monaten sein Ziel.

Vier Monate regiert Jaglagar sein Land schon aus der chinesischen Hauptstadt. Sinas Brief bereitet ihm nicht nur Freude.

„Mein herzlieber Gatte“, liest er. „Deine Liebe zu mir soll sich nicht verringern, wenn du meine Zeilen liest. Ich bitte dich vielmehr, mein heißes Verlangen nach dir zwischen den Zeilen zu spüren.

Ich sehne mich nach dir und bin einsam. Die Flecken auf dem Papier sind meine Tränen. In einsamen Nächten, ohne ein Wort von dir, fühle ich mich verlassen. Erinnerst du dich trotz deiner vielen Pflichten als großer Feldherr an unser Kind, das unter meinem Herzen wächst? Du könntest es spüren, würdest du über die Wölbung meines Leibes streichen können. Ich weiß nicht, wieviel Zeit mir bis zur Geburt bleibt. Lange wird es jedoch nicht dauern. Denk an uns; an deine Mutter Nurka, an dein Kind und mich. Komm bald nach Hause. Leider kann ich es dir nicht verschweigen, einige Khane, die dir ewige Treue geschworen haben, wollen sich gegen dich erheben. Was du geeint hast, droht zu zerbrechen. Dein Volk braucht dich.“ Jaglagar liegt auf dem Feldbett vor dem Zelt, starrt in den Sternenhimmel und liest den Brief bei Kerzenschein. Er wohnt nicht im Palast. Der Prunk engt ihn ein. Jedes Mal erschrecken ihn Nachrichten auf dem Papier. Auch Sinas Brief. Er ist überrascht. Wiederholt nimmt er ihn in die Hand und legt ihn wieder auf die Seite, bis er ihn endlich gelesen hat.

„Es ist mir nicht möglich schnell nach Hause zu reiten“, denkt er. Sein Ehrgeiz und Eroberungsdrang lassen ihm wenig Spielraum. Als Herrscher muss er an alle denken. Vor allem darf er jetzt diesen Ort nicht verlassen. Sofort hätten seine Feinde die Oberhand. Seine Familie muss warten, auch das Volk. Die Feinde in den eigenen Reihen kann er auch später bezwingen. Trotzdem hat der Brief in aufgerüttelt. Er wundert sich, dass er bisher nur an sich gedacht hat. Nur selten kam ihm der Gedanke an Sina, sein Kind und Nurka. Sina weiß als seine Frau, dass er ihr nicht ganz gehört. Sie hat mehrfach gehört, was über sein Leben gesagt wurde. Es gibt kein Zurück, das Schicksal fordert seinen Tribut. Von der Pflicht getrieben und mit Trauer im Herzen ist seine Zeit angefüllt. Er erinnert sich an den Schwur des Erzfeindes Alokä:

„Ich werde die Kirgisen vernichten." Jaglagar hat ihn zwar besiegt, seinen Sohn Kornubei darf er aber nicht vergessen. Den hatte Alokä als Kind nach China geschickt. Er sollte die Künste der Zauberei erlernen. Kornubei ist Kaskarbei schon öfter begegnet. Er hat ihn jedes Mal in die Flucht geschlagen. Kornubei ist feige, hat sich nie zum offenen Kampf gestellt. Hinterlist ist seine Stärke. Dieser Feind hält sich in Jaglagars Nähe auf. Sinnend blickt er in den Abend.

„Wie werde ich entscheiden?", fragt er sich. „Sina hat Recht, zu Hause werde ich gebraucht." Später lässt er sich Papier und Tinte bringen. Er schreibt:

„Es zerreißt mir das Herz, wenn ich von deinem Kummer lese, meine geliebte Gattin. Auch ich sehne mich nach dir und meinem Sohn. Ich bitte dich herzlich um Verzeihung für mein Verhalten. Jetzt, durch deinen Brief aufgeschreckt, spüre ich große Sehnsucht nach euch. Die Pflicht hatte sie verdrängt. Ohne Zögern werde ich den chinesischen Thron in der goldenen Hauptstadt verlassen und zu dir kommen. Weine nicht, meine Liebe."

Auf seinem schnellen Pferd eilt der Bote den Himmelsbergen entgegen. Er ahnt nicht, was in der Zwischenzeit in der Hauptstadt geschieht. Seine Botschaft aber macht Sina glücklich.

Ungeachtet ihrer Schwangerschaft reitet sie noch täglich mit Bachtjar nach Osten. Eine Klippe, hoch im Gebirge, ist seit einigen Tagen ihr Ziel. Bizarre Felszinnen umgeben sie. Über ihnen grüßen die weißen Häupter der schneebedeckten Riesen im gleißenden Licht der Sonne. Pittoresk, dieser Anblick. Die großartige Aussicht beachten sie kaum. Starr richten sich die Blicke noch Osten. Sie können weit in die Ferne sehen. „Von dort wird die Kolonne kommen", sagt Sina zu ihrer Schwägerin. Seit Tagen warten sie voll Ungeduld. Doch der ersehnte Zug kommt nicht. Dann sehen sie eine Staubwolke.

„Die Sieger scheinen keine Eile zu haben.“. Die Frauen wundern sich.

„Seltsam, kommen so glorreiche Sieger nach Hause? Das ist ungewöhnlich. Keine Fanfaren, keine Lieder, keine Reiterhorden“, sagt Sina. Ihr Herz erstarrt im verkrampften Schmerz. Unheilvolle Ahnung überfällt sie. Kein Bote hat die Karawane angekündigt. Was bedeutet das? Ihr Körper zittert. Besonnen drängt Bachtjar sie zurück ins Dorf. Sie befürchtet die frühe Niederkunft. Einen ihrer Begleiter schickt sie eilig zu Nurka, dass sie Vorbereitungen für die Entbindung trifft.

Ein Reiter sprengt heran, springt vom Pferd und wirft sich den weinenden Frauen zu Füßen. „Ist es geschehen?“, fragt Nurka. Der Bote nickt und hastet weg. Der Überbringer schlechter Nachricht muss mit furchtbarer Strafe rechnen; so ist es üblich. Draußen herrscht bedrückender Lärm. Nurka tritt vor die Tür. Langsam, als sei ihm alle Kraft verloren gegangen, nähert sich der Zug. Niemand muss etwas sagen. Dieser Anblick ist Nurka vertraut. Viele Male hat sie so etwas erlebt. Das Mutterherz leidet Höllenqualen.

In der Jurte wälzt sich Sina mit Wehen. Sie hat jedes Wort durch die offene Tür gehört.

„Er ist es! Warum hat er mir das angetan!?“ Laut schreiend bricht das Weh aus ihr heraus. Sie brüllt wie ein verwundetes Tier. Gleichzeitig, so wird später berichtet, gebiert sie ihren Sohn, der den Namen Inal erhalten wird.

„Leben geht, Leben kommt“, murmelt Nurka, als sie in der Jurte die Wöchnerin versorgt. Der Lärm vor der Jurte geht in trauriges Schweigen und Weinen über. Männer heben das fest in Filz und Tücher gewickelte und verschnürte Bündel vom Pferd. Andere schaufeln die Grube. Ohne Beteiligung der Frauen wird der Packen auf den Schultern hinausgetragen. Nachdem der Leichnam mit Erde bedeckt ist, wird darüber ein Hügel aus schweren Steinen errichtet. Nach der Sitte der Kirgisen gibt es eine ausschweifende Totenfeier. Viele Gäste sind geladen worden. Tideweg kommt zu Nurka und Sina. Er ist der Einzige, der aus der alten Zeit übrig ist. Die meisten sind jünger, viele Ältere sind krank oder gestorben. Tideweg, als Patriarch, von allen hochgeachtet. Er sagt zu Nurka:

„Du bist der Trost unseres Volkes. Als Witwe des unvergesslichen Kaskarbeis, und Mutter des Khan Jaglagar, musst du der Nation den letzten Willen sagen. Sie warten auf deine Rede. Wenn du mit den Leuten sprichst, muss Sina neben dir stehen. Ihr gemeinsam seid jetzt das Rückgrat der Kirgisen. Es gilt vor allem, einen Nachfolger zu bestimmen. Wer soll die Einheit der Kirgisen Stämme erhalten? Ein Khan mit Charakter und Stärke wird gebraucht, und die Leute müssen ihn lieben. Aber wer soll das sein? Kennst du einen Namen?" Nurka richtet sich auf. Sie kennt keinen Namen. Tideweg sagt die Wahrheit. Sofort muss was geschehen, da stimmt sie ihm zu. Zu Tideweg sagt sie:

„Mir gefällt es, deinen Rat zu hören, er ist mir sehr wichtig. Was machte ich alleine ohne dich. An wen dachtest du. Wer hat das Zeug, die Verantwortung als Khan zu übernehmen?"

„Es gibt nur einen, dem ich zutraue, ein würdiger Nachfolger deines Sohnes zu sein. Ich denke an Asan, Sohn von „Schöner Mond" und des Fürsten Sarjak". Er ist der Neffe Kaskarbeis. Noch bevor du damals deinem Mann begegnet bist, ist der schon für Kaskarbei als Heerführer in den Kampf gezogen und hat die Uiguren besiegt. Dort trafst du deinen Mann. Asan ist jung, hat sich oft bewährt. Sein Sohn Schako, der mit Bachtjar zusammen ist, liefert als Barde und Volkssänger einen weiteren Grund für die Zuverlässigkeit seines Vaters. Ich rate dir, sofort eine Zusammenkunft einzuberufen. Alle Khane, Minister und Ältesten, die noch da sind, sollen teilnehmen." Nurka ist in diesem Moment die starke Frau des Volkes.

„Ja, ich stimme zu. Veranlasse bitte das Besprochene." Die Gäste finden sich ein. Von Verrat ist nichts zu spüren. Haben sich die Aufmüpfer besonnen? Oder ist das nur die Ruhe vor dem Sturm? Sind etwa Heuchler unter ihnen? Stolz, mit aufrechtem Gang, betreten die Frauen die Jurte. Die Versammelten erheben sich, während die Witwen erhöht Platz nehmen. Tideweg als Amtsältester eröffnet die Sitzung.

„Der Menke-Kökö-Tenir mahnt, der Toten, die den immer blauen Himmel bevölkern, zu gedenken."

Die Anwesenden erheben sich, stehen eine Weile still und nehmen wieder Platz.

Tideweg ist kein Mann vieler Worte. Sachlich beginnt er mit der Rede:

„Wir trauern um Khan-Khan Jaglagar. Nachdem Burkut-Khan unser Volk in der alten Heimat der Kirgisen, bei den Himmelsbergen, dem Tal des Talas bis nach Turkestan, einte und die Versklavten befreite, hat Jaglagar mit dem seit jeher größten Heer unsere Feinde besiegt. Dadurch sind wir Kirgisen zur größten Macht vom Kaspischen Meer bis zum Ende der Wüste Gobi aufgestiegen. Alle Gegner sind besiegt. Sogar die Chinesen. Jedoch stehen heimlich in den eigenen Reihen neue Feinde auf, die nach der Macht greifen wollen. Das werden wir verhindern. Diesen Unruhestiftern wird Einhalt geboten werden. Heute gilt es, einen neuen Khan zu wählen, der das Volk liebt, gerecht und ein starker Führer ist. Einer, der sich seit Jahrzehnten an der Seite des Helden Kaskarbei im Kampf ausgezeichnet hat, kurz, der die Voraussetzung für dieses hohe Amt verkörpert. Stimmt gleich alle dem Vorschlag unserer verehrten Witwen Nurka und Sina zu.“ Starker Beifall begleitet Tideweg auf dem Weg zu seinem Platz hinter den Frauen. Nurka und Sina erheben sich. Lange blicken sie in die Menge, als spähen sie hinein in die Köpfe und Gedanken der Versammelten. Dann beginnt Nurka ihre Rede:

„Nach genauer Überlegung soll Khan Asan, Sohn des ehrwürdigen Fürsten Sarjak, unser neuer Khan werden.“

Die Worte Nurkas sind bestimmend und wie ein Befehl. Sie dulden keinen Widerspruch. Mit lautem Applaus wird die Verfügung gebilligt. Stehend klatscht lange die Menge. Die Ruhe in der Jurte lässt danach von draußen lautes Grölen und Klatschen vernehmen, vermischt mitzustimmenden Hurrarufen. Durch die dünnen Wände und der offenen Tür wird das Ergebnis der Versammelten auf den Platz getragen. So ist es entschieden, Asan ist zum neuen Herrscher gewählt. Feierlich wird er von den Ältesten, dem Schamanen und dem Mulla in sein Amt eingeführt.

Kanykeh

Kapitel acht

Die Trauergäste sind abgereist. Im Schreibzelt herrscht Hochbetrieb.

„Wir haben eine Menge zu tun. Lasst uns die Ereignisse der letzten Zeit für unsere Nachkommen festhalten.“ Jaglagar hat das Millionen-Heer Alokäs mit einer geringen Anzahl Dschigiten in Andishan besiegt. Er wurde der größte Herrscher in Mittelasien. Wer weiß noch in hundert Jahren, dass Alokäs feiger Sohn Kornubei unseren Khan-Khan hinterhältig vor der chinesischen Hauptstadt ermordet hat? Wer erfährt sonst etwas von der wunderbaren Geburt des Inal, dem Sohn Sinas und Jaglagar?“, muntert Bachtjar ihre Mitarbeiter im Schreibzelt auf. Zu Kürmano, Schako, Schonor sagt sie:

„Berichtet den Menschen alles von unseren Helden. Auch von der Sage „Manas“, die für immer ein Spiegelbild und das historische Rückgrat unseres Volkes sein wird. Das ist unsere Geschichte. Schon heute ist Manas ein Heiliger. Ruft das den Leuten in den Dörfern zu und haltet an allen Orten Vorträge.“ Ein Schub geht durch das Volk der Kirgisen. Überall ist Aufbruch zu sehen. Die Volkssänger nehmen die Anregung wörtlich. In allen Aulen gibt es Vorträge. Auch in Nurkas Dorf verzückt Schako die Leute. Bachtjar spürt die Begeisterung und ihr Herz erglüht in heißer Liebe zu ihm. Von Musik getragenen verliert sich die Menge immer aufs Neue in Begeisterung.

Schako erhebt sich. Es wird es still. Er beginnt mit seinem Vortrag:

„Sicher erinnert ihr euch, Manas hat mit gewaltigen Ereignissen diese Erde betreten. Seine Mutter Tschi-Yrda und sein Vater Dshakyp hatten jeder einen Traum. Ein Weiser deutete sie. So wurde ihnen Manas verheißen und geboren. Als Kind war er ein Rüpel und tat viel Unrechtes. Mit zunehmendem Alter wurde er ein Held, vor dem selbst stärkste Feinde flohen. Zuletzt kehrte er erwachsen und in Kämpfen geläutert mit einem Heer von neunzigtausend Kriegern in den Altai zurück. Ausgezogen war er mit tausendvierzig Männern. Im Altai blieb er nicht. Es drängte ihn mit seinem Heer nach Andishan in Turkestan, um Kornubei, den Sohn des chinesischen Khans Alokä mit seinem Millionen-Heer zu besiegen. Seine Mutter Tschy-Yrda und sein Vater Dshakyp begleiteten ihn. Tschy-Yrda sagte zu ihrem Mann: „Wir sind uns doch einig, unser Sohn braucht eine Frau. Es ist höchste Zeit, dass du für ihn eine Braut suchst. Er ist neunzehn Jahre alt und kein Mädchen ist in Sicht."

„Aber wo soll ich eine für den kirgisischen Löwen finden?" wandte Dshakyp ein.

„Mach dich nicht lächerlich. Wir sind nicht mehr im Altai, sondern in Turkestan."

Er macht sich mit Gold und Silber beladenen Lasttieren und begleitet von einigen Dschigiten auf den Weg. Sein Weg führt ihn nach Taschkent und weiter nach Samarkand. Eine Braut für Manas fand er nicht. Die eine ist zu dumm, eine andere hochnäsig und eine sogar knauserig und hässlich.

Ein Freund sagte zu Dshakyp:

„Geh nach Buchara, in einem Park ist eine Schule für vornehme Töchter. Da wirst du finden, was du suchst." Dshakyp erreichte die Anlage. Helles Lachen drang an seine Ohren. Auf Teppichen, unter dem Dach einer offenen Halle, räkelten sich kichernd vierzig Mädchen. Sie erzählten sich Geschichten. Mit kritischem Blick beobachtete sie Dshakyp.

„Keine wird vor Manas bestehen können", dachte er. Eine saß abseits und las in einem Buch. Als sie sich zur Seite drehte, blickte er in ein liebreizendes Gesicht. Der Glanz ihrer Augen strahlte ihn an. Das begeisterte Dshakyp. Als sie sich erhob, folgte er ihr:

„Ein hübsches Mädchen, so anders als die Übrigen", sagte er zu sich.

„Vielleicht habe ich die Braut gefunden." Ein befragter Diener sagte:

„Das ist Kanykeh, die stolze Tochter des reichen Khan Atemir."

„Führ mich zum Khan.", forderte der Brautwerber. Khan Atemir, von vornehmer Herkunft, empfing Dshakyp und hörte sein Anliegen. Seine Berater waren voll Argwohn.

„Gebieter Bucharas, willst du wirklich Kanykeh, die Perle Turkestans, einem Kirgisen zur Frau geben? Er hat keinen Palast aus Steinen, die Kirgisen wohnen in Zelten. Dahin soll deine gebildete Tochter ziehen?" Sie misstrauten Dshakyp.

„Er ist Manas Vater, des Helden der Kirgisen. Die werden uns aus Rache zermalmen, falls ich ablehne", gab Atemir zu bedenken.

„Fordere doch einen so hohen Kalym, dass ihm Hören und Sehen vergeht. Dann lässt er sicher beschämt von seinem Antrag ab." Als Brautgeld forderte er hunderttausend Stück Vieh.

„So wenig willst du für deine schöne Tochter haben?" tönt Dshakyp. „Du hast den Preis zu niedrig geschätzt. Ist sie dir nicht mehr wert?"
Überrascht sah Atemir den Gast an.
„Ich bin bereit, dir das Brautgeld zu geben", fuhr Dshakyp fort. „Für meinen Sohn ist mir kein Kalym zu hoch."
So einigten sich die Väter über die Höhe des Brautgeldes.

In der Schule von Buchara

Stolze Gestalt, schwebender Gang,
lieblicher Hals, Zöpfe knielang
sanft mit dem Wort, rasch mit der Hand,
klug wie das Buch, scharf der Verstand,
blumenhaft rein, zartes Gemüt,
Mädchen, du bist schönstes Geblüt.

Aus dem Epos Manas

Im Kirgisenlager berichtete Dshakyp von der Brautwerbung. Manas, Minister und Älteste billigten die Abmachung. Koketeh empfahl, Atemir sogar die doppelte Menge Tiere zu geben.

„So kann er den Reichtum der Kirgisen erkennen." Im Stillen war Manas nicht begeistert, er fühlte sich unbehaglich.

„Geht es nur um Tiere? Braut gegen Vieh?" dachte er. Bisher hatte ihn weibliche Schönheit nicht beeindruckt.

„Das sind schwatzhafte Elstern", sagte er oft.

„Sie blockieren die Krieger." Trotzdem machte er sich auf den Weg nach Buchara. Er wusste die Heirat war wichtig. Begleitet von Dshakyp, seinen Vertrauten, zehntausend Dschigiten und zweihunderttausend Stück Vieh zog er los. Von einem Ausguck sah Atemir in der Ferne eine riesige Staubwalze.

„Das ist kein Buran, das ist Manas", stöhnte er. Die schwarze Wand rückte brüllend näher, als wollte sie Buchara verschlingen. Entsetzt begann er Ställe und Quartiere bereitzustellen. Schafe, an Freiheit gewöhnt, stürmten unbekümmert in die Stadt. Sie füllten die engen Gassen und fraßen alles kahl. Bullen zertrampelten Blumengärten. Kamele beäugten neugierig die Umgebung und junge Pferde lieferten sich in Panik Wettrennen. Überall herrschte Bestürzung. Auf eine solche Menge Tiere war Atemir nicht vorbereitet. In der Panik vergaß er sogar seine Gäste.

„Ist meine Braut weniger wert als die Viecher?“ schimpfet Manas. Er ging ohne Aufforderung in die Gemächer der Frauen. Sein Vater wollte ihn aufhalten.

„Weißt du nicht, dass Brauch und Sitte verbieten, die Braut vor der Hochzeit zu treffen?“, flehte er Manas an.

„Mein Wille ist für mich Brauch und Sitte“, schrie er wütend. In der Dämmerung des Abends betrat er den Palast. Helles Mädchenlachen wies ihm den Weg. Er stieß eine Tür auf und vierzig Mädchen entsetzten sich mitschrillen Schreien. Nur eine stand aufrecht und blickte Manas zornig an. Ihre Schönheit war betörend.

„Wer bist du, dass du es wagst, in mein Gemach einzudringen?“

„Ich bin Manas!“

Ihr Zorn schw0ll gewaltig an.

„So höre denn,“ schrie sie:

„Meinen Hund nenne ich Manas; meinen Sklaven nenne ich Manas und wer bist du, dass du es wagst, mich zu beleidigen?“ In ihrer Wut stach sie ihm mit einem kleinen Dolch in den Arm.

Manas zog sich wütend zurück und lies im Kirgisenlager die Trommeln zum Angriff schlagen.

„Die Nacht ist keine gute Zeit zum Kämpfen. Lass uns bis zum Morgen warten“, beruhigte ihn Dshakyp. Als es dämmerte, standen alle Dschigiten gerüstet und zum Kampf bereit.

„Wir werden den Staub der Vernichtung über Buchara aufsteigen lassen“, brüllte Manas zornig.

Dämmerung und Nebel lagen noch auf dem Land, als sich ein Zug dem Kirgisenlager näherte. Es war Kanykeh mit ihren Freundinnen. Mit einem weißen Tuch in der Hand ritt sie voran. Als Zeichen warf sie es in die Luft. Langsam schwebte es zur Erde.

„Mein Recke“, rief sie.

„Ich habe dich mit meiner Eitelkeit beleidigt. Willst du deshalb meine Heimatstadt zerstören? Nicht Buchara trägt die Schuld, sondern mein Stolz und dein heißes Blut. Mit Worten und einem Dolch habe ich dich verletzt.

Nimm dafür mein Herz. Reiß es mir aus der Brust. Ich gehöre dir." Zu Fuß näherte sie sich Manas und fasste die Zügel des Rehbraunen.

„Sollten wir unser zukünftiges Leben nicht besser ineinander verketten?" fragte sie liebenswürdig.

„Dann ist es gut, unsere Ehe nicht mit Krieg zu beginnen. Sinnlos wäre auch, später bei jedem Streit einen Feldzug gegeneinander zu führen?"

Manas betrachtete Kanykeh, ihr Lächeln, ihre Schönheit. Sein Herz war versöhnt.

Khan Atemir war über die Wende erfreut. Zum Dank gab es in Jurten und nicht im steinernen Palst eine riesige Hochzeitsfeier. Sie dauerte dreißig Tage und Nächte.

Manas' Gemahlin

Als zum Fest wir kamen, herrschte Nacht.
Was beschert uns dieses Frohsinns Macht?
Mären, Sagen? Schal des Frohsinns Trunk.
Reiten, Jagen? Langerweile Sprung.
Jubellieder schallen durch die Nacht,
wenn das Herz zur Hochzeit fröhlich lacht.

Aus dem Epos Manas

Am einunddreißigsten Tag sagte Manas zu seiner Gemahlin:

„Kanykeh, den Krieg gegen meine Feinde habe ich noch nicht gewonnen, mein Volk ist noch nicht befreit. Deine Liebe ist mir wertvoll, aber im Krieg bist du mir eine Last. Dein Platz ist nicht an der Front. Noch heute wirst du zu unseren Jurten im Altai aufbrechen."

Die Worte zerrissen ihr fasst das Herz. Danach kniete sie vor Manas und bittet:

„Segne mich." Leise und bestimmt sagte sie:

„Auf die Freuden der Liebe muss ich verzichten. Ich bin die Frau des Feldherrn. Ich gehorche." Von ihren vierzig Freundinnen, tausend Leibwächtern und dem Segen begleitet, brach sie auf.

„Ich habe deine Tränen gesehen", rief Manas in Gedanken seiner Frau hinterher.

„Ich leide. Dein Weh ist auch in mir. Sofort nach meinem Sieg komme ich.“ Manas rief seine Treuen. Die hatten den Feind in seinen Stellungen erkundet. Das fremde Heer bestand nicht nur aus den Kriegern Kornubeis, sondern auch aus denen anderer Stämmen, die gerne für Beute in den Krieg zogen. Seine Leute waren alle über den kommenden Kampf begeistert. Der Feind muss besiegt werden, die Kirgisen wollten wieder in die Heimat ihrer Väter, in den Tien-Schan, zu den Flüssen Ur Maral und Talas.

Der Kampf war grausam, endete aber für ihn siegreich. Die überlebenden Feinde flohen. Ein großer Tag. Manas hatte erneut den Riesen Kornubei bezwungen und in die Flucht geschlagen. Wieder versammelte er Khane und Ältesten um sich. Triumphierend sagte er:

„Nun sind wir das mächtigste Volk von West bis Ost. Wir haben das Land unserer Väter zurückerobert! Sofort werden tausend Dschigiten in den Altai, zum Jennisej und bis Sibirerin reiten, um Kanykeh und alle noch dort lebenden Kirgisen Stämme zurück in die Heimat zu führen.“ Es dauert viele Monate, bis die Karawane die Himmelsberge erreichte.

Die Wanderung

Finstere Jahre sind nun vorbei,
Jahre der Fremde werfen wir ab.
Fremd war der Himmel, grau wie Blei.
Unsere Jurten brechen wir ab,
treiben hinab die Tiere geschwind:
Pferde, Kamele, Schafe, das Rind.
Wenn in der Früh die Sonne sich regt,
mächtiger Strom sich heimwärts bewegt.

Aus dem Epos Manas

„Lasst uns eine Siegesfeier veranstalten“, riefen die Krieger nach dem Kampf.

„Damit können wir die Karawane aus dem Altai Zuhause empfangen.“

Mahnte Manas:

„Wir können nicht feiern. Solange die Pfähle unserer Jurten im Altai noch in der Erde stecken. Unsere Brüder werden bald hier sein.“

Die Krieger murrten. Sie wollten feiern. Doch Manas befahl:

„Wir werden warten!"

Eines Tages wurden die Erwarteten gesichtet. Manas erkannte Kanykeh, seine Mutter Tschy-Yrda und die anderen Alten. Die Jungen waren ihm fremd. Zu lange war er schon unterwegs. Er ritt dem Zug entgegen. Zur Begrüßung verneigten sie sich voreinander. Kanykeh sagte: „Sei gegrüßt Manas, mein Gemahl."

Endlich wurde der große Sieg über Kornubei und das Wiedersehen mit den Angehörigen gefeiert.

Manas sagte leise zu Koketeh und seinen Freunden:

„Reitet mit mir." Sie erklommen eine Höhe, steil und hoch über dem grünen Tal. Mit ausgestrecktem Arm beschrieb er einen weiten Bogen und sagt stolz:

„Das Land unserer Väter". Ehrfurcht klang in der Stimme.

Fruchtbar und blühend lag es vor ihnen. Sie hörten das Rauschen des Tschu, der Felsbrocken in seinem Bett ins Tal schob. In Gedanken sahen sie den reißenden Gletscherfluss Naryn. In der Ferne, zwischen dem Gebirge, den gewaltigen See Issyk-Kul, dessen Wasser mattblau zwischen den schneebedeckten Riesen schimmerte. Direkt vor sich die Ströme Talas und Ur-Maral, die reißend ins Tal eilten.

„Lasst uns zum Fluss absteigen", sagte Manas. Üppiges Gras säumte das Ufer. Manas stieg vom Rehbraunen, auf den Knien beugte er sich zum Wasser, netzte seine Lippen und küsste die brausende Flut seiner Heimat."

Die Zuhörer haben bis in die Nacht auf dem Festplatz ausgeharrt. Niemand hat ihn verlassen. Tief beeindruckt von dem Vortrag zerstreut sich allmählich die Menge. Die Rede des Manas durch den Manatschi haben sie wie eine Predigt in sich hineingesogen.

Er ist der Größte.

In den Tagen danach sagen die Leute zueinander.

„Ja, so haben unsere Khane in den Jahrhunderten gekämpft und die Feinde besiegt. Manas vereint in seinem Epos alle Heldentaten unseres Volkes."

Die Zuhörer sind überzeugt, wieder hat Manas zu ihnen geredet.

Wir kehren wieder in die Gegenwart zu den Kirgisen zurück.

Khan Asan bittet zur ersten Versammlung in die große Jurte. Mit den erhöhten Plätzen für die Würdenträger, Minister und Ältesten, hat sie noch immer die Ausstrahlung eines heiligen Ortes, an dem die Vergangenheit Gegenwart ist. Sie vermittelt Ehrfurcht. Nach der Begrüßung bedankt er sich für das Vertrauen, das ihm bei der Ernennung zum Khan entgegengebracht worden ist.

Er weiß sehr genau, nicht alle sind mit seiner Wahl einverstanden. Jedoch hat niemand dem Vorschlag Nurkas widersprochen. Er weiß, dass er viele Feinde hat. Als erstes bestätigt er mit Unterstützung der Ältesten die Minister in ihren Ämtern. Für die erkrankten werden weitere Minister ernannt. Das ist eine raffinierte Entscheidung, denn wer ein Amt hat, ist dem Khan ergeben. Tideweg ist seit seiner Jugend persönlicher Berater der Khane. In dieser Aufgabe wird er, inzwischen alt, aber zäh und unbeugsam, ebenfalls bestätigt. Die hundert hat er fasst erreicht. Der schüttere Bart, der wie Fransen von seinem Kinn hängt, und die langen Loden, die unter dem Kalpak rausquellen, sind sein Zeichen. Das hohe Ansehen gibt ihm Macht. Aus verschiedenen Quellen ist ihm zugetragen worden, welche Absichten die einzelnen Khane in dem weiten Land haben. Asan wird auch belauert. Viele Dschigiten sind um Einigkeit besorgt. Notfalls wollen sie dafür kämpfen. Unter die bekannten Abtrünnigen mischen sich Spione. Dass es sie gibt, ist bekannt. Es haben sich zwei Lager gebildet. Treu steht Asan zu Richter Arabekov und seinem Gehilfen. Fürst Tolog, der aus der Gefangenschaft des Alokä geflüchtet ist, zu Scholdon, Nurkas Bruder; sowie Saliev, Sohn von Khan Medet und Nasgül. Es gibt noch Weitere, die sich nicht den Rebellen nicht angeschlossen haben. Zunächst schweigt Tideweg zu manchen Berichten. Noch ist die Zeit nicht reif etwas zu unternehmen.

„Wenn ein grüner Halm aus der Erde wächst, soll man abwarten, ob es eine Ranunkel, eine Distel oder gar eine Platane wird“, sagt er.

Leute des Khans Tekes berichten, dass sich die Verschwörer im Gebirge treffen. Sie kennen den Ort.

„Aus der Nähe sind sie von einer Stelle gut zu beobachten. Auf Umwegen kommen die Verschwörer gefahrlos in ihr Versteck.“

„Wann treffen sie sich?“

„Heute Nacht, nach Mondaufgang.“

„Schon am Tag werden wir uns in der Nähe verstecken.“

„Begleitet ihr mich?“ fragt Tideweg.

„Ja, begleiten und beschützen. Auch Khan Tekes gibt uns Deckung.“ Tideweg spricht mit Nurka über die geheimen Nachrichten, und dass er die Verschwörer heimlich bespitzeln wird.

„Auf diese Weise erfahren wir ihre Absichten“, sagt er. „Der Menke-Kökö-Tenir möge euch beschützen. Erst wenn sie wissen, dass sie entdeckt sind, droht uns Gefahr.

Die werden auch Spione haben.“

In kleinen Gruppen reiten die Lauscher in weitem Bogen nach Osten und schwenken dann ins Gebirge. Das Versteck der Feinde ist ein kleiner Kessel, umgeben von hohen Felsen. Ein Pfad führt hinauf. Von oben können sie das Versteck gut beobachten. Nach Einbruch der Dunkelheit sind leise Geräusche zu hören. Die Verschwörer kommen und reden laut. Ein Feuer erhellt ihre Gesichter. Tideweg staunt. Was er sieht, macht ihn sprachlos. Hat er richtig hingesehen? In der Mitte einer kleinen Gruppe steht Laila und redet. Die Späher hören ihn sagen:

„Wie lange wollen wir Asan noch als Khan folgen und vor ihm wie Hunde kriechen? Wir alle sind Brüder. Verbünden wir uns mit den übrigen Kirgisen Stämmen, die auch unzufrieden sind, könnten wir Asan absetzen und gegen seine Verbündeten Krieg führen.“ Erst vor wenigen Tagen wurde Laila in seinem Amt als Minister bestätigt. Vor ihm steht Nurkas Bruder Scholdon, der für Viehwirtschaft und Vermögen verantwortlich ist. Auch er soll als Minister weiterwirken.

„Das sind Verräter!“ klagt Tideweg in Gedanken.

Der erfahrene Beobachter begreift, dass niemandem zu trauen ist.

„Noch können sie nicht bestraft werden. Wir müssen erst mehr über ihre Absichten wissen“, gibt er zu bedenken. Zu dem Treffen haben die Verschwörer einige Schafsbälge voll Kumys im Gepäck. Bevor sie miteinander reden, wird erst getrunken. Danach hören die Späher Scholdon sagen: „Es ist Unrecht, dass meine Schwester Asan zum Khan gemacht hat und nicht mich.“

„Da stimmen wir zu“, ist Laila zu hören.

„Ich nehme das nicht hin“, mault Scholdon.

Sidikov, jüngster Sohn des Fürsten Kulatov, gehört auch zu den Untreuen. Er trägt kein Amt, aber sein Wort hat Gewicht.

„Wir sollten Gerüchte verbreiten, die zur allgemeinen Aufruhr führen. Ich meine, Scholdon hat es verdient, unser Khan zu sein. Er ist schließlich der Schwager des großen Kaskarbei", betont Sidikov.

„Außerdem machen die Mongolen wieder von sich reden. Jaglagar ist gefallen und unsere Feinde verlieren die Angst vor den Kirgisen. Sollten wir uns nicht mit den Kitan-Mongolen verbünden? Mit ihnen könnten wir das Ruder rumwerfen. Wenn es ernst werden sollte, es zum Krieg kommt, sind wir eben wieder Kirgisen und kämpfen gegen die Kitan. Wir können nur gewinnen. Danach wird bestimmt ein neuer Khan gebraucht." Entsetztes Schweigen. Einen Aufstand will keiner.

„Das ist Hochverrat!", schreit Laila.

„Der Preis ist zu hoch", ergänzt er.

„Ich mache nicht mit. Gibt es keine andere Möglichkeit, etwas zu verändern?" Jeden der Verschwörer blickt er an. Keiner hat einen Vorschlag. Die Kumys Schläuche sind leer, das Feuer abgebrannt. Aus dieser Sitzung ist die Spannung raus. Wortlos verlässt einer nach dem anderen das Versteck. Auch Tideweg und seine Begleiter ziehen sich zurück. Ihnen ist nicht entgangen, dass bei den Meuterern die Bereitschaft, bis zum Letzten zu gehen, gering ist. Vielleicht lässt sich ein Aufstand abwenden. Mit Asan redet Tideweg nicht. Er denkt an den kleinen grünen Halm, der aus der Erde wächst. Trotzdem fragt er sich:

„Was wird uns die Zukunft bringen?"

Asan, nichtsahnend, hat seine Arbeit aufgenommen. Unermüdlich reitet er von einem Stamm zum anderen. Fragt nach ihrem Befinden und bespricht mit ihnen, wie man gemeinsam alle Probleme löst. Nie vergisst er den Namen Inal, Sohn von Jaglagar und Sina, zu nennen. Der hätte der neue Khan werden sollen, doch er ist noch zu klein. Damit drückt Asan aus, dass er das Amt nur auf Zeit übernommen hat. Mit den Ministern erörtert er ihre Sachbereiche, wie die Stämme alles bewältigen können. Ahnungslos reitet Asan mit Scholdon auch zu den Herden, ohne zu wissen, welche Absichten sein Minister hat. Der erklärt ihm alles, dafür hilft Asan beim Viehzählen.

„Wir haben große Herden, unser Volk ist reich!", stellt er erneut fest. Mit jeder Stunde wird es Scholdon unbehaglicher. Ahnt Asan etwas. Wenn ihm unsere heimlichen Treffen bekannt sind, verheimlicht er es geschickt. Freundlich sind die Gespräche.

„Ich glaube, der hat wirklich keine Ahnung“, denkt er später. Beim nächsten Treffen erzählt er seinen Kumpanen von Asan.

„Das ist ein kluger Khan, der sich um alles kümmert“, erzählt er widerwillig.

„Das haben nicht alle Khane getan. Ich erfuhr, dass er auch zu den Dschigiten geht, um die Kampfübungen zu beobachten. Der lobt sogar die Soldaten für ihren Eifer. Mit diesem Verhalten unterläuft er unsere Absicht.“

Die Jurte des Richters Arabekov besucht Asan auch. Still sitzt er an der Außenwand der Jurte auf dem Boden. Er will hören, wie verhandelt und Recht gesprochen wird. Zufrieden verlässt er das Gericht. Bei den Schmelzöfen und Schmieden hält er sich länger auf. Ihn begeistert die handwerkliche Kunst, mit der Eisen geschmolzen und Waffen und Brustpanzer geschmiedet werden. Auch Fleischkessel, Töpfe und Pfannen werden hergestellt. Er erinnert sich noch, was er von den Anfängen im Altai gehört hat. Er sieht den Fortschritt der Arbeit bei Kulatov, dem Fürsten der Eisengießer und bei seinen Söhnen. Tursale war der erste Schmied. Heute sind die meisten von damals alt und durch neue Männer ersetzt worden. Asan lässt sich erklären, ob genügend Waffen vorhanden sind, um jederzeit einen Angriff abzuwehren. In den Jurten redet er mit den Menschen, isst mit ihnen am offenen Feuer Fleisch, trinkt Kumys. So schafft er Nähe. Er ist gern gesehen. Auch bei den Vorträgen der Volkserzähler hält er sich auf und begeistert sich an den Taten des Helden Manas. Dabei vergisst er nicht das Regieren. Regelmäßig bittet er die Ältesten und Minister zu Besprechungen in das große Zelt, an denen Tideweg nie fehlt. Asan berichtet den Anwesenden von den vielen Treffen. Obgleich er nicht über die Verschwörungen aufgeklärt ist, erkennt er Anzeichen, dass irgendwas nicht stimmt. Kleine Bemerkungen bei den Besuchen in den Jurten, eine Äußerung bei Gesprächen, argwöhnische Worte. Alles nur winzige Steinchen. Hier und dort wird Asan etwas erzählt, was ihn aufmerksam macht, oder er wird Zeuge heimlicher Treffen. Diese Bruchstücke fügen sich zu einem Mosaik zusammen. Er trifft sich mit Tideweg und äußert seine Bedenken. Der kann sein Wissen nicht mehr verheimlichen, und berichtet von den Spionen des

Khans Tekes und vom nächtlichen Treffen der Verschwörer im Gebirge. Vor allem, weil Namen genannt werden. So trifft Tidewegs Mitteilung ihn hart. Nach einem Moment sagt Asan scheinbar ruhig, wie im Selbstgespräch:

„So steht es also mit meinem Volk?" Sonst äußert er sich nicht. Während er weggeht wendet er sich um und ruft: „Wir treffen uns morgen in der Jurte!" Seine Worte klingen bitter. Der Morgen ist grau und zum Frösteln, wie die Stimmung der beiden. Bevor sie mit der Besprechung beginnen, meldet der Wächter den Besuch Tekes. Der sieht die finsteren Gesichter.

„Ihr habt Sorgen und ich bringe euch noch schlechte Nachricht. In der letzten Nacht ist Minister Laila mit einer Tausendschaft heimlich in Richtung Osten aufgebrochen. In seinem Gefolge sind Packtiere mit Waffen und Proviant, Minister Scholdon begleitet ihn", beginnt er. „Sofort habe ich eine Hundertschaft auf ihre Fersen gesetzt. Von denen soll jeden Tag ein Melder mit Nachrichten zurückreiten und über die Absicht und das Ziel Lailas berichten. Dass der Abmarsch fast lautlos erfolgen konnte, deutet auf sorgfältige Vorbereitung hin." Einige Tage später sprengt der erste Reiter bis vor das Zelt.

„Bist du der erste Bote?" fragt Asan den Reiter.

„Ja. Bis jetzt hat sich nichts ereignet." Der Khan bedankt sich. Im Zelt ist es lange still. Die Gedanken Tidewegs kreisen um die nächtlichen Gespräche im Gebirge. Zu Tekes gewandt sagt er:

„Wurde nicht der Vorschlag gemacht, sich mit den Kitan-Mongolen gegen uns zu verbünden?"

„Ja genau, das ist der Plan gewesen! Scholdon ist die treibende Kraft."

„Jetzt wird es ernst!"

Asan versetzt die Krieger in Alarmbereitschaft. Sie werden von den Heerführern in größere Kampfgruppen eingeteilt und beziehen im Gebirge Stellung. Täglich treffen Kuriere ohne neue Nachrichten ein. Wohin und mit welcher Absicht Laila die Soldaten führt, bleibt zunächst schleierhaft. Ein Bote berichtet, Laila hat in der Gobi, in der Mandschurei, sein Lager aufgeschlagen. Bis zu den Kitan sind es nur wenige Tagesritte.

Es sieht so aus, dass Laila mit Khan Apaoka in Kontakt treten will.

„Also doch", sagt Tideweg.

„Das bedeutet Krieg. Sollte wirklich durch die Verschwörer die Macht der Kirgisen zerbrochen werden? Ist es nicht das Beste, wir greifen sofort mit allen Dschigiten den neuen Feind an und rotten ihn aus?“

„Und was wird aus Laila und unseren tausend Kriegern?“ gibt Asan zu bedenken.

„Das ist keine gute Lösung. Sollen wir gegen unser Volk kämpfen?“

So recht weiß niemand wie es weitergeht. Die Beratungen laufen ins Leere. Ein Reiter stürmt heran und spring vor der Jurte vom Pferd.

„Welche Nachricht bringst du?“ Von dem scharfen Ritt außer Atem, berichtet er:

„Unser Diensthabender schickte fünf Dschigiten auf Streife. Sie sollten erkunden, welche Absichten Laila hat. In weitem Bogen wurde sein Lager umrundet, immer auf Deckung bedacht. Ihnen kam ein Reiter entgegen, der sofort flüchtete als er unsere Leute sah. Schnell war er gefangen. Sie staunten, als sie einen Kirgisen vom Stamm Tekes erkannten, der mit Laila nach Osten geritten war. Er winselte um sein Leben. Er glaubte, seine letzte Stunde sei gekommen. Ihm geschah jedoch nichts. Er erzählte, dass Minister Laila eine Abordnung unter Führung Scholdons mit zehn Kriegern zu Apaoka geschickt hat. Sie sollten die Lage erkunden. In Lailas Tausendschaft sind viele, die zwar mit ihm gegangen, aber nicht seiner Meinung sind. Ich schäme mich auch für mein Verhalten“, betont er. Unsere Leute fragen:

„Würdest du uns über das Ergebnis der Verhandlung mit den Mongolen berichten?“

„Ja, aber wie?“

„Wir lagern im Westen, zwei Tagesritte von hier, in einer Mulde zwischen Felsen. Ein Platanenwald umgibt uns. Auf einem nahen Hügel steht unser Späher, der weit in die Ebene blicken kann. Wir reiten dir dann entgegen. Können wir uns auf dich verlassen? Du bist ein Kirgise.“

„Ich bedaure sehr, mit Laila gegangen zu sein! Wir mussten alle einen Treueeid leisten. Ich will unserem Volk helfen. Es muss alles bleiben wie es jetzt ist. Eine Veränderung macht mich im Lager verdächtig. Sie würden mich auf der Stelle töten.“

„Wenn deine Mission erfüllt ist und du zurückkommst, wird unser Späher dich sehen. Du wirst uns vom Ergebnis der Beobachtung erzählen.“ Nach fünf Tagen kam er zurück. Er berichtete, dass die Kitan nicht gegen die Kirgisen kämpfen wollen. Sie wollen nicht noch eine Niederlage erleben.

Im großen Zelt beraten Asan und Tideweg, was jetzt zu tun sei. Sie sind sich einig, Laila und Scholdon haben Landesverrat begangen. Sie sind mit dem Tod zu bestrafen.

„Was sollen wir machen?“ fragt Asan seine Berater. Nurka hat leise die Jurte betreten und eine Weile das Gespräch gehört.

„Ich kenne eure Sorge. Ich erinnere mich, wie damals Kaskarbei entschieden hat als der Schamane Seidalie ihn ermorden wollte. Er sprach zu keinem darüber und hat am Ende ihn vor aller Augen und Ohren begnadigt. Seidalie hat sich total gewandelt. Der Tod würde keinen Menschen ändern. Von Laila und Scholdon wissen wir, dass sie nicht schlecht sind. Wahrscheinlich hat Neid ihr Verhalten gesteuert. Es ist falsch gewesen. Wollt ihr sie nun töten? In den Jahrzehnten haben sie unserem Volk gedient. Sie haben es verdient, sich erneut bewähren zu dürfen“.

Nurka verlässt das Zelt.

„Nurka hat Recht“, befinden Asan und Tideweg.

„Wir sollten Adrasil, den Sohn des Osporek, mit zehn Dschigiten zu Laila und Scholdon schicken und freies Geleit anbieten. Dann sehen wir weiter. Die Mission verläuft kampflos und die Abtrünnigen kehren reumütig zurück und werden begnadigt. Die Anführer behalten ihr Ministeramt.

Seit Jaglagar tot ist, verlassen immer mehr Kirgisen Stämme die Himmelsberge. Sie ziehen in den Altai, nach Turkestan, ins Fergana Tal. Was Kaskarbei und Jaglagar zusammengeführt haben, zerstreut sich in alle Richtungen. Asan kann das nicht verhindern. Nun ist es so, wie es vor Zeiten gewesen war. Erneut gibt es kriegerischen Streit unter den Stämmen um Weiden und Wasser und die Kirgisen bekämpften sich erbittert.

So vergehen die Jahrhunderte.

Bürte und Temudschin

Kapitel neun

Drei Jahre befindet sich der neunjährige Temudschin schon im Land der Chungiraten an der Grenze zu China bei seiner Braut Bürte. Im nächsten Jahr soll die Hochzeit sein. In der Steppe wird früh geheiratet. Beide sind gleich alt. Bürte ist ein schönes Mädchen mit edlem Aussehen.

Temudschins Vater Jessughei und der Vater Bürtes, Dai-Setschen, haben die Heirat ihrer Kinder vereinbart. Beide Mongolenstämme und ihre Khane sind reich und haben großen Einfluss, doch Jessughei hat mehr Macht. Die Heirat wird das Geschlecht der Kiut-Bürtschigin mit dem der Chungiraten zu einem großen Volk vereinen.

Temudschin mochte Bürte. Tief in beiden Herzen ist eine wunderbare Zuneigung gewachsen. Er lebt gerne im Land seiner Braut. Schon drei Jahren tummelt er sich mit Bürte auf den Weiden bei den Herden herum. Abends ruhen sie, in warme Felle gehüllt unter Hasel oder Lorbeer, und halten sich an den Händen. Ruhe umgibt sie. Mit offenen Augen träumen sie. Sie fühlen sich reich, und täglich vermehrt sich in ihrem Innern der Wille, später immer zusammenzubleiben. Temudschin scheint es, der Himmel bei den Chungiraten hängt tiefer als sonst irgendwo und die Sterne leuchten heller, als seien sie aus Silber. Am Tag strahlt die Sonne am Firmament gleißend vom immer blauen Himmel; von dort im Menke-Kökö-Tenir, wo die Ahnen wohnen. Auch wehen die Winde aus der Gobi, Sommer wie Winter, anders als in seiner Heimat. Eines Abends erscheint ein Reiter.

„Dai-Setschen schickt mich, ihr sollt ins Dorf kommen. Sorgan will Temudschin holen, sein Vater verlangt nach ihm.“ Der Vater Bürtes ist empört. Hinter dem Rückruf vermutet er eine List. Mit steiler Zornesfalte hört er Sorgan an.

„Wo bleiben die guten Sitten unseres Volkes?“ denkt er. Dem Wunsch des mächtigen Jessughei muss ich mich jedoch beugen. Er ist stark und könnte mich vernichten. Als großer Herrscher hat er in blutigen Kämpfen die Tataren besiegt und ihren Häuptling gefangen.

Eine sonderbare Geschichte kommt ihm in den Sinn, die damals ebenfalls durch alle Täler und über alle Gebirge ging:

„Als Jessugheis Frau, Oelon-Eke, überall nur „Mutter Wolke“ genannt, ihm ihren ersten Sohn gebar, erhielt dieser der Sitte entsprechend den Namen Temudschin. Der Schamane weissagte dem Knaben, dass er ein großer Krieger würde, denn aus der Faust des Knaben rann rubinrotes Blut auf ein weißes Tuch.“

„Wenn ich mich ihm widersetze, ist er wütend, und er wird über unser Volk herfallen und uns vernichten. Gegen die Macht Jessughei komme ich nicht an. Nun bereitet ihm der Verlust Temudschins Schmerzen. Ich liebe ihn wie meinen Sohn. Was soll ohne ihn aus Bürte werden?“

Als Sorgan die sorgenvollen Augen des alten Häuptlings sieht, sagt er:

„Temudschin kommt wieder und wird Bürte holen. Jetzt verlangt sein Vater nach ihm. Er trägt den Tod in sich.“ Dai-Setschen ist beruhigt. Auf einem Ritt durch das Land der Tataren wurde Jessughei bei einem Stamm zu einem großen Fest eingeladen. Es war jener Stamm, den er vor vielen Jahren besiegt hatte. Für ihn war es verlockend; es war ihm der Beweis, dass jetzt wirklich Frieden zwischen ihm und den Tataren besteht. Ablehnen konnte er das Angebot demnach nicht, und so setzte er sich auf den angebotenen Ehrenplatz. Sie gaben ihm die besten Fleischstücke. Ihre Niederlage hatten sie nicht vergessen; Im Fleisch des Festmahls lauerte sein Tod. Nun versteht Dai-Setschen die Eile. Sorgan bricht, mit Verpflegung versorgt, sofort auf. Tag und Nacht reiten sie der Heimat entgegen, die im Norden der Mongolei zwischen den Flüssen Onon und Kerulen liegt.

„Der Stamm der Bürtschigin kann nun nicht mehr auf die Kraft Jessugheis bauen und Temudschins Fäuste sind noch schwach“, denkt Sorgan beim Reiten.

„Die Stämme seines Vaters werden ihm in Zukunft nicht gehorchen. Sicher, Temudschin ist breit geworden und reitet wie ein Mann. Doch das wird nicht genügen, die Stämme zu führen. Lauernd droht Gefahr. Vor allem von Targutai, dem Häuptling der Tai-Tschuten, der bisher Jessughei untertan war. Aber die Kraft der Bürtigschin reicht nicht mehr, sich gegen Targutei zu stellen.“ Sorgan sucht am Himmel den wegweisenden Stern.

„Gewiss, ich bin selbst Tai-Tschute und gehöre zu Targutei“, denkt Sorgan.

„Aber meine Treue gilt den Bürtigschin. Die Hand Jessugheis wird schwach. Obgleich Oelon-Eke, seine Gattin, die Mutter Temudschins stark ist, kann sie die Targutei nicht besiegen!“

Sorgan und Temudschin reiten schon die dritte Nacht fast ohne Pause. Nur gelegentlich halte sie an, auch wegen der Pferde. Die Gobi ist fast durchquert und die mit dürftigem, gelbwelkem Grase bewachsene Steppe liegt vor ihnen. Bald sind die Weiden der Bürtigschin erreicht.

Sorgan blickt besorgt auf seinen Begleiter, der wiederholt auf dem Rücken seines Pferdes, mit den Händen in der Mähne der verkrampft, einschläft. Auch Sorgan hat vor Müdigkeit fast die Besinnung verloren. Er gähnt und freut sich auf etwas Ruhe am Onon. Sie erreichen den Fluss. Die Hitze hat sich bis zur Unerträglichkeit gesteigert. Schwarz ballen sich Wolken, grelle Blitze durchzucken den Himmel, und das gelbe Wasser des Onon fließt träge dahin. Wie flüssiges Blei fühlt sich die Luft an. Die giftig grünen Wolken ängstigen die Reiter. Jetzt gibt es kein Halten mehr. Der Himmel lässt alles in den Wolken gesammelte Wasser, vermischt mit Hagel, auf die Erde fallen. Die Reiter nehmen das Unwetter kaum wahr. Nichts kann sie aufhalten. Sie jagen dem Ziel entgegen.

„Lebt Vater noch?! Komm ich zu spät?!“ hämmert es im Kopf Termudchins. Endlich erreichen sie die Siedlung. Termudschin reitet wie ein Blinder. Er sieht die Menschen nicht, die den Weg säumen. Auch sieht er nicht das Mitleid in ihren Augen. Starr ist sein Blick nach vorne gerichtet. Für ihn gilt nur eins.

„Lebt mein Vater noch? Oder komm ich zu spät.“

Endlich erreicht er seine Jurte. An der Stange neben dem Eingang weht keine Fahne. Kein Zeichen des Herrschers. Auch die Rossschweife und Yak Hörner, die sonst die Verzierung auf der Spitze bilden, sind entfernt. Es bedarf keiner Worte mehr. Was er sieht, lässt ihm fast das Herz zerspringen. Ein langer Schrei bricht aus ihm heraus. Wie der eines verwundeten, sterbenden Tieres.

Oelon-Eke, Mutter Wolke, lässt sich nicht blicken und Temudschin will jetzt auch nicht mit ihr reden. Die Leute weichen entsetzt zurück und geben dem in Panik flüchtenden den Weg frei. Am Onon lässt Temudschin sich in das vertrocknete Gras fallen. Jetzt sieht er zum ersten Mal nach der Rückkehr von Bürte seinen Bruder Kassar. Er sitzt mit der Angel am Ufer.

Die Brüder umarmen sich schweigend zur Begrüßung. Endlich fragt Temudschin ihn, obgleich er es bemerkt hat:

„Du angelst?"

„Wie du siehst. Was sollen wir sonst essen? Mit dem Wenigen von der Jagd werden wir nicht satt. Das Vieh hat Targutei uns weggenommen. Was sollen wir noch schlachten? Auch hat er die Tai-Tschuten Khane mit ihren Stämmen gegen uns aufgehetzt. Die haben uns alle verlassen. Unser gestohlenes Vieh steht auf ihren Weiden am Oberlauf des Onon. Wir können uns nicht wehren und haben auch nichts zu essen. Das Elend hat keiner erwartet."

Das Gewitter hat sich verzogen. Nur leises Grollen ist noch zu hören. Unbarmherzig brennt die Sonne vom wolkenlosen Himmel. Aus der Ferne schallen leise Kriegstrommeln.

Er denkt an seine Mutter Oelon-Eke. „Wie wird er sie antreffen? Wie reagiert sie auf den Tod seines Vaters?" Er muss mit ihr reden. Er ist jetzt das Oberhaupt der Sippe. Besser gesagt, was davon noch übrig ist. Er spürt es genau, ein schwerer Weg liegt vor ihm.

Beim Betreten der Jurte sieht er sie am offenen Feuer stehen und in einer Pfanne Hirse braten. Entsetzt betrachtet sie ihren Sohn. Und dann, als sei es das erste Mal, oder vielleicht das letzte Mal in ihrem Leben, dass sie ihn bei sich hat, nimmt sie ihn mit brutaler Gewalt in ihre Arme. Eine fast unendliche Zeit hält sie ihn fest. Beide sprechen kein Wort. Endlich gibt sie ihn frei, schiebt ihn auf Abstand vor sich und betrachtet ihn lange mit tränenden Augen.

„Dein Vater hat mir in der letzten Stunde aufgetragen, dir folgendes zu sagen und der Schamane hat ihm zugestimmt.

Höre, was er gesagt hat:

Noch im Sterben galten dir die letzten Worte. Noch im Todeskampf sagte er, dass du ein großer Krieger werden wirst, denn du hattest bei deiner Geburt Blut in der Hand. Du sollst in schweren Zeiten nie den Mut verlieren. Bittere Tage wird der Menke-Kökö-Tenir dir zur Prüfung schicken. Immer sollst du an dich glauben. Räume deine Feinde brutal aus dem Weg, damit sie dich nicht besiegen." Oelon-Eke macht eine Pause. Später fährt sie fort:

„Auch ich will dir etwas mit auf den Weg geben. Das Vertrauen deines Vaters soll dir ein Gefühl der Sicherheit geben, baue aber nicht nur darauf.

Wenn du zäh und verbissen vorgehst, erreichst du deine Ziele. Du bekommst nichts geschenkt. Leistungen musst du selbst bringen. Entscheide erst, wenn der Rat der Alten dir zustimmt. Wirst du gefordert, dann zaudere nicht. Nimm alle Kraft zusammen und schlag ohne Reue zu. Zeige dich hart. Je härter du mit deinen Feinden umgehst, desto besser für dich. Frisst du sie nicht, werden sie dich fressen.“ Alles sieht sinnlos aus, aber der Rat der Eltern gibt ihm Mut. Abends hört er wieder in der Ferne die Kriegstrommeln. Die Brüder Kassar und Belgutei schlendern heran. Termudschin sieht ihnen entgegen.

„Das Trommeln hört sich nicht gut an“, denkt er und versucht, in den Augen der Brüder zu lesen.

„Was mögen sie zu berichten haben?“ Nach einigen belanglosen Worten fragt Kassar: „Hast du die Trommeln gehört? Sie bringen Krieg.“ Das wollte Temudschin am wenigsten hören. Krieg! Ein grausames Wort. Temudschin erschaudert!

„Ist nicht genug passiert, dass das auch noch auf uns zukommt?“ denkt er.

„Sorgan berichtet, dass Targutei eine Versammlung mit allen Häuptlingen der Tai-Tschuten einberufen hat“, fährt Kassar fort.

„Dort wurde einstimmig beschlossen, dass er künftig der alleinige Herrscher der Kiut-Bürtschigin und Tai-Tschuten sein wird. Er will dich persönlich in den Tod hetzen. Als erster Erbe der Kiut-Bürtschigin musst du sterben. Bist du tot, kann er schalten und walten wie er will.“ Nach einer Pause sagt er:

„Du musst fliehen! Verliere keine Zeit!“ Kassar und Belgutei drängen ihn. Termudschin ist still. Langsam weicht das Entsetzen und wilder Zorn erfüllt ihn. Er ist der Führer der Bürtschigin.

Mit wenigen Worten gibt er Anweisung.

„Unsere Mutter muss sofort den Onon verlassen, sonst wird sie gegen mich als Geisel gefangen. Treibt das letzte Vieh zusammen, sammelt die Treuen und flieht sofort in unser Stammland, zum Burkan-Kaldum. Dort treffen wir wieder zusammen.“

Belgutei und Kassar befolgen den Befehl. Ohne Spuren für Targutei zu hinterlassen, erfolgt die Flucht. Die Nacht verschluckt die kleine Karawane. Nach einem nächtlichen Treck erreicht sie die alte Heimat der Bürtschigin. Die Frauen errichten die Jurten.

Termudschin flüchtet eilig mit Milchstücken, Fleischstreifen und Wasser als Proviant in den nahen Wald.

Targutei mit seiner Rotte verfolgt ihn bereits. Der will selbst die Lanze zum tödlichen Stoß in die Brust seines Gegners rammen. So kann er seine Vorherrschaft sichern.

„Der rechtmäßige Erbe muss weg!"

Termudschin hat den Wald, der ihm jetzt Zuflucht bieten soll, immer gemieden. Er liebt die Steppe, die weite Sicht und reine Luft. Die Dunkelheit des Waldes, der dichte Pflanzenwuchs, der modrige Geruch und die fremden Nachtgeräusche erschreckten ihn. Dieser teuflische Ort soll sein Retter sein? Angst lässt ihn momentan blind für seine Umgebung sein. Von Unsicherheit getrieben hetzt er weiter. Er hat den Rand des Waldes erreicht und hört Stimmen. Sofort will er zurück. Da bemerkt er, die Stimmen sind hinter ihm.

„Ich bin umringt!" stöhnt er leise. Begünstigt durch die Dunkelheit sucht er in Panik ein Versteck. Er zieht seinen Hengst ins Unterholz. Grausen erfüllt ihn. Kann mein keuchender Atem mich verraten? Und wenn mein Pferd wiehert? Von beiden Seiten nähern sich die Stimmen. Das Pferd steht hinter einen dichtbelaubten Busch, und er hat sich auf den Boden geworfen. Die ersten Verfolger reiten dicht an ihm vorbei. Sein Atem stockt.

„Dem Menke-Kökö-Tenir sei Dank", flüstert er.

Die Reiter entfernen sich. Danach ist es still. Sicher fühlt er sich nicht. Bis zur nächsten Nacht bleibt er in seinem Versteck. Der Boden wimmelt von Käfern und Würmern, die ihn belästigen. Die suchen einen Unterschlupf in Nase und Ohren. Auch das Pferd wird unruhig, vom Ungeziefer geplagt. Die Vorräte sind verbraucht und der Hunger plagt Mensch und Tier. Schleichende Geräusche umgeben ihn.

Er kann nicht unterscheiden, sind es Tiere oder Menschen. Er lebt in ständiger Angst vor Entdeckung. An Schlafen ist nicht zu denken. Trotzdem wird er kurz von der Müdigkeit besiegt. Aufgeschreckt bemerkt er, der

Mond scheint nicht mehr durch die Wipfel der Bäume. Der Morgen dämmert.

Wieder leises Knacken.

„Das ist kein Tier! Ist die fünfte Stunde schon angebrochen?"

„So früh sind die Wachen noch müde und selten auf Streife."

Wieder bricht leise ein Ast!

„Ein Mensch? Steht da jemand?" Vorsichtig schiebt Temudschin das Laub zur Seite und sieht einen Mann. Es ist Sorgan, der treue Freund seines Vaters. Vor Freude springt er hoch. Sorgan zischt:

„Sei still! Ich bin nicht alleine im Wald? Es wimmelt von Spähern."

„Hilf mir, Sorgan!"

„Wie soll ich dir helfen? Damit ich als treuer Gefolgsmann deines Vaters mein Leben behalte, musste ich Targutai Treue schwören. Ich bin Tai-Tschute", flüstert er.

Dann sagt er:

„Helfe ich dir, ist das mein Tod." Dann sagt er doch leise:

„Verlass vor Sonnenaufgang den Wald, halte dich links und wende dich dann nach Norden. Später erreichst du einen Wald, da bist du sicher."

„Sage deinem Sohn Dschelme, dass er sich an mich erinnern möge. Ich wünsche mir, ihn später am Burkan-Kaldum zu sehen", flüstert er Sorgan noch zu.

„Ich muss mein Leben selbst in die Hand nehmen, sonst komm ich aus diesem verdammten Ort nie heraus", denkt Temudschin. Vorsichtig, immer lauernd, verlässt er sein Versteck. Nirgends sind verdächtige Geräusche zu hören. Er erreicht den Waldrand. Rechts ist ein freier Platz mit abgebranntem Feuer und daneben zwei Zelte. In Deckung führt er eine Weile den Hengst am Waldrand in entgegengesetzte Richtung. Als er nicht mehr gesehen und gehört werden kann, reitet er im Schritt dem Wald zu. Er beeilt sich, denn nach Sonnenaufgang wird Targutai die Suche mit vielen Kriegern fortsetzen. Sind sie ihm erst Mal auf der Spur, hat er verloren. Sein Vater kommt ihm in den Sinn und sein Stamm, die Kiut-Bürtschigin. Er hat Verantwortung.

„Wie mag es Bürte gehen? Nach einem Jahr ist mein Versprechen noch nicht eingelöst. Dai-Setschen ist gewiss verärgert und Bürte traurig. Früher waren die Bürtigschin reich. Jessughei verfügte über zigtausend Jurten.

Heute stehen die Übriggebliebenen leer und verlassen. Ob Bürte mich noch will? Ich bin arm und gar nicht mächtig. Das Gesicht ist verhärmt und die Augen sind grau. Ich hoffe aber, sie liebt mich noch.“ Diese Gedanken zerstreuen die

Zweifel an seine Rettung vor Targutai nicht.

Außer Sichtweite der Feuer und Zelte reitet er im Galopp in die angegebene Richtung, Burkan-Kaldum entgegen. Nach wenigen Stunden erreicht er erneut den Wald, der ihm zunächst Schutz bietet. Sorgan gegenüber hat Temudschin an seinen Sohn Dschelme erinnert, mit dem er oft als Kind gespielt hat. Ihm fühlt er sich noch immer in tiefer Freundschaft verbunden.

„Schick ihn zu mir zum Burkan-Kaldum, ich möchte ihn treffen. Von dort will ich mit ihm zerstreute Bürtschigin sammeln. Er soll mir helfen. Auch dich bitte ich zu kommen“, hatte Temudschin Sorgan in der Nacht im Wald noch zugeflüstert. Freunde und Verbündete sind es, die er jetzt braucht. Nach einigen Tagen erreicht er unbehelligt den Berg Burkan-Kaldum. In diese einsame, trockene Gegend verirren sich nur selten Fremde. Hier will niemand leben. Der Berg liegt abseits der Mongolenstraße, auf der auch die Karawanen ziehen. Burkan-Kaldum, ein geliebter und gehasster Berg. Nur selten dringen aus Steppe und Wüste Nachrichten herauf. Für ihn ist es der Ort, wo tief in der kargen Erde seine und die Wurzeln seines Stammens verankert sind; aber auch der Berg, auf dem der kümmerliche Rest seine Stammes Zuflucht und Sicherheit gefunden hat. Die fetten Weiden liegen am Onon. Als Temudschin die Seinen erreicht, bemerkt er, dass Kassar und Belgutei im besten Einvernehmen alles geregelt haben. Jurten sind errichtet, das Vieh ist versorgt und vor allem sorgen Wachen für Sicherheit. Mutter Wolke ist andauernd in der Sorge um die Zukunft des Stammes. Überall beaufsichtigt sie den Fortschritt, leitet Besprechungen und unterstützt Kassar und Belgutei mit Ratschlägen.

„Einige Male waren Reiter hier, Kiut-Bürtschigin, Tai-Tschuten und von kleineren Mongolenstämmen“, berichtet Oelon-Eke ihrem Sohn. Manche kamen nur vorbei, andere interessierten sich für uns und stellten Fragen. Solche, die sich abfällig über Targutei äußerten, sagten, dass sie lieber zu Temudschin überlaufen wollen als bei Targutei zu bleiben. Die haben wir aufgefordert, hier ihre Jurten zu errichten. Viele holen auch ihre Sippen,

Familien und das Vieh nach. Noch sind es wenige, aber es werden immer mehr. Fast täglich kommen neue.“ Temudschin ist verhalten begeistert. Er weiß aus Erfahrung, dass nicht immer ein gesagtes „Ja“ auch ein „Ja“ bedeutet. Die erfolgreiche Flucht Temudschins vor Targutai verbreitet sich wie ein Lauffeuer zu vielen Stämmen. Temudschin erstrahlt in leuchtendem Licht. Die erfolgreiche Flucht seines Stammes ist sein Verdienst. Der sonnt sich nicht im Erfolg, sondern verfolgt hartnäckig sein Ziel gegen Targutai!

„Ist Dschelme hier gewesen?“ fragt er seine Mutter. „Nein“!

„Wenn er kommt, bewirte ihn gut. Gleichzeitig sende Kassar als Boten. Das gilt auch, wenn Sorgan kommt. Du erfährst immer, wo ich zu finden bin. Sage niemandem wo ich mich aufhalte. Das ist ganz wichtig.“

Jeden Tag reitet er nach Einbruch der Dunkelheit immer in Deckung durchs Land. Die Gefahr, entdeckt zu werden, schätzt er gering ein. Einen einzelnen Reiter bei Nacht zu entdecken ist schwer. Zwar ist nicht nur Targutai hinter ihm her, sondern mittlerweile viele seiner Getreuen. So kann hinter jedem Baum oder Strauch ein Verfolger lauern. Meistens reitet Temudschin zu den kleinen Aulen seiner Bürtigschin mit nur wenigen Jurten. Es sind kleine Sippen. Temudschin hofft, sie für sich zu gewinnen, was oft auch gelingt.

„Kommt zum Burkan-Kaldum und schließt euch mir an.“ Mit der Zeit ist es nicht nur er, der um Zustimmung der Menschen wirbt, sondern auch die, die neu zu ihm gekommen sind, werben in den Sippen und Familien. So entsteht ein Dorf nach dem anderen auf dem Burkan-Kaldum.

In einer Nacht, er ist wie so oft in seiner Mission unterwegs, reißt ihn ein dunkler Schatten gewaltsam vom Pferd. Die Dunkelheit verbirgt das Gesicht des Angreifers. Schnell liegt er gefesselt am Boden. Kein Wort wird gesprochen. Fest zusammengebunden und über sein Pferd geworfen erreichen sie im Morgengrauen das Lager der Tai-Tschuten. Außer ein paar Wachen, die entkräftet vom Saufen herumtrotteln, ist niemand zu sehen. Das Lager schläft noch. In der Nähe liegen betrunkene Gestalten, die sich durch die Ankömmlinge gestört fühlen. Einer aber rennt schreiend in das Zelt Targutais.

„Ein Gefangener“, brüllt er in die morgendliche Stille. Plötzlich sind alle im Lager wach. Dann steht Targutai taumelnd vom Kumys vor Temudschin. Der ist von der festen Verschnürung ohnmächtig und hängt wie ein nasser Sack auf dem Pferderücken.

„Losbinden!“ schreit Targutai zufrieden, endlich diesen Burschen gefangen zu sehen.

„Und dann in den Bock mit ihm. Mit dem Joch soll er zermürbt werden. Ich werde ihn demütigen. Ein Kind ohne Bildung; primitiv und einfach, soll ihn bewachen. Das wird den hochmütigen Burschen in Zorn bringen.“

Temudschin wird bis zum Schandplatz über den Boden geschleift und angebunden. Jeder der vorbei geht, kann ihn anspucken oder verspotten.

Vor allem tut sich der Bursche hervor, der ohne Unterbrechung lästert. Temudschin ist bis in die tiefste Seele beleidigt. Seit er aus seiner Ohnmacht aufgewacht ist, nimmt er die Schmähungen bewusst wahr. Den größten Schmerz aber bereitet ihm Sorgan. Um zu überleben, darf er sich als Tai-Tschute keine Blöße geben. Er tut sich besonders hervor, beschimpft und bespuckt den Gefolterten. Temudschin wendet sich angewidert ab. Obgleich er weiß, sein Freund meint es nicht so, zerbricht er fast daran. Die folgende Nacht ist dunkel und ein tosender Sturm treibt tiefschwarze Wolken über die Steppe. Temudschin beobachtet den Burschen, der sich mit einer Filzdecke vor dem Unwetter schützt. Sie bedeckt den ganzen Körper. Der Gefolterte bemerkt, dass der Junge immer öfter schläft. Darauf setzt er seine Hoffnung. Die Abstände vergrößern sich. Dann saust der Bock mehrmals auf seinen Schädel.

„Der kann mich nicht mehr verraten“, zischt Temudschin; „aber ich bin noch nicht frei.“

Ihm ist nicht entgangen, aus welchem Zelt Sorgan gekommen ist. Vorsichtig schleicht er zu dessen Schlafstelle. Leise ruft er seinen Namen in das Zelt; dann seinen eigenen. Sorgan wirft das Fell zur Seite und springt vom Lager auf.

„Was willst du, wer hat dich befreit!?“

Temudschin antwortet nur:

„Mach mich los!“

„Du riskierst unsere Leben!“ zischt Sorgan, beginnt aber sofort mit der Befreiung. Den Bock schmeißt Temudschin später in den Fluss. Am Burkan-Kaldum wird er vermisst. Seine Brüder suchen ihn. Als Temudschin gesund auftaucht, herrscht große Freude. Oelon-Eke fragt ihn entsetzt:

„Was ist passiert?“

„Ich wurde gefangen und war im Bock“, sagt er leise.

„Du, ein Bürtigschin im Bock!?“

„Nein!“ Schreit Oelon-Eke unbeherrscht. „Das kann nicht sein! Wie lange?“

„Eine halbe Nacht.“

„Erzähle!“ rufen die Mutter und Brüder wie aus einem Mund. Temudschin ziert sich. Dann berichtet er über den ersten Teil seiner Rettung. Großes Staunen ist bei den Zuhörern. Sie spüren: das ist ihr Temudschin.

„Und was war danach?“ Über Sorgan darf er nicht sprechen. Er beginnt zu lügen. Nach kurzer Pause redet Temudschin einfach drauf los und tischt der Familie eine fabelhafte Geschichte auf:

„Ich habe mir das erst beste Pferd geschnappt und es zu einem Felsbrocken geführt, auf den ich mühsam geklettert bin. Gefesselt an Händen und Füßen und im Bock gefangen bin ich von da auf mein Pferd gestiegen. Das tat furchtbar weh. Ich wusste, dass halte ich nicht lange durch, ritt aber weiter. Entschlossen ließ ich mich später vom Pferd gegen eine Felswand fallen, um den Bock zu zertrümmern. Das habe ich so lange wiederholt, bis er zerbrach. Glücklicherweise war sein Holz rissig und morsch. Den Schmerz habe ich überstanden.“

Schweigen!

Bescheiden hat Temudschin sein Erlebnis erzählt. Lauter Jubel bricht los. Oelon-Eke und ihre Söhne toben vor Freude.

„Was für eine Heldentat?“

Temudschin staunt, wie leicht ihm die heuchlerische Ausrede über die Lippen kommt und geglaubt wird. In diesem Moment weiß er noch nicht, welche Wirkung Geschichten auf andere Menschen haben. Die Zuhörer sind der Überzeugung, dass der Menke-Kökö-Tenir seine Hand über die Kiut-Bürtigschin hält; besonders über Temudschin.

Wenige Tage später erscheint auf dem Burkan-Kaldum ein verzweifelter Mongolenjunge.

„Ich heiße Bortschi und bin in großer Not. Räuber haben meine Herde gestohlen“, jammert er.

„Ich brauche Hilfe. Kann ich sie hier bei euch finden?“

„Ein Bürtigschin hilft immer“, sagt Oelon-Eke sofort. Belgutei und Kassar stimmen zu, auch Temudschin. Doch der hört aus den Worten des Knaben Bortschi nicht die Not, in der er steckt, sondern nur:

„Ich brauche Hilfe!“

Das heißt für ihn: endlich Kampf! Lange hat er sich gelangweilt. Konnte nicht über die Steppe jagen und Feinde besiegen, keine Herden erbeuten, die er so nötig braucht. Aber die Nachricht von Bortschi heißt für ihn endlich Befreiung aus der Eintönigkeit. Kampfbereit nimmt er den Ruf auf. Oelon-Eke denkt anders:

„Hier geht es um unsere Ehre. Selbst wenn ein Pferd geopfert werden müsste, bekommt der Mongole unsere Hilfe. Und kommt Temudschin nicht vom Kampf zurück, so ist auch das der Wille des Menke-Kökö-Tenir. Dann ist es eben so!“ Versorgt mit einigen Streifen Trockenfleisch und ein paar Stücken Milch galoppieren sie ins Tal, den Viehdieben hinterher. Am dritten Tag sehen sie vor sich eine Staubwolke. Das ist in der Gobi nichts Besonderes.

„Ein Sandsturm“, sagt Temudschin.

Es könnten aber auch die Räuber sein“, meint Bortschi. „Ja, ich glaube, dass sie es sind!“

„Dann sollten wir Abstand halten! Entdecken sie uns, haben wir verloren. Lass uns dort bei den Büschen in Deckung gehen.“

Sie warten bis zum Abend und folgen dann der Staubwolke. Lange nach Einbruch der Dunkelheit nähern sie sich schweigend ohne Pferde bis auf einen sicheren Abstand dem Lager. Der Mond ist bereits verschwunden und die Feuer fast runtergebrannt. Nur noch in wenigen glüht die Asche.

Das sind die Räuber. Lautes Schnarchen verrät den tiefen Schlaf. Bortschi läuft zur Herde, löst die Stricke und treibt seine gestohlenen Tiere weg. Temudschin nimmt von den Feuern glühende Asche und legt sie unten auf die Zeltränder. Er zieht sich zurück und beobachtet, ob die Zelte brennen. Nach kurzer Zeit züngeln die Flammen. Sonderbarer Weise beginnt der Tumult erst eine Weile später, so tief muss der Schlaf der Feinde gewesen sein. Mit lautem Geschrei retten sie sich und laufen wild durcheinander.

An die Verfolgung der Feinde ist ohne Pferde nicht zu denken, sondern sie retten nur, was möglich ist. Temudschin ist zufrieden und folgt Bortschi. Nach kurzer Strecke sieht er schemenhaft gegen den bleiernen Himmel den Umriss eines Reiters, der sich in die gleiche Richtung bewegt.

„Ist das Bortschi?“ fragt er sich. Langsam folgt er ihm, legt aber vorsichtshalber einen Pfeil auf die Sehne. An den vorsichtigen Bewegungen des Verfolgten bemerkt Temudschin, dass es Bortschi nicht sein kann. Nahe herangekommen dreht dieser sich um. Temudschin erkennt, dass er Recht hat. Der surrende Pfeil hat den Fremden nicht getötet, stürzt ihn aber vom Pferd. Mit einem Schlag zertrümmert Temudschin seinen Schädel. Dann folgt er Bortschi. Im Lager seines Vaters herrscht große Freude über den Erfolg.

„Vater, ich möchte Termudschin die halbe Herde als Anerkennung geben.“

„Das ist zu wenig, gib ihm mehr!“ erhält er als Antwort. Temudschin lehnt entschieden jeden Lohn ab.

„Ich habe dir nicht geholfen, damit ich eine Gegenleistung erhalte“, sagt er.

„Ein Bürtschigin hilft immer.“ Bortschi versteht das nicht. „Du brauchst doch das Vieh“, versucht er es wieder.

„Dein Wort ist mir Dank genug!“ beendet er das Thema. Später sagt Bortschi:

„Dann lass mich dein Gefolgsmann sein.“ So erhält Temudschin neben Dschelme einen weiteren Verbündeten.

Seltsames geschieht an den Lagerfeuern der Mongolen in der Steppe, in der Wüste und auf den Bergen. Man redet von den mutigen Abenteuern Temudschins. Der Wind hat sie in irrem Galopp durch alle Täler und über die Hügel getragen und findet großen Widerhall bei den Kriegern. Vor allem die Jungen, die sich immer nach Kampf und Beute sehnen, sind beeindruckt. Sie bewundern Temudschins Heldentaten. Bei allen Stämmen und sogar bei manchen Tai-Tschuten wünschen sie sich, mit ihm zu kämpfen. So wundert es nicht, dass von allen Seiten fast täglich Burschen auf den Burkan-Kaldum kommen, um Gefolgsmann zu werden. Es sind beängstigend viele.

Oelon-Eke warnt:

„Nimmst du sie alle, versammelt sich hier oben bald eine Horde von Gaunern und Viehdieben. Sind sie erst hier, wirst du sie nicht mehr los. Prüfe die Bewerber, stelle ihnen Fangfragen. Die du nicht haben willst, schicke zurück. Nur so kannst du dich vor dem Pack schützen."

Mutter Wolke ist klug.

„Bisher habe ich nie bereuen müssen, ihren Rat angenommen zu haben", denkt Temudschin. Vorsichtig spricht er mit jedem Einzelnen. Bortschi und Dschelme sind ihm dabei gute Ratgeber. Die neuen, die er annimmt, schwören ihm ewige Treue und der Stamm der Kiut-Bürtigschin wächst. Es verwundert nicht, dass sich die Aule vergrößern und immer neue Jurten aufgestellt werden. Auf dem Burkan-Kaldum herrscht reges Leben. Mit seinen Kriegern stiehlt Temudschin bei seinen Feinden Vieh und vergrößert die Herden. Auch schenken ihm die neuen Verbündeten Tiere aus ihren Beständen, und auf seinen Weiden wachsen sie zu stattlicher Größe heran. Über Pferde braucht er nicht nachzudenken, jeder Neue hat mehrere in seinem Gefolge. Auch die Nachricht über diese Veränderung trägt der Wind über das Land. Kleine Stämme schließen sich den Bürtigschin an und schwören Treue. Diese enorme Entwicklung war nicht voraus zu sehen.

Temudschin hat immer weniger an Bürte gedacht, ja sie fast vergessen. Nun erinnert er sich schuldbewusst an sie. „Bald sollte ich endlich in ihre Augen sehen, und zu ihrem Vater Dai-Setschen sagen:

„Die Bürtigschin sind wieder gestärkt. Jetzt kann ich Bürte holen." Was wird Bürte auf meine Bitte antworten, wenn ich sage:

„Komm nach Hause! Wird sie sich freuen?"

Zweifel quälen ihn. Er macht sich auf den Weg zu ihr. Als sie ihn sieht, läuft sie ihrem Verlobten entgegen und küsst ihn auf den Mund. Dai-Setschen und seine Frau sind entsetzt. Öffentliche Liebeszeichen vor den Blicken anderer passen nicht zu den Bräuchen der Chungiraten. Bürte und Temudschin stört das nicht.

„Die jungen Leute haben keine Scheu und machen was sie wollen", sagen sie.

Bürte flüstert glücklich:

„Du bist gekommen. Das ist meine größte Freude!“ Kein Vorwurf kommt über ihren Lippen. Nach kurzer Rast zieht die kleine Kolonne zurück auf den Burkan-Kaldum, wo Bürte von Oelon-Eke herzlich empfangen wird.

„Du bist bei den Kiut-Bürtschigin herzlich willkommen, liebe Schwiegertochter!“ sagt Mutter Wolke freundlich zur Begrüßung. Bald wird nach mongolischem Brauch die Hochzeit gefeiert. Die Braut wird in ein festliches Gewand gehüllt und von den Jungfern ihrem Bräutigam entgegengeführt. Temudschin empfängt Bürte, küsst sie und beide nehmen kniend den Segen Oelon-Ekes entgegen.

Temudschin, rechtmäßiger Erbe seines Vaters Jessughei, ist der neue Khan der Kiut-Bürtschigin.

Hoheitsvoll schreitet er mit seiner Frau in die neu für die Eheleute errichtete Jurte. Die Zuschauer klatschen begeistert. In den nächsten Tagen wird niemand das junge Paar stören.

Im Westen ist der Himmel blutrot gefärbt. Die Angst vor einem Unwetter lässt die laute Fröhlichkeit verstummen. Kein Lüftchen bewegt das Laub der Bäume. Das ist kein gutes Zeichen. Schlimme Vermutungen werden geäußert. Das Blutrot hat sich in graues Lila und danach in Bleigrau verwandeln. Noch immer steht die Luft still. Die Sonne verdunkelt sich, und lähmt die Menschen. Kälte kriecht über ihre Rücken. Obgleich es noch Tag ist, verhüllt die Dunkelheit ihn wie ein Gespenst. Eine Pfanne mit glühendem Feuer wird in die Jurte des jungen Paares getragen. Temudschin umfasst liebevoll seine Frau und Glut und Feuer tragen ihre Herzen und Körper hinweg. Sie merken nicht, dass sich draußen starker Wind erhebt, der sich zum Sturm steigert. Das Zelt bebt unter der Naturgewalt.

„Wir brauchen uns nicht zu fürchten“, sagt Temudschin zu Bürte.

„Das Zelt eines Khans wird besonders gut verankert.“ Vorsorglich blickt er zur Kuppel. Sie bleiben aber eng in der Glut ihrer Körper verbunden. Eine süße Müdigkeit durchläuft Bürte, als sie selig in seine Arme gleitet. Am ganzen Körper spürt sie seine Glut. Ihre Herzen fliegen ihnen wechselseitig entgegen. Bürte neigt den Kopf und heiße Lippen pressen sich auf die ihren.

Plötzlich blendet heller Schein die Liebenden.

„Unser Zelt brennt“, schreit Temudschin entsetzt. Draußen erhebt sich grausames Geschrei. Fremde Krieger werfen Brandfackeln in die Zelte und rauben, was sie greifen können. Überall ist Tumult, Waffenklirren, sausende Säbel und schlagende Keulen. Der brüllende Sturm übertönt das Getümmel. Wer sich der Horde entgegenstellt, wird getötet. Temudschin läuft zur Tür. Entsetzt sieht er, dass weitere Jurten in hellen Flammen stehen. Todesschreie durchdringen die Nacht. Bestürzung befällt Temudschin.

„Das ist ein Überfall!!" schreit er verwirrt. Seine Gefolgsmänner und die übrigen Krieger sind in den nahen Wald geflohen.

„Mongolen kämpfen nicht in dunkler Nacht", denkt er und läuft zur Jurte, nach Bürte zu sehen. Er sieht Tote; erschlagen, enthauptet, durchbohrt; Männer, Frauen und Kinder. Entsetzen packt ihn. So überraschend, wie der Überfall gekommen war, ist er auch vorüber. Sein Zelt ist abgebrannt. In den Trümmern sucht er seine Frau, findet sie aber nicht. Er läuft nach draußen. Vereinzelt kommen geflüchtete Mongolen zurück. Temudschin steht verloren auf dem freien Platz, als ginge ihn das plötzlich nichts mehr an. Er starrt mit abwesendem Blick in eine unerreichbare Ferne. Was in seiner Nähe geredet wird, nimmt er nicht wahr. Bortschi stößt ihn an.

„Hast du nicht gehört, der Krieger hat etwas von Bürte zu dir gesagt", und zeigt auf einen Mann. Temudschin reagiert jäh.

„Was weißt du von Bürte!?" schreit er ihn an. Der Angesprochene weicht angstvoll zurück, als müsste er um sein Leben fürchten.

„Sprich!!" brüllt der Khan.

Um jeder Gefahr zu entgehen, weicht der Mann weiter zurück.

„Was weißt du von Bürte?", wird er erneut gefragt.

„Bürte wurde geraubt", sagt er leise.

„Sie saß auf einem Pferd, hinter ihr ein Räuber. Sie schrie verzweifelt deinen Namen. Der Reiter aber lachte und rief laut gegen den Wind:

„Ich verspreche dir einen anderen Temudschin, einen starken, stolzen Merkiten!"

„Merkiten sind es gewesen?" schreit der Khan entsetzt. Angst und Grauen packen ihn. Er erinnert sich:

„Vor vielen Jahrzehnten ist sein Vater Jessughei in das Dorf der Merkiten eingefallen und hat seine Mutter Oelon-Eke geraubt." Das weiß er aus alten Berichten.

„Ist das die Rache?“ Sein Atem stockt, die Brust wird eng. Bürte in den Armen eines anderen. Er spürt ihre Schreie und sieht die Hände, die sich abwehrend erheben; er hört sie seinen Namen rufen!

Sein Herz gefriert zu Eis.

„Es ist meine Schuld. Warum bin ich aus dem Zelt gelaufen und habe sie alleine gelassen? Blutige Rache werde ich nehmen!“ macht er sich Vorwürfe.

„Das Blut der Merkiten soll in Bächen fließen! Ihre Jurten und Wälder sollen wie Fackeln brennen!“ schreit er in seiner Verzweiflung.

„Meine Rache soll so groß sein wie der Schmerz Bürtes!“

Die Vertrauten versuchen ihn zu beruhigen. Bortschi fürchtet, dass sein Freund den Verstand verliert.

„Es ist nicht ratsam in blindem Zorn nach Rache zu schreien. Du brauchst einen kühlen Kopf“, sagt der Gefolgsmann.

„Später werden wir überlegen, wie wir in klug geplantem Kampf Bürte befreien werden.“ In Temudschin ebbt der Aufruhr ab. Gestrafft in seinen Gedanken ist er trotz seiner Jugend ganz der zukünftige Khan. Er ist bereit, Verantwortung für alle Mongolen zu übernehmen. Nicht nur durch das Erlebnis der Entführung Bürtes. Auch durch das Wissen, was sein Vater vor vielen Jahren getan hat, wird bei ihm ein grausamer Plan geboren. Brautraub will er in Zukunft nicht mehr dulden. Auch nicht, obgleich es üblich ist. Durch seine Tat war sein Vater kein gutes Vorbild. Es kann nicht sein, dass jeder Häuptling oder Krieger sich seine Frau von einem anderen Stamm raubt und damit Leid bringt. Schon damals fasste er den Plan, gegen seine Feinde grausame Rache zu nehmen. Aber er weiß auch, dass viel Blut fließen wird, ehe das Volk der Mongolen geeint ist. Temudschin ist fest entschlossen, dafür in den Krieg gegen die Abtrünnigen im eigenen Volk zu kämpfen.

„Sie werden mich dafür hassen, denn Kämpfe will niemand. Aber das Blutbad wird nicht zu verhindern sein. Wie ein Sturm werde ich über das Land brausen und alles zerstören, was sich mir widersetzt. Unerbittlich wird diese Flut Angst und Entsetzen über die Menschen bringen. Alle werden mir danach gehorchen und sich mir anschließen, und ich werde der große Khan-Khan der Mongolen sein.“ Temudschin merkt nicht, dass bei ihm der Größenwahn begonnen hat. Trotzdem ist ihm bewusst, dass er jetzt noch zu schwach ist, den großen Krieg zu beginnen. Er will Macht haben und über alle herrschen.

„Auf dem Burkan-Kaldum wird es mir bald zu eng sein. Ich will mehr Weiden und Wasser besitzen.“ Auch diese Idee setzt sich in ihm fest. Dabei kommt ihm der Gedanke, zu den Keraiten zu reiten.

„Was ist, wenn ich zum Blutsbruder meines Vaters ziehe, zu Khan Toghrul, dem mächtigen Herrscher der Keraiten. Bei ihm zwischen den Flüssen Tula und Orlon würde ich alles haben. Außerdem wäre sein Schutz mir sicher.“

Bei den Keraiten angekommen, gibt es einen herzlichen Empfang. Mit einem Kotau begrüßt er ehrfürchtig den alten Khan.

„Was führt dich zu mir?“ fragt ihn der Greis.

„Meine Geschenke für dich sind das einzige, was uns Bürtschigin geblieben ist. Selbst meine Frau Bürte wurde von den Merkiten geraubt. Ich habe keine Waffen, um sie zu befreien. Als sie geraubt wurde, hat sie nach mir geschrien, und ich konnte ihr nicht helfen. Mit einigen deiner Krieger, Waffen von dir und meinen eigenen Leuten kann ich sie befreien. Den Kampf um Rache, Vieh und Weiden, werde ich später führen, wenn ich genügend eigene Krieger versammelt habe. Heute bitte ich dich nur für Bürte.“ Sengun, der Sohn Toghruls, hat das Gespräch mit finsterer Miene verfolgt. Temudschin fühlt die Verschlagenheit und sieht gierige Blicke. Sie lassen schlimmes ahnen. Aber Toghrul sagt scheinheilig.

„Dem Ruf zweier Liebenden verschließe ich mich nicht. Du bekommst Krieger und Waffen! Auch kannst du, bis das Land am Onon für die Kiut-Bürtschigin von den Tai-Tschuten zurückerobert ist, deine Krieger und das Vieh hierher zu uns auf die Weiden am Tula und Orlon bringen. Bei uns hast du immer eine Heimat.“

Sengun ist der leibliche Sohn und Temudschin nur sein Blutssohn. Er merkt, dass Sengun nicht sein Verbündeter sein wird. Er bittet ihn auch nicht, dass er die Krieger seines Vaters begleiten soll.

Als Temudschin mit Waffen und Soldaten Toghruls abzieht, folgen ihm boshafte Blicke.

Das Dorf auf dem Burkan-Kaldum wird größer, und Temudschins Brüder Kassar und Belgutei üben täglich mit den Kriegern einen eventuellen Angriff der Tai-Schuten.

Die Kunde von den Erfolgen Temudschins, der Heimkehr Bürtes auf den Burkan-Kaldum und von der Hochzeit verbreitet sich unter den Stämmen wie ein Flächenbrand. Die Neuigkeit dringt in jeden Winkel und kommt auch zu Targutai. Der kocht vor Wut. Auf seiner Stirn schwillt die Zornesader. Er sinnt nach Rache. Die Ereignisse auf dem Burkan Kaldum empfindet er als eine Niederlage. Das ist nicht die Vorstellung seines Sieges. Er glaubte, seinen Widersacher für alle Zeiten kaltgestellt zu haben, und nun wächst der Stamm zu neuer Größe. Wann endet diese Entwicklung. Er plant den Angriff. Sorgan, der an der Beratung teilnimmt, ahnt Schlimmes. Sein Sohn Dschelme gehört zu Temudschins Vertrauten. Sorgan kann den Kampf nicht verhindern. Jetzt kommt für ihn die Stunde der Entscheidung, wem künftig seine Treue gelten wird; Temudschin oder Targutai. In Sorgan entbrennt ein Kampf.

„Für wen entscheide ich mich? Breche ich die Treueschwüre zu Targutai, bin ich für immer sein Feind. War ich denn jemals sein Freund?“ fragt er sich.

„Nein! Aber Jessughei ist mein Freund gewesen, ebenso Temudschin seit seiner Kindheit.“

In der Nacht nähert sich ein Reiter dem Burkan-Kaldum. Sorgan gibt sich zu erkennen. Temudschin ist misstrauisch.

„Was willst du hier? Du kommst wie ein Dieb in der Nacht. Willst du spionieren“? Sorgan berichtet schnell von der Absicht Targutais und von seiner eigenen Entscheidung.

„Ab jetzt bleibe ich hier“, sagt er.

„Sicher kannst du Hilf gebrauchen“. Temudschin ist hocherfreut, Sorgan als Verbündeten zu haben.

„Endlich haben wir uns als Freunde wiedergefunden“, sagt Temudschin.

„Du hast meine Not erkannt und ich danke dir für die Entscheidung.“

„Unsere Freundschaft ist eben stärker“, bemerkt Sorgan bescheiden.

Nun berichtet auch Temudschin, was sich alles zugetragen hat und fragt:

„Wie verhalten wir uns gegenüber Targutai?“ Als der Morgen graut, haben sie einen Plan.

„Targutai hat eine starke Streitmacht. Nur mit List können wir ihm eine Niederlage zufügen. Besiegen werden wir ihn nicht.“

Späher schwärmen aus, die Absicht Targutais zu erkunden. Temudschin mit seiner kleinen Schar reitet in entgegengesetzter Richtung zum Lager Targutais. In einem weiten Bogen nähern sie sich ihm. Der Feind ahnt nicht die Absicht Temudschins, und nicht, aus welcher Richtung er angreift. In einem Wald lagern sie ohne Feuer. Späher erkunden die Lage. Sie berichten, dass das Lager kaum bewacht ist und Targutai ausgelassen feiert.

„Wir werden in der Nacht zu Fuß in zwei Gruppen angreifen", bestimmt Temudschin.

„Die fremden Pferde müssen wir freilassen, damit wir nicht verfolgt werden, und mit unseren Herden nach Süden zu den Keraiten reiten können. Die zweite Gruppe legt Feuer in die Zelte. Mit den eigenen Pferden flüchten sie danach in Richtung Burkan-Kaldum, um später in einer Kehre auch zu den Keraiten zu kommen."

„Was geschieht mit dem Aul auf dem Burkan-Kaldum?" gibt Sorgan zu bedenken.

„Denn Zurückgebliebenen befielt Dschelme die Jurten abzubrechen und zu den Keraiten zu ziehen. Den Rest wird Targutai in Wut niederbrennen."

Die Nacht ist finster und die Lagerfeuer verlöschen. Termudschin gibt das Zeichen zum Angriff. Sorgan kennt das Lager. Mit seinem Wissen ist er ein guter Führer. Der Plan gelingt. Die Krieger Targutais laufen betrunken zwischen den brennenden Zelten umher. Pferde und Herden sind verschwunden. Sie ließen sich ohne Mühe wegtreiben und erreichen ohne Zwischenfall die Weiden im Land der Keraiten.

Auf dem Burkan-Kaldum hat sich der Dorfplatz geleert. Nur noch Abfälle liegen herum. Der Rest des Stammes ist in Sicherheit. Temudschin reitet nicht zu Toghrul. Noch ist Bürte nicht befreit. Das muss jetzt geschehen.

Einige Tage nach dem Überfall der Merkiten kam Muchuli erschöpft zurück. Ihm ist es in der Nacht des Angriffs gelungen, ein Pferd zu fassen und den Merkiten bis zu ihrem Lager zu folgen. Über seine Beobachtung hat er Temudschin berichtet. Nun hat er das volle Vertrauen verdient. In Kürze soll der große Angriff auf die Merkiten erfolgen. Der Magen des Khans dreht sich vor Übelkeit und Angst befällt ihn.

„Wird mir die Befreiung Bürtes gelingen? In welchem Zustand werde ich sie antreffen? Liebt sie mich noch?" Diese Gedanken quälen Temudschin.

Seit er auch der Anführer eines Teils der Keraiten ist, durchstreift er in wildem Galopp und mal stark verzögert die Weiten der Steppen. In den Lagern vieler Stämme wirb er um Männer, die sein Heer vergrößern sollen. Er will die uneingeschränkte Macht. Sie sollen sich an seinem Plan, Targutai zu besiegen, berauschen. Er braucht viele Soldaten. Allen erzählt er, dass er gegen Targutai kämpfen will. Es begeistert viele. Die Anzahl Krieger wird größer. Wegen seiner vielen Überfälle ist Targutai gefürchtet und verhasst. Die sich Temudschin anschließen, sehen darin eine Gelegenheit Rache zu nehmen. Nicht alle reiten mit ihm.

Einige Stämme schließen sich Temudschin später an. Seine eigenen Leute sind sauer, das es nicht sofort gegen die Merkiten geht, denn Kampf und Beute ist ihr Lohn. Für sie heißt das; kein Kampf, keine Beute. Streit und Unruhe breiten sich aus.

„Warum jagst du uns hin und her über Steppen und Wüsten?“ fragt Bortschi.

„Lass uns den direkten Weg zu den Merkiten nehmen. Bürte soll doch befreit werden. Hast du sie etwa vergessen?“ Temudschin rast vor Zorn. Doch er muss sich eingestehen, bei der Entscheidung hatte sein Größenwahn Vorrang vor Bürte.

„Was wollt ihr von mir? Muss ich vor euch mein Inneres offenlegen? Wollt ihr Rechenschaft über meine Gefühle? Was ich tue, geht nur Bürte und mich etwas an!“ Später sagt er versöhnt zu Bortschi:

„Ich habe nicht die ganze Wahrheit gesagt. Das

verstehen nicht alle. Solange die Mongolen glauben, dass das Werben von Kriegern dem Kampf gegen Targutai gilt, werden wir Zulauf haben. Gegen die Merkiten will keiner kämpfen.“ Bortschi erkennt, mit welcher List Temudschin sein Heer vergrößert. Jetzt wissen seine Krieger, warum er diese Entscheidung getroffen hat. Sie verstehen die Winkelzüge. Trotzdem murren einige wegen der entgangenen Beute. Über Temudschin verbreitet es sich, dass er die Beute bei seinen Eroberungen nicht für sich behält, sondern an seine Krieger verteilt. Diese Einstellung weht mit dem Wind über die die Steppe. Bei den meisten Stämmen heimst der Khan den größten Teil für sich ein. So streben die Krieger danach, mit Temudschin zu kämpfen. Der kommt seinem Ziel näher, eine große Streitmacht zu versammeln. Temudschin entgeht der Groll seiner Krieger nicht. Jetzt will er endlich gegen die Merkiten kämpfen.

Bei den erneuten Gedanken an Bürte steigert er sich in einen mächtigen Rachedurst über ihre Entführung. Mit dem Aufruhr seines Herzens stürmt er im Morgengrauen wie ein Blitz in das Lager der Merkiten und wütet mit seinen Kriegern, als seien sie gerade aus der satanischen Unterwelt aufgestiegen. Alles Lebende, dass sich seiner Horde entgegenstellt, wird niedergemacht. Andere werden gefangen. Für Temudschin ist der Kampf pure Genugtuung für Bürtes Leid.

Temudschins Wut treibt grausame Blüten. Auf einem Baumstamm stehend sieht er mit unbeweglicher Miene zu, wie sich auf seinen Befehl die Gefangenen in einer Reihe aufstellen und einer nach dem andern vor seinen Augen von seinen Leuten abgeschlachtet wird. Nur ihr Häuptling ist geflohen.

„Um den kümmern wir uns später", sagt er zu Dschelme. Nach dem Blutbad fallen die Krieger über Frauen und Mädchen her. Danach machen sie in den Jurten endlich große Beute.

Temudschin sucht Bürte. In einem Zelt findet er sie weinend auf Fellen liegend, neben ihrem Kind. Die Augen sind vor Angst weit aufgerissen. Temudschin starrt beide entsetzt an. Schluchzend liegt sie da. Sie wird dramatisch laut, und mit den Armen umfasst sie das Kind. Sein sprachloses Entsetzen steigert sich in Grauen. Er hat es geahnt. In der Zeit seit Bürtes Raub haben ihn solche Vorstellungen fast um den Verstand gebracht. Bis zu diesem Augenblick konnte er diese Gedanken verdrängen. Nun sieht er die Wahrheit vor sich. Die Stille im Zelt ist erdrückend. Keiner sagt ein Wort. Angstvoll starrt sie ihren Mann an. Wieder und wieder füllen sich ihre Augen mit Tränen. Wie ein zorniger Rachegott blickt Temudschin sie an.

„Kann ich sie verurteilen? Ist sie schuldig?", denkt er. Er fühlt, Bürte hat Mitleid verdient. Leid und Demütigung musste sie ertragen. Für ihn ungewohnt, durchzieht ihn Mitleid. Langsam beugt er sich zu ihr und berührt mit seiner blutverschmierten und von Tränen feuchten Wange ihr Gesicht. Dann fragt Temudschin leise:

„Ist es ein Junge?"

„Ja. Er hat graue Augen. Das ist die Augenfarbe der Kiut-Bürtschigin?", sagt sie vorsichtig. Temudschin strafft seinen Körper und sagt hart:

„Er ist ein Fremder, ein Besucher. Er soll „Dschutschi, der Gast", heißen!

Die Nachricht vom grausamen Schicksal der Merkiten stürmt wie ein Gespenst über die Steppe. Die Mongolen erstarren vor Entsetzen. Sie sind wie gelähmt. Temudschin hat einen Blutstrom freigesetzt. Er selbst ist die sprudelnde Quelle! Noch ahnt er nicht, dass das Rinnsal zum purpurnen Strom anschwellen wird. Sein Name ist in Flammenschrift an den immer blauen Himmel geschrieben. Er ist das leibhaftige Unheil. Die Feinde fragen:

„Wird er auch zu uns kommen? Oder ist es besser, sich ihm anzuschließen? Ob er noch Stämme in sein Heer aufnimmt?" So fragen sie sich im weiten Land, um dem gleichen Schicksal zu entgehen, welches die Merkiten getroffen hat. Die Angst geht um.

Bürte ist befreit! Die geliehenen Soldaten bringt er Toghrul-Khan mit Dank zurück. Einen Teil der Beute überlässt er ihm. Für sich behält er nichts. Das ehrt ihn. Sonderbarer Edelmut liegt in seinem Verhalten.

„Der ist der rechtmäßige Erbe der Kiut-Bürtschigin und ein großer Mongolen-Khan, trotz seiner Jugend", sagen sie.

Das Tal um den Hügel ist voll von Zelten und Jurten. Mehr als zehntausend wurden gezählt. Immer neue Stämme bitten um Aufnahme bei den Bürtigschin und allmählich wird der Platz eng.

Das Handwerk blüht. Eisen wird für Waffen und Rüstungen hergestellt. Der Viehbestand wird größer. Die abgegrasten Weiden geben für die großen Herden nicht genug Futter. Der Sommer geht zu Ende. Winterweiden müssen her.

Die Krieger des Temudschin sind durch Kampf und Übungen geschult. Sie sind jetzt in Einheiten zu je tausend Mann eingeteilt, die in Übungen sogar spielerisch mit großer Begeisterung gegeneinander kämpfen. Er hat mit ihnen eingeübt, dass mit an Stangen befestigten Fahnen und Wimpeln in unterschiedlichen Farben in einer Schlacht die Kampfeinheiten gelenkt werden können. In immer neuen Manövern hat er diese Fertigkeit in die Köpfe gehämmert, so dass Temudschin in ernsthaftem Kampf in der Lage sein wird, von einem Hügel aus seine Truppen während der Schlacht zu lenken. Sie beherrschen diese Fähigkeit wie im Schlaf.

Mit der Entwicklung könnte er zufrieden sein, gäbe es seine innere Bedrücktheit nicht. Statt Bürte mit ihrem Kind nach der Befreiung zu lieben, quälen ihn Machthunger und Grausamkeit. Fanatisch grübelt er, wie er seinen Einfluss vergrößern kann. Er bemerkt nicht, dass sein Wahn größer ist als die Freude mit seiner neuen Familie. Temudschin ist sein eigener Gefangener. Die Sucht frisst ihn auf. Der Herbst treibt zum Aufbruch. Die einzelnen Sippen beginnen, ihre Wagen und Lasttiere zu beladen. Bald setzt sich der lange Zug in Richtung neuer Weiden und winterfester Lagerplätze in Bewegung. Vorne reiten zwei Kampfeinheiten. Beide Seiten der Karawane werden ebenso gesichert, und den Schluss bildet eine weitere. Die soll auch den Nachzüglern helfen, und entlaufenes Vieh einsammeln. Temudschin glaubt nicht an einen Angriff. Trotzdem werden die Wagen zu einer Burg zusammengestellt. Menschen und Tiere sind darin sicher. Am Lagerfeuer erwärmen sie sich in der kalten Nacht.

Am nächsten Tag kommt Bewegung in die Vorhut. Reiter melden, dass ihnen eine große Streitmacht des Targutai entgegenkommt.

„Das ist keine gute Stelle für eine Schlacht“, sagt Temudschin.

„Hier ist nur flaches Land. Der kleine Hügel und die wenigen Bäume schützen uns kaum. Jetzt muss sich zeigen, ob meine Krieger der Übermacht der Tai-Tschuten gewachsen sind.

Frauen und Kinder sind in der Wagenburg sicher.

Trotzdem rüsten sich die Frauen mit Pfeil, Bogen und anderen Waffen zum Widerstand. Außerhalb des Lagers postieren sich die Einheiten zu beiden Seiten des Lagers. Geschickt verteilt reicht die Front bis zum Wald. In ebenso breiter Front sind die Tai-Tschuten aufgestellt. In der Dämmerung des neuen Tages beginnt der Kampf. Die Übermacht des Feindes scheint die Bürtigschin zu überrollen. Aber erstaunlich, der erste Ansturm wird durch geschickte Aufstellung der Truppen Temudschins erfolgreich abgeschlagen. Hinter der vordersten Front hat er, verdeckt und nicht leicht erkennbar, eine zweite Kampflinie gebildet. So vorbereitet werden die Tai-Tschuten empfangen. Die gezielte Salve der Bürtigschin aus der zweiten Reihe trifft die erste Kampflinie des Angreifers. Die haben hohe Verluste. Aufgerissene Lücken entsetzen die Feinde. Targutai hatte wohl die Absicht, dass er die ersten Pfeile abschießen würde. Aber dazu kam es nicht. Nun stießen die Bürtigschin in die Öffnungen der feindlichen Linie. Ein furchtbarer Kampf entbrennt. Ein wahres Gemetzel entsteht, bei dem Temudschin dank der besonderen Ausbildung seiner Kämpfer gegen die Übermacht der Feinde erfolgreicher ist. Bevor die Sonne den höchsten Stand erreicht, ist der Kampf beendet. Die Tai-Tschuten flüchten in Scharen. Viele Tote hat der Kampf gekostet. Die Gefangenen werden gefesselt und vor das Zelt zu Temudschin geführt. Unter ihnen befindet sich auch Targutai.

„Was nützen mir die besiegten Krieger?“ fragt er seine Gefolgsleute.

„Tötet sie!“

„Auch Targutai?“

„Ja, auch Targutai!!“

Wieder beginnt ein Metzeln.

„Das Blut meiner Krieger ist wertvoller als dass meiner Feinde. Schonen wir sie, werden die Rebellen sich wieder gegen uns erheben. Dann wird erneut Bürtigschin-Blut fließen. Meint ihr, der Kampf sei zu Ende? Nein, das wird nicht eher der Fall sein, bis alle feindlichen Mongolen unterworfen sind“, sagt er wütend. Dann ergänzt er: „Frauen und Kinder werden Sklaven! Das Vieh treibt in die Wagenburg!“

In wilder Gier stürzen sich die Soldaten auf die Zelte der Tai-Tschuten, plündern und legen Feuer. Der Sieg über Targutai befriedigt Temudschin nicht. Quälende Unruhe treibt ihn um. Was hatte er sich nicht alles vorgenommen. Nachdem er die mahnenden Worte seines Vaters Jessughei und seiner Mutter Oelon-Eke hörte, ist in ihm ein Entschluss gereift. Wieviel wurde von den großen Plänen bisher umgesetzt? Was bis jetzt geschehen ist, kann nur der Anfang sein. Die große Menge der Mongolen, in viele Stämme, Sippen und Horden zersplittert, gilt es noch zu einem Volk zu vereinen. Das ist sein Plan. Er will der Herrscher aller Mongolen sein. Ohne Kampf kann dieses Ziel nicht erreichten werden. Bis jetzt wurde nur gegen zwei Stämme Krieg geführt. Wie viele mögen es noch sein? Die Erfolge Temudschins locken immer mehr Stämme und Sippen an, sich unter die Flügel der Bürtschigins zu flüchten. Der sorgt für Ordnung und Sicherheit. Darunter sind auch versprengte Sippen der Merkiten und Tai-Tschuten. Aber nicht alle, die er aufnimmt, sind Temudschin angenehm. Viele entstammen dem Steppenadel. Hochnäsig und rechthaberisch mischen sie sich in alle Angelegenheiten und stiften Unfrieden. Einzelne verschwören sich auch gegen ihn. So entwickelt sich in manchem Lager eine Front, die ihm Sorge macht. Außerdem sitzen sie mit im Rat der Edlen. Sie können nicht ausgeschlossen werden, aber sie sind unzufrieden. Temudschin bespricht sich mit seinen Vertrauten, vor allem mit Bortschi.

„Was können wir tun, um den Überblick zu behalten?“, fragt er. In Geheimgesprächen wird nach einer Lösung gesucht. Von den Ratschlägen ragt ein Wort besonders heraus: Meldereiter.

„Wie stellt ihr euch das vor? Sollen sie in die Dörfer der Khane reiten und fragen, was ist bei euch los? Oder was plant ihr gerade gegen Temudschin? Oder wer ist besser als Temudschin und will Khan werden? Glaubt ihr, die lassen sich ausfragen?“ gibt Temudschin wütend zu bedenken.

Langsam beruhigt er sich. Später sagt er:

„Der Gedanke ist nicht schlecht. Wir müssen noch über das „Wie“ sprechen. Wenn ich mir vorstelle, dass Geheimnisse aus unseren Dörfern rausgetragen werden, habe ich Bauchschmerzen.“ Im Rat er Edlen gibt es Widerspruch zu den Meldereitern. Das hat Temudschin erwartet. Man kommt überein, dass jeder Häuptling seine Boten selbst bestimmt. So kann niemand sagen, die Entscheidung kommt von Temudschin. Einige Hundert müssen es sein. Die sollen die heikle Aufgabe übernehmen. Keiner wird sein Nest beschmutzen. Sie werden ihre Häuptlinge schützen und lieber lügen als sie zu verraten.

Schließlich ist die Lösung gefunden. Zu Oelon-Eke und seinen engsten Getreuen sagt er:

„Zuerst werden die Melder, die zu uns kommen, nur allgemeines erzählen. Erweckt beim Zuhören den Eindruck, als seien es wichtige Nachrichten. Bewirtet sie fürstlich mit bestem Fleisch und Kumys und belohnt sie reichlich mit kleinen Geschenken für ihre Frauen und Waffen für die Söhne. Darüber werden sie sich freuen. Bei ihren Herrschern erhalten sie gewiss keine Anerkennung. Vielmehr müssen sie mit Misstrauen rechnen. Werden sie weiter mit Aufmerksamkeiten belohnt, kommen sie gerne hierher. Das wird ihre Zunge lösen und mit der Zeit erfahren wir alles, was bei den anderen los ist oder welche Pläne sie haben.“

Es kommt genauso, wie es Temudschin vorausgesagt hat. Besonders die Familien der Boten drängen, so oft wie möglich zu dem Bürtschigin zu reiten.

Die Melder berichten auch von den Tai-Tschuten und Merkiten. So erfährt er, wo sich der Häuptling der Merkiten versteckt hält und seinen Namen. Was er getan hat, hat er verdrängt. Nun lebt der Hass und die Rache erneut auf. Mit Muchuli als Führer nähert sich Temudschin mit einigen Kriegern dem Versteck des Häuptlings. Der ahnt nichts von der nahenden Gefahr. Die Bürtschigins halten sich lange versteckt und beobachten mehrere Tage den Wald. Muchuli hat sich nachts kriechend dem feindlichen Lager genähert. Verdeckt durch Bäume und Sträucher sieht er auf einer Lichtung Zelte. Ein Krieger steht davor. Muchuli hört Stimmen. Er nähert sich weiter. Dann hört er, dass einer zu dem Krieger sagt: „Wann greifen wir an?“ Wer angegriffen werden soll, versteht Muchuli nicht.

„Diese Bemerkung gilt sicher nicht den Bürtschigin“, denkt er. In welchem Zelt der Häuptling schläft erfährt er zufällig. Die Feuer verlöschen und es wird still. Das Zelt des Häuptlings hat er sich gemerkt. Er verlässt seinen Lauschplatz. Im Osten verfärbt sich der Nachthimmel. Zu dieser Zeit sind die Wachen müde. Mit Muchuli kriechen die Angreifer zum Zelt des Häuptlings. Lautes Schnarchen verrät den tiefen Schlaf. Auch die Wachen schlafen. Geräuschlos wird das Zelt des Häuptlings geöffnet. Eine Öllampe verbreitet schwaches Licht. Das begünstigt den Überfall. Ein Schlag betäubt den Schläfer und ein festes Tuch über dem Mund macht ihn stumm. Vier Männer zerren den Gefangenen, der sich nicht wehren kann, heraus. Beim ersten Augenaufschlag hält Temudschin ein Messer an seine Kehle und zischt:

„Kein Wort!!“ Im Lager ist es still. Schnell wird er durch den Wald geschleppt und auf ein Pferd gefesselt. Der Überfall geschieht schnell wie ein Windhauch.

Vorher hat Temudschin bestimmt, dass er den Räuber von Bürte lebend braucht.

„Seine Strafe wird größer sein als Bürtes Leid gewesen ist. Von diesem Gericht sollen alle Mongolen hören und sich entsetzen. Auch will ich damit für alle ein Zeichen setzen.“

„Wie willst du bestrafen?“, wollen die Treuen wissen. Sie ahnen Schlimmes.

„Hoffentlich verliert er vor lauter Rachelust nicht den Verstand. Manches Mal ist er unberechenbar“, befürchten sie.

Der Gefangene wird gut bewacht in ein Zelt gesperrt. Essen und Trinken wird ihm bei der Hitze verwehrt. So schmachtet er längere Zeit.

„In drei Tagen ist die Hinrichtung. Dieser Dieb wird sterben!“, sagt Temudschin in geheimer Sitzung zu seinen Vertrauten.

„Wie er sein Leben aushaucht, erfahrt ihr noch. Ihr macht aber, was ich euch sagen werde, auch wenn euch mein Befehl zu hart erscheint. Ihr werdet ihn vollstrecken, und das Volk wird zuschauen!“

„Was hat er vor? Das hört sich grausam an.“ Seine Getreuen haben schlimme Vermutungen. Am Morgen des Gerichtstages ist der freie Platz schon früh voll Menschen.

„Das ist heute etwas Besonders“, sagen die Edlen des Rates. Jetzt haben sie Gelegenheit, Temudschin von dieser Seite kennenzulernen. Aufrecht, mit erhobenem Kopf und an den Händen gefesselt wird der Merkiten-Häuptling vor den Richterstuhl geführt. Abschätzend betrachtet Temudschin den Gegner. Sein Blick ist hart und die Augen strahlen wie das Blau des kalten Eisens, aus dem Helme und Rüstungen geschmiedet sind. Keine Spur von Mitleid ist zu erkennen. Die das sehen, erschaudern. Temudschin erhebt sich:

„Bist du der Räuber meiner Frau Bürte?“ Bisher hat niemand mit dem Gefangenen gesprochen.

„Ja!“, ist zu hören.

„Bereust du deine Tat?!“

„Nein! Es war eine schöne Zeit mit ihr.“

Totenstille. Nur das Rauschen der Blätter in den Bäumen ist zu hören. Temudschin steht totenblass und wie erstarrt vor dem Merkiten. Es bleibt still. Nach einer Zeit, die allen unendlich lang erscheint, befielt er leise, fast flüsternd zu Kassar und Dschelme:

„Hackt ihm beide Füße ab.“

Entsetzen geht durch die Menge. Nach einem tierischen Schrei ist von dem Merkiten nichts zu hören. Mit verzerrter Grimasse liegt er zuckend auf dem Boden. Nichts ist zu hören. Sein Körper schlottert vor Schmerzen.

Temudschin verlässt seinen Platz. Der Gefangene wälzt sich auf dem Boden. Das Blut fließt in Bächen.

Nach einer Weile fragt Temudschin den Fuß losen:

„Hast du Bürte angefasst?“ Der Bewusstlose kann nicht antworten. Er ist ohnmächtig.

„Holt kaltes Wasser“, befiehlt Temudschin. Mit einem unmenschlichen Schrei erwacht der Gefangene aus der Ohnmacht. Temudschin wiederholt leise seine Frage. Mit letzter Kraft kommt die Antwort:

„Ja.“

Ohne Gefühle zu zeigen, sagt Temudschin zu Belgutei und Muchuli:

„Hackt ihm die Hände ab! Dann zieht ihn an einem Seil in die Steppe, weit weg von hier, und überlasst ihn den Geiern und Wölfen!“ Wieder geht ein Raunen durch die Menge, doch niemand wagt zu widersprechen. Still verlassen die Menschen den Platz. Temudschin ruft hinter ihnen her:

„Das soll ein Beispiel für alle sein, die Frauen rauben!“ Diese Botschaft fegt wie Sturm über die Steppe. Temudschin will in seiner Jurte alleine sein. Später kommt Bürte zu ihm.

„Und wenn er der Vater meines Sohnes Dschutschi ist?“ Er sieht sie an. Entspannt antwortet er:

„Ein Kiut-Bürtigschin hat graue Augen, genau wie Dschutschi!“ Bürte verlässt das Zelt. Ihr Herz brennt.

Ein Bote stürmt in die Jurte Temudschins. Ruhe gibt es für ihn nicht.

„Eine Gruppe chinesischer Krieger reitet durch die Gobi nach Norden“, sagt er kurzatmig.

„Wir konnten erfahren, dass sie zu den Keraiten wollen. Der Kaiser in China hat den Khan Toghrul um Hilfe im Kampf gegen tatarische Horden gebeten, die wieder in China eingefallen sind. Sie rauben, morden und plündern regelmäßig, um danach auf ihren schnellen Pferden zurück über die Grenze zu verschwinden. Dort, in Grenznähe, sollen die Keraiten die Räuber abfangen.“

Temudschin und Bortschi hören gespannt zu.

„Habt ihr freundschaftlich mit den Chinesen gesprochen?“ fragt der Häuptling.

„Ja, sie haben uns bereitwillig alles erzählt.“

„Reitet ihnen sofort entgegen und bittet, dass sie zuerst zu uns an den Onon, in unsere Zeltstadt kommen. Sagt, dass der Weg zu den Keraiten gefährlich ist. Die Bürtigschin werden ihnen Geleit geben."

Bortschi fragt:

„Warum gibst du diesen Befehl?"

„Wir wollen uns in das Bewusstsein der Chinesen drängen. Wichtig ist, dass unsere Namen bekannt werden. Auch will ich gegen die Tataren kämpfen, die haben meinen Vater Jessughei vergiftet."

„Die Front ist breit. An welcher Stelle werden die Tataren in China einfallen. Wo könnten wir sie abfangen.?", gibt Bortschi zu bedenken.

„Wir haben Meldereiter. Von denen werden wir erfahren, wo wir angreifen können. Wer in China raubt, bringt große Beute mit."

„Wenn du das erreichen willst, musst du dich vorher als Khan ausrufen lassen. Ein Häuptling ist weniger wert. Ich werde dich im Rat der Edlen als Khan der Kiut Bürtigschin und der verbündeten Stämme vorschlagen. Das soll sofort passieren." Temudschin wehrt den Einwand Bortschis ab.

„Ich strebe den Titel nicht an. Ich werde bei der Abstimmung nicht anwesend sein.", sagt Temudschin.

„Es ist bekannt, jeder der Edlen will Khan werden, aber aus gegenseitiger Missgunst wählen sie keinen. Ich will da nicht zwischenstehen."

Der Vorschlag Bortschis wird im Rat angenommen und Temudschin zum Khan gewählt. Im Stillen hat er das auch gehofft.

Bürte ist begeistert. Sofort bereitet sie mit Kassar und Begutei ein rauschendes Fest nach Mongolensitte. Wettkämpfe, Spiele, Fleisch und Kumys sind dabei das Wichtigste.

„Das Volk soll mitfeiern", sagt sie.

„Die Chinesen werden bald eintreffen." Als Frau des Khans ist Bürte Gastgeberin. Eine neue, große Aufgabe. Sie weiß, wie Chinesen bewirtet werden. Das ist ihr von Zuhause bekannt. Oft hat sie bei der Bewirtung mitgewirkt. In der Nähe der chinesischen Grenze, im westlichen Teil des Landes, ist die Heimat der Chungiraten. Über die Grenze hinweg wurde reger Handel betrieben. Bürte war als Kind oft in Begleitung der Händler unterwegs und hat früh die Gewohnheiten der Nachbarn kennengelernt. Als Gast saß sie mit zu Tisch, hörte den Gesprächen zu, aß von den unbekannten Speisen. In kleinen Schalen und Schüsseln wurden sie aufgetragen. Eine große Auswahl. Es waren meistens fröhliche Mahlzeiten. Aufgrund dieser Erfahrung hat sie einen Plan. Als Frau des Khans ist ihr bewusst, welche Pflichten sie hat. Es geht um vieles.

Die Begrüßung der Gäste ist verhalten freundlich. Als sich Bürte jedoch nach Chinesenart mit über der Brust verschränkten Armen, einladend lächelnd, vor dem Mandarin verbeugt und Khan Temudschin ihn mit einem Kotau begrüßt, ist das Eis schnell geschmolzen.

„Kommt in mein bescheidenes Haus, dort lässt es sich gut reden", sagt Temudschin. Beim Eintreten in die festlich geschmückte Jurte stoßen die Chinesen bewundernde Rufe über die vorbereiteten Speisen und die vornehme Einrichtung aus.

„Sind euch chinesische Sitten bekannt?" fragt lobend der Mandarin und deutet auf die vielen Leckereien in den kleinen Gefäßen.

„Bürte ist eine Chungiraten Frau", antwortet stolz Temudschin.

„Das erklärt alles", entgegnet höflich der Gesandte. Bürte errötet. Harmonisch verläuft das Festmahl. Der Mandarin schildert, mit welchem Auftrag er zu den Mongolen aufgebrochen ist.

„Es sind wieder mal die Tataren, die in unser Land einfallen, sie zu vertreiben, brauchen wir Hilfe." Er endet mit den Worten:

„Der ehrwürdige Kaiser Tsching- Thing aus der prächtigen Hauptstadt schickt mich mit der vorgetragenen Bitte."

Khan Temudschin begleitet die Chinesen zu den Keraiten. Vorher hat er Bortschi mit einigen Kriegern und folgender Botschaft zu Khan Toghrul gesandt:

„Mein geliebter Blutsvater. Ich komme in einer besonderen Mission zu dir. In meiner Begleitung befindet sich eine Abordnung des chinesischen Kaisers mit einer Nachricht für dich."

Der Empfang ist wie immer herzlich, vor allem auch wegen der chinesischen Gäste. Der alte Khan, der kaum große Kämpfe in seinem Leben geführt hat, ist von der Bitte des Kaisers begeistert. Gurrend und sabbernd, seinem Greisenalter entsprechend, sagt er mit vor Gier glänzenden Augen:

„Gerne bin ich zur Hilfe für den mächtigen Herrscher bereit. Zusammen mit meinem Blutssohn Khan Temudschin sind wir eine gewaltige Macht." In Gedanken aber sieht er bereits die Beute, die ihm durch den Angriff seiner Krieger gegen die Tataren zustehen wird.

Der Kampf endet für die Verbündeten siegreich. Unerwartet hoch ist der Erfolg an Gold, Silber und Seide. Im Kampf sind die Tataren vernichtend geschlagen worden. Obgleich die Chinesen die Hilfe der Nomaden brauchen, reden sie abfällig über sie, und nennen sie Barbaren. Die Krieger des Khan Toghrul haben wiederholt für den Kaiser erfolgreich gekämpft. Er ist bereits im goldenen Buch genannt. Temudschin nicht. Aber durch den Sieg über die Tataren und dem lobenden Bericht des Mandarin wird nun sein Name erwähnt. Zur Belohnung ernennt der Kaiser Toghrul zum Wang-Khan, das heißt „Fürst-Khan“ und Temudschin zum Tschao-Churi, „Zum Bevollmächtigten gegen die Rebellen an der Grenze zu China“.

Bevor die Bürtigschin an den Onon zurückkehren, bittet Toghrul Temudschin um Hilfe.

„Mein Sohn, die Völker im Westen bei den Gebirgen werden immer dreister. Sie fallen in mein Land ein und rauben alles, was sie kriegen können. Kannst du mir mit deinem Heer helfen?“ Temudschin erkennt seinen Vorteil. Mit jedem Kampf und Sieg werden angst und Schrecken bei den Mongolen größer im Land. Grausiger Ruhm ist mit seinem Namen verbunden. Er ist auch bei den Kämpfen im Westen erfolgreich. Die Feinde Toghruls wurden zu seinen Feinden. Als Sieger und mit viel Blut an den Händen kehrt er an den Onon zurück. In der großen Welt, von West bis Ost, wird eine neue Zeit gezählt.

Dschingis-Khan

Kapitel zehn

Temudschin ist müde. Ziellos reitet er mit vielen Gedanken im Kopf umher. Vom Hügel sieht er auf die gewaltige Zeltstadt. Der Anblick erfüllt ihn mit Stolz.

„Es ist lange her, als wir nur wenige waren", denkt er. „Damals war ich mit Mutter Wolke alleine. Heute umgeben mich Bürte meine Söhne Dschutschi, Tschatugai, Ugedeih und Tuli sowie die treuen Gefolgsleute. Welch eine Veränderung."

Dass er damals, sofort bei der Ankunft in seiner Heimat, im Zorn seien Halbbruder Bektar erschlagen hat, verdrängt er. Beim Durchreiten der Gassen in der Zeltstadt bemerkt er nicht die Grüße und das Winken der Untertanen. Seine Augen blicken starr in eine Ferne, die nur er kennt. Auch wo er sich gerade zwischen den Zelten befindet, ist ihm nicht klar. Irritiert sieht er sich um. Etwas schreckt ihn aus der Versunkenheit seiner Gedanken auf. Mit einem Seitenblick sieht er eine Person vor einer Jurte stehen. Er wird interessiert angesehen. Alles passiert in einem Augenblick. Über den Anblick erstaunt tritt er seinem Pferd in die Flanken, das sich mit einem Satz von der Jurte entfernt. In wilder Jagd hetzt er hinaus in die Steppe. Langsam beruhigt er sich und lässt sich ins dürre Gras fallen. „Ich muss mit Bortschi sprechen. Ich möchte wetten, dass vorher an dieser Stelle keine Jurte gestanden hat." Bortschi fragt nicht viel. Doch dann will er es genauer wissen.

„Was ist es gewesen, dass dich so aus dem Gleichgewicht gebracht hat?"

„Geh und sieh selbst. Eine fremde Frau ist es gewesen."

Ein vielsagender Blick trifft den Khan.

„Ich weiß von ihr. Sie ist eine Merkitin mit mongolischen Wurzeln.", antwortet Bortschi. Er kann es sich nicht verkneifen, hinzuzufügen:

„Vielleicht ist sie eine Belohnung für dich." Schnell entfernt sich Bortschi, er kennt Temudschins Jähzorn.

„Den Rest muss er selbst erledigen. Immer diese Weibergeschichten."

„Das habe ich gehört" schreit wütend Temudschin zurück in Erinnerung an die Merkiten, die Bürte geraubt haben!" Der Gedanke ist aber für ihn schmerzfrei.

Er geht zu Bürte. Er will alles verdrängen; das viele Blut an seinen Händen, und auch das soeben Gehörte. Sie stellt sein Gleichgewicht wieder her und tröstet ihn. Ihr Einfluss als Frau und auch als Mutter seiner Söhne ist gewaltig. Über die Merkiten redet er nicht. Am nächsten Morgen verlässt er gestärkt ihre Jurte, aber die Unruhe hat Bürte ihm nicht ganz nehmen können.

„Sie ist für mich da, wenn ich sie brauche"; denkt er, aber das Feuer von früher ist erloschen." An die besondere Zeit bei den Chungiraten erinnert er sich schmerzlich.

„Habe ich sie überhaupt noch lieb? In den Aulen meiner Zeltstadt leben viele schöne Sklavinnen. Sie sind der Ersatz. Die füllen die Lücke, geben mir aber nicht die Liebe zurück. Die meiste Zeit bin ich mit Kämpfen gegen meine Feinde beschäftigt", sinniert er.

Nach einigen Tagen reitet er zur neuen Jurte. Er will selbst sehen, vor was er so panisch geflüchtet ist. Die fremde Frau sitzt vor der Jurte und räkelt sich in der Sonne. Heute ist es kein kurzer Blick und ein Schock. Der Anblick erregt ihn. Mit ihrem blonden Haar ist sie schön. Blaue Augen, tief wie ein Gebirgssee, schauen ihn an. Die Kleidung ist nach Mongolenart. Ein Tuch aus grauem Leinen umspannt ihre üppigen Brüste. Sie trägt einen Rock aus braunem Rehleder, der wenig verdeckt, und ein weicher Gürtel umspannt ihre Hüfte. Selbst die nackten Arme, die wie mit Seide überzogen glänzen, üben auf Termudschin einen besonderen Reiz aus.

„Ist mir jemals eine so reizende Frau begegnet", schießt es durch seinen Kopf. Er nähert sich der Fremden. Dabei starrt er unverwandt auf ihren vollen, roten Mund. Lachend sieht sie ihm entgegen. Ein eigenartiger Zauber hat beide erfasst.

„Du bist neu im Aul", begrüßt er sie und springt vom Pferd.

„Wie heißt du und von woher kommst du?" Sie wundert sich über die dreiste Fragestellung, antwortet jedoch ohne Zögern. Ich heiße Chula, bin eine Merkitin, die Tochter eines Fürsten. Mein Vater schickt mich, ein Geschenk an Khan Temudschin. Er will damit ein Zeichen setzen für seine Treue und Freundschaft."

Der Khan wundert sich über die Antwort. Er starrt die Frau an. Eine so schöne Frau begegnet einem Mann selten.

„War der Khan schon bei dir? Kennst du ihn?"

„Nein, leider nicht."

Mit einem unbeschreiblichen Blick mustert sie ihn, ehe er seinen Namen nennt: Er antwortet:

„Ich bin Khan-Temudschin". Sie lacht ihn an. Er spürt, hinter ihrem Lachen steht die Verführung. In dem siegreichen Heerführer lodert eine verzehrende Flamme. Die Begegnung ist für beide der Beginn einer anhaltenden Liebe. Sie lädt ihn zu sich ein, und als Temudschin Chula am nächsten Tag verlässt, kommt es ihm vor, als kenne er sie schon viele Jahren. Alles in ihm ist in Aufruhr. An Bürte denkt er nicht. Wird er sie jemals vergessen können? Schon jetzt spielt er mit dem Gedanken, Chula als seine zweite Frau zu heiraten, dann kann er ungestört mit ihr leben. Sie soll ihn bei seinen Feldzügen begleiten. Bürte aber bleibt als seine erste Frau bei den Kindern. Einen ruhigen Alltag gibt es für ihn nicht. Und nun ist auch noch Chula in sein Leben getreten. Seine Berater ermahnen ihn wiederholt und erinnern an Bürte.

Die Besprechung wird von Sorgan unterbrochen. Mit steiler Stirnfalte stürmt er ins Zelt.

„Draußen ist ein Bote. Er kommt von Dai-Setschen, dem Khan der Chungiraten", keucht er. Seine Nachricht ist wichtig. Der Reiter steht draußen!"

„Schick ihn rein."

Schweißnass und erschöpft von dem weiten Ritt steht er vor dem Rat:

„Rede!" befiehlt der Khan. „Dir und deiner Familie schickt Dai-Setschen gute Wünsche und Grüße", beginnt der Bote.

„Er macht sich jedoch gewaltige Sorgen. Ich soll dir folgendes berichten: Es gibt ernste Anzeichen, dass einige Stämme, die dir Treue geschworen haben, sich zusammen mit anderen Stämmen gegen dich erheben werden. Besonders tut sich Dschamug, Häuptling der Dschurjaten, hervor. Der reitet von Stamm zu Stamm und sammelt Verbündete. Dschamug, der in deinem Rat der Edlen sitzt und ein Verwandter der Bürtigschin ist, wird zum Verräter. Er war schon bei den Seldschuten, Tataren, Merkiten, Barguten, Tai-Tschuten und auch bei uns, den Chungiraten. Dschamug, der Dschurjate, hat sich von seinen neuen Verbündeten zum Gur-Khan, zum Khan aller Mongolenvölker, wählen lassen. Sei wachsam", schließt Dai-Setschen seine Nachricht an dich, Temudschin. Der Bote wankt vor Erschöpfung. Schnell wird er von Bortschi nach draußen geführt.

„Ruh dich aus“, sagt Bortschi.

„Belgutei, bewirte den Boten fürstlich“! befiehlt der Khan.

Im Zelt herrscht Totenstille. Der Kopf Temudschins ist rot vor Zorn. Keiner spricht. Endlich, nach langem Schweigen, sagt er gefährlich leise, fast flüsternd:

„Die werden alle sterben. Einen grausamen Tod sterben“. An diesem Abend tagt die Versammlung mit den engsten Beratern noch eine lange Zeit. Sein Erleben damals, als Temudschin noch ein Knabe war und allein mit Mutter Wolke vor dem Scherbenhaufen der Kiut-Bürtigschin stand, hat er nicht vergessen. Oelon-Eke sagte ihm die letzten Worte seines verstorbenen Vaters Jessughei. Die sind unvergesslich in sein Gedächtnis geprägt. Lebendig stehen sie noch in seiner Erinnerung. Er hat ihm dringend geraten: „Verliere nie den Mut. Räume deine Feinde brutal aus dem Weg. Der Menke-Kökö-Tenir wird dir zur Prüfung bittere Tage schicken. Glaube immer an dich. Nur wenn du zäh und verbissen dein Ziel verfolgst, wirst du alles erreichen. Der Himmel wird dir nichts schenken. Nimm alle Kraft zusammen und schlag zu. Sei hart. Ab jetzt wird es deine Lebensaufgabe sein, deine Feinde zu besiegen. Wenn du sie nicht frisst, werden sie dich fressen!“ Es eilt. Sofort wird ein Plan festgelegt.

„Unsere beste Waffe sind die Meldereiter“, beginnt der Kahn.

„Kassar und Belgutei, ihr habt eure Arbeit gut gemacht, ward bei der Bewirtung und den Geschenken großzügig. Die Boten sind gesprächig. Wir wissen immer, was draußen geschieht. Aber die Meldungen an uns waren spärlich. Die Verräter konnten sich in den Rat der Edlen einschleichen. Sie haben unser Vertrauen untergraben. Dschamug, der verfluchte Dschurjate, ist der elende Verräter. Er hat noch weitere in seinen Bann gezogen. Sie schwören Treue und brechen den Eid. Jetzt ist es eure Aufgabe, die Boten noch mehr zu bestechen. Bewirtet sie fürstlich und länger. Knausert nicht. Seid freigiebiger mit Geschenken. Fragt noch geschickter als sonst. Ein breites Netz von Meldereitern soll in jeden Winkel dringen, es darf nichts Wichtiges an uns vorbeiziehen. Wir müssen wissen, wie viele Krieger sie sind und wo sie sich sammeln. Dann schlagen wir als erstes zu.“ Zu den anderen gewandt sagt der Khan:

„Beobachtet besonders im Rat unsere adeligen Verwandten. Die haben sich mir nicht aus Liebe angeschlossen, sondern wegen der Vorteile. Nun rebellieren sie."

Wiederholt hat Temudschin den Vorteil seiner Meldereiter erlebt. Er hatte Nutzen davon. Reges Kommen und Gehen entsteht. In kurzen Abständen treffen Boten ein. Sie erzählen von Truppenbewegungen.

Die Krieger der abtrünnigen Stämme, deren Häuptlinge noch im Rat sitzen, ziehen mit Proviant und Ersatztieren zu den Flüssen Tula und Orlon, den Weidegründen der Keraiten. Über diese Nachricht ist Temudschin entsetzt. Hat sich etwa sein Blutsvater Toghrul dem Verräter Dschamug angeschlossen, um gegen seinen Blutssohn Krieg führen? Die Kämpfer sammeln sich mit Billigung der Keratinen auf deren Schlachtfelder. Ihre Krieger werden gewiss an den Kämpfen beteiligt sein.

„Ich kann das kaum glauben", äußert sich Temudschin zu Bortschi.

„Das ist doch unmöglich. Habe ich mich sosehr in ihm getäuscht" Die letzten Begegnungen mit Wang-Khan lässt er in Gedanken an sich vorbeiziehen. Dabei erinnert er sich auch an den bei der Besprechung anwesenden leiblichen Sohn Sengun. Der war jedes Mal dabei.

„Damals fiel mir sein vielsagender Blick auf, den ich aber nicht beachtet habe. Seine Bedeutung verstand ich nicht. Meiner heutigen Einschätzung nach ist er hinterlistig gewesen. Sollte der sich etwa mit Dschamug verbündet haben?"

Einige Tage später erfährt Temudschin, dass ein großes Heer aus vielen Mongolenstämmen an den Flüssen Tula und Orlon zusammengezogen wurde. Bei den Keraiten besteht ein Heerlager.

„Ist das eine Falle?", fragt Temudschin seine Berater. Der besondere Auftrag an seine Späher lautet: findet das heraus. Die Nachrichten, die Temudschin erhält, lauten: „Die Feinde setzen sich gegen uns in Bewegung, wir sollen überfallen werden." Einer solchen Übermacht wird er nicht standhalten können. Sofort ändert er seinen Plan. Er muss mit seiner kleineren Schar fliehen und das Lager räumen. Die Bürtschigin brechen ihre Jurten und Zelte ab, verladen Hab und Gut auf Esel und Kamele und fliehen nach Osten. Was vom Lager zurückbleiben muss, wird angezündet.

Dschamug und die Keraiten bemerken in der Nacht den hellen Schein der brennenden Zeltstadt. Mit Zorngeschrei zerstören sie die unversehrten Behausungen und rauben, was noch möglich ist. Das ist kein Sieg. Toghrul befiehlt die Verfolgung.

Temudschin kennt den Weg der Flucht seit seiner Kindheit. An einem bewaldeten Berg, der an beiden Seiten von schmalen Tälern flankiert ist, bezieht er Stellung. Frauen, Kinder und das Vieh flüchten weiter nach Osten. Das Heer igelt sich ein.

Am Abend erreichen die Keraiten den Berg. Dschamug kennt die Gegend. In seiner Jugend ist er oft mit seinem Freund Temudschin hier gewesen. Dschamug ahnt, dass sich der damalige Freund hier verschanzt hat; heute als erbitterter Feind. Temudschins wartet den neuen Tag nicht ab. Noch bevor es dämmert, stoßen sie ins Horn und greifen mit Getöse die Keraiten an. Die Überraschung hilft ihnen. Die Feinde weichen zurück. Aber die Schlacht zieht sich mit wechselnden Vorteilen zäh über den gesamten Tag. Temudschin weiß, gegen die Übermacht kann er auf Dauer nicht bestehen. Er ist am Abend froh, den Tag überstanden zu haben. Erschöpft fallen die Krieger in das dürre Gras und sind nach kurzer Zeit tief eingeschlafen. Er entscheidet, noch in der Nacht zu fliehen. Der Aufbruch erfolgt geräuschlos durch ein seitliches Tal. Morgens bemerkt Toghrul die Flucht und ordnet sofort die Verfolgung an. Er ist durch Dschamug so vergiftet, dass er nur noch den Tod Temudschins will. Seine Verfolgung ist ergebnislos. Temudschin ist im Vorteil. Er kennt die geheimen Wege. Temudschin sammelt den Rest seiner Krieger, die zerschunden und todmüde auf den Pferderücken hängen.

Zu Bortschi sagt er:

„Wir sind verloren. So können wir nicht weiterkämpfen.“

„Nein“, bestätigt der.

„Die Arme sind zu müde, um die Lanze zu werfen. Obgleich unsere Krieger die besondere Kampftaktik kennen, geht das nicht.“ Lange ist es still zwischen den beiden. Endlich sagt der Khan:

„Vor einigen Wochen kam doch ein Bote des Wang-Khan Toghrul zu mir mit der Bitte, mit mir zu reden. Die habe ich ausgeschlagen. Was mag er von mir gewollt haben?“

Dann erinnert er sich an eine alte Vereinbarung;

„Man will zusammen reden, falls sich ein Problem ergibt. Ob er das gemeint hat?“

„Du solltest jetzt einen Boten zu ihm schicken mit der Bitte um ein Gespräch. Vielleicht werden wir verschont“, sagt Bortschi.

Temudschin schreitet durch die Reihen seiner Krieger. Alles verdreckte Gestalten mit zerrissenen Kleidern sieht er. Hohlwangig blicken sie mit leblos wirkenden Augen vor sich hin. Termudschin sucht zwei heraus, die besonders elend aussehen.

„Steht auf und reitet so wie ihr seid sofort in das Lager der Keraiten und berichtet, was ich euch jetzt sage. Je schlimmer ihr ausseht, desto besser ist das für uns.“ Nun gibt er ihnen die Anweisung. Schwankend vor Schwäche entfernen sie sich.

„Um Himmelswillen! Ihr seht aus wie Leichen! Wo kommt ihr her und wer schickt euch?“ Mit diesen Worten werden sie im Lager der Feinde empfangen. Sofort zu Toghrul geführt, vermutet der richtig und fragt:

„Schickt euch Temudschin?“

„Ja, er bittet den Kampf einzustellen.“

„Was hat er noch gesagt?“

„Nichts. Er kann nicht mehr sprechen. Zuletzt sahen wir ihn, wie er bis zur Hüfte im Moor stand und mit den Armen gerudert hat.“ Sie zeigten mit wilden Armbewegungen, wie er dort gestanden hat. Danach haben wir ihn nicht mehr gesehen. Wir sind nur noch wenige und verhungern. Wir haben keine Vorräte mehr.“

„Esst euch zuerst satt und ruht. Wir sorgen für euch.“ Toghrul gibt Anweisung, Nahrung auf Kamele zu laden, die sie nach der Pause mitnehmen sollen. Zu seinen Kriegern sagt er siegessicher: „Der Bürtschigin ist tot, lasst uns feiern.“ Voll Hass hat er diese Worte gesagt. Ein wildes Gelage beginnt. Der Kumys fließt in Strömen. Im Lager der Bürtigschin aber beginnt reges Treiben. Temudschin erinnert sich an Jagdausflüge in seiner Jugendzeit mit Dschamug. Er weiß noch, dass sich hinter dem Moor einige Aule kleiner Stämme befinden. Die Menschen leben dort zurückgezogen mit ihren Familien und Herden und sind kaum an Streitigkeiten mit den Nachbarn beteiligt. Temudschin sammelt die Reste seiner Krieger und reitet, so abgerissen, verdreckt und müde sie noch sind, weiter zu diesen Dörfern. Keiner redet ein Wort. Beim Anblick dieser Geisterreiter erstarren die Menschen im ersten Dorf und verschwinden fluchtartig in ihren Zelten.

Der Weg zwischen den Zelten ist kurz. Am Ende wendet die Horde und reitet langsam zurück. Einige Männer treten vor ihre Jurten. Einer fragt, was sie wollen. Ein anderer sagt: „Bist du nicht Khan-Temudschin?"

„Ja!", antwortet er. Ein Gespräch beginnt. Immer mehr Männer kommen dazu, so dass Temudschin sein Anliegen vorbringen kann.

„Wir kämpfen gegen die Keraiten. Wollt ihr mir helfen? Als Lohn gibt es große Beute."

„Große Beute machen" ist für die Nomadenvölker ein Reizwort. Kämpfen für Lohn ist nicht üblich. Augenblicklich holen sie ihre Pferde und Waffen, stimmen begeistert zu und schließen sich den Bürtschigin an. Temudschin reitet zum nächsten Aul. Dort ergibt sich das Gleiche. Und wieder kann der Khan seine Mannschaft vergrößern. So geht es weiter, bis er bei allen Stämmen hinter den Sümpfen gewesen ist. Gestärkt und voll Zuversicht kehrt er zum Lager zurück. Die Boten mit dem Proviant sind ebenfalls eingetroffen. Sie berichten belustigt vom Erfolg ihrer Mission und dass große Freude über den angeblichen Tod Temudschins herrscht.

„Sofort nach unserer Schilderung hat Toghrul zu einem großen Fest gerufen", berichten die Boten.

„Noch bevor wir hierher aufgebrochen sind, torkelten sie schon vor ihren Zelten herum vor lauter Kumys.

„Was hast du dem Wang-Khan getan, dass er dich so sehr hasst?" Auf diese Frage antwortet Temudschin nicht. Er ruft seine Vertrauten zusammen, um mit ihnen das weitere Vorgehen zu besprechen. Wenn er den vernichtenden Schlag gegen die Keraiten führen will, muss es sofort sein. Günstig ist ihre Feierlaune.

„Wir werden umgehend aufbrechen. Die Feinde erwarten uns nicht. So können wir in der Morgendämmerung angreifen und sie vernichtend schlagen. Obgleich die Krieger die Müdigkeit noch nicht überwunden haben, jubeln sie. Durch die Niederlage gedemütigt, drängen sie auf Vergeltung. Die neuen Kämpfer hoffen auf große Beute. Temudschin, ortskundig, führt seine Truppe auf geheimen Wegen bis an das Lager der Keraiten. Die Lagerfeuer leuchten ihnen hell entgegen. Lauter Jubel schallt über die Steppe.

„Die feiern meinen Tod. Das ist zum Lachen. Ich lebe. Das bekommen die bald schmerzhaft zu spüren“, giftet Temudschin leise vor sich hin. Zu seinen Soldaten sagt er:

„Wir reiten wie im Sturm zwischen die Zelte und zerschlagen alles was lebt. Niemand wird geschont. Manche werden fliehen wollen. Jagt sie, dass keiner entkommt. Das Signal zum Kampf ertönt vor Sonnenaufgang.“ Brutal schlagen die Bürtigschin auf die Feinde ein. Reiter dringen mit Gewalt zwischen die Jurten, schlagen alles nieder, was im Weg steht. Lanzen und Pfeile schwirren gegen die Angreifer. Das Schlachtfeld ist mit Toten übersät und der gelbe Sand der Gobi färbt sich rot. Abends ist der Kampf entschieden. Die Bürtigschin sind Sieger, weil ihr Siegeswille nicht zu überbieten war. Die Gefangenen versammelt Temudschin auf einem freien Platz und schickt deren Frauen und Kinder zu den Zelten ins Lager, wo sich der andere Teil der Bürtschigin befindet. Sie werden Sklaven sein. Wang-Khan und Dschamug ist mit einigen Kriegern die Flucht gelungen. Die anderen Gefangenen warten auf ihre Hinrichtung. Temudschin reitet an ihnen vorbei und betrachtet schweigend jeden Einzelnen.

Ganz gegen seine Gewohnheit sagt er:

„Männer, ihr seid tapfere Krieger und ich achte euren Mut. Es ist bei mir nicht üblich, Menschen gefangen zu nehmen. Es sind meine Feinde. Und sie haben immer den Tod verdient, weil sie mich vernichten wollten. Ich werde euch verschonen, wenn ihr zukünftig in meinem Heer gegen meine Feinde kämpfen wollt. Dieses Angebot mache ich nur einmal. Entscheidet euch. Wer meinen Vorschlag annimmt, sagt später zu meinen Vertrauten:

„Ja, ich schwöre dir dauernde Treue und Gehorsam. Damit werdet ihr zu meinen Kriegern gehören und seid keine Gefangenen, und ihr werdet jetzt nicht sterben. Die den Schwur nicht machen wollen, treten zur Seite. Bortschi und Dschelme, ihr fragt die Männer.“ Bortschi spricht den Ersten an. Der antwortet mit dem Schwur. Jeder wird von Bortschi oder Dschelme gefragt. Keiner weigert sich. So werden der Truppe Temudschins weitere Kämpfer zugefügt. Dieser Khan bleibt den Nomaden in der Gobi ein Rätsel. Bisher hat Bürtschigin die Gefangenen hinrichten lassen, und nun verschont er sie. Einmal ist er der Grausame und ein andermal der Wohltäter. Seine Person erscheint in vielen Lichtern. Dschamug, der Gur-Khan, „der Khan aller Völker“ ist besiegt, konnte aber fliehen. Er wird bis zu seinem

Tod der Hauptfeind Temudschins bleiben. Viele Khane und ihre Stämme, die sich mit ihnen vereinigt haben, atmen erleichtert auf. Sie ahnen jedoch nicht, dass es das Ziel des Bürtschigin ist, alle Mongolen zu unterwerfen, um sie dadurch zu einem Volk zu vereinen. Um dieses Ziel zu erreichen, wird noch viel Blut fließen. Durch immer neue Grausamkeiten schwillt der Fluss weiter zu einem Blutstrom an. Temudschin ist die Quelle. Dschamug, sein größter Feind, wird später gefangen und sein gesamter Clan getötet. Temudschin bietet ihm an, wieder zur alten Freundschaft zurückzukehren. Der lehnt das Angebot ab. Stattdessen bittet er um eine standesgemäße Hinrichtung, die ihm auch gewährt wird. Die Kiut-Bürtigschin sind von den Erfolgen ihres Khans begeistert. Im Rat der Edlen wird der Vorschlag gemacht, dass Temudschin einen großen Titel verdient hat. Ein größerer Name als Khan muss her. Daraufhin beruft Temudschin am heiligen Berg Burkan-Kaldum, der Quelle des Onon, seinem Geburtsort, einen Reichstag ein. Dort lässt er sich von Schamanen und den Stammesfürsten zum Dschingis Khan, zum ersten Groß Khan aller Mongolen wählen. Das verleiht ihm große Stärke, die er nutzt, um die untereinander zersplitterten Stämme zu einem Volk zusammenzuführen. Schon unter dem alten Namen Temudschin hat sich die Kriegsführung als große Macht entwickelt. Diesen Einfluss nutzt Dschingis-Khan für die Festigung seiner Regierung. Mit dem Militär im Rücken ist er der absolute Herrscher.

Das Weidegebiet der Nomaden ist Gemeineigentum. Besitzrechte an Grund und Boden sind bei den Mongolen unbekannt. Die Clans und Stämme sind in dieser Zeit untereinander noch stark mit Kämpfen um Wasser, Weiden und Vorherrschaft verwickelt. Dschingis-Khan machte es sich zur Aufgabe, durch Überfälle die Gruppen zur Einigung zu zwingen. Bis jetzt gilt das Gesetzt des Stärkeren, jeder nimmt sich, was er will. Das war bisher das Gesetz der Steppe. Das ändert Dschingis-Khan. Er weiß, dass ein solches Ziel nur mit starken Verbündeten und mit Gewalt zu erreichen ist. Im Kampf gegen die vereinten Stämme um Dschamug kämpfte er auch gegen die Keraiten unter Khan Toghrul, der sich mit Dschamug gegen ihn verbündet hatte. Nun sind beide vernichtend besiegt. So zerstörte sich seine Wahlverwandtschaft. Mit diesem Sieg einte er die meisten Mongolen. Als Hoheitszeichen wurde eine dreizackige, weiße Standarte gestiftet.

Jed Spitze hat eine andere Symbolbedeutung; Mond, Sonne und Flamme. Der Mond steht für die Vergangenheit, die Sonne für die Gegenwart und die Flamme für die Erfolge und Stärke des Mongolenreiches in der Zukunft. Dschingis-Khan ist nun uneingeschränkter Herrscher und alleiniger Gesetzgeber. Die Krieger sind an den Onon zurückgekehrt und bauen die zerstörte Zeltstadt neu auf. Nach getaner Arbeit und den Mühen des Kampfes gegen die Keraiten ruht Dschingis-Khan mit seinen engen Beratern in seiner Jurte. Soeben brachten Bote die Nachricht, dass Frauen, Kinder und das Vieh sich auf dem Weg zum Burkan-Kaldum befinden. Bürte und Chula sind bei ihnen. Dschingis-Khan will alleine sein und schickt seine Getreuen weg. Alleine mit seinen Gedanken.

„Ob sie sich schon gegenseitig bekannt gemacht haben?" Er ist unsicher. Vielleicht steht ihm diese Aufgabe noch bevor. Bürte ist die Mutter seiner Kinder und sie liebt ihren Mann. Da ist er sich sicher. Aber Chula liebt ihn auch. Das wird Probleme geben, vermutet er.

Alte und neue Gesetze soll sein Sohn Ugedeih in ein Grundgesetz fassen und aufschreiben. Obgleich Dschingis-Khan Analphabet ist, lässt er für die Gesetze eine aus der uighurischen Sprache abgeleitete neue mongolische Sprache entwickeln.

Er gründet zusammen mit ausländischen Beamten eine Zivilverwaltung. Mit ihrer Hilfe soll das größer werdende Mongolenreich verwalte werden. Auch führt er die Wehrpflicht für alle Männer ein. Die Armee ist streng diszipliniert und dadurch eine gewaltige Macht. Aus den Reihen seiner treuen Gefolgsleute bestimmt er für jede Tausendschaft einen Heerführer. Treue und Gehorsam sind besonders wichtig. Diese Eigenschaften belohnt er. Dadurch löst er die Macht des Adels auf.

Die Edlen pochen zu sehr auf ihre Abstammung und nicht auf Leistung. Er traut ihnen die absolute Treue nicht zu. Auch nicht, dass sie bis an die Grenze ihrer Kraft Verantwortung übernehmen.

Die Änderungen in der Staatsführung und die Gesetze finden bei den verbündeten Stämmen wenig Zustimmung, und so kommt es oft zu Aufständen, die Dschingis-Khan aber sofort blutig niederschlägt. Mit der Zeit werden die Widerstände geringer. Was in den vergangenen Jahrhunderten unmöglich war, hat Dschingis-Khan erreicht: die Mongolen sind geeint und die vielen Stammeskämpfe hören auf. Bei den Eroberungszügen gegen seine Feinde verschont er Handwerker, Architekten und Wissenschaftler. Die braucht er zum Aufbau seines Reiches, auch für die neu eingeführte Schrift und Sprache. Feinde, die ihn bedrängen, gibt es fast nur noch außerhalb der Grenze des großen Mongolenreiches, selten im Inneren.

Trotz der Erfolge findet Dschingis-Khan keine Ruhe. Bortschi kommt in sein Zelt. Der Khan liegt mit geschlossenen Augen ausgestreckt auf seinem Felllager.

„Du schläfst?" fragt der Freund.

„Nein! Es geht mir nur so vieles durch den Kopf. Besonders, seit Bürte krank ist. Hoffentlich ist es nichts Schlimmes. Ich kann nicht auf sie verzichten. Sie ist ein Teil meines Lebens geworden."

„Trotz Chula?" Bortschi kann sich die Frage nicht verkneifen. Dem Khan entfährt eine giftige Bemerkung. Lenkt aber ein:

„Da kannst du nicht mitreden, du ewiger Junggeselle."

Bortschi sagt: „Der Schamane und auch der Medizinmann, haben große Bedenken."

„Nicht auch das noch", denkt entsetzt der Khan und eilt zur Jurte seiner Frau. Die liegt blass mit geschlossenen Augen auf weichen Fellen. An ihrer Seite sitzt Chula und hält die Hand der Kranken.

„Wie blass sie aussieht, als wollte sie jeden Moment sterben", denkt ihr Mann. Sofort, als der Khan eintritt, springt Chula auf und verlässt wortlos das Zelt. Seit Tagen haben Dschingis-Khan und sie kein Wort miteinander gesprochen. Der Khan beugt sich, auf den Knien hockend, zu Bürte herunter. Sie öffnet die Augen, sieht ihn mühsam verzerrt lächelnd an. „Temu", flüstert sie angestrengt seinen Kosenamen. Wortlos und verzweifelt bedeckt er ihr Gesicht mit zarten Küssen. Dabei fließen seine Tränen über ihr Gesicht. Lange sitzen sie nah beieinander, bis schließlich Dschingis-Khan zu seinen Pflichten in seine Jurte zurückkehrt.

Mit besorgten Gesichtern empfangen ihn vor der Tür die Mediziner. Sie sagen, was der Khan befürchtet:

„Großer Khan, richte dich auf das Schlimmste ein, deine Frau kann nicht mehr lange leben." Ohne Antwort lässt er sie stehen. Noch am selben Tag wird Bürte in Tüchern gewickelt aus dem Zelt getragen und sofort beigesetzt.

Der Khan sitzt auf Fellen in seinem Zelt. Bortschi ist der Einzige, der ihn stören darf. „Komm rein, was hast du?"

„Chula ist verschwunden. Sie wurde gestern, nachdem sie Bürtes Zelt verlassen hat, beim Wegreiten beobachtet. Seit ich davon weiß, habe ich sofort einen Suchtrupp organisiert. Eine Nachricht gibt es noch nicht." Was Bortschi sagt, trifft ihn wie ein Faustschlag.

„Auch das noch", denkt er verzweifelt.

„Verstärke die Suche", sagt er leise. Vor innerem Aufruhr wird er noch unnahbarer. Wer ihn grundlos anspricht, wird angebrüllt.

„Zuerst verlässt mich mein Vater Jessughei, dann meine Mutter Oelon-Eke, „Mutter Wolke". Gut, dass mir beide eine Ermahnung hinterlassen haben. Auch Sorgan ist zum Tenir aufgefahren und viele Kämpfer sind gefallen. Wann wird es mich treffen?" Seine Stimmung ist auf einem Tiefpunkt. Aber er wäre nicht der Herrscher aller Herrscher, würde er nicht auch diese Niederlage verkraften. Dschingis-Khan greift die Chinesen an, so wie vor einigen hundert Jahren die Kirgisen, die auch bis tief in das Land eingedrungen sind und erfolgreiche Eroberer waren. Zuerst bezwingt er an der Nord-Ost-Flanke die Tanguten, seit eh und je Erzfeinde der Mongolen. Danach zieht er erfolgreich gegen die reichen muslimischen Länder; Kasachstan, Usbekistan, Turkestan. Auch bei dem Feldzug gegen die Uriguren, die sich im Nordwesten Chinas hinter der Grenze festgesetzt haben, ist er Sieger.

Zunächst ist es nur ihr Rückzugsgebiet, dass ihnen die Chinesen überlassen haben. Mit der Zeit werden die Chinesen zu Feinden und unterdrücken die Uiguren. Sie werden ausgebeutet versklavt und ihre Moscheen geschlossen. Damit wird ihnen die religiöse Grundlage genommen. Dschingis-Khan besiegt die Chinesen, befreit die Uriguren, öffnet ihre Moscheen und verzichtet auf die übliche Plünderung. Im Westen ist Dschingis-Khan kein Unbekannter mehr. Nun verbreitet sich sein Ruhm als großzügiger Herrscher weiter westwärts. Für diesen Überfall musste er nördlich der Himmelsberge Steppen, Wüsten und Gebirge im Land der Kirgisen durchqueren. Damit hat er bereits einen weiten Weg in das tiefe, unbekannte westliche Land zurückgelegt. Das kommt seinen Plänen entgegen. Er entschließt sich, eine Gruppe zuverlässiger Spione unter der Führung seines

Halbbruders Belgutei weiter in diese Richtung zu schicken, um zu erkunden, welche Stämme dort leben und wer die Herrscher sind. Bisher hat es noch keinen Anlass gegeben, nach Westen vorzustoßen. Seine Unwissenheit hat ihn gehindert. Wie weit reicht der Westen? Nach einigen Monaten kehrt Belgutei mit seinen Kriegern in das Lager der Mongolen mit erstaunlichen Nachrichten zurück.

„Hattet ihr bei eurer Mission Erfolg?“, wird er ungeduldig gefragt. „Du bist gesund, wie ich sehe. Berichte!“ sagt er zu Belgutei. „Ja, es gibt viel zu erzählen“, beginnt der seine Schilderung.

„Aber alles der Reihe nach. Zunächst haben wir geheime Verbindung zu den dort lebenden Menschen gesucht. Würden wir erkannt worden sein, wäre unsere Mission gescheitert. Das Volk weiß meistens, was bei den Herrschern gesprochen und beschlossen wird. Ihr Wissen sind zwar oft nur Gerüchte, aber etwas Wahres ist immer daran, und sie berichten wie sie es hören und verstehen. Auch wohnten wir bei ihnen, aßen und schliefen in ihren Zelten. Sie nannten uns Freunde. So haben wir viel erfahren: Südlich des Aralsees im Land Chores, welches in Mangyschlak umbenannt und später Persien heißen wird.

Sein Reich erstreckt sich von der Persischen Hochebene bis zum Aralsee und vom Pamir bis zum Kaspischen Meer. Die wohlhabende Stadt Buchara mit seinem Palast liegt auch in seinem Reich. Es wird von Schah „Ala ad Din Muhammed“ regiert. Er ist Mohammedaner und Herrscher über dieses weite Land. Er ist mächtig und grausam. Aber das Volk ist unzufrieden. Seine Stärke erhielt er durch unbeugsamen Fleiß, Eroberungskriege und den Einfluss durch das Erbe seines Vaters, der ihm das große Reich vermacht hat. Er hat eine große Armee und fühlt sich unbesiegbar. Im Süden ist sein Land vom Pamir geschützt und im Osten von der sechshundert Kilometer breiten, tödlichen Hungersteppe. Er nennt sich wie Alexander der Große; „Schah der Große“, oder auch „Schatten Allahs auf Erden“. Für sein Volk ist er unerreichbar. Durch Kriege unterwarf er weitere Völker. Er besiegte die Stämme im Pamir und den Bergen Pakistans. Samarkand, ebenfalls eine reiche Stadt, ist in seiner Gewalt. In seinem Größenwahn strebt er nach der Vereinigung aller Mohammedaner mit ihm als Herrscher. Er steigert sich in die Vorstellung, dass der Kalif von Bagdad ihm den Titel Sultan zuerkennen wird. Seine Macht stört den Kalifen jedoch mächtig.

Die Päpste in Europa sind gegen die weltlichen Herrscher und ihren Einfluss empört. Das ist auch die Einstellung des Kalifen. Der starke geistliche Führer in Bagdad wird nicht zu diesem Schritt zu bewegen sein, außer er wird durch Krieg besiegt. Der Schah will den Krieg, denn der Kalif hat die Beförderung abgelehnt."

Belgutei unterbricht seinen Bericht. Dschingis-Khan hat die Schilderung interessiert verfolgt. In ihm wächst Begehrlichkeit. Das Wort „reich" hat sich in seinem Hirn festgesetzt. Er ahnt, dass in dem Land gewaltiger Reichtum nach siegreichem Kampf zu holen ist. Dazu kommt noch der Wohlstand von Buchara und Sarmakand. Dort kann er große Beute zu machen. Er denkt auch an die Macht, die er durch einen Sieg erreichen wird.

Er würde Herrscher über dieses Riesenreich. Er muss sich aber bewusstmachen, der weite Weg ist für seine Krieger im Fall eines Angriffs eine sehr große Belastung. Das schließt vorerst einen Angriff aus. Aber die Begierde bleibt. Dschingis-Khan unterbricht seine Gedanken.

„Was hast du noch zu berichten", wendet er sich an Belgutei.

„Durch die Weigerung des Kalifen, den Schah zu befördern", beginnt Belgutei erneut, „plant dieser einen Überfall auf Bagdad. So reden die Leute. Auch wird überall von dir, dem Herrscher aller Herrscher der Mongolen, gesprochen. Es ist nicht nur der strenge Winter im Gebirge, sondern auch die Angst, dass wir in sein Land einfallen, wenn er in Bagdad festsitzen sollte.

„Das ist ja interessant." Dschingis-Khan hört aufmerksam zu.

„Diesen Feind kann ich nicht besiegen", denkt er.

„Ob ich mich mit ihm verbünde?" Auch der Schah hat ähnliche Gedanken. Der stuft die Mongolen zwar als Barbaren ein, hat aber Angst vor der Macht des Khans. Der Schah stellt sich nicht mit ihm auf eine Stufe.

Dschingis-Khan fasst den Entschluss, eine Abordnung als Karawane mit Geschenken nach Osten zu schicken. Dadurch soll Handel und eine friedliche Partnerschaft entstehen. Ein Vertrag kann geschlossen werden. Dem Schah soll es Sicherheit gegen einen Angriff aus dem Osten geben. Für Dschingis-Khan würde sich der Weg nach Westen öffnen. Ein Warenaustausch kann entstehen, der beiden Seiten Vorteile bringt. Zwischenzeitlich hatte sich ein großes Mongolenheer an der chinesischen Grenze zur Befreiung der Uiguren festgesetzt und damit die kirgisischen Steppen und Wüsten schon überwunden, so dass ein Teil des Weges nach Westen für diese Krieger bereits zurückgelegt ist. Nun ergibt sich alles nach Planung. Als Antwort schickt der Schah eine Abordnung mit der Zusage friedlichen Handelns und einen Vertrag an Dschingis-Khan. Der rüstet eine weitere Karawane mit Handelsgütern und mit Geschenken für den Schah. Uigurische Händler begleiten sie. Sie sind im Handel geübt. Die Karawane wird auf den zentralen Handelsplatz der Stadt Buchara geleitet. Der Karawanenführer lässt einige seiner Begleiter bei der Karawane und in den bekannten Herbergen zurück. Sie sollen wieder mit der Bevölkerung Kontakt suchen. Mit dem Rest seiner Begleitung geht er zum Palast des Schahs. Der Empfang ist wegen der vielen Geschenken herzlich. Trotzdem warnt ihn eine innere Stimme zur Vorsicht.

„Wie groß ist das Mongolenheer?“, will der Schah wissen.

„Die Mongolen sind friedliche Leute. Lieber ziehen sie mit den Herden umher. Dein Heer ist gewiss mächtiger“, antwortet vorsichtig der Führer. Er ahnt, prahlen würde ihn das Leben kosten. „Vergleiche das Licht des hellen Tages mit einer Öllampe, dann kennst du den Unterschied. Du bist der volle Tag.“ Nach weiteren Fragen und vorsichtigen Antworten wird schließlich der Vertrag über einen friedlichen Handel geschlossen. Unsere Karawane ist noch mit dem Handel beschäftigt, als der Schah zum Kampf gegen den Kalifen aufbricht. Er glaubt nicht an einen Überfall der Mongolen.

Bevor sich die Mongolen auf den Rückweg machen wird bekannt, dass der Angriff des Schahs auf starken Widerstand stößt. Außerdem bricht früher als erwartet der Winter mit starkem Frost und ergiebigem Schneefall im Kalkgebirge in Persien ein, gerade als er die Höhen überqueren will. Er steckt fest.

Das Unheil lässt nicht auf sich warten. Einige Wochen später bringt ein Meldereiter einen verwahrlosten Mann vor Dschingis-Khan. Abgemagert, mit zerrissenen Kleidern und übermüdet steht der vor ihm.

„Wir haben ihn draußen vor dem Lager erschöpft auf dem Boden gefunden“, berichtet der Bote.

„Er ist Uigure und behauptet, dass er zu der zweiten Karawane gehört hat, die nach Westen zum Schah geschickt wurde. Er habe die Karawane als Sklave begleitet." „Berichte!", sagt Dschingis-Khan.

„Wir erfuhren folgendes:", berichtet der Sklave

„Ein Bote des Kommandanten der Grenzfestung Otrar am Syr-Darja bringt die Nachricht an die Front zum Schah, dass sich bei der Karawane der Mongolen Spione aufhalten. „Wir haben sie gefangen", berichtete der Bote dem Schah. Der brüllt:

„Sage dem Kommandanten, er soll alle, die ganze Mannschaft der Karawane, töten! Wir haben einen Vertrag geschlossen. Ich habe geahnt, dass die Mongolen hinterhältig und eine feige Bande sind." Der Schah bricht den aussichtlosen Kampf gegen den Kalifen ab und kommt im Eilmarsch zurück, um die eigene Grenze zu schützen. Der Kommandant der Festung wird zum Schah gerufen und berichtet, dass er alle Mitglieder der Karawane geköpft und die Waren beschlagnahmt hat. Der Schah ist zufrieden, kann sich eines unangenehmen Gefühls aber nicht erwehren.

„Hoffentlich geht das gut. Die Mongolen werden Rache nehmen", denkt er. So kommt er von einem in das nächste Schicksal.

„Stimmt das?", fragt der Khan.

„Ja, ich bin der Einzige der dem wütenden Massaker entkommen konnte. Alle anderen wurden geköpft. Weil angeblich mongolische Spione bei der Karawane waren, mussten alle sterben."

„Sprichst du die Wahrheit? fragt Dschingis-Khan.

„Ja, bei meinem Leben. Ich konnte nur fliehen, weil es dunkel war. Weiter weiß ich nichts." Besonnen sagte der Khan:

„Kleidet ihn, gebt ihm Essen, er soll sich ausruhen." Nach diesen Worten ist seine Beherrschung am Ende. Ein heftiges Gewitter macht sich Luft. Entsetzt starrt der Kahn vor sich hin. Dann schreit er dem Sklaven hinterher:

„Hast du die Wahrheit gesagt? Habe ich richtig gehört?"

Bortschi legt beruhigend seinen Arm auf die Schulter des Freundes:

„Ja, du hast richtig gehört!"

„Haben der Schah und ich uns nicht das Wort gegeben?"

„Bleib ruhig, Temudschin. Lass uns überlegen, was zu tun ist“, sagt er und spricht den Freund mit dem vertrauten Vornamen an. Vorschläge werden einer nach dem andern verworfen. Mit einer energischen Handbewegung gebietet Dschingis-Khan Ruhe.

„Ich werde einen Gesandten zum Schah schicken und die Auslieferung des Kommandanten verlangen, damit ich ihn bestrafen kann.“ Als der Botschafter dem Schah die Forderung des Khans vorträgt, bricht der in hämisches Lachen aus, schmäht den Mongolenkhan und brüllt gekränkt:

„Wie kann sich der räudige Hund, dieser Barbar, erdreisten, vom Herrscher des Islam, dem Schatten Allahs, etwas zu fordern. Köpft den Boten. Den Rest der Gesandtschaft jagt aus der Stadt. Vorher sengt ihnen die Haare von ihren Köpfen.“ Als Dschingis-Khan das erfährt, schreit er seine Wut laut heraus:

„Ich schwöre in dieser Stunde, dass ich meinen Gesandten rächen werde!“ Er erteilt Befehle: Die Boten sollen in alle Richtungen reiten. Jeder Mongole vom sechzehnten bis zum siebzigsten Lebensjahr wird zu den Waffen gerufen. Das gilt für jeden Stamm. Ruft auch die chinesischen Artilleristen zu den Waffen und alle Verbündete. In Bereitschaft versetzt, werden die Truppen am Irtysch zusammentreffen. Der Weg durch Wüsten, Steppen, Wälder und Salzgebiete liegt vor ihnen. Zweihundertfünfzigtausend Krieger stehen bereit. Außerdem eine Million Pferde.

Nach drei Monaten wälzt sich eine riesige Einheit, gefolgt von massigen Herden für die Verpflegung, durch die Dschungarische Pforte nach Westen. Vor ihnen liegt ein Weg von fast viertausend Kilometer. Unterwegs stoßen die mongolischen Krieger aus dem Land der Uiguren dazu. Alle erhalten die bestmögliche Ausrüstung für diesen Feldzug: Pferde als Reserve, Pfeile, Lanzen, Haken, Säbel, Keulen und Äxte. Die Artilleristen führen gewaltige Wurfmaschinen, auf starken Yaks und Kamele geladen, mit sich. Alles läuft planmäßig. Dschingis-Khan hat eine Abteilung Pioniere unter dem Befehl Kassars vorausgeschickt. Sie sollen über Bäche und Flüsse Brücken, Furten und Übergänge bauen. So gibt es keinen Aufenthalt. Dschingis-Khan wartet auf eine Nachricht von Dschelme. Der ist mit Dschutschi und dreißigtausend Kriegern im Pamir unterwegs, um mit Hilfe der Bergbewohner einen Weg nach Nordosten in das Fergana-Tal zu finden. Von dort will er in das Land des Schahs „Ala ad Din Muhamed“ vordringen. Dann kann der Gegner von zwei Seiten angegriffen werden. Die Mongolen sollen sich später zum Hauptangriff mit dem Heer vereinen. Von Dschelme erfährt er, dass seine Mission große Schwierigkeiten verursacht. Auf der Suche nach Übergängen und Pässen zwischen den bis siebentausend Meter hohen Gipfeln behindert die Schneeschmelze. Allmählich füllen sich die Bäche. Sie sind nur mit großen Mühen und vielen Verlusten passierbar. Auf steilen Geröllfeldern rutschen die mit Proviant, Tierfutter, Zelten und Waffen beladenen Pferde und Tragtiere. Sie bleiben stecken und verletzen sich. Ihre Beine werden deshalb mit Filzmatten umwickelt, und über die Köpfe der Tiere werden Tücher gelegt. Dadurch werden Ausfälle vermieden. In den Nächten sinkt die Temperatur weit unter null Grad. Täglich schneit es. Dauernd durchnässt, sterben viele Soldaten. Dschelme treibt zur Eile. Das gelingt nicht immer, weil die Bergführer unsicher sind. Sie sind seit Längerem nicht mehr diese Wege gegangen. Auch ändert sich die Umgebung. Ein Führer behauptet, den Weg ins Fergana Tal zu kennen. Er ist ihn früher oft mit seinem Vater gegangen. Das macht Hoffnung. Die Nachrichten, die er schickt, sind für den Khan nicht ermutigend. Unaufhaltsam streben seine Mongolenkrieger nach Westen dem Fluss Irtysch zu. Spione des Schahs unterrichten ihn vom Aufmarsch der Feinde. Dem Schatten Allahs wird allmählich der Boden unter den Füßen heiß. Die Stärke und Ausdauer der Mongolen hat er nicht erwartet. Die unüberwindbaren Hänge des Pamir, vom Dach der Welt herunter, und die Kysyl-Kum-Wüste im Westen gaben ihm bis jetzt Sicherheit. Er glaubt, dass beide Hindernisse nicht zu überwinden seien. So bedeuten die Mongolen keine Gefahr für ihn. Trotzdem, über den Pamir ins Fergana Tal gibt es Pässe. Und wenn sie mich von dort angreifen? Diese Erkenntnis schafft erneut Unsicherheit und so verlegt er seine Truppen von Buchara nach Sarmakand. Er weiß, dass ins Fergana über die Ostausläufer des Pamir ein Mongolenheer unterwegs ist. Von da aus könnten sie ihn angreifen. Total erschöpft erreichen Dschelme und Dschutschi das Tal. Wärme, Sonnenschein und grüne Weiden beleben den geschundenen Treck. „Schnell eine Nachricht an Dschingis-Khan, dann gönnen wir der Mannschaft und den Tieren eine Erholung“, entscheidet Dschutschi. Am nächsten Tag ist die

Ruhe zu Ende. Boten berichten von einem massiven, feindlichen Truppenaufmarsch. Dschelme will zurück in die Berge, um dort in Sicherheit zu sein. Dschutschi jedoch den sofortigen Angriff. Er will seinem Vater beweisen, für den er noch immer der „Gast“ und „Fremde“ ist, dass er denselben Mut und Kampfgeist besitzt, wie dieser. Der Kampf endet blutig und mit einer Niederlage der Mongolen. Ihr Glück ist es aber, dass sich der Schah zurückzieht.

Melder bringen ihm die Nachricht, dass das Unmögliche wahr wird: fünfzigtausend Mongolen haben die von allen als unüberwindbare Wüste Kysyl-Kum vom Syr Darja aus bis fast zum Amu Darja durchquert. Der Schah ist so sehr entsetzt, dass er den Boten wegen der schlechten Nachricht auf der Stelle köpfen lässt. Die Gefahr für den Schah wächst. Hätte er die Karawane der Mongolen besser nicht vernichtet, und so nimmt das Schicksal seinen Lauf.

Dschingis-Khan befielt Dschutschi, mit fünftausend Kriegern erneut in den Pamir einzusteigen und sich nordwestlich haltend dem Oberlauf des Amu Darja und von dort Buchara zu nähern.

„Sobald ihr das Gebirge verlasst, überfallt die Dörfer. Plündert brutal. Schont keinen.“ Dschutschi ist entsetzt. Gerade hat er mit Verlusten das Gebirge verlassen, als er diesen Auftrag erhält. Eine große Aufgabe für ihn. Er sieht die Notwendigkeit ein und beginnt seinen Ehrgeiz zu steigern. Den überträgt er auch auf seine Krieger. Zwischen den Bergriesen gibt es keine Pässe. Das erschwert die Aufgabe. Nun führt der Weg über Gletscher, Geröllhänge, Schneefelder und über die Gipfel ohne einen Pass. Es kommt ihnen entgegen, dass es wärmer geworden ist und Tauwetter eintritt. Endlich erreichen sie die Ebene am Nordhang. Plündern ist das Geschäft der Soldaten. Das ist ihr Sold. Manche werden davon reich. Die Krieger morden und rauben. Gewaltig ist der Aufschrei, der durch die Aule geht. Eine Delegation macht sich auf, den Schah um Hilfe gegen die Mongolen zu bitten.

„Mongolen im Süden? Wie kommen die dahin? Über das Dach der Welt sind noch niemals Menschen gekommen. Ihr lügt!“ schreit er die Boten an. „Woher wisst ihr, dass es Mongolen sind?“

„Sie kommen in der Dunkelheit auf ihren schnellen, Pferden, brennen unsere Zelte und Hütten nieder. Im Schein der Feuer stehlen sie alles, schänden und rauben unsere Frauen, Männer und Kinder werden erschlagen und sie treiben das Vieh weg. Dabei schreien sie dauernd: „Dschingis-Khan! Dschingis-Khan!“ Der Schah schäumt vor Wut „Vor kurzem habe ich den Süden verlassen, den Norden

zu schützen. Wir sind eingekesselt!“ schreit er unbeherrscht. Sofort gibt er den Befehl zum Gegenangriff und zieht mit einem Teil seiner Armee zurück in den Süden. Der andere Teil seiner Streitkräfte verschanzt sich in der Zitadelle von Buchara. Er weiß, dass Dschingis-Khan mit fünfzigtausend Kriegern an der Grenze steht. Den Khan erreicht die Nachricht von der Verlegung der Streitmacht des Schahs. Der ist nun eingekesselt. Es hätte ihn nicht schlimmer treffen können. Aus Südosten, dem Fergana, greift Dschelme mit fünfzehntausend Soldaten Samarkand an. Im Süden stehen fünftausend Krieger bei Dschutschi und ein mächtiger Teil der mongolischen Hauptstreitmacht hat sich im Osten festgesetzt. Ein weiterer Teil der mongolischen Streitkräfte steht am Oberlauf des Syr Darja und überquert den Strom, um den Schah von Nordosten anzugreifen. Der Schah sitzt in seinem Zelt und sagt verzweifelt:

„Das ist das Ende.“

Dschingis Khan hat die Stadtmauer von Buchara erreicht. „Das ist eine großartige Stadt“, sagt er zu Bortschi,

„Die sollten wir verschonen.“

„Ja, um die wunderbaren Gebäude wäre es schade, würden sie zerstört. Wir sollten auch die Bevölkerung nicht töten. Als Gegenleistung fordern wir Einlass.“ Dschingis-Khan reitet hoch aufgerichtet auf seinem Pferd, gefolgt von seinem Stab, in die Stadt. Das Volk jubelt. Sein erster Weg führt ihn in die erhabene, kunstvoll erbaute Moschee. Sie ist gefüllt mit frommen Betern; einfaches Volk, Imans, Mullas, Muftis und Kadis. Schreie des Entsetzens werden laut, als der Khan endlich am Altar sein Pferd wendet. Er sieht die Kanzel, steigt hinauf und predigt den Anwesenden. „Vor euch steht der Herrscher aller Mongolen. Mein Name ist Dschingis-Khan. Ich bin nicht Allah, nicht sein Prophet, auch nicht sein Schatten auf Erden, aber ich habe große Macht; auch über euch. Wir werden euch und eure Stadt schonen, wenn ihr euch in allem ergebt. Das gilt auch für die Krieger in der Zitadelle. Den Schah werden wir besiegen und töten, ebenso die die Händler unsrer Karawane geköpft haben. Grausam wird die

Rache sein." Während der Rede wird nicht geplündert. Das ist die Gegenleistung für das kampflose Öffnen der Stadttore. Im Süden versteckt sich der Schah. Sein Heer ist zu schwach, um gegen Dschingis-Khan zu kämpfen. Seine Krieger sind zerstreut, in Festungen und Zitadellen von den Generälen gebunden. Die Festung Otrar ist gefallen. Der Kommandant gefangen. Dschingis-Khan frohlockt und nimmt furchtbare Rache wegen der Ermordung seiner Karawane.

„Gießt ihm flüssiges Silber in die Augen", befiehlt er, damit er unsere schöne Erde nicht mehr sehen kann, reißt ihm jedes Glied einzeln aus und werft ihn den Geiern zum Fraß vor."

Der Schah befindet sich an einem geheimen Ort ohne seine Krieger. Das ahnt Dschelme nicht, der in der Nähe mit seinem Heer vorbeimarschiert. Er hat den besonderen Auftrag, zusammen mit Targutai den Schah zu jagen. Dschingis-Khan will ihn haben, Tod oder lebend. Dem Schah bleibt nichts Anderes übrig, als zu flüchten. Flucht, Flucht und nochmals Flucht. Von allen Seiten kämpfen Mongolen im Land gegen ihn, zerstören Festungen, überfallen Städte, sofern sie sich nicht ergeben. Immer enger zieht sich der Kessel zu, die letzte Macht des Schahs „Ala ad Din Muhamed" zu brechen. Der wird erbarmungslos gejagt. Das Volk hat sich von ihm losgesagt. Er war ein zu harter Herrscher. Viele glauben, der Mongolenkhan wird ein besserer Landesvater und unterstützen ihn. Das Volk ist gespalten. Bei der Flucht findet der Schah kaum noch Unterschlupf. Er wird von den eigenen Leuten verraten. Vereinzelt kämpfen Einheiten des Schahs noch gegen die Mongolen. Sie werden aber blutig besiegt. Auch eine Zitadelle an der Grenze, vollgestopft mit schwerbewaffneten Kriegern, verspotten aus der sicheren Festung heraus die vorbeiziehenden Feinde. Die bringen kurzerhand ihre schweren Wurfmaschinen in Stellung und beschießen die Feinde. Außerdem schwirren viele hunderte Brandfeile auf die Holzgebäude. Drei Tage dauert der Kampf. Kein Feind überlebt und die Festung ist bis auf die Grundmauern zerstört. Die Nachricht über den erneuten Mongolensieg verbreitet sich wie ein Feuer über das ganze Land und bestätigt allen: wer sich widersetzt, wird getötet. Den übrigen geht es gut. Nahe an seiner Landesgrenze im Westen zieht der Schah ein bescheidenes Heer aus Türken und anderen Stämmen zusammen. Ein letztes Aufbäumen. Nach kurzer Schlacht ist es vernichtend geschlagen. Er gesteht sich selbst, ich habe den Krieg verloren. Jetzt bleiben nur noch Flucht und Tod. Unerbittlich hetzt Dschelme mit seiner Truppe hinter ihm her. Der Schah erreicht die Landesgrenze und das Ufer des Kaspischen Meeres. Soll er weiterflüchten in das Land seines Feindes, des Kalifen von Bagdad? Erst vor zwei Jahren hat er den Kampf gegen ihn wegen des Wintereinbruchs im Gebirge aufgeben. Von dort wird er kaum Hilfe bekommen. Er denkt an seine Untertanen.

„Ob das Volk sich eines Tages nach mir sehnen wird", fragt er sich blind und vermessen.

„Ich habe doch alles zum Guten für mein Volk getan." Er besinnt sich.

„Oder war es vielleicht doch Unrecht, wie ich mich verhalten habe? Jetzt bin ich ein Gejagter. Ich habe das Volk gequält. Jetzt erlebe ich das Gleiche." Plötzlich quält ihn sein Gewissen, zum ersten Mal in seinem Leben.

Sein treuer Leibarzt tröstet ihn. Der hat alle Strapazen mit ihm geteilt, hat ihn nicht verlassen. Der sagt zu ihm:

„Wir müssen uns unkenntlich machen, sonst sind wir in Lebensgefahr."
„Du hast Recht", stimmt der Schah zu.

Zwei Männer übersteigen später die Kuppe eines Hügels und betreten ein altes Gebäude. Weiter ist nichts zu bemerken. Niemand beobachtet sie. Es vergehen einige Tage, da steigen an der Uferseite des Kaspischen Meeres zwei Männer, zerlumpt und schmutzig, zum Ufer herunter, schlagen mit ihren Messern eine Schneise durch Tamarisken, hohem Schilf und anderen Sträuchern und verschwinden am Ufer. Sie steigen in ein Boot und rudern auf den See. Später setzen sie ein Segel und steuern eine dichtbewachsene Insel an.

Dschingis-Khan sitzt scheinbar untätig in Sarmakand. Mit seinen Söhnen und dem Heer zieht er nicht mehr durchs Land. Der Schah ist besiegt und seine Söhne buhlen um Macht. In der Stadt ist die Befehlszentrale. Stündlich treffen Boten mit Meldungen ein und werden mit solchen wieder auf den Weg geschickt. So erfährt er vom tragische Tod des Schahs, der aus Kummer über sein Volk und an Selbstmitleid auf einer einsamen Insel im Kaspischen Meer gestorben ist. Dschelme und Targutai ziehen kämpfend, erobernd und siegend weiter nach Westen. Sie erreichen das Schwarze Meer. Auch außerhalb der Grenze kommt es vor, dass die Verwaltungen der Städte den Mongolen kampflos die Tore öffnen. Dann verzichten sie auf die Vernichtung. Der Khan ist vom Eroberungseifer seiner Heerführer beeindruckt. Jedoch eine Frage quält ihn brennend: „Wie weit reicht der Westen? Wann ist das Ende erreicht? Müssen meine Krieger nicht schon bald am Ozean sein?“ Bortschi antwortet:

„Nein, noch lange nicht. Ich habe gehört, die Strecke vom Onon und Kerulen bis hierher und nochmal die gleiche Strecke, dann bist du im Westen am großen Meer. Da soll das Land zu Ende sein.“ Dschingis-Khan staunt. Es ist ihm nicht möglich, sich solche Entfernung vorzustellen. Er ist nicht mehr jung, bald sechzig, seine Kraft hat nachgelassen. Immer öfter denkt er an seine Rückkehr zum Burkan-Kaldum. Er ist müde vom Kampf. Jetzt sind seine Söhne am Zug. Das Reich des Schahs liegt in Trümmern. Aufständische erheben sich überall. Sie werden blutig besiegt. So werden Orte, Dörfer, Festungen und Städte dem Erdboden gleichgemacht. Am härtesten hat es Merw getroffen.

„Schont niemand“, hat der Befehl geheißen. Nach tagelanger Belagerung, andauerndem Beschuss durch Kanonen mit schweren Steinbrocken, unzähligen Brandpfeilen und leichtentflammbarem Pech wurde der erbitterte Widerstand gebrochen. Kein Lebewesen, weder Menschen noch Tiere, wird verschont. Keiner überlebt. Die Grausamkeit des Kampfes ist kaum zu beschreiben.

Dschingis-Khan will seine Macht an seine Söhne weitergeben.

„Wer von ihnen soll das Riesenreich übernehmen? Die Zeit der Übergabe ist gekommen. Geteilt wird mein Reich auf gar keinen Fall. Mein ältester Sohn Dschutschi, vielleicht? Ihm würde es zustehen. Aber ist der Gast eigentlich mein Sohn oder bleibt er sein Leben lang ein Fremder?“ Bei dieser Entscheidung kann ihm keiner helfen. Einer der Söhne macht bei einer Besprechung den entscheidenden Vorschlag:

„Ich glaube, Ugedeih hat das Zeug, nimm ihn.“ Verblüfft sieht der Vater die Söhne nacheinander an. Die nicken zustimmend. Dschingis-Khan ist erleichtert. Die Entscheidung ist ihm abgenommen.

Dschutschi ist noch immer mit dreißigtausend Kriegern unterwegs und von einem Sieg zum nächsten gezogen. Nun fordert der Khan seine Rückkehr. Dschutschi schickt einen Boten mit der Antwort, dass er nicht kommen kann.

„Ich bin krank.“ Dschingis-Khan tobt.

„Wer krank ist, bestimme ich!“, schreit er. Noch zwei Mal fordert er Dschutschi zum Kommen auf und erhält immer die gleiche Antwort. Eines Tages ziehen die Krieger des Dschutschi in Sarmakand ein.
„Wo ist Dschutschi, mein Sohn?!“, schreit der Khan.
Mit gesenktem Haupte steht der Enkel vor seinem Großvater:
„Vater ist tot. Er lässt dich herzlich grüßen.“ Vor Entsetzen stumm sieht der Khan den Jungen an. Dann sagt er leise:
„Der hatte meine grauen Augen.“ Wenig später kommt auch Targutai zurück, alleine.
„Wo ist Dschelme?“ Unter dem Eindruck der voraufgegangenen Ereignisse ist die Frage ein Schrei.
„Tod, Gefallen!“ antwortet der Gefragte. Wieviel kann ein Mensch ertragen? Dschingis-Khan schweigt, zieht sich zurück. Er muss an Sorgan denken.
„Damals, als er noch ein Junge war, kam er zum Burkan-Kaldum“, denkt er. Wir waren Freunde. Sorgan hat Temudschin einige Male aus misslichen Lagen befreit. Als er geht, ruft er ihm nach:
„Schick mir Dschelme, er soll mein Gefolgsmann werden. Seit unserer Kindheit sind wir zusammen.“ Der Sohn Sorgans kam und wurde neben Bortschi lebenslang einer seiner treusten Freunde. Der Tod eines anderen Menschen hat bei Dschingis-Khan noch nie Gefühle ausgelöst. Nun aber trauert er um Dschutschi und Dschelme. Woche um Woche vergehen auf dem Weg zum Onon. Die Karawane gleicht eher einem Trauerzug als einem Siegesmarsch. Die Trauer bedrückt die Krieger. Besonders betroffen sind Dschingis-Khan und die Gefolgsleute. Die übliche Marschmusik und das Singen fehlen. Er braucht gegen die trübe Stimmung Aufmunterung, und er fordert zum Musizieren auf. Selbst beim Reiten ist er nicht untätig. Immer von wissenschaftlichen Beratern umgeben, arbeiten sie an Gesetzen für die Rechtsprechung und die Staatsführung. Es trifft eine Meldung ein, die Dschingis-Khan beunruhigt. Tief im Südosten der Gobi erheben sich die Tanguten, Erzfeinde der Mongolen. Schon einmal hat Dschingis-Khan sie in einer mächtigen Schlacht besiegt. Jetzt erheben sie sich erneut. Der Khan weist die Heerführer an, schon unterwegs den Angriffsplan gegen die Tanguten auszuarbeiten. Die meisten sind von damals ortskundig. Die Empfehlung ist im Sinn des Khans. Bei den Tanguten herrscht ein neuer

König. Der will die Entscheidung im Kampf. Die Nachricht versetzt den Khan in Unruhe. Er drängt zur Schlacht. Beim Reiten berichtet Targutai ausführlich von seinen Siegen und berichtet von den Ländern, durch die er gezogen ist. „Der Westen“ bleibt für Dschingis-Khan ein Reizwort. Die Weite des Landes und sein ungeheurer Reichtum fesseln seine Gedanken. Ob er es jemals erreichen wird? Die Rückkehr zum Onon ist Grund für ein Fest. Einige Tage dampfen die Fleischkessel. Der Kumys fließt in Strömen. Frauen und Kinder sind glücklich, dass die Männer nach sieben langen Jahren endlich wieder zu Hause sind. Eine kurze Freude ist es. Schon bald drängt Dschingis-Khan zum Aufbruch. Der Kampf gegen die Tanguten duldet keinen Aufschub. Seine Heerführer haben den Schlachtplan entwickelt. Frauen und Kinder weinen, als die Krieger abziehen. Bevor sie den Feind erreichen, schwenken sie nach Süden, um in den Rücken der Tanguten zu gelangen. Von dort soll der Angriff erfolgen. Die Mongolen stehen am südlichen und die Tanguten am nördlichen Ufer eines breiten Flusses in Stellung. Es ist Winter. Der Fluss hat dickes Eis. Die Kämpfer können nun trocken gegeneinander anrennen. Am Morgen beginnt der Angriff. Zuerst stürmen die Tanguten aufs Eis. Die vordere Reihe der Angreifer hat fast die Mitte des Flusses erreicht, als sie den Halt auf dem glatten Untergrund verlieren und stürzen. Weitere Tanguten stürzen. Ein Wall von Leibern, hoch aufgetürmt, bildet sich. Menschen und Tiere sind ineinander verkeilt. Es werden immer mehr und der Fleischhaufen wird höher. Die Tanguten geraten in Panik. Sie sind den Mongolen hilflos ausgeliefert. Die aber stehen mit offenen Mäulern sprachlos am Ufer und sehen entsetzt auf das panische Durcheinander. Dann gibt Dschingis-Khan den Befehl zum Angriff. Wie Furien stürzen sich die Mongolen auf den Feind. Die Krieger und auch ihre Pferde rutschen nicht. Erfahren im Winterkrieg sind die Hufe der Pferde und auch die Beine der Krieger mit Filz umwickelt. Mit festem Halt auf der glatten Fläche beginnt ein grauenhaftes Töten. Die Schlacht ist schnell gewonnen und der Widerstand gebrochen. Nun stehen sie tatenlos herum. Der Sieg löst keine Freude aus. Zu ungleich ist der Kampf gewesen. Der Erfolg ist nicht das Ergebnis eines Kampfes, sondern des Schlachtens. Überall liegen Tote und Verwundete. Grausames Schreien erfüllt die Luft. Bortschi vermisst Dschingis-Khan.

„Wo ist er“, schreit er die Soldaten an. Zwischen den Toten und Verletzten finden sie ihn endlich. Er ist verwundet. Ein Hieb hat ihn an der Schulter getroffen. Sofort wird am Ufer ein Zelt errichtet. Er wird hineingetragen und verbunden. Die Wunde ist tief im Fleisch und er hat beim Bewegen große Schmerzen. Trotz leisem Stöhnen sagt er zu seinen Helfern:

„Das ist ein gutes Gefühl, wie ihr euch um mich sorgt und mir helft.“ Ärzte und Heiler stillen die Blutung.

„Wie hat der Kampf geendet?“ Will er noch wissen.

„Wir haben gesiegt“, sagt Bortschi

„Gut“, flüstert er. Dann verliert er das Bewusstsein. Er wird auf einer gepolsterten Liege gebettet, und die Sieger treten den Heimweg zum Burkan-Kaldum an.

Für ihn wird alles getan, damit er Erleichterung hat. Zuhause wird er auf dem höchsten Hügel in einer schneeweißen Jurte weich gebettet.

Der Winter hat sich verabschiedet. Die Tage sind sonnig und mild. Hoffnungsvoll sehen die Getreuen, dass die Wunde an der Schulter des Khans langsam heilt. Dann gibt es einen Rückschlag. Eine neue Entzündung. Dschingis-Khan fällt in Fieberwahn. Die Tage werden heißer. Die Luft steht. Kein Wind ist zu spüren. Bald wird ein Gewitter aufziehen. In der Ferne hat sich der Himmel bereits mit drohenden Wolken dunkel gefärbt. Der Khan liegt schweißnass auf den Fellen. Stöhnen dringt aus seiner Brust. Schmerzen verzerren sein Gesicht. Oft spricht er im Delirium unverständliche Worte, die ihn erkennbar quälen. Die Söhne haben sich um sein Bett versammelt.

„Wo ist Dschutschi“, schreit er plötzlich. Am Fußende steht Bortschi.

„Du weißt doch, dass er nicht kommen kann. Er ist krank.“ Im Zelt ist die Luft zum Schneiden stickig. Man kann kaum atmen, obgleich inzwischen draußen um den Berg eine kühle Brise weht. Vor dem Zelt unter einem Sonnenschutz stehen die Gelehrten. Sie sprechen über den Zustand des Khans.

„Wir sollten die Hoffnung auf Heilung nicht aufgeben, auch wenn es ernst aussieht.“, sagt einer. Was getan werden konnte, haben wir getan. Oder wie sehen sie das, meine Herren?“

„Wir wissen auch keinen besseren Rat“, ist die knappe Antwort. Aus der Jurte ist die Stimme Dschingis-Khans zu hören.

„Ihr sprecht über meinen Tod? Merkt euch, wann ich sterbe, heute oder in einem Monat. Da lasse ich mir nicht reinreden, auch nicht von euch!" Die Gelehrten sehen sich verdutzt an.

„Wer so redet, stirbt nicht", sagt der Schamane.

„Das ist das letzte Aufbäumen des Körpers", gibt der Leibarzt zu bedenken. Tatsächlich fällt der Kranke erneut zwischen wiederholten klaren Augenblicken in Fieberwahn. Die Wolkenwand hat sich verdichtet, ist bedrohlich dunkel geworden, und die Hitze in der Jurte wird unerträglich. Die Qual ist für den Kranken fast zu viel. Sein lautes Stöhnen drückt sein Leiden aus.

„Wo sind meine Söhne?" ruft er plötzlich.

„Wir sind hier, Vater", sagt Ugedeih leise.

„Sind die Wissenschaftler auch hier?" fragt er.

„Ja", antwortet der Arzt.

„Dann hört, was ich noch zu sagen habe!" Er macht eine Pause und Helfer setzen ihn auf seinem Lager aufrecht. Dann sagt er:

„Das von mir geschaffene Reich soll für alle Zeiten ungeteilt bleiben und nur von einem Khan-Khan regiert werden. Der muss ein Nachkomme aus meiner Familie sein. Darum müssen alle lebenden Verwandten bei der Wahl dabei sein. Die Versammlung soll im östlichen Teil meines Reiches stattfinden. Wer sich außer dem Gewählten zum Herrscher macht, oder einen solchen unterstützt, muss getötet werden.

Das östliche Gebiet, das Reich Chin, und auch die übrigen Länder Mittelasiens: Kirgistan, Usbekistan, Turkestan und Tadschikistan vermache ich Ugedeih und seinen Nachkommen. Tschagutai erhält das Land der Uiguren und die westlich und nördlich angrenzenden Gebiete. Tuli erbt unser Stammland, die Mongolei und das gesamte Heer. Batu, der älteste Sohn Dschutschis erbt, was ich für seinen Vater Dschutschi vorgesehen habe, die Gebiete westlich und nördlich des Altai; Kasachstan und Sibirien und das Land im Westen bis zum Kaspischen Meer." Erschöpft lehnt sich Dschingis-Khan zurück. Eine längere Pause folgt. Endlich fährt er fort.

„Aus der Familie sind alle anwesend und niemand kann übergangen werden. Die Aufstellung eines Gegenkhans unmöglich. Der Regierungssitz soll im Ost Reich sein. Wer zu uns will, muss den weiten Weg durch Wüsten, Steppen und über das hohe Gebirge gehen. Der Khan-Khan muss von allen gewählt werde. Nach meinem Wunsch soll Ugedei mein Nachfolger werden. Der hat sich für diese Aufgabe viele Male bewährt. Es fällt mir schwer, mein Reich abzugeben. Ihr sollt sehen, bis ich abtrete habt ihr graue Bärte und macht dumme Gesichter", scherzt er.

Rund um den Burkan-Kaldum haben sich in den letzten Jahrzehnten viele kleine Stämme angesiedelt. Sie leben in Dörfern, in Felshöhlen und Erdlöchern. Diese sind plötzlich Feinde. Alle Menschen die in der Nähe der weißen Jurte wohnen, in welcher der Herrscher aller Mongolen im Sterben liegt, müssen sterben. Die Leibgarde Dschingis-Khans jagt durch dieses Gebiet und tötet jeden. Stille breitet sich um das Zelt des Todkranken aus. Kein fremdes Auge darf das Zelt sehen oder in seine Nähe kommen. Das Zeichen, die Standarte der Bürtschigin am Eingang der Jurte gibt Auskunft, dass hier der Herrscher im Sterben liegt. Der Himmel hat sich schwarz und schwefelgelb gefärbt. Blitze zucken ohne Pause. Noch fällt kein Regen. Die bleierne Glut hat sich verstärkt. Dschingis-Khan fantasiert im Fieberwahn. Seine entsetzten Schreie sind vor dem Zelt zu hören. Japsend ringt er nach Luft. Mit aufgerissenen Augen starrt er in die offene Zeltspitze. Die Bilder, die sich ihm aufdrängen, wollen nicht weichen. Wohin er auch sieht, überall kommen ihm blutüberströmte Gestalten, zerschlagene Körper, entstellte Gesichter, gespaltene Schädel und verkohlte Leichen entgegen. Der Strom der getöteten, gemarterten und geschändeten Männer, Frauen und Kinder schwebt, in magisches Licht gehüllt, auf ihn zu. Ein Gesicht nähert sich ihm mit gebrochenen Augen besonders nah, sein Halbbruder Bektas. Er will das Bild wegwischen. Seit jenem Tag damals am Onon klebt Blut an seinen Händen, welches er nicht mehr entfernen kann. Blut, Blut, Blut, nur Blut. Das ist keine Besinnung zur Reue. Die hat er noch nie gehabt. Stattdessen lässt er Tuli, seinen jüngsten Sohn, rufen.

Röchelnd, unter großer Anstrengung, sagt er:

„Wir haben an der Grenze im Süden noch Feinde, bekämpfe und tötet sie. Tuli, alle töten, alle töten, „hast du verstanden!?" Die Luft fehlt ihm zum Weitersprechen.

„Ja, Vater. Ich habe verstanden. Alle töten, ich schwöre es."

„Wo ist Bortschi", ruft er nach einer Weile.

„Wenn ich gestorben bin, beerdigt mich auf den Burkan-Kaldum." Dschingis-Kahn weiß nicht, dass seine Jurte dort bereits steht.

„Pflanzt auf allen Hügeln Bäume, viele Bäume, hunderte, tausende. Vor allem über meinem Grab. Es darf nicht gefunden werden. Es muss für immer unkenntlich sein: macht das zum Gesetz! Zeigt einer meiner Untertanen einem anderen Menschen mein Grab, muss er sterben.“ Sich röchelnd auf seinem Bett wälzend. Grelle Blitze und ohrenbetäubender Donner jagen wild am Himmel in rasender Folge. Dann fallen die ersten Tropfen, und mit heulendem Sturm bricht die Dunkelheit herein. Allmählich füllt wohltuende Kühle die Jurte. Befreit atmen alle auf. Niemand hat den Todesschrei beim krachenden Donner gehört. Nachdem sich der Lärm gelegt hat, betrachtet einer der Ärzte den wie tot daliegenden und horcht nach dem Herzschlag. Als er sich aufrichtet, drückt er Tuli die Hand und verlässt wortlos die Jurte. Leise sagt er noch:

„Er fand seine Ruhe.“ Tuli schließt die Lider seines Vaters und senkt still das Haupt. Über den Tod Dschingis-Khans wird in der Geheimen Geschichte der Mongolen berichtet, dass er im Kampf gegen die Tanguten unglücklich vom Pferd gestürzt sei. Und daran gestorben ist. Auf dem heiligen Berg seiner Ahnen, dem Burkan-Kaldum, wird er beerdigt. Die Sklaven, die sein Grab geschaufelt haben, werden getötet. Auch die etwa tausend Trauergäste, die an seiner Beisetzung teilgenommen haben, werden hingerichtet. Nach der Beerdigung werden tausende Pferde über die Bergspitzen und das Grab hin und her gejagt, damit der Boden um und umgepflügt wird. So kann niemand die Ruhestätte finden. Auch die Pferdetreiber werden getötet. Anschließend pflanzen die Nachkommen fast eine Millionen Bäume, die dann als stolze Wächter das dauernde Geheimnis Dschingis-Khans bewahren. Seine Freunde und Verbündete ehren ihn als den größten Mongolenherrscher. Für seine Feinde ist er der größte Mörder. Sein Grab wird trotz großen Aufwendungen an Zeit und Geld von den Archäologen nicht gefunden.

Die Völker der Erde finden auch nach seinem Tod keine Ruhe. Als lebe er noch mit seinen Befehlen, ziehen seine Söhne und Enkel nach Westen und überfallen fremde Länder und deren Bewohner. Sie dringen bis an die Donau vor. Das westliche Meer, den atlantischen Ozean, erreichen sie jedoch nicht.

Die Wanderung

Kapitel elf

Die Kämpfe um Wasser und Weiden unter den Kirgisen und anderen Völkern sind vorbei. Der Einfluss Russlands ist spürbar. Die Bezirke im Süden stehen unter russischer Verwaltung. Die Kirgisen verehren weiterhin ihren Volkshelden Manas. In der Gobi trauern die Mongolen um Dschingis-Khan; während die Mullas fortfahren, den Islam mit grausamer Gewalt zu verbreiten. Die Kirgisen-Khane haben nicht mehr die frühere Macht. Das Volk ist in Horden und Familienclans zerfallen. Sie sind entsprechend ihrer Tradition aber Nomaden und Viehzüchter. Einige wurden sesshaft, bauten sich aus Lehmziegeln einfache Häuser und lebten in Dörfern. Das weite Land um das Tien-Schan-Gebirge und den Flüssen Talas, Ur Maral und dem See Isyk-Kul ist wenig besiedelt. Das Epos mit dem Geburtsort des sagenhaften kirgisischen Helden Manas ist ihnen heilig. Das große Tal des Talas ist reines Kirgisen Land.

Hierhin zogen ab Ende des achtzehnten Jahrhunderts deutsche Siedler. In den folgenden Ausführungen begleiten wir teilweise den von Franz Bartsch geschilderten Weg nach Mittelasien. Darin erfahren wir den Grund der langen, gefährlichen Reise und das Ziel.

Nach der Europäischen Revolution im Jahr1848 erhielt Preußen eine neue Verfassung. In der veränderten Gesetzgebung hat es unter anderem geheißen:

„Jeder Preuße ist wehrpflichtig.“ Der kurze Satz war wie ein elektrischer Schlag für die Mennoniten Gemeinden. Die Glaubenstreuen erkannten, dass sie unter diesem Gesetz in Preußen als Verweigerer nicht bleiben konnten und suchten Asyl. Ihr Blick fiel auf Russland. Andere Mennoniten waren schon früher nach Osten ausgewandert. In einer Versammlung der Gemeinden wurde beschlossen, dass zwei Prediger als Verhandlungsführer nach Russland reisen sollen. Dort sollten sie für sich und weitere Auswanderer um den Erhalt von Siedlungsland in Asien anfragen. Für hundert Familien wurde ihnen auf dem Salztrakt im Bezirk Samara, je Familie etwa 70 Hektar Land zugeteilt. Die Gegend lag westlich des Uralgebirges, geschützt gegen extreme Kälte aus dem Osten. 1854 wurde dort das erste

Dorf gegründet. Auf angrenzenden Flächen, teils steppenhaft, wurden weitere zehn Dörfer mit rund fünfundzwanzig Bauernhöfen aufgebaut. Die Gegend der Dörfer erhielt später den Namen „Am Trakt". Die mennonitischen Siedlungen zeichneten sich gegenüber den Russischen durch ihre Eigenart und besondere Aufteilung und Bauweise aus. Das Preußische ist unverkennbar. An der Siedlung „Am Trakt" wurde über 20 Jahre gebaut. Als die letzten Siedler aus Preußen ankamen, hatten sich die Bewohner der ersten Dörfer, die noch mit Pferd und Wagen den weiten Weg gekommen waren, an die russischen Verhältnisse angepasst. Die Neuen haben die Strecke teilweise mit der Bahn und geringerer Mühe zurückgelegt. Sie wurden gastfreundlich aufgenommen und waren erstaunt über die stattlichen Gebäude, die Gärten und Wälder um die Siedlungen.

Später breitete sich Unruhe aus. Vor allem bei den länger Ansässigen. Sie waren bereits heimisch geworden. Trotzdem quält sie der Drang, weiter nach Südosten zu ziehen. Auch dort hat die Regierung ihnen Land versprochen. Manche wollten ihr neues, gemütliches Heim aber nicht verlassen, bis auch in Russland die allgemeine Wehrpflicht nach preußischem Vorbild eingeführt wurde.

Von den Betroffenen, den jüngeren Männern, bedrängt, wurde erneut eine Delegation zur russischen Regierung gesandt, um die Zustimmung zur Weiterreise zu erhalten. Der Antrag war, dass sie in Länder auswandern durften, in denen es keine Wehrpflicht gab. Sie wurden von Zar Alexander angehört. Der gestattete die Ausreise in die Kolonie Turkestan. Sie dürften sich in der Umgebung von Taschkent ansiedeln. Mit zehn Familien setzte sich ein Treck 1880 in Bewegung, die neue Heimat zu erreichen. In einfachen Planwagen zogen die Umsiedler nach Südost. Innen boten die Wagen unter dem Verdeck Platz für die Familien bei Nacht. Am Tag spielte sich das Leben überwiegend draußen ab. An den Wagen waren zahlreiche Haken und Schlaufen angebracht, so dass daran fast der gesamte Hausrat auf der Reise befestigt werden konnte. Unter den Wagen gab es Fächer, in denen noch Weiteres gepackt wurde. Nachts bildeten die Wagen im Kreis eine Wagenburg. Für die erste Zeit hatte jede Familie Proviant gekauft. Nur für die Pferde wurde Hafer und Heu nachgekauft. Am Anfang der Reise starb das erste Kind an einer unbekannten Krankheit und wurde in der Steppe begraben. Trotz des Leides ging der Weg weiter. Es war Spätsommer und noch unbarmherzig heiß. Wenn es möglich war, hielten sich die Menschen im Schatten unter der Plane auf. An den Seiten war sie hochgeschlagen, so dass sie mit Schatten und Fahrwind gegen die Hitze einen Schutz hatten. Über weite Strecken war der Weg eben, glatt und trocken. Mit mäßigem Tempo ging die Fahrt zügig voran. An Bächen und Flüssen wurde gerastet, weil es dort Weiden gab. In Orten sogar Brunnenwasser. In einer Stadt wurde in der Nähe eines Marktes gerastet. Einige Händler verkauften Kringel Gebäck, das nicht mehr frisch und teilweise mit grünem Schimmel bedeckt war. Auf einfachste Weise lösen sie das Problem: sie spuckten darauf und bearbeiteten das feuchte Gebäck mit einer Bürste. Da ist wohl nur zu sagen: „guten Appetit." Beim Erreichen der Stadt Uralsk wurde klar, hier beginnt Asien.

Auf dem Markt herrschte ein unzivilisiertes Treiben. Das kennen die Siedler aus Deutschland nicht. Kirgisen mit ihren Kamelen taten sich besonders hervor. Der ohrenbetäubende Lärm und das Geschrei schmerzt jedem Europäer in den Ohren.

Immer mehr Kinder des Trecks erkranken an Durchfall. Es fehlt an sauberem Wasser und frischer Milch. Viele sterben. Hinter Uralsk führt der Weg entlang dem Uralfluss, teils auf festem Weg und streckenweise durch tiefen Sand der nahen Wüste. Nun muss für viele Kilometer ein weiteres Pferd vor die Wagen gespannt werden. Von nun an hatte jeder Wagen ein Ersatzpferd im Schlepp, das auch später noch oft gebraucht wird.

Hinter Orenburg, wo der Treck einige Tage rastet, werden die Vorräte aufgefüllt. Danach verlassen sie die Zivilisation. Immer mehr Kinder erkranken und sterben in der Steppe, wo sie beerdigt werden. Der Treck hat das Kirgisen Land erreicht. Futter für die Tiere bietet die Steppe nicht. Nur etwas Brennmaterial. Jedes Stückchen Holz wird aufgehoben. Auch wird gezielt nach trockenem Kot von Tieren zum Heizen und Kochen gesucht. Die Kirgisen sind gastfreundlich und sehr neugierig. Bei einer Annäherung an einen Aul stürmen eine Horde Kinder und Hunde mit Geschrei und Gebell auf die Ankömmlinge zu. In dem Dorf werden frische Milch und ein paar Schafe zum Schlachten gekauft. Wenn der Ekel überwunden ist, auch etwas Kumys gegen den Durst. Die Kirgisen sind Nomaden und zu Fuß eher unbeholfen. Sie leben auf den Rücken ihrer Pferde. Selten vermischen sie sich mit anderen Völkern und sind eine reine Ethnie. Sie ernähren sich hauptsächlich von Fleisch und Milch. Das Vieh züchten sie selbst. Jurten, zeltähnliche Häuser, sind ihre Wohnungen. Wechseln sie mit ihren Herden die Weiden, bauen sie die Jurten ab, verladen sie auf Kamele und errichten sie an anderer Stelle.

Wieder sterben zwei Kinder, die auf dem Friedhof einer kleinen Siedlung beerdigt werden. An der Stelle, wo der Amu-Darja in den Aralsee mündet, beginnt die Wüste Kara-Kum. Sie zu durchqueren, ist der bisher mühsamste Weg mit einer Strecke von etwa 400 Kilometer, bis sie den Syr-Darja in Turkestan erreicht haben. Vor die Wagen mussten doppelt so viele Pferde gespannt werden, um den sandigen Weg zu bewältigen. Außerdem wurde eine kleine Karawane gemietet, die das Futter und Wasser für die Wanderung durch die Wüste transportieren. Erneut gab es Todesfälle mit Beisetzungen am Wegrand. Die erforderlichen Pausen gaben den Pferden Gelegenheit, sich von der Strapaze durch die Kysyi-Kum-Wüste zu erholen.

Nach dieser anstrengenden Reise erleben die Siedler eine Überraschung. Sie waren in eine fruchtbare Gegend gekommen. Nicht nur die Pferde konnten sich an Gras, und frischem Wasser erholen, sondern auch den Menschen öffnete sich ein Paradies. Es gabt Weintrauben, so groß wie Pflaumen und auch anderes Obst. Vor allem bestaunen sie die riesigen Melonen, bis zu 30 Pfund schwer. Die Frauen waren glücklich über das umfangreiche Angebot an Gemüse. Darauf haben sie lange verzichten müssen. Auch konnten die verbrauchten Vorräte aufgefrischt werden, denn noch waren sie nicht am Ziel. In der Stadt fanden sie auf dem großen Markt alles, was sie brauchten. Das Treiben war orientalisch laut und fremdartig für europäische Ohren und Augen. Nachdem sie den Syr-Daja verlassen haben und ostwärts zogen, bieten kleine Bäche und Wiesen weiterhin die Möglichkeit zur Rast. Im Oktober 1880 erreichten sie Kaplan Beck. Der Ort war ihnen als Winterquartier empfohlen worden. Es war kalt geworden und erster Schnee ist gefallen. Der Gouverneur bestätigt den Mennoniten, dass sie in Turkestan frei von der Wehrpflicht seien. Außerdem sorgte er für ihr Wohlergehen. Kaplan Beck war ein verlassenes Gestüt mit einigen Bauten, die von einem Kirgisen verwaltet wurden. Die Häuser wurden in

Wohnungen für die Angekommenen und weitere Siedler aus noch zu erwarteten Trecks umgebaut. Mittlerweile waren es 80 Familien, die dieses Teilziel erreicht haben. Die Geistlichen leiteten die Versammlungen in einer provisorischen Kirche, bei denen nicht immer Einigkeit herrschte. Von der Verwaltung erhalten sie Unterstützung und dürfen vorerst in Kaplan Beck bleiben. Durch schlechtes Wasser und ebensolche Ernährung verursacht, brach Typhus aus und es starben viele Menschen. In dem eingangs erwähnten Bericht wurde von einer kirgisischen Feier erzählt. Der Verlauf ist hier sinngemäß wiedergegeben.

„Als ich dort ankam", wird erzählt, „schlug mir aus der geöffneten Tür der Jurte unbeschreiblich miefige Luft entgegen. Beim Eintreten bemerkte ich, dass der Raum voll mit Gästen war. Sehen konnte ich zunächst wenig. Ich konnte kaum atmen. Durch den Dunst des Feuers verursacht, und dem mit siedendem Fett gefüllten Kessel darüber, konnte ich kaum einzelne Gesichter erkennen. Der trockene Kameldung unter dem Kessel, ließ die Flamme lustig flackern. Später bemerkte ich einen Mulla unter den Anwesenden, der sich neben mich setzte. Auf die andere Seite setzte sich ein Tatar. Auch ein Jude gehörte zu den Geladenen. Wir saßen mit verschränkten Beinen auf dicken Kissen. Mir fiel das an Seilen aufgehängte Fleisch auf, Rippenstücke mit außerordentlichen dicken und langen Knochen und mit sehr viel Fett daran. Sofort vermutete ich Kamelfleisch, was mir bestätigt wurde. Ekel würgte in meiner Kehle. Trotzdem beschloss ich, meinen Widerwillen zu unterdrücken und von dem Fleisch zu essen. Der schmutzigste aller anwesenden Kirgisen war der Koch. An Händen und Armen hätte man den Dreck abschaben können, und auch seine Lederhose stand vor Schmutz. Der saß in der Mitte der Jurte hinter dem siedenden Kessel und nahm ein Stück speckige Rippe von der Leine, zerschnitt es auf seinen Hosenbeinen in Würfel und legte diese in den Kessel. Nach kurzer Zeit fischte er einige halbgare Grieben aus dem Topf in eine kleine Schüssel und gab sie mir als Erstem. Die Frauen hatten sich abseits gestellt und warteten auf die Abfälle, welche die Männer am Ende der Mahlzeit übriglassen würden. Erst später erfuhr ich, dass ich als ausgesuchter Ehrengast an der Feier teilnahm. Bei den halbgaren Grieben überkam mich erneut Ekel. Hilflos sah ich den Tataren an. Der meinte: „Probieren musst du sie." Mit äußerster Anstrengung gelang es mir. Danach gab ich die Schüssel an den

Mulla weiter, der sie schmatzend restlos leeraß. Nun schnitt der Koch Fleisch von den Rippen und behandelte das Stück wie vorher den Speck auf seiner speckigen Hose. Auch hiervon erhielt ich die erste Schüssel mit halbgaren, noch teilweise blutigen Stücken. Mutig probierte ich ein Stück. Den Rest aß mein Nachbar. Am Ende des Mahles gab es Tee aus einer Schüssel, die, nachdem einer daraus getrunken hatte, weitergereicht wurde, so dass jeder trank, soviel er wollte. Nach dem Mahl eilte ich nach Hause und wusste, dass ich vorerst keine kirgisische Jurte mehr betreten würde. Leider konnte ich meinen Vorsatz aufgrund meiner Stellung bei den Siedlern und gegenüber den Behörden nicht einhalten. Als ich meiner Frau mein Erlebnis erzählt hatte, stand sie, sich schüttelnd, vor mir und fasste wie ich den gleichen Vorsatz."

Ein Jahr später war den Siedlern noch kein geeignetes Land zugewiesen worden. Eine russische Verwaltung machte Hoffnung. Die Siedler sollten in Richtung Buchara ziehen. Zwischen den Grenzen sei ein breiter Streifen Siedlungsland. Dort könnten sie ihre Dörfer errichten. Die Gegend sei fruchtbar, hatte Wasser und war sowohl als Ackerland und auch als Weide geeignet. Sofort begannen sie mit dem Bau von Erdhäusern. Für jeden teilten sie Land zu. Alle waren zufrieden. Einige Zeit war alles gut. Eines Tages tauchten Krieger aus der Provinz Buchara auf.

Die befahlen das Ende der Bauarbeiten und den sofortigen Abzug über die Grenze ins Russische. Die Soldaten zerstörten die Erdhäuser, trieben das Vieh fort und drohten jedem, der sich widersetzte, zu erschießen. So endete dieser Traum. Auf russischer Seite war große Empörung, denn die Bewohner von Buchara hatten zu dieser Aktion kein Recht. Das Land gehörte Ihnen nicht. Die Mennoniten, aus religiösen Gründen gegen Gewalt eingestellt, wehren sich nicht. Wieder ist bei ihnen eine Hoffnung zerronnen. Das größte Problem aber war der Konflikt zwischen den Regionalbehörden. Obgleich der Zar in Sankt Petersburg die Siedlungen im inneren Asiens genehmigt hatte, tat man sich schwer mit der Umsetzung. Die Siedler hatten darunter zu leiden, weil die Behörden ihren Machtkampf auf den Rücken der Deutschen austrugen. Viel Zeit verging und der nächste Winter näherte sich. Unter den Deutschen gab es viele Handwerker, die wegen ihrer Fähigkeiten auffielen. Besonders die Mosaikbodenleger, ebenso die Zimmerer und Bauleute. Auch Schreiner für die Herstellung von Möbeln leisteten großartige Arbeit. Diese Leute fanden schnell Beschäftigung mit gutem Lohn. So hatten sie ein Nebeneinkommen. Auch Bauern machten sich mit ihrem Wissen unentbehrlich, denn sie stammten von Höfen. Die Geldvorräte waren bei den Meisten geschrumpft. Der zusätzliche Verdienst durch die Arbeit war jedoch nicht der einzige Effekt. Die Fähigkeiten der Deutschen wurden überall gerühmt. Auf Märkten und Basaren wurden sie vermittelt. So nahmen viele die Arbeitsangebote an. Selbst über Grenzen breitete sich die Kunde aus. So kam sie auch zu vornehmen Leuten in Chiwa. Eine Delegation reiste von dort zu den Mennoniten, die wieder in Kaplan Beck wohnten. Sie boten den Siedlern Land in und um Chiwa an. So wollten sie die deutschen Handwerker an ihre Nähe binden. Geld spielte keine Rolle. Die Hauptsache war, dass ihre vornehmen Häuser von den Handwerkern hergerichtet wurden. Die Kirchengemeinden berieten sich und ihre Ältesten entschieden, das Angebot aus Chiwa anzunehmen. Nun begab sich der Treck erneut auf den beschwerlichen Weg. Von Taschkent führte die Straße zunächst über den Syr-Dajar, durch die Wüste Kysyi-Kum bis zum Amu-Darja. Das war der bekannte Weg, den sie schon einmal gezogen waren. Die gleichen Probleme wie bei der ersten Fahrt traten auf: Achsenbrüche, Räder brachen, Krankheiten stellten sich ein und nicht zuletzt Todesfälle. Auf großen Oasen in der Wüste und in der Nähe der Stadt gab es geeignetes Siedlungsland. Die Männer fanden Arbeit und Verdienst und so konnten sie sich selbst Häuser bauen und allen ging es gut.

Ob die Mennoniten damit ihren endgültigen Platz gefunden hatten, berichtet die Geschichte nicht. Aber dass einzelne Familien den Ort wieder verlassen haben, berichtet die Historie. Die zogen in das Tal der Flüsse Talas und Ur Maral in Kirgistan.

Dörfer im Tal des Talas

Kapitel zwölf

Die Mennoniten, über die bisher berichtet worden ist, waren nicht die einzigen Siedler in Mittelasien. Viele Familien aus Deutschland hatten sich auf den Weg gemacht oder folgten. Sie kamen aus Bayern, Württemberg, dem Hannoverischen, von der Küste, aus Westpreußen und aus Ostpreußen. Immer reisten sie mit der Zustimmung des Zaren in die neue, russische Heimat. Sie zogen den gleichen Weg wie die ersten Siedler, erlebten dieselben Strapazen auf der Reise und erreichten die Städte Buchara, Sarmakand und Taschkent. Von dort zogen sie weiter nach Kirgisien in ihre endgültigen Siedlungsgebiete.

Diese Geschichte beginnt Mitte des 19ten Jahrhunderts. Ihr Ende wird in der Mitte der 2000der Jahre eingeläutet. Dazwischen liegen die Erlebnisse der Deutschen Siedler. Für die Erinnerung sollen hier einige Dörfer mit Namen genannt werden: Orlofka, Manas, Engels, Grosni, Leninpol, und noch andere. Dem Dorf Orlofka, das auf Deutsch Orloff geheißen hat, soll im Weiteren die besondere Aufmerksamkeit gelten. Abgesehen von den unterschiedlichen Bewohnern entwickelten sich alle Siedlungen ähnlich. Alle waren Deutsche. Sie hielte die Tradition und Sprache aufrecht. Untereinander bewahrten die Dörfer engen Kontakt, tauschten sich mit Wissen aus und halfen sich gegenseitig bei den Behörden. Den Namen Orloff brachten Siedler, die von der Wolga kamen, mit. Sie stammten aus einem Dorf gleichen Namens. In der Beschreibung des Dorfes wird aber hier weiter der deutsche Name mit zwei ff verwendet. Durch die mittlere Höhe von etwa 1200 Meter über dem Meer ist die Gegend am Talas ein Hochgebirgstal. Im Westen wird es von den Ausläufern des Pamir begrenzt. Mit einer Länge von etwa 130 Kilometern und einer teilweisen Breite von 35 Kilometer ist das Siedlungsgebiet der deutschen Auswanderer groß genug und alle sind zufrieden. Die Sommer sind extrem heiß und trocken. Um das zu überbrücken, wurden Bewässerungsgräben angelegt. Das Tien-Schan-Gebirge schließt das von Westen nach Osten verlaufende Tal von allen Seiten ein. Im Süden erhebt sich das Talas-Ala-Too-Gebirge. Den Norden begrenzt eine Gebirgskette, die bis zum Issyk-Kul-See reicht. Der Talas ist ein Gletscherfluss und wird von verschiedenen kleineren Bächen gespeist.

Es gibt Trennlinien zwischen den Bewohnern im ethnischen und kulturellen Bereich vor allem zwischen den Deutschen, Russen und Kirgisen. Auch im religiösen und geistlichen Bereich. Die Kirgisen sind Moslime, die Russen orthodoxe Christen. Die Deutschen bekennen sich als Mennoniten, Lutheraner, Baptisten und Adventisten zum christlichen Glauben; einige sind auch Katholiken. Trotz der Unterschiede gehen die Menschen friedlich und respektvoll miteinander um. Geht es aber um Besitz und Ackerland, denn das ist ihre Lebensgrundlage, ist es mit dem Frieden vorbei. Nicht selten wechseln Familien ihren Wohnsitz und ziehen in ein Nachbardorf, wo ihnen mehr Ackerland und Viehweiden angeboten werden. Aber es gibt auch Streit. Wegen Dürre und Missernten an der Wolga zogen 1890 weitere Familien an den Talas. Der Lebensunterhalt wird hauptsächlich durch Landwirtschaft und Viehzucht erwirtschaftet. In der heißen Jahreszeit treiben die Siedler ihre Herden auf Almen in die Berge. Die Felder, aufwendig bewässert, bringen gute Ernten.

Die vielen politischen Stürme, die über Russland im zwanzigsten Jahrhundert peitschten, haben auch bei den deutschen Aussiedlern bleibende Spuren hinterlassen. Der erste Weltkrieg, der Sturm der russischen Revolution, viele wirtschaftliche Probleme, die Innen-und Außenpolitik und auch die Streitigkeiten zwischen den Menschen sind Belastungen. Kaum davon erholt, bricht der zweite Weltkrieg aus. Die Stürme, die über die Deutschen in Russland hereinbrechen, sind kaum zu beschreiben. Deutsche Männer und Frauen werden in die Trudarmee rekrutiert. Aus diesen Arbeitslagern sind viele nicht zurückgekehrt. Sie schufteten sich zu Tode oder sind verhungert. Die übrigen Aussiedler trotzten der politischen Drangsal. So kommt es anders, als es die große Politik beabsichtigt, die die unerwünschte Minderheit ausrotten will. Viele werden nach Sibirien verschleppt und sterben dort. Die Russlanddeutschen sind verurteilt. Jedoch die Ausrottung gelingt nicht. Kleine Kinder verschont das Unglück. Sie wachsen als neue Generation heran, melden sich zur Arbeit und übernehmen mit kleinen Schritten das Ruder. Den erfolgreichen Anfang mit kleinen Schritten machen die, welche später sechzig, siebzig und achtzig Jahre alt sind. Über eine Zeit von etwa hundert Jahren haben sich die Dörfer entwickelt, und die Kinder sind die Helden. So wachsen in Orloff und den anderen Dörfern kulturell und wirtschaftlich Leuchttürme im Talas Tal.

Damit sind die Deutschen, den Kirgisen gegenüber, immer einen Schritt voraus. In den hundert Jahren, von der Gründung Orloffs bis zum Beginn seines Zerfalls, als der Dorfnamen nach der Bildung der Republik Kirgistan in Ak-Döbö, umbenannt wird, ist es ein blühendes Dorf. Den Menschen, die als Pioniere beginnen und den vielen anderen im Talas Tal gebührt größte Hochachtung. Ihnen ist in der Erinnerung ein Denkmal gesetzt. Von Beginn an müssen für Kinder, Alte und Kranke Gräber geschaufelt werden, die Toten haben den hohen, blauen Himmel über den weißen Schneegipfeln und das nahe Gebirge gesehen, haben an den Ufern der oft reißenden Gebirgsflüsse Talas und Ur-Maral gestanden. Nun ruhen sie als Helden in der kühlen Erde Kirgistans. Die Namen der Dorfgründer und derer, welche die Entwicklung weitergeführt haben, sind bekannt. In manchen Köpfen werden sie beim Lesen dieser Zeilen gewiss wieder lebendig. Es ist nicht möglich, jedem Namen gesondert zu gedenken. Trotzdem mag sich mancher, der dort gewohnt und gelebt hat oder in einem der Dörfer am Talas geboren wurde, denken und wünschen: „Unsere Zeit lebt weiter, wenn sich unsere Enkel und Urenkel durch die Berichte der Alten an die ferne Heimat und ihrer Vorfahren erinnern werden."

Die Natur bestimmte den Rhythmus. Im Frühjahr, sobald die Felder trocken sind, bleiben die Bauarbeiten an Häusern und Ställen liegen und alle Bewohner ziehen zum Pflügen auf die Äcker.

Immer neue Siedler kommen von der Wolga und die Dörfer werden größer. Die Siedler legen Straßen an, einigen sich auf die Verteilung von Land zum Bauen und Bewirtschaften. Mit einfachsten Mitteln aber vor allem mit enormem Fleiß haben sie begonnen. Die Gemeinschaft stellt jedoch weitere Forderungen. Für die Kinder wird eine Schule benötigt. Sechs Jahre nach Gründung des Dorfes halten sie Einzug in ihre Vierklassenschule. Der Erfolg wird gefeiert. Von der Behörde unterstützt, entstehen auch für die Lehrer Wohnungen.

Später wird der Komplex erweitert. Die acht- und-zehnjährige Schulpflicht wurde eingeführt. Später kann bis zum Abitur gelernt werden. Die Orloffer legen großen Wert auf eine gute Ausbildung ihrer Kinder. Viele studieren später auf einer Fachhochschule in Russland, werden Ingenieure und andere Akademiker. Beliebt sind die landwirtschaftlichen Universitäten. Die Absolventen leiten danach große Abteilungen in den Kolchosen.

Die Orloffer sind aber nicht nur Landwirte. Da die Bevölkerung ständig zunimmt, ist es nicht selten, dass sich Bauern zusätzlich auch als Handwerker ausbilden lassen. Schließlich gibt es auf jedem Hof eine Schreinerei für Fenster, Türen und Möbel. Ebenso eine Schmiede, in der nicht nur Pferde beschlagen, sondern auch Haushaltsgeräte hergestellt werden. Zimmerleute und Maurer sind auch immer gefragt. Jeder der Siedler hat arm und mit geringen Mitteln begonnen. Alle hatten die gleiche Voraussetzung, trotzdem ist mancher erfolgreicher und verfügt bald über ein ansehnliches Vermögen. Einige haben Talent als Händler und eröffnen einen Laden. Dort kann man bald alle wichtigen Dinge des täglichen Lebens kaufen. Es gibt auch Käsereien. Um Korn zu mahlen, werden Mühlen gebaut. Das Vieh bleibt nicht von Krankheiten und Epidemien verschont. Viele Tiere verenden. Deutsche Tiere aber sind weniger anfällig, was wohl an der Fütterung und besseren Zucht liegt.

Die Revolution rast durch ganz Russland und erreicht auch Orloff. Die aufgewühlte Partei wirkt zerstörerisch. Alles Land, die Mühlen, Läden und landwirtschaftliche Maschinen werden beschlagnahmt. Die Siedler erlauben es sich trotzdem, auf kleinen Äckern für den eigenen Lebensunterhalt etwas anzubauen. Die jahrzehntelang aufgebaute Infrastruktur ist mit einem Schlag zerstört worden. Handel und Dienstleistungen zerbrechen. Durch die Revolution wird die selbstständige Bauernschaft zerstören und die Bolschewiki vernichten durch widersprüchliche und verworrene Gesetze, was jahrelang gut wart. Der Klassenkampf mit den Begriffen „Gleichheit und Freiheit“ wird geprägt. Regimgegner werden verurteilt. Gehören sie der gebildeten Schicht an, ist damit meistens schon das Urteil gegen sie gesprochen. Es taucht eine Namensliste auf, wer in absehbarer Zeit physisch vernichtet und wessen Vermögen beschlagnahmt werden soll. Die bisherige Staatsmacht aus der Zarenzeit ist durch den staatlichen Terror zerschlagen. Von den neuen Machthabern ist eine „neue Ökonomische Politik“ ausgearbeitet worden. Dabei ist vieles widersprüchlich. So können allmählich wieder kleine industrielle Werkstätten gegründet werden. Die Bauern dürfen wieder die Äcker bestellen, pflügen, säen und ernten. Vieh konnte jetzt erneut gezüchtet und Läden eröffnet werden. Neue Hoffnung belebt die Dörfer. Langsam erkennt man wieder Wachstum in der Wirtschaft, auch in Landwirtschaft und Industrie. Jedoch dauert die

Freude nicht lange. Die neue Regierung hebt die NEP wieder auf und führt die Kollektivierung, die Gründung von landwirtschaftlichen und handwerklichen Genossenschaften, ein. Die Schließung der Kirchen beginnt. Mit dem Wegfall der NEP wird die Bauernschaft zerstört. Alle Hoffnungen sind weg. Bei den meisten sind die seelischen und moralischen Kräfte, sowie die gesamte Vorstellung von Gerechtigkeit eingestürzt. Mit einem Jahr Verspätung kommt die neue Zeit hart und vernichtend auch in Orloff an. Den Dörflern wird wieder alles weggenommen; das bewegliche und feststehende Eigentum. Das einzige, was die Menschen in dieser Situation tun können, ist weinen. Das ganze Dorf liegt in Depression. Im Schlamm des Herbstes und frühen Winters stehen die Kühe in der Kälte draußen, hungrig, durstig, und bis zum Bauch im Dreck. Sie werden nicht gemolken. Alle hören das klägliche Brüllen der Tiere. Um das traurige Drama zu beenden, wurden die Frauen von der Verwaltung angewiesen, die Kühe zu melken. Der Winter naht und die Tiere stehen noch immer draußen. Das hatten die Verantwortlichen nicht bedacht. Sie verfügen, dass alle vorher enteigneten Bauern ihre Tiere zurückzunehmen mussten, um sie im Frühjahr wieder abzugeben. Noch schlimmer ergeht es den Schafhirten in den Bergen. Bisher hatten die Bauern die Versorgung der Hirten übernommen und sie mit Salz für die Schafe, Öllampen, warmer Kleidung, Schuhe und Nahrung versorgt. Die Nationalisierung hat alles verändert. Plötzlich kümmert sich niemand mehr um sie und ihre Familien. Die Schafe können nicht mehr versorgt werden, was besonders im Winter dramatisch ist. Die Hirten bringen die Schafe ins Dorf und verschwinden mit ihren Familien. Sie haben kein Einkommen mehr. Niemand kümmerte sich um die Vernachlässigten. Im folgenden Jahr setzt sich das Drama fort. In den Jahren vor dieser Zeit stellen reiche Bauern Arbeiter für ihre Dienste ein. Sie bekommen guten Lohn, haben freies Essen und Wohnen, erhalten Kleidung und Schuhe. Zwei Mal im Monat bekommen sie einen freien Tag, den sie bei ihren Familien verbringen. Oft erhalten sie kleine Geschenke, über die man sich zu Hause freut; vor allem für die Kinder. Trotz der Bedrängnisse überleben die meisten Menschen an den Flüssen. Die neue Partei wirft alles um. Niemand darf reich sein und Vermögen haben. Die Kollektivierung zerstört die Wirtschaft. Ein Bauer nach dem andern, der es zu kleinem Reichtum gebracht hat, wird festgesetzt, verschwindet und kehrt nie wieder ins Dorf zurück. Jeden Tag kommen die Funktionäre und verbreiten Furcht und Schrecken bei den Menschen. Eine zerstörte Wirtschaft, unbearbeitete Äcker, über die der Wind weht, bleiben zurück. Was einmal ein blühendes, reiches Dorf war, ist nun zerschlagen. Es gibt kein friedliches Nebeneinander mehr. Das Misstrauen unter den Menschen wird größer. Weil sie von den Fanatikern verraten werden, belauert man sich genseitig. Die Russen haben alles zerstört. Trotzdem bestehen die Dörfer am Talas weiter. Es ist ihre innere Kraft, die Ehrlichkeit und der Fleiß, der sie trotz der Widerstände zusammenschweißt. Auch in der Zukunft wird das ihre Kraft sein. Im ganzen Land bricht eine Hungersnot aus. Die Regierung schickt Beschaffungsboten aufs Land, Lebensmittel einzutreiben. Die Bauern werden betrogen. Die Boten bereichern sich. Das fliegt auf, weil die Bauern sich weigern. Durch die Kollektivierung verschärft sich die Not der Menschen. Den Bauern ist schließlich alles weggenommen worden: Pferde, Rinder, Kleinvieh, landwirtschaftliche Geräte, Kornvorräte. Das Konfiszierte ist die Grundlage für die Kolchose „Roter Stern“. Man schreibt das Jahr 1931. Dieser Schlag trifft die Orloffer ins Gesicht. In der Kolchose dürfen nur die Besitzlosen und weniger Gebildeten arbeiten. Alles Konfiszierte steht der Kolchose später wieder zu Verfügung. Nun können Bauern und Handwerker wieder uneingeschränkt arbeiten. Lohn gibt es kaum, aber zum Leben reicht es. Die, welche vorher wohlhabender waren, wurden von der Kolchose ausgeschlossen. Ihnen bietet man die Gründung einer Genossenschaft an. Damit der Staat an ihnen verdienen kann, erhalten sie auch Land zugeteilt. Schlechtes Land, oft weit entfernt von Quellen und Bächen. Auf trockenem Boden wächst nichts. Es bleibt ihnen nichts Anderes übrig, als Bewässerungsrinnen zu graben. Für die Orloffer sind die Veränderungen kein Grund zum Verzagen. Auch die neue Situation meistern sie vorbildlich. Sie machen sich gegenseitig Mut mit dem Sprichwort:

„Wer früh aufsteht, den segnet Gott.“

Die Verantwortlichen in der Genossenschaft sind gut ausgebildet und haben es schon früher gezeigt, dass ihre Arbeit erfolgreich ist. Sie bilden zwei Gruppen; die Starken graben für die Bewässerung und die andern bestellen die Äcker. Am Ende sind sie erfolgreicher als die Kolchose, dessen deutscher Leiter daraufhin verhaftet wird. Auch in den Folgejahren gibt es die gleichen Ergebnisse. Dieser Zustand verärgert die Politiker. So wird die

Kolchose wieder aufgelöst, und in die Genossenschaft eingegliedert. Die Verantwortlichen der Kolchose verschwinden für immer. Der Erfolg steigt und auch die Einnahmen. So wird die Genossenschaft vermögend. Das führt zu dem kühnen Plan, alle Häuser mit elektrischem Licht zu versorgen. Aus dem Dorf packt jeder mit an. Eine Elektrozentrale wird errichtet, ein mit Diesel angetriebener Generator angeschafft, das weitere Zubehör gekauft, und unter Mithilfe von Elektrikern und ihren Gehilfen das Werk vollbracht. Nun brennen abends in jedem Haus die Lampen. Wieder erlebt Orloff einen nachhaltigen Erfolg. Das macht stolz. Öllampen oder Kerzen haben ausgedient. Die Anschaffung eines Traktors und Lastwagens ist die logische Folge des Aufschwungs. Selbstredend, dass sich sofort Eifrige finden, die fahrbaren Maschinen zu bedienen. Landwirtschaftliche Seminare werden besucht und ein Labor eingerichtet. Von nun an können die Böden und Felderzeugnisse auf Qualität überprüft werden. Bei einem jahreszeituntypischen Wintereinbruch im Sommer 1937 kommt es zu Problemen beim Ernten. Die schien akut in Gefahr zu sein. Hagel und viele Zentimeter Schnee bedecken das Land. Bei den Behörden briecht Panik aus. Eine Kommission stellte einen Rettungsplan auf und verhaftete sofort zwei leitende Angestellte der Genossenschaft. Obgleich am Tag darauf der Schnee taut, es wieder sommerlich wird und die Ernte noch gerettet wird, bleibt die willkürliche Entscheidung der Regierung bestehen. Im gleichen Jahr wird die Auto-Traktoren-Station gegründet. Alle landwirtschaftlichen Fahrzeuge, Sämaschinen, Mähdrescher, Pflüge und Geräte aus den Kreisen Leninpol und Talas werden dort gewartet. Die Zentralisierung bringt großen Erfolg. Zusätzlich entstehen Lagerräume, Werkstätten und Wohnungen. Da die MTS auf dem Gebiet von Orloff errichtet wurde, profitierte das Dorf am meisten davon. Viele junge Männer qualifizieren sich zu technischen Arbeitern. So werden aus ungelernten Landarbeitern Schlosser, Maschinenführer und Traktorfahrer oder sie machen einen LKW-Führerschein. Die MTS erhält immer mehr Fahrzeuge und Maschinen. Alles geht gut, bis in Russland der vaterländische Krieg ausbricht. Bis dahin ist das Leben unter der feindlichen Herrschaft erträglich. Die Arbeiter erhalten neben ihrem Lohn als Deputat, was sie zum Leben brauchen: Weizen, Kartoffeln, Rüben und Heu, Torf, Stroh für das Vieh, Holz zum Heizen und ein kleines Stück Land für den Selbstanbau. Zwei Kühe, Schafe, Schweine, und Geflügel gehörten ebenfalls zu ihrem kleinen Betrieb. Ab Kriegsbeginn ist damit Schluss. Eine schwere Zeit beginnt am Talas. Die Zuwendungen hören auf und die Bewirtschaftung des Stückchen Ackerlandes ist das einzige Einkommen der Familien. Russen und Kirgisen werden an die Front berufen und deutsche Männer vom fünfzehnten bis fünfundsechzigsten Lebensjahr werden in ein Arbeitslager in den Kaukasus oder nach Sibirien verschleppt. Die meisten kommen nicht zurück. Denen, die es überleben und auch ihren Familien bleibt das schwarze Gespenst für immer im Gedächtnis. Auch Frauen, sogar Mütter mit kleinen Kindern bis zum dritten Lebensjahr, müssen in der Region den ganzen Tag Feldarbeit verrichten. Das ist auch Zwangsarbeit. Früh am Morgen fahren die Wagen ins Dorf. Die Frauen werden mit einer Hacke und einem Beutel Brot auf die Wagen verfrachtet und auf die Felder transportiert, oft von ihren größeren Kindern begleitet. Ihr karger Verdienst ist dadurch etwas größer. Hier bleiben sie bis zum Abend. Die Rückfahrt erfolgt ebenso. Niemand achtet auf die weinenden Kleinkinder, die sich an den vom Atem beschlagenen Fenstern ihre Nasen plattdrücken, schreien und weinen. Aber auch diese Kinder wachsen heran. Das Dorf ist fast leer. Nur noch Alte und Kinder leben dort. Hunger schwebt über den Menschen wie ein dunkler Schatten. In den Betrieben fehlen die Arbeiter. Nun werden auch Frauen und ältere Jungen zu Traktor- und Lkw-Fahrer ausgebildet. Der Herbst desselben Jahres bringt neue Not. Jetzt werden auch die Frauen zwischen fünfzehn und fünfundfünfzig Jahren in die Trudarmee eingezogen. Nur Mütter mit kleinen Kindern unter drei Jahren bleiben verschont. Was zu dieser Zeit in den Dörfern am Talas geschieht, lässt sich nur schwer beschreiben. Weinende Kinder werden mit Gewalt den Müttern weggerissen.

„Lasst die Kinder wo ihr wollt!“, wird ihnen zugeschrien. Halb ohnmächtig vor Leid werden die Frauen auf die Wagen gezerrt und die Kinder irgendwelchen Großmüttern und anderen Greisen im Dorf überlassen. Alle im Dorf weinen.

Bei vielen bluten die Wunden ein Leben lang. Manche Mütter haben sich nie von dieser Grausamkeit erholt. Andere sehen ihre Familie nie wieder. Die Armut und der Hunger werden größer und viele sterben. Ganze Familien siechen dahin. Die Jahre 1943 und 1944 sind die schlimmsten. Wie ist diese Zeit und Not zu beschreiben? Keine Sprache dieser Welt hat Worte dafür. Vielleicht brechen beim Lesen der Zeilen bei manchem die schlecht verheilten Wunden wieder auf. Hoffentlich hat die Zeit vieles in der Erinnerung ausgelöscht.

Löhne gibt es keine mehr. Die Deutschen am Talas und in ganz Russland werden als wertlose, aussterbende Minderheit betrachtet.

Aber es soll anders kommen. Glücklicherweise achtet kaum jemand in der Regierung bewusst auf die kleinen Kinder. Die später zehn und elfjährigen melden sich zur Arbeit. Sie sind von der Not gezeichnet und wollen leben. Sie verzagen nicht, sondern streben nach vorne. Dort ist die Zukunft. Weiterarbeiten! Weiterkämpfen! Wie ein Triumpf setzt sich diese Erkenntnis bei den Deutschen fest. Gegenseitig machen sie sich Mut in dieser Notzeit. Langsam gibt es mehr Essen und der Eifer wächst. Fünfzehnjährige meldeten sich in der MTS und beginnen eine Facharbeiterlehre.

Die Absicht bei diesem Roman ist es gewesen, möglichst keine Namen aus der Chronik zu nennen. Eine Ausnahme soll erlaubt sein. Einige der Jungen, auf denen damals fast die gesamte Hoffnung ruhte und die später manche Last getragen haben, sind:

Artur Korneewitsch Wall, David und Gustav Schröder, Friedrich Gomer, Gustav Fröse, Jakob Herzen, Siegfried Schulz, Peter Schitnikow und viele andere, die auch in der Chronik, aber nicht hier, erwähnt sind. Jährlich kommen weitere hinzu. Der Lust, weitere Namen aus der Überlieferung zu erwähnen, widersteht der Autor. Es gibt ja nicht nur herausragende Leistungsträger, sondern eine fast nicht zu zählende Anzahl Männer, Frauen und Kinder, die hier ungenannt heroische Leistungen vollbrachten. Große Freude an ihren Berufen ist für sie das Leistungsrückgrat. Stolz und mit Freude über ihre Erfolge halten sie in den folgenden Jahren den Arbeitsrhythmus aufrecht.

Zwischen der Kolchose und der MTS verläuft bei der Ernte nicht alles reibungslos. Mähen und Dreschen mit Maschinen geht schneller als der Transport des Getreides mit Pferden. Wegen der unterschiedlichen Leistung gibt es oft Konflikte.

Unter dem Druck der Politik wird die Kolchose erneut aufgelöst und die Maschinen werden verkauft. Nun heißt sie technische Reparatur Station. Das leitende Personal wird nach Belieben der Regierung ausgetauscht. Wer die gewünschte Leistung nicht bringt wird gefeuert. Ein besonderes

Weltereignis blieb am Talas ohne große Beachtung: das Ende des zweiten Weltkrieges. Auf die Menschen, vor allem auf die Deutschen, hat dieses keine große Auswirkung. Die Russen fordern Leistung und die Deutschen, ihrer Mentalität entsprechend, schuften weiter und sind stolz auf ihre Erfolge. Hier treten die unterschiedlich ausgebildeten Mechaniker in Aktion. Ersatzteile sind knapp, aber nun wird improvisiert. Das liegt auch an den gut ausgerüsteten Werkstätten. Besonders tun sich die Orloffer und Leninpoler hervor. Anfang der 60ziger Jahre geht es den Menschen besser. Das ist nicht zuletzt der Lohn ihres Fleißes. Am Talas dämmert es den Menschen:

„Wir haben trotz großer Hindernisse unseren Lebensstandard der Vorkriegszeit wieder erreicht." Dieses Bewusstsein beflügelte sie, weiterzumachen. Es ist die Mechanisierung in der Landwirtschaft, die neue Anforderungen stellt. Die Arbeit wird mehr und mehr durch Maschinen erledigt. Bei den Werkstätten sind stromangetriebene Maschinen im Einsatz. Viel Energie wird verbraucht. Auch in den Ställen beim Schafe scheren und Melken der Kühe steigt der Verbrauch. Nicht zu vergessen, was in den Haushalten an Energie erforderlich ist. Etliche kleine Haushaltgeräte sind angeschafft worden. In jedem Haus gibt es Kühlschrank und Radio. Manche haben sogar einen Fernseher und einen Elektroherd. Die Kolchose schafft leistungsstarke Milchkühlgeräte an, in den Ställen sogar Mistförderanlagen. Die Strommasten werden bis in die Berge verlegt, damit man auch in den entlegensten Hütten Radio hören und Fernsehen kann. Selbst kochen auf Elektroherden und waschen mit modernen Maschinen wird dort oben möglich. So nimmt der hohe Stromverbrauch durch den Fortschritt gewaltig zu. Die Stromerzeugung hinkt hinterher. Bei den kleinen Elektrostationen gibt es oft Stromausfälle. Die alten Stationen sind überlastet, verbrauchen große Mengen Diesel und verschmutzen die Luft mit Mief und Qualm. Ein Wasserkraftwerk wird gebaut. Die Voraussetzungen sind vorhanden. So entsteht ein leistungsstarkes Kraftwerk, eingebunden in eine Zentrale. Auch Kanäle und Staustufen werden errichtet. Nach wenigen Jahren ist ein Kraftwerk mit einer Leistung von siebenhundert Kilowatt fertig. Damit werden die umliegenden Dörfer und die Berge versorgt. Die Kapazität der Kraftzentrale muss schon nach einigen Jahren nachgerüstet werden. Damit wirkt man dem stetig größer werdenden Verbrauch entgegen. Ein Leben ohne Elektrizität ist undenkbar geworden. Die harten Jahre der Kriegszeit haben die Menschen am Talasfluss hinter sich gelassen. Für gute Leistungen erhält die Kolchose Krasnaja Sarja den Namen „Träger des Lichtes". Überall gibt es Wachstum. Begabte Lehrlinge erhalten ein Stipendium und werden auf höhere Fachschulen geschickt. Das beflügelte den Ehrgeiz und bringt Erfolg. Aus einer spärlichen technischen Ausrüstung zum Ende der sechziger Jahre, als man noch nicht einmal die einfachsten Werkzeuge besaß, ist zum Ende der achtziger Jahre eine technisch gut ausgerüstete Industrie geworden. So werden auch Arbeiten für andere Kolchosen übernommen. Alle Geräte und Maschinen sind in Hallen untergebracht. Auch eine Schreinerei gibt es. Die Viehzucht bleibt ebenfalls mit einem großen Bestand an Rindern, Schafen und Schweinen kein Stiefkind. Straßen werden nach einfachem Standard hergestellt, aber so gut, dass die großen Maschinen und Lastwagen auf ihnen wenig Schaden anrichten. Selbst die Verkehrsregeln werden geübt, so dass es kaum noch Unfälle gibt. Immer mehr Lastwagen und Busse werden angeschafft. Wegen der fortschreitenden Technik wird das Heer der Elektriker ständig vergrößert. Zwei Pumpstationen für die Landbewässerung sind errichtet worden. Etwa fünfzig Umspannstationen mit einer Gesamtleistung von mehr als fünfhundert KW mussten gebaut werden. Dann gibt es noch die Brunnentiefbohrungen für die Wasserversorgung der Milchstation und der Schaf- und Schweinefarm. Schließlich wird auch noch die Straßenbeleuchtung erweitert und teilweise erneuert. Ein gigantisches Programm nimmt seinen Lauf. Aus dem vor Jahren den Bauern weggenommenen Vieh entwickelte sich eine riesige Viehzucht aller Gattungen. Dank eines studierten Viehzüchters, einem Jungen aus Orloff, gibt es große Erfolge. Die meisten Familien in Orloff und den übrigen Dörfern sind kinderreich. Ein kirgisisches Sprichwort lautet:

„Ein Haus ohne Kinder gleicht einer Gruft." Frauenarbeit ist normal, zumal die Betriebe mit dem Anbau von Tabak begonnen haben. Aber wohin mit den Kleinen? Aus der Not geboren entstehen Kinderheime, in welche die Kinder ab dem dritten Lebensjahr gebracht werden. Kindergärten und Kindertagesstätten werden gegründet. Mit kleinen Möbeln ausgestattet und von vielen Frauen betreut, sind die Kleinen dort gut versorgt. Sie werden schulpflichtig. Auf die Ausbildung des Nachwuchses wird von Beginn der Besiedlung des Talas Tals an großer Wert gelegt. Die erste Schule wurde 1897 nach deutschem Muster gebaut. Mit ihrer Erziehung hat das dynamische Kollegium den Kindern Fleiß, Disziplin, Anstand und Ordnung vermittelt. Anfang des zweiten Weltkrieges werden die Schulträume zerstört und fast alle deutschen Lehrer in die Trudarmee eingezogen. Damit endet der Schulunterricht. Der Versuch, mit Hilfslehrern den Unterricht aufrecht zu erhalten, scheitert kläglich. Das Bildungsniveau sinkt. Der Krieg zerstört vieles. Die Menschen verarmen und erst Ende der fünfziger Jahre gibt es eine positive Änderung. Kinder und die wenigen Lehrer erleben begeistert die neue Zeit. Bald sind es wieder über 500 Schüler auf dem morgendlichen Weg zur Schule. Die wirtschaftliche Lage normalisiert sich erneut. Musikunterricht wird eingeführt und später zur Freude der Jungen auch das Fach Handwerk. Sie werden auch in der Produktivität der Betriebe unterrichtet. Die Ausbildung bezieht sich auf industrielle und landwirtschaftliche Belange. Die Mädchen lernen stricken und nähen. Orloff ist ein überwiegend landwirtschaftlich geprägtes Dorf. In den Schulen wird deutsche und russische Sprache gelehrt. Das bringt Schwierigkeiten mit sich, weil in den Familien trotz Verbot überwiegend deutsch gesprochen wird. Die Schulleitung löst geschickt das Problem. Die deutsche Sprache darf nicht verloren gehen. Die Lernanforderungen sind hoch und die Prüfungen streng. So ist auch der Lehrplan in den Schulen aufgestellt. Hauptsächlich wird Grammatik in den Sprachen Deutsch, russisch und kirgisisch geübt und Mathematik gelehrt. Die übrigen Fächer werden teilweise vernachlässigt. Nicht weil sie unwichtig sind, sondern aus Lehrermangel. Durch Zuzug wird allmählich die Lücke geschlossen. Nun gibt es freie Fahrt für die Fächer Chemie, Biologie, Erdkunde und Geschichte, die hinzukommen. Deutsche Geschichte kommt zu kurz. Was darüber zu berichten ist, erfahren die Kinder von ihren Eltern. Aber die Schulen befinden sich nun mal in Mittelasien, in Kirgistan, Kasachstan und Usbekistan, in Ländern, in denen Deutsche leben. Sie erfahren aber auch etwas über das kirgisische Heldenepos „Manas". Das Epos ist ein wesentlicher Teil der kirgisischen Geschichte, Vergangenheit und Kultur.

Die wilden Zeiten der Nomadenkriege sind längst Vergangenheit. Die kirgisische Geschichte gehört demnach zum Lehrplan. Ab dem neunten bis zehnten Schuljahr werden den Jungen die Grundlagen im Maschinenbau und der Elektrotechnik vermittelt. Die Mädchen erhalten Unterricht in erweiterter Haushaltsführung und Büroarbeit. Daraus entwickelt sich eine Elite von technischen Akademikern und Handwerkern. Bei den Mädchen bleibt die Berufswahl vielseitiger. Je nach Neigung und Interesse können sie sich für einen praktischen, technischen Beruf in den Betrieben entscheiden, oder lernen Buchhaltung und Büroarbeit, Krankenpflege oder Nähen. Sie hatten auch die Möglichkeit, in die Kinderbetreuung oder den Schuldienst einzutreten. Diese jungen Leute werden in den achtziger Jahren die Elite im Talas Tal. Sie haben von den Erfolgen und Niederlagen ihrer Eltern in den schweren Jahren gehört und streben nach einer guten Zukunft. Die meisten Lehrer bleiben ihrem Dorf treu. Sie Geben im Unterricht das Beste und sind somit tragende Säulen. Sicher wird im Lauf der Jahrzehnte mancher Name vergessen. Vor allem bei den Jüngeren, den später geborenen. Für sie ist vieles Historie. Trotzdem erkennen sie an den Erfolgen, die auch ihnen zugutekommen, die Früchte der Alten und deren Erfolge und halten ihre Arbeit in Ehren. Seit der Gründung Orloffs sind die Siedler bemüht, dass in Deutschland bekannte, kulturelle Leben weiterzuführen. Die in der Heimat übliche, mitgebrachte Lebensweise soll bestehen bleiben. Somit ist es normal, dass bei der Landverteilung als erstes ausreichend große Grundstücke für den Bau einer Schule und den Kirchen reserviert werden. Bis zum Bau der Häuser nimmt an den Wochenenden die Jugend die Grundstücke in Beschlag. Dort treffen sie sich zu Spielen und Gesprächen. Auch die Männer finden sich dort ein, um über die Belange des Dorfes zu sprechen. Nach dem Bau der ersten Schule wird der Schulhof der Treffpunkt. Nach alter Tradition wird Musik gemacht und gesungen. Nichts aus der Heimat darf verloren gehen. Die Oktoberrevolution hat Auswirkung auf das Programm. Trotzdem lassen die Orloffer nicht von ihrem Brauchtum ab, deutsch zu sein. Nachdem in allen Schulen russisch als Hauptsprache eingeführt wird, ist das auch ein harter Schlag für das kulturelle Leben. Es gibt neue Feiertage, die von den Schulen organisiert werden müssen. Die Revolution hat ihre Auswirkung. Trotzdem ist das Leben bis Kriegsbeginn noch erträglich. Von da an ändert sich schlagartig alles. Wie schon erwähnt, kommt große Not über das Land und die Menschen am Talas. Russische Lieder und Parolen sind der Alltag. Deutschsprachige

Theaterstücke und Vorträge werden verboten. Die Begeisterung für das Neue hält sich in Grenzen, und das kulturelle Leben zerfällt. Nicht zuletzt darum, weil es niemand gibt, der alles in die Hand nimmt. Die Talente sind in Konzentrationslagern und der Trudarmee zerstört worden. Glücklicherweise ändert sich das etwas ab Beginn der siebziger Jahre. Die Einschränkungen werden gelockert. So ist es möglich, ein Kulturhaus zu bauen.

Die Kosten übernimmt die Kolchose. Mit neuen Schauspielern und weiterem Personal können wieder Aufführungen stattfinden. Deutsche Künstler aus den eigenen Reihen treten auf, auch Kirgisische und Russische. Das kulturelle Leben kommt in Schwung. Eine Bibliothek wird angeschafft. Es gibt Konzerte, die das Orloffer Blasorchester veranstaltet. Die Jugend trägt mit eigenen Vorträgen zum Gelingen bei. Das Kulturhaus nimmt großen Einfluss auf das Leben im Dorf und seine Veranstaltungen sind sehr geschätzt. Auch Konzerte weltberühmter Orchester finden in Orloff statt. Die Räte des Dorfes und des Landes versammeln sich dort zu Tagungen und Gesprächsrunden. Orloff ist zum kulturellen und geistigen Mittelpunkt der ganzen Region aufgestiegen. Damit nicht genug. Im ehemaligen Clubgebäude der Maschinen- und Traktorstation wird ein Museum eröffnet. Es beginnt mit dem Orloffer Künstler Theodor Gergadowitsch Junior, der dort erstmalig seine Bilder und andere Arbeiten ausstellt. Auch andere Künstler zeigen Bühnenstücke. Dieser Ort ist auch das Museum der Kolchose Krasnaja Sarja. Mit vielen Exponaten wird die gesamte Historie zusammengetragen. Die Kritiker meinen unüberhörbar:

„Mit lautem Geräusch wird es geboren, ebenso schnell, aber geräuschlos, wird es sterben." Die Geschichte des Museums aber zeigt etwas Anderes. Der Zulauf der Interessierten ist gewaltig und das Museum wird zum Treffpunkt für Künstler. Bald müssen weitere Räume bereitgestellt werden. Innen blumengeschmückt, geht von ihnen eine heimelige Atmosphäre aus, und jeder fühlt sich dort wohl. Es gibt noch das Hausmuseum, „die Laubhütte", das wie ein Märchenreich ausgestattet wird. Aus Baumwurzeln und anderem Naturmaterial hat der Künstler märchenhaftes geschaffen. Der Betrachter fühlt sich in eine Welt von Feen und Kobolde versetzt. Damit nicht genug, auch ein Schulmuseum wird eingerichtet, in dem die unendlich vielen kleinen und größeren Werke der Schüler aus vielen Jahren zusammengetragen werden. So sind die Museen ein Abbild der Leistungen, welche von den deutschen Siedlern, vor allem in der Zeit nach dem Krieg, erbracht worden sind. Ein gutes Zeugnis.

Nicht nur Kultur und Wissenschaften prägen das Leben der Menschen am Talas, sondern auch der Sport spielt seit Beginn der fünfziger Jahre eine besondere Rolle. Zunächst war es Ringen, Gewichtheben und Boxen, für die keine besonderen Ausrüstungen und Kleidungen erforderlich waren. Aber immer sind es Wettkämpfe. Sie werden zunächst innerhalb des Dorfes ausgetragen. Später erweitert sich der Kreis auf weitere Dörfer und zum Schluss auf das ganze Gebiet im Talas Tal und die Republik. Immer aber ist Orloff dabei vertreten. Oft als Sieger. In den letzten Jahren ist es der Radsport. Für den bricht die Leidenschaft aus. Aber auch Laufen macht viel Freude. Der Volleyball erfreut sich großer Beliebtheit. Fast alle Sportarten gehen ursprünglich von den Schulen aus. Klassen kämpfen gegeneinander, auch Betriebe, Dörfer und Kolchosen. Die Orloffer Mannschaft entwickelt sich zur Perfektion und bald gibt es im Kreis und darüber hinaus keine Mannschaft, welche die Orloffer im Volleyball besiegen kann. Ihren größten Erfolg haben sie in den achtziger Jahren. Sie sind es nicht grundlos, sondern die wiederholten Siege sind die Folge intensiver Übungen. Es ist für die jüngeren eine besondere Ehre, in die erste Mannschaft aufzusteigen. Bei aller Sportbegeisterung, beruflichem Eifer und oft geringer Freizeit kommt das geistliche Leben in den Dörfern nicht zu kurz. Das in der Bibel verankerte Jesuswort hat eine große Bedeutung: „Der Mensch lebt nicht vom Brot allein, sondern von einem jeden Wort, das aus dem Mund Gottes kommt!“ Um das geistliche Leben in Orloff und den übrigen Dörfern besser zu verstehen, macht ein Rückblick nach Deutschland Sinn. Die Vorfahren sind aus religiösen Gründen seit dem 16. Jahrhundert verfolgt worden. Einige hundert Jahre später wandern die Bedrängten nach Russland aus, in der Hoffnung, endlich in Ruhe ihrer Religion zu leben. Später verlassen die Auswanderer Russland und ziehen nach Turkestan, Kasachstan und Kirgisien. So kam das geistliche Leben nach Orloff und in die anderen deutschen Dörfer am Talas und Ur-Maral. In den ersten Jahren sind es zwei Religionen, die in Frieden und Harmonie nebeneinander bestehen: Mennoniten und Lutheraner. Die verschiedenen Glaubensauffassungen stören das gute Zusammenleben nicht. Der Hauptgrund der verschiedenen Auffassungen ist die Taufe. Die Lutheraner haben die Kindertaufe, während die Mennoniten sich als Erwachsene taufen lassen. Letztgenannte Gemeinde ist größer. Beide Richtungen haben von Anfang an eigene Kirchen. Durch Zuwanderungen bildeten sich weitere Gemeinden, auch die Adventisten. Die beten die Dreifaltigkeit Gottes an und glauben an die baldige Wiederkunft Jesus Christus. Die Gemeinde ist klein, wächst aber zusehends.

Landesweit wird öffentlicher Gottesdienst in Russland von den Kommunisten verboten. Heimlich trifft man sich trotzdem, so oft es möglich ist, in den Familien. In Russland macht sich bei den Gläubigen ein geistlicher Hunger breit, ebenso bei den Deutschen. Erst in der Mitte der fünfziger Jahre wird das Verbot etwas gelockert. Freudig werden wieder Gottesdienste gefeiert. In der Verbotszeit sind viele Prediger verhaftet worden. Die meisten sind nicht wieder nach Hause gekommen. Trotzdem blühen die Gemeinden. Es gibt wieder Chöre und das geistliche Leben erlangt eine Wiedergeburt. Da es noch keine Notenblätter und Gesangbücher gibt, werden die meisten Lieder aus dem Gedächtnis gesungen. Allmählich öffnen sich geheime Verstecke und Noten und Liederbücher kommen zum Vorschein. Ein Aufschwung ist bei den Gemeinden aller Richtungen festzustellen.

Ein neues Ereignis bringt Aufregung in die Dörfer. Die Mennoniten werden verboten. Später dürfen sie sich „Baptisten“ nennen. Die Freude bei den Christen dauert nicht lange. Bald werden alle Kirchen mit fadenscheinigen Begründungen konfisziert und das gesamte Inventar beschlagnahmt. Wegen der politischen Willkür stehen die Orloffer erneut vor Problemen. Die Deutschen sind Außenseiter der kirgisischen und russischen Gesellschaft. Alle Maßnahmen dienen dem Ziel, die faschistischen Russlanddeutschen auszurotten. Aber die sind zäh und lassen sich durch nichts unterkriegen. Trotz der Widrigkeiten wächst die Baptistengemeinde unter der Leitung von Artur Wall. Es wird sogar eine neue Kirche gebaut. Das geht nicht ohne Schwierigkeit, was die Gläubigen noch enger zusammengeschweißt. Die Christen, die in allen Berufen und an allen Plätzen arbeiten, sind durch ihr Verhalten ein Vorbild. Die Gemeinden wachsen, aber die Spuren der politischen Verfolgung spüren die Menschen trotz mittlerweile guter Wirtschaftslage weiter. Sie fühlen sich ausgeblutet. Es gibt keine Hoffnung, dass sich ihre Lage im fremden Land bessert.

Die Grenzen öffnen sich allmählich. Das ist wie eine Einladung, das Land und die Dörfer am Talas nach fast 200 Jahren zu verlassen. Die Wurzeln dieser Menschen sind in deutscher Erde, irgendwo zwischen den Alpen und der Nordsee, gegründet. Oft fehlt der persönliche Bezug zu den in Deutschland lebenden Vorfahren. Aber sie sind doch Deutsche. Deutschland ist ihre Heimat. Dahin zieht es sie. Der Drang zurück wird stärker. Die Russen, die jahrzehntelang die Macht hatten, ziehen sich politisch aus der Republik Kirgistan zurück. Es wird immer deutlicher, dieses Land ist nicht die Heimat der ehemaligen deutschen Siedler, obgleich die Jungen dort geboren wurden.

Die Kolchose blüht. Wirtschaftlich gib es nur noch wenig Not. Fast jeder hat sein eigenes Haus gebaut. Vieh gibt es. Felder sind bestellt und geerntet worden. Aber durch die Bedrängnis der neuen Machthaber in der Hauptstadt ist das Leben bis zur Unerträglichkeit angespannt. Die deutsche Sprache gibt es nicht mehr; sie ist auch in den Familien seit langem verboten. So kommt es und ist unvermeidbar geworden, dass einige ihren Besitz an die Kirgisen verkaufen und nach Deutschland umsiedeln. Doch da sind sie unerwünschte Russen. Die ersten verlassenen Enden der achtziger Jahre Orloff drei Jahre vor der tausendjährigen Gedenkfeier an den unsterblichen kirgisischen Helden Manas. Bei dieser Feierlichkeit verblasst vorübergehend der aufgestaute Hass gegen die Deutschen in Kirgistan. Aber jedes Jubiläum endet mal und der alte Widerstand blüht erneut auf. In Orloff und anderen Dörfern gibt es bei den älteren Deutschen Widerständen gegen die baldige Auswanderung. Wie zum Trotz blühen die Gemeinden. Die Chöre haben Zulauf und die Gottesdienste werden plötzlich eifrig besucht. Man ermuntert sich gegenseitig zum Bleiben. Aber das nützt nichts. Die Jungen drängen zur Ausreise. Die Angst vor der Zukunft, vor allem in Erinnerung an so viele traurige und schlechte Erlebnisse, sitzt tief in den Jüngeren. Der gute Ruf der Dörfer hat sich über viele Grenzen verbreitet.

Der nächste Schock überkommt die Orloffer, als bekannt wird, dass alle, welche die kirgisische Sprache nicht sprechen und schreiben können, ihren Arbeitsplatz verlieren werden. Die Deutschen werden unter Druck gesetzt. Diese Vorschrift soll schnell abgeschlossen sein. Die Anordnung gilt für

Deutsche und Russen. Eine neue Sprache lernen, schaffen viele nicht. Aber was ist zu tun? Jetzt bleibt nur ein Ausweg. Orloff, in dem die Menschen etwa 250 Jahre gelebt haben, für immer zu verlassen. Manche ziehen nach Russland, andere nach Ostpreußen. Die meisten aber nach Deutschland. Die Orloffer verlassen ihre Wahlheimat, nur ihre Gräber blieben als stumme Zeugen der vielseitigen, vergangenen Zeit, zurück. Die Kolchosen brechen zusammen und veröden. Fachleute, die sich ihr Leben lang durch alle privaten und beruflichen Schwierigkeiten gekämpft haben, ziehen weg. Die Stromversorgung bricht zusammen, Kulturhaus und Schulen verwaisen. Viehfarmen werden nicht mehr bewirtschaftet. Das ist totaler Verfall. Auch die ruhmreiche Kolchose Krasnaja Sarja ist ein Trümmerhaufen geworden. Bald danach wird Orloff in das kirgisische Wort „Ak-Döbö“ umbenannt.

Orloff gibt es nicht mehr.

Das deutsche Leben in Mittelasien ist erloschen. Die Natur erobert das Land zurück, dass die Deutschen in zwei Jahrhunderten urbar gemacht haben. Heute weht über verwaiste, mit Unkraut und Sträuchern bewachsene Felder und den verfallenen Hallen, Werkstätten und Häuser der kalte Ostwind.

Epilog

Erinnerung und Dank

Es war ein langer Weg vom ersten Gedanken zu meinem Roman über den ersten Satz bis hin zum fertigen Manuskript. Als ich vor vielen Jahren einige Bücher namhafter Asienforscher gelesen hatte, tat sich etwas Unbekanntes auf, ein Geheimnis, eine unfassbare Welt. Erst als nach Jahrzehnten das Unerforschte wieder in meinem Gedächtnis auftauchte, kam ich dem Thema wieder näher und befasste mich letztlich mit dem Schreiben.

Der geheimnisvolle, überwiegend unerforschte ferne Osten hatte mich in seinen Bann gezogen. Als ich einigen Menschen begegnet war, die jetzt hier bei uns leben, aber dort in der Ferne geboren wurden, vertiefte sich der Wunsch, mehr zu erfahren. Bereitwillig haben die Menschen über ihre alte Heimat gesprochen. Leider sind einige schon verstorben. Bevor deutsche Siedler nach Kirgistan kamen, konnte das Land und seine Bewohner bereits auf eine jahrtausendalte, wechselvolle Geschichte zurückblicken. Teile davon sind, soweit es möglich ist, im Roman thematisiert. So erfährt der Leser, in welches Land und zu welchen Menschen die Siedler damals gekommen waren. In der Mitte des 18. Jahrhunderts war deutschen Auswanderern Land am Fluss Talas in Kirgistan zugeteilt worden. Sie gründeten Dörfer und lebten dort etwa 250 Jahre. Nach statistischen Angaben sind mehr als zwei Millionen Nachkommen der damaligen Siedler zu ihren Wurzeln nach Deutschland zurückgekehrt. Diesen Menschen wurde hier der unwürdige Name „Russen" angeheftet. Sie haben aber deutsche Pässe. Inzwischen sind sie Handwerker, Techniker und Ingenieure. Damit haben sie zu einem großen Anteil an der deutschen Wirtschaftskraft. Nicht zuletzt auch als Steuerzahler und mit Beiträgen in die Sozialkassen. Ich empfinde es als eine Entwertung dieser Menschen, ihnen den unwerten Namen „Russen" aufzudrücken. An dieser Einschätzung sollten sich hier bei uns viele Leute messen lassen. Für mich sind sie Deutsche.

Nachdem ich mit einigen von ihnen gesprochen habe und viele ihrer Geschichten kenne, ist für mich der Bann gebrochen. Trotzdem hat es noch lange gedauert, bis der erste Satz des Buches

„Nach Osten, immer geradeaus“, auf dem Papier stand. Hilfreichen Menschen, die mich dabei unterstützt haben, möchte ich auf diesem Weg meinen besonderen Dank sagen. Zuerst aber bedanke ich mich bei meiner Frau, die mich bei der Arbeit unterstützt und die mir mit viel Geduld den Rücken zum Schreiben freigehalten hat. Besonderer Dank gilt auch Frau Frieda Miller. Sie wurde in Orloff geboren, und ist mir mit ihren Berichten über ihre alte, ferne Heimat, dem Dorfleben und den dort lebenden Menschen in vielen Gesprächen sehr behilflich gewesen. Sie erzählte vom Zusammenleben der Deutschen in den Dörfern aber auch davon, wie der Umgang mit Russen und Kirgisen gewesen ist. Nicht immer harmonisch, in Friedenszeit jedoch bis auf wenige Ausnahmen mit Wertschätzung. Frieda Millers freundliche Hilfe bei meinem Buch gilt mein besonderer Dank. Nun ist auch ihr Mund durch den Tod für immer stumm.

Weiter möchte ich mich bei Herrn Rudolf Berg und seiner Familie bedanken. Herr Berg ist leider schon verstorben. Anlässlich einiger Gespräche in seinem Haus mit vielen Informationen schenkte er mir ein Buch über Kirgistan und eine Landkarte seines Geburtslandes. Ich erfuhr, dass er in Orloff geboren wurde und mit seiner Familie in den Bergen als Jäger lebte. So ist auch er mir ein freundlicher und hilfreicher Begleiter bei meiner Arbeit gewesen und hat zum Gelingen beigetragen. Auch sein Mund ist für immer verschlossen.

Nicht vergessen ist Gustav Wall. Der Kontakt ist durch Vermittlung von Frieda Miller entstanden. Wir telefonierten und schrieben uns Briefe. Auch erhielt ich ein Exemplar seines Buches „Das Leben im Sturm der Zeit, Orloff 1891-1991“. Mit dieser Chronik und durch seine Briefe gab er mir einen tiefen Einblick in das Leben der deutschen Siedler. Auch mit seinen Brüdern Arthur und Heinrich gab es eine Begegnung. Leider sind Gustav Wall und sein Bruder Arthur bereits verstorben. Auch Heinrich Wall gab mir wertvolle Hinweise. Sie alle waren mir ein großer Beistand bei meiner Arbeit. Sie hatten sich intensiv mit der Geschichte ihrer Wahlheimat und deren Menschen befasst. Viel konnten sie mir über das Leben der Kirgisen berichten. Bemerkenswert ist weiter, dass sie ein großes Wissen über den Nationshelden „Manas“ und sein Epos besaßen. Mit der Zustimmung Heinrichs Wall darf ich die letztgenannten Namen öffentlich machen und aus der Chronik von Gustav Wall, „Hundert Jahre Orloff“ einige Passagen zitieren. Auch das sind originale Berichte aus dem fernen Land. Die Gebrüder Wall wurden in Orloff geboren.

Die Namen meiner freundlichen Helfer darf ich mit Zustimmung der Betroffenen veröffentlichen. Alle Familien haben zugestimmt.

Auch möchte ich mich bei den vielen bedanken, die hier ungenannt sind. Sie waren mir mit ihren Hinweisen und Berichten eine Hilfe. Dass die Technik des Schreibens Tücken hat, ist bekannt. Auch mir haben sie gelegentlich das Leben schwergemacht. Aus Schwierigkeiten hat mich meine Familie erfolgreich gerettet. Auch das ist ein besonderes Dankeschön wert.

Gerne wäre ich in das unbekannte Land gereist. Leider war das aus vielen Gründen nicht möglich. Zwar hätte ich die vor vielen Jahren lebenden Nomaden nicht persönlich kennenlernen können, aber die gigantischen Bergwelten und der sagenhafte Fluss Talas hätten mir gewiss einen tiefen Eindruck vermittelt. Sicher ist manche Landschaft und mancher Name nicht in allem der Wirklichkeit entsprechend. Hier bitte ich wegen der mageren Historie um Nachsicht. Früher, so wie heute, ändern sich die Verhältnisse in Mittelasien nur langsam, so dass tausend Jahre wie ein Tag anmuten. Selbst in der heute schnell vorbeirauschenden Zeit scheint sie dort stillzustehen. Die Menschenden leben noch heute in dem weiten Land überwiegend als Nomaden in Jurten, oft ohne festen Wohnsitz und ziehen mit ihren Herden umher. Stammeskriege sind kaum noch möglich. Aber die regionalen Machtkämpfe in den Republiken flammen immer wieder auf. Der Ferne Osten bleibt eine Gegend voller Spannung und Unruhe.

Nun haben Erinnerung und Dank sich zu einem Schlusswort vereint.

Emil Gätjens

Namen und Objekte

Kapitel 1, Zwischen Taiga und Altai
Goghus-Khan, Stamm Bulut, Altai, Süden
Jurte, Zelt, rund
Aul, Dorf
Kurgez-Khan, Stamm Gekun, Taiga, Norden
Der Himmel, ‚Menke-Kökö-Tenir-
Werst, russisch, entspricht 1.067 Kilometer
Tarsan, Schamane der Bulut
Burkut, der Adler
Chalat, Übermantel vorwiegend bei Frauen -
Sariev, Fürst, Vertrauter des Goghus-Khans
Schipar, Mutter von Goghus-Khan
Dschigiten, Soldaten, Reiter
Sarjak, Fürst, später Khan, verh. mit Aisulu
Scherpek, 1. Meldereiter, Bote, Späher
Tulanbeg, Schamane der Gekun
Kumys, alkoholisches Getränk aus Stutenmilch
Kamlanie, schamanisch abgesondert, mit Fetisch
Kirk Kys, 40 Mädchen gem. einer alten Sage
Orospek, Gekun, hat Bulut Frau
Talasbeg, Fürst, Heerführer, des Kaskarbei
Selenge, Gegend im Altai
Usenov, Sohn des gefallenen Kurgez-Khans
Seidalie, Sohn den toten Schamanen
Fetisch, Handwerkzeug der Schamanen

Kapitel 2, ‚Burkut, der Adler‘
Burkut, der Adler, Name für Sohn Kaskarbei
Weiße Frau, Hebamme, Geburtshelferin
Kaskarbei, Rufname: „Sei stark wie ein Wolf“
Medet, Khan am Fluss Talas, Stamm Mundus
Nasgül Tochter des G.-K. Launische Blume“

Aisulu, ‚Schöner Mond', Tochter des G-K.
Kulatov, erster Eisengießer, hat drei Söhne
Tursale, Schmied bei Kulatov
Tideweg, Sohn d.Kulatov
Iskakov, Khan Stamm Kardys, Fergana, Fr. Sura
Nurka, Tochter d. Iskakov, Frau v. Kaskarbei
Adrasil, Späher d. Scherpek, Sohn d. Osporeks d.
Mein Weißer", Lieblingspferd d. Kaskarbei
Awas, Beg im Siebenstromland, später Khan
Asan, Sohn v. „Schöner Mond"
Arabekov, Bruder d. Khan Sarjak, später Khan
Satilgan, Heerführer bei Goghus-Khan
Schadweg, Sohn des Arabekov
Hilmatov, Heerführer bei den Uiguren

Kapitel 3, Nurka......................
Schandenbeg, Khan der Uiguren
Tamarisken, wachsen in Asien, in Steppen, rosa
Buran, Sandsturm in Wüste und Steppe
Neischa, Tochter v. Aisulu ‚schöner Mond
Schonor, jüngster Sohn, v. Aisulu, Erzähler
Baklei, Barde, Lehrmeister von Schonor
Mulla, islamischer Geistlicher
Hirschkuh, Aus vor Islam. Glaube', Bajalijewa T.D. Kalpak, Kirgisen
Kappe aus weißem Filz
dschungarische Forte, Ausgang vom Altai

Kapitel 4, Ein erfülltes Leben.
Laila, Heerführer, 2. Sohn des Osporek
Sarabar, neuer Schamane d. Goghus-Khan gefallen
Jaglagar Enkel des. Goghus-Khan, gen. Manas
Saliev, Sohn des Medet, Schriftkundig
Scholdon, Bruder von Nurka
Sura, Mutter der Nurka
Kalym, Brautgeld, Mitgift

Kiit, Gegenleistung für Kalym
Bachtjar, „Sei glücklich", Tochter v. Nurka

Kapitel 5, Die neue Staatsform
Minister „Persönlicher Berater", Tideweg
Minister „Viehwirtschaft u. Vermögen" Scholdon
Minister „Äußere
Minister „Verteidigung" Talasbeg, Heerführer
Minister „Ausrüstung u. Waffen", Satilgan
Minister „Feste, Kultur, Schriftkunde" Saliev
Minister, „für Rechtsprechung", Arabekov
Minister, „für Propaganda" Laila, Adjutand
Schemsije, Ungläubiger
Sidikov, 2. Sohn Kulatovs
Mira, Frau d. Khan Usenovs, Taiga
Sina, Tochter von Usenov u. Mira
Redjeb Aly, Karawanenführer
Koketeh, geflohen vor Alokä zu Kaskarbei
Alokä, chinesischer Khan im Fergana
Panus, Khan in Taschkent, vertrieben von Alokä
Tekes, Khan in Sarmakant, vertrieben von Alokä

Kapitel 6, Jaglagar, sein großer Sieg
Tolog, Fürst bei Khan Tekes Gefangener bei Alokä
Großauge, Zauberer bei Alokä
Donlog, 1. Gefolgsmann des Jaglagar
Fünf Freunde des Jaglagar, die Sieben u. Sina
Kälüg Bagha, General b. Uigure, Überläufer, Verräter

Kapitel 7, Manas
Kürmano, Barde, Sohn Miras u. Usenovs
Manatschis, Barden, Volkserzähler
Dshakyp (a. d. Epos Manas), Vater des Manas
Nogoi, Khan im alten Turkestan

Tschi-Yrda (a. d. Epos Manas), seine Mutter
Akbalta (a. d. Epos Manas), Ältester d. Noiguten
Orosdu (a. d. Epos Manas), Bruder d. Dshakyp
Oschpur (a. d. Epos Manas), Schafhirte bei Dshakyp
Dsholoi (a. d. Epos Manas), Riese, chinesischer Khan
Tschubak (a. d. Epos Manas), 1.Gefolgsmann
Serek (a. d. Epos Manas) Gefolgsmann des Manas
Adschibai (a. d. Epos Manas), Gefolgsmann
Urtschü (a. d. Epos Manas), Gefolgsmann des Manas
Eschtek, Khan der Kirgisen a. d. Epos Manas
Koschoi, Khan der Kirgisen a. d. Epos Manas
Neskara, Khan der Mandschu a. d. Epos Manas
Schako, Sohn des Asan
Kornubei, Sohn von Alokä
Inal, Sohn v. Jaglagar u. Sina

Kapitel, 8, Kanykeh
Atemir Khan v. Buchara a. d. Epos Manas
Apaoka, Khan Mongolenstamm. Altai
Kitan, Mongolenkhan

Kapitel 9, Bürte und Temudschin
Chungiraten, Mongolenstamm
Temudschin, Mongole, Jessugheis Sohn
Bürte, Tochter des Dai-Setschen
Jessughei, Vater des Temudschin
Dai-Setschen, Vater von Bürte
Kiut-Bürtigschin, Mongolenstamm
Menke-Kökö-Tenir, Himmel, wie bei Kirgisen
Oelon-Eke, Mutter v. Temudschin, „Mutter Wolke“
Mutter Wolke, Frau v. Jessughei
Sorgan, Vertrauter. Jessughei. Tai-Tschute
Tai-Tschuten, Mongolenstämme
Flüsse: Onon u. Kerulen, Heimat der Bürtigschin

Kapitel 10, Dschingis -Khan
Targutai, Khan der Tai-Tschuten
Kassar, Bruder v. Temudschin
Belgutei, Bruder v. Temudschin
Burkan-Kaldum, Heimat der Bürtigschin
Dschelme Sohn v. Sorgan, Gefolgsmann
Bortschi, Mongolenjunge, Alter wie Temudschin
Merkiten Mongolenstamm, raubten Bürte
Keraiten, befreundeter Mongolenstamm
Flüsse: Tula u. Orlon, Weidegrund der Keraiten
Toghrul, Khan der Keraiten
Sengun, Sohn des Toghrul
Muchuli, verfolgte die Merkiten
Dschutschi, der Gast, 1. Kind Bürtes, b. d. Merkiten

Karte

Das Reich Chores

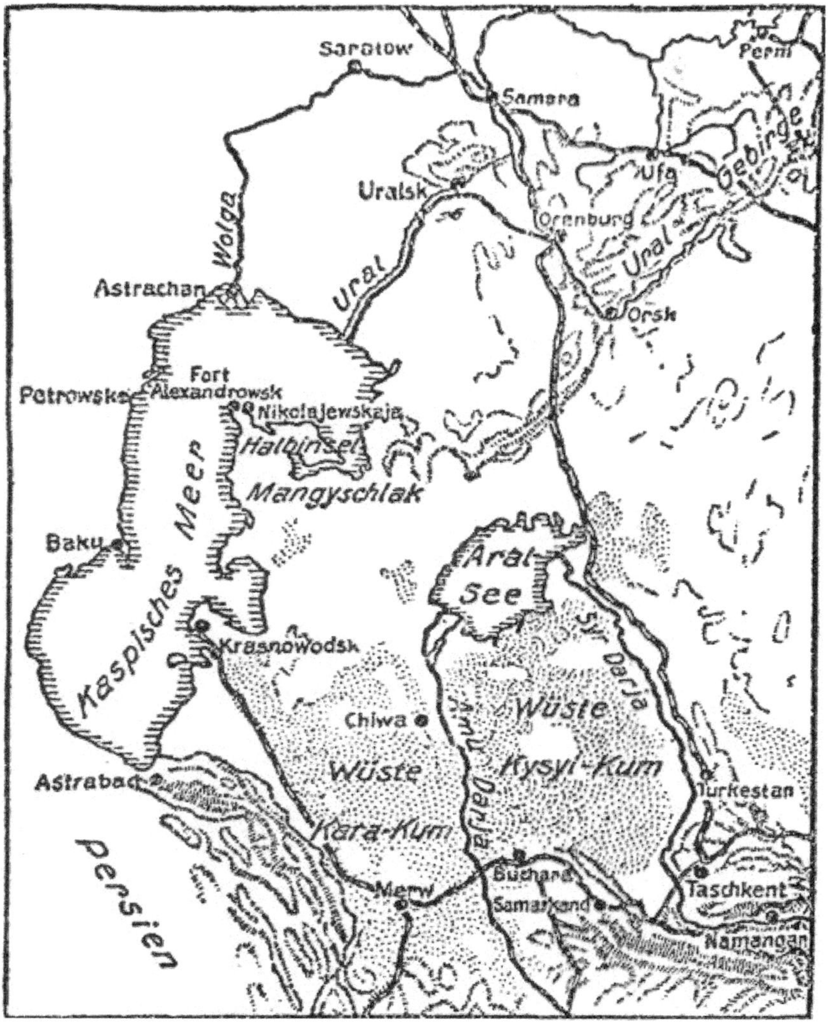

Kampfgebiet des Dschingis Khan
Wanderwege der deutschen Aussiedler